LA MORALE

ET LA POLITIQUE

D'ARISTOTE.

TOME I. — *MORALE*.

DE L'IMPRIMERIE DE FIRMIN DIDOT,
IMPRIMEUR DU ROI ET DE L'INSTITUT, RUE JACOB, N° 24.

ARISTOTE.

D'après le buste antique du palais Spada.

LA MORALE

ET

LA POLITIQUE

D'ARISTOTE,

TRADUITES DU GREC

Par M. THUROT,

PROFESSEUR

AU COLLÉGE DE FRANCE ET A LA FACULTÉ DES LETTRES DE PARIS.

A PARIS,

CHEZ FIRMIN DIDOT, PÈRE ET FILS,

LIBRAIRES, RUE JACOB, N° 24.

M. D. CCC. XXIII.

DISCOURS PRÉLIMINAIRE,

ou

INTRODUCTION

A LA MORALE D'ARISTOTE.

La morale fut considérée par les anciens, sous deux points de vue distincts, ou, si l'on veut, divisée en deux parties. L'une, qui fut appelée *Morale pratique*, consistait en préceptes, en maximes générales pour servir à la conduite de la vie; elles étaient le résultat de l'expérience des générations successives, de l'observation attentive du cours des choses et des évènements dans les sociétés humaines; le fruit de l'étude du cœur humain, de ses penchants naturels et de ses passions.

L'autre partie, qui comprenait l'exposition des recherches des philosophes sur le souverain bien, considéré comme le but principal et essentiel de la vie, où l'on s'attachait à remonter aux faits généraux et primitifs de l'intelligence de l'homme, pour en déduire, comme des conséquences, les règles les plus importantes de nos devoirs, et montrer

quelles sont les plus conformes à notre nature, les plus propres à lui procurer le bonheur dont elle est susceptible, fut appelée la *Morale dogmatique* ou *théorique*. C'est ce que remarque expressément Cicéron : « Tout ce qui concerne les de-
« voirs, dit-il, consiste en deux sortes de recherches :
« l'une, qui a pour objet la connaissance du souve-
« rain bien ; l'autre, celle des préceptes applicables,
« dans tous les cas, à la conduite ou à la pratique
« de la vie (1).

Il est facile, au reste, de comprendre que, dans tous les arts et dans toutes les sciences, dont se compose la connaissance humaine, la pratique a dû précéder de beaucoup la théorie; surtout dans les arts qui sont le plus indispensables au bonheur et même à l'existence de l'homme et des sociétés. Ainsi, dans la morale, des maximes générales, fort importantes, des préceptes applicables aux circonstances les plus ordinaires de la vie, ont dû se répandre et se propager de toutes parts parmi les hommes, bien long-temps avant qu'il pût exister une théorie quelconque de la science des mœurs, ou un traité méthodique des devoirs.

---

(1) *Omnis de officio duplex est quæstio. Unum genus est, quod pertinet ad finem bonorum : alterum, quod positum est in præceptis, quibus in omnes partes usus vitæ, conformari possit.* (Cic. De Offic. l. 1, c. 3.)

Ces préceptes, ces maximes, qu'on retenait d'autant plus facilement qu'elles étaient exprimées dans un langage plus figuré, plus énergique, se représentaient à la mémoire toutes les fois que quelque circonstance en rappelait la justesse ou l'utilité; et l'on ne manquait pas de les reproduire dans les fêtes où l'on célébrait quelque évènement heureux, dans les solennités religieuses; en un mot, dans toutes les occasions qui pouvaient donner lieu à un rassemblement général des membres d'une même société. Aussi les retrouve-t-on dans les chants de triomphe, et dans ceux qui étaient destinés à rappeler le souvenir de quelque grande calamité. On les inscrivait sur les monuments publics, particulièrement dans les temples; et l'effet qu'elles devaient produire sur les esprits est parfaitement exprimé par ces paroles de Salomon, dans l'Ecclésiaste : « Les maximes des Sages sont comme des « aiguillons, comme des clous qui pénètrent pro-« fondément (1). » C'est-à-dire qu'elles réveillent vivement l'attention, et que l'impression ne s'en efface que très-difficilement.

Souvent les vérités morales furent présentées aux hommes sous des formes moins simples et moins directes, mais qui n'en étaient pas moins propres à

---

(1) *Dicta sapientum sicut stimuli, et quasi clavi in altum defixi.* (Ecclesiast. c. 12, vs. 11.)

a.

produire l'effet que nous venons d'indiquer. Tantôt c'étaient des allégories, des apologues, ou même des énigmes, qui, en occupant l'esprit d'une suite d'images plus étendues, et en lui offrant le plaisir de deviner une vérité importante, sous le voile transparent dont on l'enveloppait, donnaient à cette espèce de découverte le mérite d'une difficulté vaincue, et en rendaient, par là même, l'impression plus vive et le souvenir plus durable.

Chez les Grecs, et surtout chez les Athéniens, la morale fut présentée au peuple sous toutes ces formes diverses. Hipparque, fils de Pisistrate, lorsqu'il eut succédé à l'autorité de son père, voulant répandre parmi le peuple la connaissance des plus sages maximes, les avait fait graver sur des cippes, surmontés par des têtes de Mercure (et qu'on appelait des *Hermès*); il les fit placer au milieu des différents bourgs de l'Attique, et sur les routes qui traversaient la campagne, afin, dit Platon, qui nous a transmis ce fait, que les citoyens, en allant et venant pour leurs affaires ou leurs plaisirs, eussent occasion de s'instruire des préceptes les plus utiles à la conduite de la vie, et de se les rappeler souvent.

Enfin, l'instinct du beau moral, s'il le faut ainsi dire, avait inspiré à ces mêmes Grecs une coutume qui contribua sans doute beaucoup à répandre parmi eux des sentiments généreux, des idées raisonnables et saines sur la plupart des objets de la vie commune. A la fin de presque tous les repas solennels, où se trouvaient réunis un certain nombre de convives, on chantait, en s'accompagnant de la lyre, de petits poëmes appelés *Scolies*, qui avaient pour but de développer, en l'ornant de tous les charmes de la poésie, quelque vérité importante, quelque maxime salutaire, comme nous l'apprend, entre autres, Athénée, qui cite, à ce sujet, le magnifique scolie d'Aristote, espèce d'hymne à la vertu, dans lequel ce philosophe a consacré la mémoire de l'eunuque Hermias, son ami et son bienfaiteur (1).

---

(1) Voy. *Athen. Deipnosoph.* l. xv, p. 694. J'ai pensé que les lecteurs pourraient trouver ici avec plaisir la traduction de ce petit poëme d'Aristote; la voici :
« O vertu ! objet constant des efforts de la race mor-
« telle, et des plus nobles travaux de la vie ! Vierge
« sacrée ! c'est pour toi, pour ta beauté divine, que les
« Grecs regardent comme un sort digne d'envie l'occa-
« sion de supporter les plus dures fatigues, et de braver
« même la mort. Le prix glorieux et immortel que tu
« présentes à leurs cœurs, leur semble préférable aux
« délices du plus doux sommeil, à tout l'éclat de la
« naissance, aux plus riches trésors. Pour toi, le fils
« de Jupiter, Hercule, et les deux jumeaux enfants de
« Léda, supportèrent des travaux sans nombre, pour-
« suivant ta faveur, qui devait être la récompense de
« leurs exploits. C'est pour la mériter, qu'Achille et
« Ajax descendirent dans la sombre demeure de Pluton.

Les premiers et les plus anciens traités de morale, ou du moins les ouvrages qui nous représentent avec quelque précision l'ensemble des idées le plus universellement répandues sur ce sujet parmi les hommes, dans la plus haute antiquité, sont donc les recueils que l'on a faits, à diverses époques, de ces préceptes, de ces maximes, de ces pensées plus ou moins ingénieuses ou profondes, résultat de l'expérience et d'une observation attentive : tels furent, par exemple, les livres sapientiaux, chez les Hébreux; et chez les Grecs, le poëme d'Hésiode, intitulé *les OEuvres et les Jours;* les sentences de Pythagore, de Théognis, de Simonide; les recueils des plus anciens proverbes, que les hommes les plus sages ne dédaignaient pas de composer, puisqu'il paraît qu'Aristote lui-même en avait fait un que nous n'avons plus.

Au reste, il est à remarquer que dans les temps où la civilisation n'a fait encore que peu de progrès, et surtout chez les peuples peu nombreux, les chefs, ou magistrats, ou rois, n'exerçant qu'une

---

« Épris de ta beauté chérie, le nourrisson d'Atarna
« (Hermias) ferma les yeux à la douce lumière du soleil !
« Aussi, déjà vanté pour ses actions généreuses, les filles
« de Mnémosyne, les Muses, le rendront immortel; ces
« divinités qui célèbrent la gloire du dieu qui préside
« à l'hospitalité, qui proclament la récompense due à
« l'amitié ferme et constante ! »

autorité toujours fort limitée, et quelquefois même passagère et précaire, les idées naturelles et primitives d'égalité se conservent fort généralement. Chacun ayant un sentiment assez exact de ses droits, il s'établit de bonne heure des opinions justes, mais sévères, sur les devoirs des dépositaires de la puissance publique; on les observe avec défiance, on les surveille avec un soin jaloux, parce qu'on sent vivement combien ceux qui disposent d'une pareille puissance peuvent facilement en abuser, et combien sont graves les conséquences d'un pareil abus. Aussi les livres dont je viens de parler sont-ils remplis d'avertissements et d'observations relatives à ce sujet. Par exemple, Théognis, qui florissait dans le sixième siècle avant l'ère chrétienne, caractérise d'une manière aussi énergique que précise la funeste influence que l'immoralité des classes supérieures de la société ne manque jamais d'exercer sur les destinées des peuples.

« O Cyrnus! s'écrie-t-il, cet état est prêt à enfanter
« de funestes révolutions : je crains qu'il ne produise
« quelque ambitieux, auteur de cruelles discordes.
« Nos citoyens, il est vrai, sont sages et modérés,
« mais les chefs sont enclins à s'abandonner à toutes
« sortes de forfaits. O Cyrnus! jamais des hommes
« vertueux n'ont causé la ruine d'un état; mais lors-
« que des pervers se plaisent dans l'outrage et l'in-
« solence, lorsqu'ils ruinent le peuple, et immolent

« les lois à leurs injustes partisans, pour satisfaire
« leur avarice et leur ambition, n'espère pas qu'un
« état puisse subsister long-temps sans être ébranlé,
« quand même il jouirait actuellement du calme le
« plus parfait; car de tels hommes ne font qu'attiser
« les feux de la discorde et de la guerre civile (1). »

Salomon n'exprime pas d'une manière moins énergique le danger auquel s'exposent ceux qui recherchent la faveur des grands, ou qui cèdent à la séduction et aux caresses des hommes élevés en dignité : « Quand tu seras invité à t'asseoir à
« la table d'un prince ou d'un grand (dit-il), si tu
« as de l'empire sur toi-même, ne cède point au
« désir de partager ses mets, car c'est là qu'est le
« pain du mensonge (2). »

L'alliance de la morale et de la politique est donc une conséquence immédiate et nécessaire de la constitution de l'homme et des sociétés ; et si les philosophes qui commencèrent à traiter systématiquement la première de ces sciences, l'ont expressément regardée comme une partie de la seconde, ou comme ne faisant avec elle, pour ainsi dire, qu'un seul et même objet, ce ne fut point de leur part une vue purement théorique ou scien-

---

(1) *Theogn. Sentent.* vs. 39—53.

(2) *Proverb.* c. 23, vs. 1—3.

tifique, un moyen artificiel de généraliser les notions ou les idées dont ils s'occupaient : c'était un résultat naturel de l'état des choses et des connaissances autour d'eux et avant eux.

D'un autre côté, à toutes les époques de la civilisation parmi les hommes, l'importance ou plutôt la nécessité des lois morales s'est tellement fait sentir, que du moment où quelques opinions et quelques idées religieuses eurent commencé à s'affermir chez un peuple, il ne manqua pas de les faire servir au maintien et à la garantie des règles de conduite que la conscience révèle de bonne heure à tout être doué de sentiment et de raison. Il semble, en un mot, que la vertu, dès l'instant où l'homme put en concevoir l'idée, lui ait paru un bien si précieux, que, se défiant de sa propre faiblesse, il se soit partout empressé de le mettre sous la garde de la divinité. Telle est encore la cause de cette autre alliance constante et sublime de la morale avec la religion. Et combien ne méritent pas d'horreur et de mépris les imposteurs qui trop souvent se sont appliqués à pervertir l'un de ces deux ordres d'idées, afin de corrompre et dégrader l'autre!

Nous venons de faire voir dans les monuments de l'antiquité la plus reculée, les premiers linéaments, et comme une esquisse imparfaite de la science des mœurs; nous allons en tracer rapidement l'histoire chez les Grecs jusqu'à l'époque d'Aristote, et immédiatement après lui, afin de mettre les lecteurs qui ne se sont pas occupés de ce genre d'études, à même d'apprécier ce qu'on doit à ce philosophe, et ce qu'il dut lui-même à ceux qui l'avaient précédé; et peut-être les recherches où nous serons obligés d'entrer contribueront-elles à rendre plus intelligibles quelques points de la doctrine même de notre auteur, qu'il eût été impossible d'expliquer avec autant de clarté dans les notes qui sont jointes à cette traduction.

Socrate (1), dit Cicéron, fut le premier qui, faisant descendre la philosophie du ciel, où s'égaraient ses spéculations ambitieuses, l'introduisit dans nos maisons, la fit présider à nos actions les plus communes, et aux transactions de toute espèce auxquelles donne lieu l'état de société (2). Cependant Socrate n'écrivit jamais rien sur aucun sujet de morale ou de philosophie; et bien que l'on ait regardé comme ses disciples plusieurs de ceux qui fondèrent des écoles qui eurent ensuite une grande célébrité, et qui donnèrent à l'esprit de recherche une direction toute différente de celle qu'il avait suivie jusqu'alors, c'est au carac-

---

(1) Né à Athènes, l'an 469, et mort l'an 399 avant J.-Ch.

(2) Voy. *Cic. Tuscul. Quæst.* l. 5, c. 4.

tère propre de cet homme extraordinaire, et à l'influence qu'il exerça sur ses contemporains, par son génie, et plus encore par sa vertu, que l'on doit attribuer la révolution qui s'opéra, après lui, dans la philosophie, et surtout dans la science des mœurs.

Si dès le temps de Solon, c'est-à-dire plus d'un siècle avant la naissance de Socrate, Athènes renfermait dans son sein des hommes dévorés d'une ardente ambition, et qui, comme l'avait dit ce sage législateur, auraient volontiers consenti à être écorchés vifs, pourvu qu'ils parvinssent auparavant à exercer, ne fût-ce qu'un seul jour, l'autorité absolue dans leur patrie (1); le nombre de ces hom-

---

(1) Solon, dans un de ses poëmes, au sujet de l'opinion qu'avaient de lui quelques-uns de ces ambitieux, et de la manière dont ils jugeaient sa conduite, lorsqu'après avoir donné des lois aux Athéniens, il prit la résolution de s'absenter pour dix ans, les fait parler ainsi : « Certes, Solon ne fut ni prudent ni avisé, puis- « qu'il refusa le bien qu'un dieu lui offrait; car, après « avoir enlacé la proie dans le filet, il a négligé de le « tirer à lui, faute de cœur et de jugement. Quant à moi, « je voudrais posséder la souveraine puissance, accu- « muler d'immenses richesses, et régner dans Athènes, « ne fût-ce qu'un seul jour, dût-on faire une outre de « ma peau, et m'anéantir avec toute ma race. » Voy. *Plutarch. in Solon.* c. 14, to. I, p. 156 de l'édition de Mr Coray.

mes pervers s'était prodigieusement accru dans toute la Grèce, depuis qu'après avoir assuré son indépendance, elle voyait s'accroître chaque jour sa puissance et sa prospérité. Comme le talent de la parole, dans ses divers états, dont la plupart étaient démocratiques, conduisait aux emplois lucratifs, aux honneurs et au pouvoir, la jeunesse s'y appliquait avec ardeur : aussi voyait-on accourir de toutes parts des hommes qui avaient cultivé ce talent, et qui se vantaient de pouvoir le transmettre à ceux qui en paieraient le prix.

Les *Sophistes*, c'est ainsi qu'on appelait ces professeurs d'une nouvelle espèce, s'appliquaient à discuter, et même à prouver le pour et le contre, sur toutes sortes de questions de morale, de religion, de politique, d'intérêt public ou privé. Les jeunes gens s'empressaient de se faire initier dans cet art mensonger, et prodiguaient leur patrimoine pour acheter le merveilleux secret de devenir riches et puissants. Ainsi, les doctrines les plus perverses s'accréditaient, et un système de conduite, conforme à ces doctrines, infestait toutes les classes de la société.

Au milieu de cette corruption universelle des opinions et des mœurs, devenue plus générale et plus profonde encore à Athènes que dans aucune autre ville de la Grèce, parce que cette ville était plus riche et plus puissante qu'aucune autre, on voit paraître un homme qu'elle n'a pu atteindre, parce qu'il ne désire et n'ambitionne rien de ce que ses concitoyens poursuivent avec tant d'ardeur. Né dans la pauvreté, non-seulement il n'a point cherché à en sortir par des moyens que réprouve la conscience d'un homme de bien, mais il a même renoncé à la profession qu'exerçait son père, parce que le peu qu'il possède peut rigoureusement suffire à la satisfaction des besoins les plus bornés. Il n'a jamais occupé d'emploi public qui donne des richesses ou du pouvoir; mais il a rempli avec zèle ses devoirs de citoyen quand la patrie a eu besoin de ses services. Il a servi dans les troupes de la république, et il a déployé dans diverses occasions autant de valeur que de sang-froid; deux fois il a sauvé la vie à des citoyens (Xénophon et Alcibiade) qui sans lui seraient tombés sous les coups de l'ennemi.

Ce n'est point un homme qui possède de rares et sublimes connaissances, un de ces génies subtils et pénétrants appelés à deviner les secrets de la nature ou à sonder les profondeurs de l'intelligence humaine: doué d'une raison saine et d'un sentiment exquis pour tout ce qui est beau, honnête, honorable, d'une sagacité peu commune pour l'observation des mœurs, des passions et du caractère des hommes; animé du désir constant de les rendre meilleurs, parce que c'est le moyen de les rendre plus heureux; incapable de haïr même ceux qui sont méchants et malfaisants, parce qu'il les croit plus souvent dupes de l'erreur de leur jugement qu'égarés par la perversité de leurs cœurs : tel est Socrate.

Si la justesse naturelle de son esprit ne lui permet pas de donner une croyance absolue et implicite au système religieux universellement admis, il n'en est pas moins exact à se conformer aux cérémonies du culte établi par les lois : il cherche à y démêler ce qu'elles ont de touchant, d'utile ou de propre à rapprocher les hommes; et quoique sa raison se soit peut-être élevée à la conception d'un dieu unique, il admet aussi des intelligences intermédiaires entre l'homme et la divinité suprême. Il croit même que cette prudence particulière qui le distingue et lui fait, dans bien des circonstances, entrevoir avec une sorte de certitude les résultats de sa propre conduite ou de celle de ses amis, est l'effet des inspirations de quelqu'une de ces divinités inférieures qui s'est, en quelque manière, attachée à lui, afin de le rendre plus utile à ses semblables; il se regarde comme le ministre des intentions bienfaisantes de ce dieu, comme ayant reçu la mission expresse d'éclairer ses concitoyens et de les rappeler à la vertu; il est convaincu que sa vie toute entière doit être employée à cette noble tâche, qu'aucun obstacle, aucune crainte, même celle de la mort, ne doit l'arrêter dans l'accomplissement de ce devoir sacré.

Aussi le voyait-on fréquenter chaque jour les places publiques, les gymnases, et tous les lieux où les citoyens se rassemblaient le plus ordinairement, prêt à discourir avec ceux qui voulaient l'entendre, et à répondre à ceux qui voulaient l'interroger. L'art ingénieux avec lequel il savait amener l'entretien sur les sujets les plus intéressants et en même temps les plus familiers, en sorte qu'il en résultât une solide instruction et la connaissance de quelques vérités utiles au bonheur et à la conduite de la vie, attirait souvent autour de lui un grand nombre de personnes et surtout de jeunes gens. Ceux dont l'esprit était sain et naturellement disposé à l'amour de la vérité et de la vertu, s'attachaient à lui et devenaient ses auditeurs assidus, ce qu'on appela ses disciples; objet de leur tendre affection, et capable à son tour de l'attachement le plus sincère et du plus entier dévouement pour eux, il les guidait par ses conseils, et prenait souvent des circonstances particulières à quelques-uns d'entre eux, l'occasion de ses entretiens les plus attachants et les plus utiles.

Car jamais Socrate ne fit de longs discours, n'établit d'une manière expresse et dogmatique les préceptes des devoirs de l'homme et les motifs qui leur servent de base : mais si quelqu'un de ceux qui le fréquentaient ordinairement venait à se plaindre des torts que son frère ou sa mère avaient envers lui, le sage philosophe, tout en supposant la plainte fondée, afin de ne pas armer contre lui la passion de celui qu'il voulait instruire et corriger, ramenait insensiblement son attention sur ce que de pareils liens ont de touchant et de sacré, sur ce qu'on doit de reconnaissance à une mère, sur ce qu'on peut attendre des sentiments qui résultent nécessairement et presque inévitablement du lien fraternel, et ainsi s'établissait dans l'esprit de celui à qui s'adressaient ses discours, et de ceux qui les entendaient, la connaissance des devoirs propres à ce genre de relations.

D'autres fois, Socrate provoqué lui-même par les sarcasmes d'un sophiste, qui n'aurait pas été fâché de l'humilier aux yeux de ses nombreux auditeurs, tirait de cette circonstance un moyen naturel de leur faire mieux sentir l'utilité de ses entretiens et la vérité des principes qu'il avait adoptés. En un mot, l'instruction qu'il répandait sous mille formes diverses, parce qu'elle naissait d'une extrême variété d'événements imprévus, était toujours dirigée vers le même but, la connaissance de l'homme, de ses devoirs dans toutes les situations de la vie, et des moyens de se rendre heureux en pratiquant la vertu et en cultivant sa raison.

C'est ainsi qu'il parvint à exercer sur ses contemporains une influence aussi heureuse qu'étendue, uniquement par l'ascendant de son génie et de son exemple. Ainsi, il s'attacha une foule d'hommes de tout âge et de toute profession, parmi lesquels il s'en trouvait plusieurs dont le dévouement pour lui était sans bornes. Mais, en même temps, il ne put éviter de se faire d'ardents et implacables ennemis, non seulement parmi ces sophistes dont il avait singulièrement décrédité la profession, en en faisant voir le vide et le danger, mais aussi parmi cette multitude d'hommes avides de crédit, de richesses et d'honneurs, dont il avait trop souvent dévoilé les intentions perfides et les coupables espérances. Non que, dans ses discours en parlant d'eux, ou dans ses entretiens publics avec eux, il y eût jamais rien d'amer ou d'offensant, ou qu'il eût abusé de la supériorité de sa raison pour les humilier en triomphant de leur défaite. Il avait, à leur égard, un tort bien plus impardonnable, celui de rendre plus difficile, et peut-être même, dans certains cas, impossible, l'accomplissement de leurs projets ambitieux.

Car, cette ironie socratique, dont on a tant parlé, n'était point, comme on se l'imagine peut-être assez ordinairement, l'art de couvrir sous un langage en apparence modéré, ou même obligeant et flatteur, des sentiments d'aversion ou de mépris; elle consistait assez souvent dans une naïveté de vérité et de raison qui faisait ressortir d'une manière plus vive et plus piquante le vice ou la fausseté des opinions que Socrate voulait combattre : elle consistait surtout à feindre une entière ignorance des choses qu'il savait quelquefois très-bien; mais alors (et c'est un des caractères les plus remarquables du procédé d'examen qui lui était familier), il n'avait pas précisément en vue d'embarrasser ou d'humilier ceux avec qui il discourait et de les faire tomber, sans qu'ils s'en doutassent, dans quelque conclusion absurde; il semble qu'il voulait plutôt les forcer à remonter aux véritables principes de la question, à la ramener à ses vrais éléments, parce que c'était le seul moyen de l'éclaircir à leurs propres yeux, comme aux yeux de ceux qui étaient témoins de l'entretien. Au lieu de leur permettre de s'appuyer sur quelque préjugé, sur quelque opinion fausse, mais généralement admise, dont ils n'auraient pas été embarrassés de tirer les conséquences qui flattaient leurs passions ou leurs désirs, et qu'ils auraient su embellir de tous les prestiges d'une éloquence étudiée, il les obligeait, par son ignorance affectée, à une analyse exacte et sévère de ce même principe, que dès-lors il fallait bien abandonner, s'il était faux.

La haine dont Socrate était ainsi devenu l'objet se manifesta, d'une manière éclatante, dans plusieurs circonstances; et, sans parler du monument qui nous en reste dans la comédie des *Nuées* d'Aristophane, qui déshonora son génie en le faisant ainsi servir à diffamer un grand homme, le temps de la domination des trente tyrans établis à Athènes par Lysandre, à la fin de la guerre du Péloponèse, fut celui où il courut le plus de dangers. Critias, l'un de ces misérables chargés de désoler leur patrie pour satisfaire la vengeance et les intérêts de l'étranger, avait été précisément un de ceux qui, autrefois, suivaient avec le plus d'assiduité ses entretiens; et quelques avis qui lui avaient été donnés par Socrate sur son penchant à la débauche, l'avaient irrité et enfin tout-à-fait éloigné. Aussi, ce fut lui qui, dans le dessein de se venger de celui que jadis il avait regardé comme son maître, fit rendre, par ses collègues, une ordonnance qui défendait d'enseigner désormais l'art de discourir et de raisonner. Car ceux qui font le mal voudraient ne voir autour d'eux que des hommes incapables de juger leurs actions, et surtout incapables d'apprécier et de réfuter les misérables prétextes dont ils essaient de colorer leurs plus criantes iniquités.

Socrate n'avait pu s'empêcher de faire entrevoir l'opinion qu'il avait du système de conduite de ces hommes violents et sanguinaires. Si, disait-il, un homme chargé d'élever des bœufs ou de dresser des chevaux, au lieu de les rendre dociles et obéissants à sa voix, les rendait rétifs, méchants, indociles, s'ils amaigrissaient et dépérissaient chaque jour entre ses mains, si même il en laissait ou en faisait périr un grand nombre, ne serait-on pas en droit de conclure de là que c'est un bouvier bien inepte ou un écuyer bien malhabile? Or, ajoutait Socrate, il en est de même de ceux qui se chargent de gouverner des hommes; lorsqu'au lieu de rendre les citoyens soumis aux lois et affectionnés aux chefs de l'état, ils se mettent dans le cas d'éprouver des révoltes ou des résistances de leur part; lorsqu'au lieu d'entretenir parmi eux l'union et l'affection réciproques, ils les rendent ennemis les uns des autres et se mettent dans le cas d'en faire périr un grand nombre, on est, ce me semble, autorisé à les regarder comme des hommes bien peu capables de gouverner les autres.

Les trente ne manquèrent pas d'être informés de ces discours, et bientôt deux d'entre eux, Chariclès et Critias, mandèrent Socrate devant eux, et lui montrèrent la loi qu'ils avaient rendue, en lui défendant de s'entretenir désormais avec des jeunes gens. « Socrate leur demanda, si, « dans le cas où il ignorerait quelque article de leurs « ordonnances, il ne lui serait pas permis de s'en « informer? — Non: dirent-ils. — Je ne demande pas « mieux que de me conformer aux loix, dit encore « Socrate; mais apprenez-moi si, en défendant d'en-

« seigner l'art des discours, vous avez prétendu qu'on
« s'abstînt seulement de ceux qui ne sont ni rai-
« sonnables, ni justes, ou si l'on doit aussi s'inter-
« dire ceux qui sont justes et raisonnables. — Hé
« bien! dit Chariclès avec colère, pour lever toute
« difficulté, il t'est expressément défendu de con-
« verser, de quelque manière que ce soit, avec des
« jeunes gens. — A présent, reprit Socrate, dites-moi
« à quel âge les hommes sont censés n'être plus des
« jeunes gens, afin que je ne coure pas risque de
« contrevenir à vos ordres. — Tant qu'ils n'ont pas
« le droit de voter dans l'assemblée, dit Chariclès,
« parce que jusque là ils manquent de prudence.
« Ne parle point à ceux qui ont moins de trente
« ans. — Quoi! pas même pour savoir le prix des
« denrées que vendent ceux qui n'ont pas cet âge,
« si j'ai besoin d'acheter quelque chose? — Non : pas
« même pour cela, dit Chariclès. — Mais si l'on m'in-
« terroge, ajouta Socrate; si l'on me demande, par
« exemple, où demeure Chariclès, ou bien Critias,
« faudra-t-il que j'évite de répondre? — Sans doute,
« reprit Chariclès...... Socrate, ajouta Critias, il
« faudra aussi t'abstenir de parler de cordonniers,
« de charpentiers, et t'interdire toutes ces compa-
« raisons usées dont tu as tant de fois rebattu nos
« oreilles. — Et, par conséquent aussi, taire les vé-
« rités qui s'ensuivent, sur ce qui est juste, saint,
« et le reste. — Assurément! dit Chariclès, et ne

« parle pas non plus des bouviers...... autrement,
« prends garde de diminuer, pour ta part, le trou-
« peau qui nous est confié (1). »

Socrate échappa cependant à la tyrannie des trente, qui, trop violente pour pouvoir se soutenir, fut renversée après huit mois, par la généreuse résolution de Thrasybule. Malheureusement il ne pouvait détruire ni l'ambition inquiète et jalouse des orateurs, ni le faux zèle et l'hypocrisie des prêtres, ni le stupide aveuglement d'une multitude abusée par ces deux classes d'imposteurs, parmi lesquels se trouvaient les ardents et irréconciliables ennemis du sage Athénien. Cinq ans après, ils lui suscitèrent ce procès célèbre dont tout le monde connaît l'histoire et les détails. Ils firent condamner à la mort comme ennemi de la religion, celui de leurs citoyens qui avait de la divinité les idées les plus saines et les plus élevées; comme corrupteur de la jeunesse, celui qui savait le mieux lui inspirer l'amour de la vertu, et le courage de remplir les devoirs qu'elle impose.

Les hommes qui ne désirent le pouvoir que pour lui-même, et non en vue de l'utilité de leurs semblables, n'ont point d'avenir dans la pensée : leurs vues sont étroites, et bornées : quelques mois, quelques années, voilà le terme de leurs

---

(1) Voy. *Xenoph. Memor. Socrat.* l. 1, c. 2, § 32—37.

plus longues espérances. Ils s'aperçoivent facilement des obstacles que créent autour d'eux la raison et la vertu; et s'il se trouve quelqu'un qui ose leur en faire entendre le sévère langage, ils s'imaginent qu'il leur suffira de le condamner au silence ou à la mort, pour triompher de toutes les résistances; ils ne songent pas qu'on ne tue ni les sentiments ni les opinions, et que la persécution injuste leur donne, au contraire, en peu de temps, une énergie et une autorité que peut-être elles n'auraient pas obtenues, si on les eût abandonnées à leur libre et naturel progrès. Ainsi, les accusateurs et les juges de Socrate ne virent pas qu'en abrégeant de quelques années peut-être la vie d'un vieillard de soixante-dix ans, ils ne détruiraient ni les idées justes et saines qu'il avait travaillé toute sa vie à répandre parmi ses concitoyens, ni les sentiments nobles et généreux qui se joignent ordinairement à ces sortes de pensées. Ils ne comprirent pas qu'une injustice aussi éclatante que celle qu'ils allaient commettre, consacrait à une même immortalité le triomphe de leur victime et leur propre infamie.

En effet, à peine Socrate eut-il fermé les yeux à la lumière que l'image de sa vertu se montra à ses concitoyens plus imposante et plus belle; une vive compassion succéda aux préventions injustes, dans le cœur même de la plupart de ceux qui avaient pu être un moment séduits par les calomnies et par les discours artificieux des ennemis de ce grand homme; et devenus l'objet du mépris public et de l'indignation universelle, ses accusateurs périrent tous misérablement. Mais un résultat plus remarquable, une conséquence plus importante de leur injustice, et qu'ils étaient sans doute fort incapables de prévoir et de comprendre, c'est qu'elle devait, plus qu'aucun autre fait du même genre, porter jusque dans la postérité la plus reculée, avec l'horreur qu'ils inspiraient à leurs contemporains, celle des crimes pareils à celui dont ils s'étaient rendus coupables. Grace à ce profond sentiment du beau moral, que Socrate avait su inspirer à ceux qui s'étaient attachés à lui, grace au génie et au talent avec lequel plusieurs d'entre eux surent reproduire tous les détails de ce drame touchant et sublime, ils sont devenus familiers à la jeunesse dans tous les pays où ont pu pénétrer les admirables écrits de Platon et de Xénophon; ils font revivre et développent dans des ames encore pures les nobles sentiments qui animaient leurs auteurs; les noms d'Anytus, de Mélitus et de Lycon sont devenus, en quelque sorte, ceux de tous les accusateurs qui se sont faits ou se feront les organes impurs de la vengeance ambitieuse, de l'intolérance hypocrite; les juges prévaricateurs qui font à ces viles passions le sacrifice de leur honneur et du plus sacré des devoirs, nous inspirent, comme à notre insu, le dégoût et le mépris que nous avons conçu dans notre jeunesse pour ceux qui condamnèrent Socrate.

Si nous cherchons à rassembler, d'après les documents les plus authentiques qui nous restent de la philosophie de ce sage Athénien, les principales vérités qui en firent le fonds, elles paraissent pouvoir se réduire au petit nombre d'articles suivants :

I. Le but ou le dernier terme vers lequel l'homme doit tendre de tous ses efforts, dans tout le cours de sa vie, est le bonheur que procure une conduite conforme à la vertu, ou aux lois de la morale.

II. Car, suivant lui, l'utile ne devait jamais être distingué ou séparé de l'honnête ; c'est un crime de distinguer dans sa pensée ou dans son opinion, des choses que la nature a voulu unir par un lien indissoluble.

III. Il s'en faut de beaucoup que le bonheur consiste, comme le vulgaire semble le croire, à multiplier indéfiniment nos besoins et les jouissances de tout genre qui peuvent les satisfaire : le bonheur consiste, au contraire, à resserrer, le plus qu'il est possible, le sphère de nos besoins. Car, n'avoir besoin de rien est un des plus sublimes attributs de la divinité, et l'homme vertueux doit s'appliquer sans cesse à se rapprocher de cette nature divine, à laquelle il participe par la plus noble partie de lui-même.

Le bonheur consiste à faire le plus de bien qu'on peut aux autres hommes, (même à ses ennemis, à qui on ne doit jamais rendre le mal pour le mal,) à sa patrie, à sa famille, en travaillant surtout à propager les sentiments de vertu, en se rendant soi-même aussi libre et aussi indépendant qu'on le peut, non-seulement de la tyrannie des hommes, mais de celle de ses propres passions, bien plus redoutable encore et bien plus funeste.

IV. Savoir, et agir d'une manière conforme aux lumières de son esprit, ou à ce qu'on sait, sont des choses inséparables de leur nature. Mais toute science qui n'a pas pour but de rendre les hommes plus heureux, en les rendant plus vertueux, n'est qu'une science vaine et superflue.

V. On doit toute obéissance aux lois établies ou écrites, parce qu'elles ont en vue le plus grand bien de tous les membres de la société : mais celles même qui ne nous semblent pas justes, doivent encore être respectées; on doit leur obéir, parce qu'elles font partie de l'ensemble des conditions par lesquelles l'état subsiste et se conserve. Toutefois il y a des lois *non-écrites*, qui sont l'expression immédiate et naturelle de nos devoirs envers les dieux, envers les auteurs de nos jours, envers nos bienfaiteurs, envers la patrie, et celles-là servent de fondement aux lois écrites. On ne les transgresse jamais impunément; et les dieux mêmes, qui en sont les auteurs, se chargent de punir ceux qui les ont méconnues.

VI. Les motifs les plus puissants nous invitent sans cesse à suivre la route de la vertu, qui est celle du bonheur véritable; car l'homme vertueux est le seul à qui il soit donné de contempler le plus délicieux des spectacles, celui du bien qu'il a fait; d'entendre le plus ravissant des concerts, son éloge dans la bouche des gens de bien.

VII. Enfin, si le bonheur qu'une constante application à la vertu, lui promet et lui assure le plus ordinairement, dans le cours de cette vie mortelle, n'est pas son partage; s'il éprouve l'injustice de ses contemporains; sa raison, en lui démontrant l'immortalité du principe immatériel à qui appartient la pensée et la volonté, dévoile à ses regards un avenir sans bornes. Sa confiance inébranlable dans la justice divine, lui garantit la jouissance d'une félicité que désormais rien ne pourra troubler.

Long-temps avant Socrate, l'on avait marqué, par des termes exprès, certains caractères, certaines dispositions morales habituelles pour lesquelles on n'avait pu s'empêcher de concevoir une sorte de respect et d'admiration. L'habitude de s'abstenir, par exemple, des jouissances qui flattent les sens, du moment où elles blessent la raison ou la convenance; celle de conserver une constance inébranlable au milieu des souffrances ou des dangers, celle de se conduire dans les circonstances difficiles ou délicates de manière à faire voir, qu'on avait prévu à l'avance les avantages ou les inconvénients de ses actions, qu'on avait appris par l'expérience et par la réflexion à anticiper, en quelque sorte, dans sa pensée, les résultats probables ou certains des actions humaines; enfin la disposition constante à consulter en tout les droits d'autrui, de sorte que jamais un autre homme ne puisse craindre de vous un tort ou un dommage qu'il n'a pu ni dû prévoir; ces quatre espèces de dispositions ou d'habitudes, dis-je, ont eu, dans les plus anciens temps, des noms correspondants à nos mots *tempérance*, *force*, *prudence* et *justice*. On les retrouve même dans les livres sapientiaux des Hébreux (1), où ils sont regardés comme exprimant les principales parties de la sagesse ou de

---

(1) *Sobrietatem enim et prudentiam docet* [*sapientia*], *et justitiam et virtutem* [*s. fortitudinem*] *quibus utilius nihil est in vita hominibus.* (lib. sapient. c. 8, vs. 7.)

la vertu, en général. C'est ce que l'on a nommé, dans les livres de morale, les quatre vertus cardinales ou fondamentales; et la doctrine de Socrate peut se rapporter, en grande partie, à cette division, qui paraît avoir aussi été connue avant lui chez les Grecs.

Platon adopta et développa à sa manière, c'est-à-dire, avec sa brillante imagination et son éloquence sublime, les principales vérités morales si souvent présentées par Socrate dans ses ingénieux entretiens; il y ajouta des vues importantes qui lui étaient propres, et s'appliqua surtout à approfondir et à généraliser quelques-unes des propositions fondamentales de la science des mœurs. En un mot, c'est particulièrement dans les écrits de ce philosophe que la morale commença à revêtir une forme scientifique.

Cependant, Platon n'a point composé, à proprement parler, de traité de morale; on ne trouve dans aucun de ses ouvrages, une exposition suivie et méthodique de sa doctrine sur ce sujet; mais dans plusieurs de ses dialogues, les questions de morale se trouvent mêlées avec des objets qui appartiennent à d'autres sciences, telles que la politique, la métaphysique et la physiologie, ou connaissance générale de la nature. C'est surtout dans ses livres de la République et des Lois, qu'il a développé avec plus d'étendue ses pensées sur la vertu, sur le souverain bien, sur les devoirs des hommes considérés, soit comme individus, soit comme membres d'une société régie par des lois communes, en sorte qu'on voit avec évidence que, dans son opinion, la morale et la politique ne faisaient qu'une seule et même science.

Socrate n'avait fait que donner, s'il le faut ainsi dire, une base rationnelle aux principes de morale ou aux règles de conduite universellement admises avant lui par tous les hommes qui savaient entendre la voix de la conscience et y obéir. Il avait fait voir qu'un pareil système de conduite est essentiellement conforme aux lois de la raison; et qu'un système contraire, non-seulement ne peut jamais conduire au bonheur, mais même implique toujours une sorte d'absurdité dans le raisonnement. Dès-lors, tout ce sujet se trouvait ramené à un point de vue assez simple; et il semblait qu'on pouvait facilement conclure de tout ce qu'on connaissait et qu'on pouvait connaître de la nature morale de l'homme, que des deux parties ou éléments dont elle se compose, sensibilité et raison, l'une doit constamment être subordonnée aux directions de l'autre. C'est aussi, il faut en convenir, le résultat auquel Platon est arrivé, mais par une marche peu sûre, et à travers mille détours pénibles et obscurs, mais en compliquant la question principale d'un grand nombre de discussions incidentes ou accessoires qui l'écartaient sans cesse du but au lieu de l'y ramener.

C'est que l'esprit humain n'arrive, en aucun genre, à ce qui est simple et vrai, qu'après avoir épuisé presque toutes les fausses combinaisons qui peuvent l'en écarter, parce qu'en effet il n'y a qu'une route pour y arriver, tandis que toutes les autres en éloignent. L'attrait même de la simplicité produit souvent, en ce genre, une illusion dont les philosophes n'ont que rarement su se garantir. Ici, par exemple, on s'empressa de ramener toutes les considérations à l'idée abstraite du souverain bien, et l'on se divisa presque aussitôt sur la manière de le définir et de le caractériser. Deux des disciples immédiats de Socrate, Aristippe et Antisthène, prirent chacun un parti opposé dans cette question, regardée dès-lors comme fondamentale pour la science des mœurs et pour la conduite de la vie. L'un faisait consister le souverain bien dans la volupté, dans la jouissance de tous les plaisirs, mais de manière pourtant à ce qu'on fût assez maître de soi pour se les interdire, du moment où l'on pourrait en craindre les funestes conséquences (1). Comme s'il était facile, ou même possible, de s'arrêter dans une pareille route, quand une fois on s'y est engagé.

---

(1) *Et mihi res, non me rebus submittere conor.*

Hor.

Antisthène, au contraire, exagérant le principe de Socrate, que le bonheur consiste à avoir le moins de besoins qu'il est possible, à se rendre, autant qu'on peut, indépendant des hommes et des circonstances extérieures, regardait les plus simples commodités de la vie, comme un luxe funeste et dangereux, les plaisirs les plus innocents comme une atteinte criminelle portée à la vertu. Nous verrons plus tard se reproduire ces deux doctrines si contraires, mais modifiées et développées par des hommes d'un génie et d'un talent supérieurs, à une époque où la philosophie avait fait plus de progrès.

Platon considère la question sous un point de vue plus étendu et d'une manière plus générale et plus approfondie. Suivant lui, l'ame tend incessamment et par toutes sortes d'efforts à s'assurer la possession du bien, c'est-à-dire, de ce à quoi tout le reste se rapporte, comme à un but, à une fin; et par conséquent cet objet des désirs et des vœux de toute créature intelligente doit avoir une réalité incontestable, doit exister par soi-même, quoiqu'on ne puisse pas clairement le faire apercevoir.

Le bien en soi, ou absolu, est donc la condition nécessaire de tout ce qui mérite le nom de bien, et il n'y a rien de particulier que l'on puisse appeler ainsi, qu'autant qu'il participe à ce bien suprême ou absolu. Par conséquent encore, les caractères qui le distinguent, sont d'être parfait et suffisant, d'être à lui-même son propre but, et d'être un objet nécessaire de désirs pour toute créature douée de raison.

Ce qu'on appelle volupté, ou plaisir, n'a point ces caractères, n'a rien d'absolu ou d'existant nécessairement et par soi-même; au contraire, c'est un changement, une modification fugitive et passagère de l'ame, une tendance vers le bien, vers un état parfait et complet, mais qui est elle-même imparfaite et incomplète. De même que les germes, après avoir reçu l'impulsion qui les fait tendre au complet développement de leur existence, sont, pendant un certain temps, dans une sorte de mouvement progressif qui doit les conduire à cette existence complète et parfaite (état que Platon désigne par le nom de *génération*); ainsi le plaisir est une tendance, une sorte de mouvement progressif qui semble nous conduire vers le bien, et par cette raison, ce philosophe lui donne aussi le nom de génération. Et voilà pourquoi le plaisir, suivant lui, n'est pas le bien absolu, ou le bonheur, parce qu'il est génération et mouvement (1).

Il y a des sentiments qui s'unissent à la pensée,

---

(1) Voyez ce qu'Aristote dit, à ce sujet, dans sa *Morale*; l. x, ch. 3—4.

qui ont leur source dans l'activité propre de la raison ou de l'intelligence, et qui sont modifiés par elle ; tels sont les sentiments purement spirituels ou moraux qui accompagnent la pratique de la vertu. L'union de ces sentiments avec la pensée, ou, si l'on veut, le plaisir qui accompagne les actes de l'intelligence, constitue proprement le souverain bien de l'homme, suivant l'opinion de Platon ; cette union comprend en soi, vérité, régularité et beauté, trois caractères essentiels de tout ce qui est bon et bien.

Ce n'est donc ni dans le plaisir tout seul, ni dans la pensée ou la raison toute seule, que se trouve le bonheur ; il résulte du mélange, de la combinaison de ces deux éléments ou conditions. Sans doute la raison est le législateur suprême ; en cette partie, c'est à elle à nous prescrire la règle à laquelle nous devons nous conformer ; et elle ne peut le faire qu'en consultant les *idées*, ou formes exemplaires des notions qui sont communes à l'entendement de l'homme et à la suprême intelligence, ou à la divinité. Car Dieu est l'idéal, ou la source de toute perfection morale, et il n'y a pas pour l'homme d'autre moyen d'éviter le mal ou le vice, et d'atteindre au degré de perfection que comporte sa nature, que de se rendre, le plus qu'il est possible, semblable à ce divin modèle.

Par conséquent, le bien absolu pour l'homme se trouve dans la subordination entière de tous ses désirs, de tous ses penchants, de toutes ses passions, à la raison ; dans l'harmonie de toutes ses facultés, en sorte qu'il soit constamment d'accord avec lui-même, et avec les autres êtres raisonnables. Ce ne doit point être, de sa part, un calcul, une comparaison entre des peines et des plaisirs plus ou moins grands, il doit s'efforcer d'atteindre à la perfection uniquement en vue de la perfection elle-même, suivre la raison uniquement pour elle-même : tel est le caractère de la vertu, telle en est l'idée absolue, car le nom qui l'exprime dans la langue grecque, signifie aussi perfection, et est très-souvent pris en ce sens par les philosophes grecs.

Platon, regardant le désir du bien en soi ou du bien absolu, comme une nécessité inévitable, et, pour ainsi dire, comme une loi de la volonté de l'homme, en concluait que personne ne fait le mal de son plein gré, et précisément pour faire ce qui est mal, mais qu'il est impossible, au contraire, que l'on veuille jamais faire autre chose que le bien. Seulement il arrive souvent qu'on ne le connaît pas ; d'où il concluait que l'homme ne s'écarte de la vertu que faute de savoir distinguer les biens et les maux véritables ; et, en ramenant ainsi toute la question de la liberté, à la doctrine de Socrate, que la vertu et la science sont, pour ainsi dire, une seule et même chose, il méconnaissait presque entièrement le principe de la liberté morale. C'est cette partie de sa doctrine qu'Aristote combattit en traitant de ce qu'il y a de volontaire et d'involontaire dans les actions de l'homme (1).

Suivant Platon, le bonheur est inséparable de la vertu ou de la perfection morale; il la regarde comme la source des plus pures délices. Cependant, il affirme plus d'une fois que l'homme est dans l'obligation d'agir toujours d'une manière conforme aux lois les plus rigoureuses de la morale, quand même les plus cruelles douleurs, et la mort, devraient être la conséquence inévitable d'une pareille conduite. Cette contradiction apparente s'explique, par la ferme croyance à l'immortalité de l'ame, à la bonté et à la justice de Dieu, croyance qu'il avait puisée dans les leçons de Socrate, et qu'il s'efforça sans cesse d'appuyer sur toutes les preuves de sentiment et de raison qui lui semblaient le plus propres à l'affermir.

Au reste, on ne trouve dans ses écrits rien de proprement systématique sur les devoirs. Le nom même qui exprime cette notion ou conception n'existait pas, du temps de Platon, dans la langue grecque. Cependant il les a indiqués presque tous,

---

(1) Voyez la *Morale d'Aristote*, l. III, c. 1—5.

et il en est plusieurs qu'il a parfaitement développés. Il insiste surtout sur la règle négative de ne pas commettre d'injustice, de ne jamais faire de mal, même à ses ennemis. Mais le principe général qui domine plus particulièrement dans cette partie de ses écrits, c'est le respect pour la raison, la prééminence qu'il veut qu'elle obtienne constamment sur toutes nos affections, nos désirs ou nos passions (1).

L'un des principaux mérites de la doctrine morale de Platon est dans la supériorité de raison et dans l'admirable éloquence avec laquelle il combattit les doctrines perverses des sophistes, dans ces éloquents et ingénieux dialogues où il les met aux prises avec Socrate, qu'il y représente toujours comme l'interprète de la vérité et de la vertu. Pour favoriser de tout leur pouvoir les vues ambitieuses de ceux qui payaient généreusement leurs leçons, les sophistes avaient entrepris d'anéantir toute idée de justice ou de devoir, fondée sur la nature morale de l'homme ; et, suivant eux, il n'y avait de juste et d'honnête que ce que la loi déclarait tel. La conséquence d'un pareil principe était facile à déduire, et singulièrement favorable aux prétentions de tous ceux qui aspiraient à la domination, car il ne s'a-

---

(1) Voyez, entre autres, le début éloquent du 5ᵉ livre des *Lois*.

gissait que d'être assez fort pour faire soi-même les lois, et, dès-lors, il n'y avait de légitime et de juste que ce qui était conforme au caprice, aux désirs et aux intérêts du législateur.

Il est à remarquer que dans tous les pays, et à toutes les époques dont l'histoire nous est connue, les fauteurs du despotisme n'ont pas manqué de s'appliquer à faire prévaloir cette doctrine, qui n'a d'autre but que de substituer l'empire de la force à l'autorité de la conscience et de la raison, en abolissant la réalité des distinctions morales, qu'on entreprend de fonder sur des conventions purement arbitraires, tandis qu'elles ont pour but la nature même de l'entendement humain. D'un autre côté, il est bien vrai qu'il n'y a rien de si facile que de se dispenser d'avoir raison, quand on est le plus fort; mais peut-être ne remarque-t-on pas assez que la force est le résultat d'un nombre de conditions ou d'éléments singulièrement variables, toujours prêts à se disperser, et qui ne peuvent avoir de lien durable que cette même raison dont on s'efforce de s'affranchir comme d'un joug incommode.

C'est cette importante vérité que l'on trouve démontrée dans plusieurs des ouvrages de Platon, et particulièrement dans le dialogue intitulé *Gorgias*, l'un des chefs-d'œuvre de cet admirable écrivain, l'un de ceux où se trouvent réunis tous les genres de talent et d'éloquence qui le caractérisent, et jusqu'à cette métaphysique subtile dont il abuse trop souvent dans ses autres écrits. Nous croyons donc qu'il ne sera pas inutile de s'y arrêter ici un moment, pour donner au lecteur quelque idée de la manière de cet auteur, en même temps que nous essayons d'indiquer les points les plus importants de sa doctrine morale.

Sans parler de l'introduction, qui donne à l'ouvrage un intérêt tout-à-fait dramatique, le *Gorgias* de Platon se divise naturellement en trois parties, ou, si l'on veut, en trois scènes distinctes chacune par l'apparition, s'il le faut ainsi dire, d'un nouvel interlocuteur. Socrate demande d'abord à Gorgias quel est précisément l'art dont il fait profession. C'est la rhétorique, c'est-à-dire l'art de persuader. Mais la rhétorique ne persuade-t-elle jamais que des choses justes, ou si elle en persuade quelquefois qui sont contraires à la justice? Elle persuade tout ce qu'elle veut, dit Gorgias; mais si l'orateur abuse de son talent pour faire prévaloir l'injustice, la faute doit lui en être imputée, car il sera véritablement coupable. La rhétorique enseigne-t-elle ce qui est juste, beau, honnête? L'orateur, suivant ce que répond Gorgias, doit être capable d'enseigner toutes ces choses. Socrate conclut de là que c'est ce qu'il faudrait faire avant tout, et il démontre assez bien que celui qui le saurait parfaitement n'aura guère besoin de la rhétorique, conclusion qui cause à Gorgias quelque confusion, et le jette dans une sorte d'embarras.

Cependant, Gorgias est un personnage d'une certaine importance; il a une réputation qu'il ne doit point hasarder; il ne convient donc pas qu'il se compromette davantage : ce n'est pas lui qui doit dévoiler la doctrine secrète du parti qui le compte pour un de ses plus illustres chefs. L'impatience de Polus (1), qui n'est pas néanmoins sans quelque considération dans ce parti, mais qui en a moins que Gorgias son maître, tire celui-ci du défilé où il se trouvait engagé. Il témoigne quelque humeur de voir le tour que prend l'entretien, semble reprocher à Gorgias d'avoir, par une fausse honte, accordé que l'orateur doive savoir ou apprendre ce qui est juste et injuste, comme si tout le monde ne savait pas cela. De cette manière, il a laissé sans réponse une critique peu fondée de sa définition de la rhétorique, qui est, en effet, un art de la plus haute importance, puisque celui qui le possède peut parvenir à une grande puissance. Et, pour couper court à la discussion, Polus demande à Socrate, si lui-même ne serait pas satis-

---

(1) Autre sophiste de la ville d'Agrigente, et par conséquent Sicilien, comme Gorgias, dont il était le disciple.

fait d'exercer un grand pouvoir dans la république, de disposer à son gré de la vie et de la fortune des citoyens? — Justement, ou injustement? lui répond Socrate. — De quelque manière que ce soit, reprend le sophiste. — Assurément, dit Socrate, je ne regarde pas comme digne d'envie l'homme qui prononce une juste condamnation contre son semblable; mais celui qui le condamne injustement me semble bien à plaindre. En un mot, il soutient, contre toutes les assertions et les exemples que lui oppose Polus, non seulement que c'est un plus grand malheur de commettre l'injustice, que de la souffrir; mais que l'homme injuste, qui porte la peine de son crime, est moins malheureux que celui dont la conduite coupable demeure impunie. Malgré toutes ses subtilités et son adresse, le sophiste est enfin forcé d'avouer que ce sont là les conséquences nécessaires des raisonnements dont lui-même a reconnu la justesse, ou du moins il ne trouve rien de solide à y répondre. C'est qu'il a aussi quelques ménagements à garder, et qu'un reste de pudeur l'empêche de soutenir jusqu'au bout une doctrine révoltante.

Alors un jeune athénien, que l'auteur nous présente comme l'enfant perdu du parti des sophistes, qui se passionne pour la doctrine de ses maîtres avec tout le zèle d'un adepte, entreprend de la dévoiler dans toute sa nudité. Sans doute, s'il avait été question de s'expliquer en public sur quelque point de morale ou de législation, s'il avait fallu faire prévaloir quelque mesure injuste, ou prévenir les esprits faciles à s'abuser contre quelque citoyen vertueux, Calliclès aurait su, comme un autre, mettre en avant les prétextes du bien public, de la gloire et de la prospérité de l'état ; les phrases bannales de respect pour les Dieux, d'attachement pour la religion, ne lui auraient pas manqué au besoin ; mais ici, il n'a point à craindre de témoin indiscret, point d'intérêts à ménager, et il va mettre dans son langage toute la franchise d'un homme qui sent sa force, et presque l'enthousiasme de l'immoralité.

Voici en peu de mots la substance des discours qu'il adresse à Socrate : « Tu ne dois l'avantage que tu parais avoir en ce moment, qu'à la pusillanimité de Polus, qui est tombé précisément dans la même faute qu'il reprochait à Gorgias. Il le blâmait de t'avoir accordé que celui qui professe l'éloquence doive enseigner à ses disciples ce que c'est que la justice ; et je lui reprocherai, à mon tour, de t'accorder qu'il est plus honteux de commettre l'injustice que de la souffrir. Il n'a pas osé réfuter le pur sophisme dont tu te prévaux contre lui, et voilà pourquoi tu triomphes. Tu confonds à dessein ce qui est juste suivant les lois, et ce qui l'est suivant la nature ; Polus est convenu avec toi que, suivant les lois, il est plus honteux de commettre l'injustice que de la souffrir, et tu feins de croire que cela est vrai aussi suivant la nature : mais c'est tout le contraire ; car, suivant la nature, ce qu'il y a de plus honteux et de plus coupable, c'est de supporter une injustice, puisqu'il n'y a qu'un vil esclave qui puisse y consentir, et que tout homme de cœur en est révolté.

« C'est la multitude, faible et lâche, qui a fait ces lois qui prononcent qu'il est infame de commettre une injustice : parce qu'elle redoute les hommes forts et courageux, les hommes habiles dans la science du gouvernement, qui joignent à des talents supérieurs une ame énergique et ferme. C'est à ceux-là, en effet, qu'appartient le droit de commander à tous les autres, de posséder tout, de satisfaire tous leurs désirs, sans réserve et sans contrainte. Voilà cette vérité que tu prétends chercher, voilà la véritable vertu, le vrai bonheur : en un mot, la prééminence du fort sur le faible, telle est la loi de la nature.

« Tu le reconnaîtras, si, laissant de côté la philosophie, tu veux consulter un meilleur guide. En effet, Socrate, la philosophie est bonne pour occuper quelques moments le loisir de la jeunesse : mais, dans l'âge avancé, il est ridicule de s'appliquer à cette étude futile, qui ne nous apprend rien de ce qu'il faut pour vivre parmi les hommes et y jouer un rôle imposant. Occupe-toi donc d'objets plus sérieux, et d'une utilité plus positive. Imite enfin ceux qui, sans s'amuser à de pareilles puérilités, ont trouvé la gloire, la fortune, et beaucoup d'autres solides avantages. »

Il est curieux de voir, à cette époque, la profession de foi des ambitieux, et des partisans du pouvoir arbitraire dans tous les temps, si explicitement énoncée et si nettement rapportée à sa véritable cause. Au reste, Socrate n'est pas fort embarrassé, comme on peut bien croire, pour opposer à toute cette belle théorie les raisons les plus convaincantes. Si, comme le prétend Calliclès, le bonheur véritable consiste à satisfaire tous ses desirs, dès-lors il s'ensuit que plus on aura de desirs à satisfaire, et plus on sera heureux. Dès-lors il faut qu'il convienne que la suprême félicité sera d'être sans cesse en proie à une faim et à une soif dévorantes, d'être sans cesse tourmenté des plus cuisantes démangeaisons, pourvu que l'on puisse sans cesse boire, manger, et ainsi du reste. Et quoique Calliclès s'irrite et s'indigne de pareilles conclusions, elles n'en sortent pas moins nécessairement de la proposition qu'il a avancée.

Socrate lui démontre, au contraire, que si l'ordre et l'harmonie des fonctions et des mouvements du corps humain, sont ce qui lui donne la santé et la force, il y a également pour l'ame un certain ordre, un certain équilibre de passions et de desirs, en quoi consistent ses qualités les plus précieuses, la justice et la modération. D'où il faut conclure que, loin de placer, comme le fait Calliclès, la perfection du bonheur de l'ame dans la satisfaction illimitée de toutes ses passions, on ne peut l'attendre que du soin qu'on prendra de la maintenir dans les bornes d'une salutaire modération, dût-on même recourir, pour cela, à des châtiments sévères, si ce remède devient nécessaire.

Tel est le résultat auquel le jeune adepte de la doctrine des sophistes se voit amené, comme malgré lui, par une suite de questions auxquelles il lui a pourtant été impossible de répondre autrement qu'il n'a fait. L'entretien est terminé par ces belles paroles de Socrate : « Tu le vois, à présent, « Calliclès, dit-il, quoique vous soyez ici trois des « hommes estimés les plus habiles parmi les Grecs, « Polus, Gorgias et toi, vous ne pouvez parvenir « à démontrer que l'on doive suivre, dans la con« duite de la vie, d'autres règles que celles que « j'ai dites. Mais, au milieu de cette discussion, où « tant d'autres maximes ont été proposées et re« connues comme fausses, la mienne seule sub« siste : c'est qu'il faut s'abstenir de commettre « l'injustice avec encore plus de soin qu'on n'en « met à éviter de la souffrir, et s'appliquer sur-

« tout, non pas à paraître vertueux, mais à l'être
« en effet dans toutes les circonstances de sa vie,
« soit privée, soit publique. Que si l'on est enta-
« ché de quelque vice, on doit en être puni; c'est
« là le plus grand bien dont on puisse jouir, après
« celui d'avoir toujours été juste, puisque c'est un
« moyen de le devenir. Que l'on doit sévère-
« ment s'interdire toute flatterie, toute lâche com-
« plaisance pour soi-même, ou pour les autres,
« soit qu'ils composent une multitude nombreuse,
« ou qu'ils soient en petit nombre. Qu'enfin, on
« ne doit jamais employer le talent de la parole,
« et toutes ses autres facultés, qu'au maintien et
« à la défense de la justice. Voilà les règles qui
« doivent nous guider sans cesse. Suivons-les donc,
« mon cher Calliclès, et invitons les autres à s'y
« conformer. Mais gardons-nous d'adopter les maxi-
« mes que tu me proposais tout-à-l'heure : car,
« en vérité, elles ne méritent pas qu'on s'y arrête
« un seul moment. »

Quoique Platon, comme nous l'avons fait remarquer, n'eût point considéré la morale comme une
science à part et qu'on pût traiter séparément de
la politique ou de la science sociale, cependant les
sujets de morale, proprement dite, reviennent si
souvent dans ses écrits, ils y occupent une place
si considérable, ils y jettent un éclat si vif et si
imposant, qu'il était impossible qu'on n'en fût pas

frappé, et que l'ensemble des considérations sur ce sujet ne se présentât pas désormais à l'esprit comme un objet distinct et de la plus haute importance. Aristote (1) avait long-temps écouté les leçons d'un si habile maître, il avait vécu dans un commerce presque habituel avec lui; doué d'un génie non moins pénétrant que celui de Platon, mais avec une raison plus exacte, précisément parce que son imagination était moins vive, il avait dû naturellement voir les mêmes objets sous des points de vue un peu différents; et, partant du point où ses devanciers avaient laissé la science, il était naturel aussi qu'il la portât, sous quelques rapports, plus loin qu'ils n'avaient fait. Il sentit donc le besoin de se rendre compte à lui-même de ses propres idées sur un sujet aussi important, de discuter les opinions qu'il trouvait généralement admises et de rattacher à cette discussion les vues qui lui étaient propres. Ce fut probablement ce qui lui donna occasion d'écrire son traité de morale, le premier ouvrage, à notre connaissance, où ce genre de considérations ait été présenté d'une manière suivie et dégagée de toutes celles avec lesquelles il a des rapports plus ou moins directs; mais dans lequel Aristote, en séparant la morale de la politique,

---

(1) Né à Stagyre, ville de Macédoine, l'an 384, et mort l'an 322 avant J.-Ch.

et en la traitant comme une science distincte, déclare expressément qu'il ne la regarde pas moins comme une branche de la science sociale, comme un ensemble de vérités et de connaissances qui servent de base à celle-ci, ou qui en sont les préliminaires indispensables.

Aristote, à l'exemple des philosophes qui l'avaient précédé, prend pour point de départ de ses considérations sur ce sujet, la question du souverain bien, ou l'idée absolue de bonheur. Tout ce qu'on fait, dit-il, tout ce qu'on entreprend, a nécessairement un but, qui est, en dernière analyse, le plus grand bien possible de celui qui agit. Par conséquent, tous les arts, toutes les sciences dont l'homme s'occupe, ont pour but ou pour dernière fin, un certain avantage qui doit en résulter; et comme elles sont subordonnées, à quelques égards, les unes aux autres, il doit y en avoir quelqu'une dont la fin est principale, essentielle, et telle que les autres ne soient, pour ainsi dire, que des moyens d'arriver à celle-là. Cette science principale et supérieure est la politique, qui a pour but le plus grand bonheur de l'homme, et même des hommes réunis en société.

Mais qu'est-ce que le bonheur? A cette occasion, notre philosophe examine et discute d'abord les opinions le plus généralement admises sur cette question (et c'est, en général, la méthode qu'il suit dans toutes ses recherches), puis il propose son propre sentiment. Le bonheur donc, suivant lui, comme bien propre de l'homme, ou en tant qu'il est l'*œuvre* d'une créature douée de raison et de sensibilité, consiste dans une activité complète et parfaite de l'ame, qui se conforme à la vertu et à la raison pendant tout le cours de la vie. En d'autres mots : Le bonheur est la plus grande somme de plaisir qui puisse résulter de l'activité complète de nos plus nobles facultés.

Car le plaisir, suivant Aristote, est pour l'homme, dans le développement complet et illimité de ses facultés actives; il en est une conséquence si immédiate et si nécessaire, qu'on peut le prendre pour cette activité même à laquelle il est inséparablement uni; c'est lui qui donne aux actes qu'elle produit le degré de perfection dont ils sont susceptibles. Voilà pourquoi il est l'objet constant du désir de tous les êtres sensibles. Mais il y a des plaisirs de diverses espèces, à raison de la diversité des facultés actives dont ils sont le résultat, à raison des conséquences nuisibles ou avantageuses auxquelles ils donnent lieu, selon qu'ils sont propres à rendre à l'ame du calme et de la sécurité, ou à troubler la paix dont elle jouit; enfin à raison du caractère particulier ou de la nature morale de ceux qui les éprouvent. Quel est donc, entre ces plaisirs si divers, celui qui mérite véritablement ce nom, et qu'on doit préférer à tous les autres? Il n'y a que le sentiment de l'homme vertueux qui puisse décider cette question, c'est-à-dire, qu'il n'y a de plaisir véritable que celui qui naît de la vertu.

Aristote la considère sous deux points de vue, ou plutôt, il distingue deux sortes de vertus : les unes, qu'il appelle *morales*, c'est-à-dire, ayant leur source dans les sentiments et les habitudes, et, par conséquent, immédiatement relatives aux circonstances et aux actions de la vie commune; les autres, auxquelles il donne le nom de *vertus intellectuelles*, et qui sont plutôt des facultés acquises que des habitudes; dans les actes desquelles la raison intervient presque exclusivement, tandis que les vertus morales sont plus proprement, s'il le faut ainsi dire, du domaine de la sensibilité. Ces vertus intellectuelles sont au nombre de cinq, savoir : la science, l'intelligence, la sagesse, l'art et la prudence.

Le principe fondamental de sa théorie, au sujet des vertus qu'il appelle morales, c'est qu'elles sont un milieu, une sorte de moyen terme entre deux vices opposés, l'un par excès de l'habitude ou de la disposition vertueuse, l'autre par défaut de cette même habitude. Ainsi, le *courage* est l'habitude d'apprécier avec justesse les maux et les dangers de toute espèce, s'ils ne sont pas au-dessus des forces ou de la constance de l'homme. Les braver, ou les provoquer sans nécessité, sans motif légitime, est *témérité* : s'en effrayer, s'en laisser abattre, les éviter ou les fuir, lorsque l'honneur et la raison font un devoir de s'y exposer, c'est *lâcheté*. La témérité et la lâcheté sont donc les deux vices, l'un par excès et l'autre par défaut, entre lesquels le juste milieu est la vertu qu'on nomme courage. Pareillement, il y a un sentiment d'indignation légitime et généreuse que la prospérité du méchant et le triomphe de l'immoralité inspirent naturellement à tout homme juste et vertueux. Mais, n'éprouver que de la peine à l'occasion de tout ce qui peut arriver d'heureux aux autres, ou ressentir de la joie toutes les fois qu'ils éprouvent quelque peine ou quelque malheur, sont deux excès en sens contraire, entre lesquels le milieu qu'approuve la raison, est précisément cette vertueuse indignation qu'Aristote désigne par le nom de *Némésis* (1).

---

(1) Les anciens, dans leurs croyances superstitieuses, désignaient aussi par ce nom une divinité particulière, chargée de mettre un terme aux prospérités les plus éclatantes, et d'étonner, en quelque sorte, le monde par ces revers soudains et imprévus, qui précipitent les hommes du sommet de la puissance dans une infortune dont leur orgueil leur dissimule ordinairement les causes immédiates et souvent très-prochaines. Némésis, suivant Hésiode, était fille de la Nuit et de l'Océan, et son ori-

Cependant, il y a des cas, comme il est obligé de le reconnaître lui-même, où non-seulement ce milieu prétendu se confond avec les extrêmes opposés et a reçu le même nom qu'eux, il y en a aussi où il n'existe réellement pas; en sorte que, sous ce rapport, la théorie de notre philosophe est incomplète. Mais elle a un inconvénient plus grave encore, c'est le vague dans lequel on tombe la plupart du temps, quand on entreprend de déterminer avec quelque précision ce milieu dont il parle. Quoique l'on reconnaisse d'ailleurs, dans le tableau qu'il donne des vertus et des vices qu'il leur oppose, la sagacité de son esprit, le besoin de méthode et de clarté qui en fait le caractère distinctif et qui a si puissamment contribué au progrès des véritables connaissances. Ajoutons que cette partie même de son travail, malgré cette imperfection de la théorie, est riche en observations fines et judicieuses de l'homme et de la société, en résultats remarquables par leur vérité et par leur utilité pratique.

En général, cet ouvrage d'Aristote, outre le mérite qu'il a d'être, comme nous l'avons dit, le premier traité méthodique et complet sur cette im-

---

gine indiquait assez les vicissitudes dont on la regardait comme le ministre, et le sombre mystère qui préside aux décrets qu'elle était chargée d'exécuter.

portante matière, contient plusieurs vues du plus grand intérêt, et tout-à-fait neuves pour le temps où il a été composé. L'influence de l'habitude sur nos déterminations, en sorte que la vertu peut être envisagée comme un système d'habitudes bien réglées, et le vice comme un système de mauvaises habitudes, est un fait dont l'observation appartient à ce philosophe, qu'il a exposé et développé de manière à en faire sentir toute l'importance. La question de la liberté morale, ou, pour parler son langage, de ce qu'il y a de volontaire et d'involontaire dans nos actions, est aussi traitée par lui avec plus de clarté et de solide raison qu'elle ne l'avait été jusqu'alors. Il l'a résolue autant qu'elle peut l'être, et l'on doit peut-être avouer que tout ce qui a été écrit depuis sur le même sujet n'est guère plus satisfaisant, et l'est souvent beaucoup moins que ce qu'en dit Aristote.

Il a encore eu le mérite de démêler avec plus de précision qu'on ne l'avait fait avant lui, le rôle important et inévitable que jouent les sentiments de diverses espèces dans toutes nos déterminations, sans méconnaître la prééminence naturelle et nécessaire que l'on doit accorder à la raison (1). Platon

---

(1) En y réfléchissant avec attention, l'on peut se convaincre qu'il n'y a aucun fait de notre nature morale et intellectuelle, qui ne soit accompagné de quelque

avait trop négligé, et quelquefois tout-à-fait perdu de vue cette partie de la constitution morale de l'homme; il était d'autant plus utile d'y revenir, de reconnaître et de constater son influence, que c'est dans la juste appréciation de cet ordre de faits que consiste essentiellement l'éducation pratique, qui n'est peut-être que l'art d'apprendre à la jeunesse, dès l'âge le plus tendre, à vouloir ce qui est bien, et à ne vouloir pas ce qui est mal.

D'un autre côté, si Platon parle plus au sentiment et à l'imagination, s'il est, suivant sa coutume, plus éloquent et plus entraînant dans l'exposition qu'il fait de sa doctrine du juste et de l'injuste, Aristote fait de ces idées une analyse plus exacte et plus vraie; il en démêle mieux la véritable ori-

---

sentiment de plaisir ou de peine, à différents degrés. Quoique dans un grand nombre de cas, ce sentiment ne soit pas nettement aperçu, et ne puisse être, par conséquent, l'objet direct et immédiat de la conscience, il est facile d'en constater l'existence par une induction qui ne saurait donner lieu au moindre doute. Cette observation, qui n'avait point échappé à la sagacité d'Aristote, puisqu'il y revient expressément dans plusieurs endroits de ses ouvrages, a peut-être été trop négligée par les écrivains modernes qui ont traité de l'analyse de nos facultés : elle a des conséquences importantes, et fait voir, par exemple, la fausseté de la distinction qu'on établit souvent entre ce qui est agréable, ou pénible, ou *indifférent*.

gine dans le sentiment naturel de l'égalité, dans les notions de rapport et de proportion qui en dérivent ; il établit entre la justice et l'équité une distinction aussi neuve que solide et importante, en faisant voir, dans l'une de ces idées, le complément naturel et nécessaire de l'autre, et comment l'équité modère ou tempère, dans l'application, ce que la justice purement abstraite, et telle qu'elle est énoncée dans les termes généraux des lois, pourrait avoir de trop rigoureux ou même de véritablement injuste, dans certains cas. Et, quoiqu'on puisse ne pas approuver les formes trop géométriques sous lesquelles Aristote présente sa doctrine sur ce sujet, elle n'en est pas moins remarquable par la justesse et l'originalité des vues, par leur généralité, et par l'étendue des conséquences qu'il en tire.

Ces conséquences même étaient tellement au-dessus des notions vulgaires, en ce genre, qu'on n'a su en tirer des résultats pratiques, ni de son temps, ni bien des siècles après lui. En effet, dans le coup d'œil rapide mais profond qu'il jette sur les effets de la justice dans les sociétés politiques, en indiquant l'origine de la monnaie, la nature et l'utilité des services qu'on en tire, il pose, pour ainsi dire, en passant, les premiers fondements d'une science importante, l'économie politique, qui ne devait naître que dans nos temps modernes.

Et, ce qui prouve que ses idées sur ce sujet ne sont pas un simple soupçon, une pensée vague ou fugitive, c'est qu'il y est revenu d'une manière plus expresse, et qu'il lui a donné plus de développement dans son traité de la politique. Sans doute, ni Adam Smith, ni M. Say, n'ont puisé dans les écrits du philosophe grec les ingénieuses et savantes théories dont ils ont enrichi leur siècle et leur pays, la gloire leur en appartient bien exclusivement, mais c'est toujours un fait curieux à remarquer que le génie d'Aristote eût constaté, il y a plus de vingt-deux siècles, l'un des faits importants qui servent de base à une science tout entière.

Dans les deux derniers livres du traité que nous publions, le philosophe grec, sous le nom d'*amitié*, dont il généralise encore l'idée, d'une manière qui lui est propre, embrasse une partie des considérations importantes qui ont été présentées par le philosophe écossais que je viens de citer, dans son ingénieux ouvrage intitulé : *Théorie des sentiments moraux*. On voit qu'Aristote a nettement aperçu l'étendue et la fécondité de ce genre d'observations, et peut-être ne lui a-t-il manqué que de les rattacher ou de les fondre plus intimement avec ses autres vues sur l'habitude, la raison et la sensibilité, pour en faire un système de morale plus complet et plus satisfaisant que celui que nous devons à l'écrivain anglais; quoique, d'ailleurs, celui-ci l'emporte de beaucoup sur le philosophe de Stagyre par la finesse, la variété et la profondeur de ses réflexions sur la sympathie morale.

Avec tout cela, il faut bien le dire, la lecture de l'ouvrage d'Aristote est quelquefois pénible et fatigante. Quoique son style ne soit pas sans mouvement et sans couleur, une concision souvent excessive, de fréquentes ellipses, des indications de certains points de doctrine qui lui étaient propres, et presque des allusions à ces doctrines, ou à celles qui étaient le plus familières aux hommes de son temps, plutôt que des explications complètes, tout cela (sans parler des inconvénients qui résultent nécessairement de l'état de dégradation et de mutilation plus ou moins fâcheuse, où nous ont été transmis, en général, les écrits des anciens) répand sur un grand nombre d'endroits une obscurité que les plus habiles interprètes ne sont pas toujours parvenus à dissiper.

D'ailleurs, on conçoit facilement que l'écrivain qui possédait à un degré éminent presque toutes les sciences connues de son temps, qui avait composé des ouvrages sur presque toutes, qui porta des vues neuves et originales dans un grand nombre de ces sciences, même dans celles qui semblaient avoir le moins d'analogie entre elles, comme l'anatomie ou l'histoire naturelle et la rhétorique, la science du gouvernement et la poétique; on conçoit, dis-je, qu'un homme dont la vie entière dut être consacrée aux méditations les plus profondes, aux travaux les plus assidus, ne pouvait donner à ses compositions littéraires le genre d'éclat et, s'il le faut ainsi dire, le degré de fini et d'élégance propres à flatter le goût ou à séduire l'imagination des lecteurs qui ne cherchent que l'amusement. Cependant la manière d'écrire d'Aristote a le caractère convenable aux sujets qu'il traite, et surtout au point de vue philosophique sous lequel il les envisage ; il enchaîne avec une rigoureuse précision les idées qui, sur chaque objet, s'offrent sans cesse à son esprit aussi fécond qu'étendu. Jamais il ne cherche les ornements superflus : pourvu que sa phrase soit correcte, les expressions vives et pittoresques ne sont pas celles qu'il ambitionne ; il préfère celles qui sont exactes, et emploie les autres quand elles s'offrent à son imagination qui n'était rien moins qu'étrangère au langage poétique. Comme ses pensées sont souvent originales, et fondées sur des rapports dont l'observation lui est propre, il fait, en quelque sorte, sa langue, en même temps qu'il coordonne les parties de la science qu'il traite, et qu'il en étend les vues. Et c'est, pour le dire en passant, ce qui ajoute plus d'une fois à la difficulté de le comprendre, et surtout de le traduire.

On ne devra donc pas être surpris de trouver

souvent peu d'attrait et d'amusement dans la lecture de l'ouvrage que nous publions. Sans doute, avec plus de talent, le traducteur serait parvenu plus fréquemment à dissimuler l'inconvénient qui naissait de la nature même de son entreprise; mais il lui a semblé qu'il était impossible de l'éviter entièrement, à moins que de s'écarter du texte de l'auteur, beaucoup plus qu'il n'est permis de le faire dans ce genre d'écrits (1).

Socrate, Platon, et Aristote, avaient pris pour base de leur doctrine morale la considération du bonheur, en tant qu'il peut résulter de nos sentiments soumis à la raison, et dirigés par elle. Ainsi, la sensibilité et la raison furent les deux principes sur lesquels se fondait toute leur théorie. On aurait, en effet, difficilement trouvé une autre classe de phénomènes aussi généraux à laquelle on pût rapporter tout cet ordre d'idées. L'unique moyen

---

(1) Comme l'ensemble de la doctrine et les principales idées de l'écrivain grec sont ce qui intéresse surtout les personnes qui n'ont pas le loisir d'entreprendre une lecture suivie et attentive de l'ouvrage entier, on s'est appliqué à donner, sous le titre d'*Argument*, une analyse, aussi exacte et complète qu'il était possible, de chaque livre. En sorte que, si l'on n'y trouve pas tout ce qui est compris dans le texte, on est au moins assuré de n'y trouver que les pensées d'Aristote, exprimées le plus souvent dans les termes mêmes de cet auteur.

qui restât désormais à ceux qui entreprendraient de se signaler par quelque nouveau système, était donc de simplifier, en apparence, la doctrine de ces philosophes, et de prendre exclusivement pour base des considérations sur ce sujet, l'un ou l'autre des deux principes qu'ils avaient admis. En un mot, il fallait ou tout rapporter au sentiment, comme le fit Épicure (1), ou tout rapporter exclusivement à la raison, comme le fit Zénon (2). Car il est inutile, ce me semble, de parler ici de plusieurs systèmes intermédiaires qui ne nous sont connus que d'une manière incomplète, et qui furent entièrement effacés par l'éclat et le crédit supérieur des deux doctrines dont je viens de nommer les auteurs, ou plutôt qui ne furent que des modifications plus ou moins ingénieuses de ces doctrines, proposées par des disciples de l'école de Platon, de celle d'Aristote, ou de celle de Zénon.

---

(1) Né à Athènes, l'an 342, et mort l'an 270 avant J.-Chr.

(2) Né à Cittium, ville de l'île de Chypre, à peu près vers le même temps qu'Épicure; mort l'an 262 avant J.-C. Il fut le fondateur de la secte des *Stoïciens*, ainsi nommés du mot grec *stoa* (qui signifie *portique*), parce que c'était en effet dans cet endroit de la place publique d'Athènes, que se rassemblaient ses disciples pour l'entendre.

Épicure fit consister le bonheur ou le souverain bien, dans la jouissance des plaisirs et dans l'absence de la douleur. Mais il ne méconnut point la distinction essentielle qui existe entre les plaisirs du corps et ceux de l'ame ou de l'intelligence, et il regarda expressément ceux-ci comme devant avoir sur les autres une prééminence incontestable; parce qu'ils s'étendent sur le passé aussi-bien que sur l'avenir, tandis que les plaisirs des sens n'embrassent que le moment présent. Voilà pourquoi, suivant ce philosophe, l'exemption de la douleur est le bien suprême, ou le plus grand des plaisirs. Au reste, c'est surtout la nature des actions que nos sentiments déterminent, qui établit entre eux une différence essentielle, et non pas la qualité qui nous les fait juger comme agréables ou pénibles à éprouver; en un mot, toute leur importance consiste dans les conséquences ou dans la différence des résultats auxquels ils donnent lieu. De là suit la nécessité de peser attentivement ces conséquences probables, de s'appliquer à prévoir à l'avance les avantages ou les inconvénients de nos actions, et c'est la tâche ou la fonction de la raison.

La justice, suivant Épicure, n'est fondée que sur les conventions par lesquelles on s'est engagé à ne pas nuire aux autres, à condition de n'éprouver de leur part aucun dommage. D'ailleurs l'expérience nous peut convaincre que l'homme juste jouit d'une sécurité constante, tandis que l'homme injuste ne peut jamais être assuré de conserver la sienne, et qu'enfin on ne peut être heureux qu'autant que l'on est vertueux. Ainsi, dans ce système, la vertu n'a de mérite ou de prix qu'à cause des conséquences qui résultent d'une conduite conforme à ce qu'elle prescrit, elle n'est qu'un moyen, et non pas une fin; et par cette raison, la *prudence* y est considérée comme la vertu par excellence, comme celle qui comprend toutes les autres.

Cependant, il faut encore, pour être heureux, affranchir sa raison des terreurs superstitieuses que font naître dans notre ame les fausses opinions que l'on a adoptées, sur la nature des puissances supérieures à l'homme; et l'étude des lois de l'univers, ou des phénomènes du monde physique, est le remède le plus efficace que l'on puisse opposer à cette maladie morale, source de tant de crimes et de calamités.

Telle est en substance la doctrine morale d'Épicure : d'ailleurs les préceptes particuliers qu'il donne pour la conduite de la vie, peuvent être avoués par la raison la plus sévère, par la plus austère vertu. C'est une justice que lui ont rendue ceux des écrivains anciens qui ont le moins approuvé la partie purement théorique de son système, qui l'ont réfutée avec le plus de force et de succès, et entre autres Cicéron (1). Quant à Sénèque, tout stoïcien qu'il était, c'est-à-dire, quoiqu'il eût adopté les principes d'une secte tout à fait opposée à celle d'Épicure, il rappelle dans plusieurs endroits avec éloge les préceptes et les maximes de ce philosophe. « Je n'affirme point avec la « plupart de nos stoïciens, dit-il, que la secte d'É- « picure enseigne tous les crimes : mais je dis « seulement qu'elle a un mauvais renom; on l'a « décriée, et c'est à tort (2). »

Mais Cicéron avait raison de dire que si l'on ne pouvait, sans injustice, accuser la morale pratique d'Épicure, on était fort autorisé à se défier de la justesse de sa théorie. Il y avait de l'inconséquence à tout rappeler au sentiment, lorsqu'on était immédiatement forcé de faire intervenir la raison pour décider de la préférence que méritent les divers sentiments. Le mot volupté, dont se servait ce philosophe, comme équivalent de l'idée de bonheur ou de souverain bien, pouvait donner et donna, en effet, lieu à de dangereuses équivoques, puisque la plupart de ceux qui, depuis que ce système a été connu dans le monde, ont voulu justifier à leurs propres yeux, l'entraînement qui les

---

(1) Voyez *Cic. De Fin. Bon. et Mal.* l. 2, c. 25, et *Tuscul. Quæst.* l. 3, c. 20.

(2) Senec. *De Vitâ Beatâ*, c. 13, et *Epist.* 33, etc.

portait vers les plus grossières jouissances des sens, n'ont pas manqué de se dire ou de se croire partisans de la doctrine d'Épicure. Ce fut, à la vérité, un prétexte plutôt qu'une raison; mais une saine philosophie ne doit ni ne peut fournir de pareils prétextes.

Un tort non moins réel de la doctrine morale d'Épicure, c'est que la réalité et l'immuabilité des distinctions morales y aient été entièrement méconnues; et que la justice et les vertus qu'elle comprend ou dont elle suppose l'existence, y soient regardées comme fondées uniquement sur des conventions, c'est-à-dire, n'aient qu'une base tout-à-fait arbitraire; ce qui est ramener le fameux adage des sophistes; qu'il n'y a de bien ou de mal, de vice ou de vertu, que par l'effet des lois, ou que ce qu'elles déclarent bien et mal : maxime subversive de tout ordre et de toute sécurité dans les sociétés humaines, et réfutée d'une manière si éloquente et si victorieuse, par Platon, comme nous l'avons déjà fait remarquer.

Enfin Épicure eut tort encore, sous prétexte de vouloir prévenir les calamités qu'enfante la superstition, de s'attacher à détruire la croyance à une providence, à une sorte de gouvernement moral de Dieu sur l'univers. En premier lieu, cette pensée est peu philosophique, parce que ce serait une témérité insensée que de vouloir anéantir un genre d'opinions et de sentiments si universellement établi parmi les hommes, qu'il semble sortir, en quelque manière, de leur constitution intellectuelle et morale, et que rien de ce qui est en nous le résultat naturel et nécessaire de l'exercice et du développement de nos facultés, ne peut être détruit par nous. En second lieu, parce que, admettre des intelligences supérieures à l'intelligence humaine, et prétendre qu'il y ait solution de continuité entière et absolue dans l'ordre intellectuel et moral, tandis que tout est lié et soumis à des influences réciproques dans l'ordre physique et matériel, c'est soutenir une contradiction manifeste.

Aussi la véritable philosophie, loin de tenter de vains efforts pour abolir le sentiment religieux parmi les hommes, s'est appliquée sans cesse à épurer et à diriger ce sentiment sublime vers le but que la nature des choses et l'ordre de Dieu même lui assignent d'une manière si évidente (1). C'est elle qui nous apprend à distinguer cet ordre

---

(1) Assurément, je ne prétends pas que le philosophe doive jamais se mêler aux discussions du dogme ou des articles de croyance particuliers à aucun culte; mais je veux dire que la morale, dans quelque religion que ce soit, est entièrement du domaine de la philosophie, et je citerai, à ce sujet, les paroles d'un jésuite, qui fut à la fois

de tout ce qui en revêt faussement les apparences. Sur toute la terre, la puissance divine a été usurpée presque aussitôt que reconnue; chez presque tous les peuples, comme chez ces Égyptiens, en proie aux plus viles superstitions, on peut dire que tout a été Dieu excepté Dieu lui-même; et c'est parce que trop souvent des imposteurs, livrés aux passions les plus honteuses et aux plus coupables égarements, se sont faits des dieux sur la terre, qu'elle a été couverte de crimes et inondée de sang humain. Voilà les maux que la philosophie est appelée à combattre, et, s'il est possible, à réparer. Elle ne peut espérer d'y réussir qu'autant qu'elle parviendra

---

un philosophe très-éclairé, et un très-honnête homme. « Les lumières surnaturelles (dit le P. Buffier) toutes divines « qu'elles sont, ne nous montrent rien, par rapport à la « conduite ordinaire de la vie, que les lumières naturelles « n'adoptent, par les réflexions exactes de la pure philo- « sophie. Les maximes de l'Évangile, ajoutées à celles « des philosophes, sont moins de nouvelles maximes, « que le renouvellement et l'éclaircissement de celles qui « étaient gravées au fond de l'ame raisonnable. La révé- « lation facilite la pratique de ces maximes, par les motifs « et les secours puissants qu'elle fournit : mais la raison « en a le principe dans elle-même. Si l'on supposait qu'elle « en fût tout-à-fait incapable, au lieu de l'humilier, on « excuserait ses égarements, et ils sont inexcusables. » *Traité de la Société civile*, chap. III.

à perfectionner et à étendre l'autorité de la raison, qui n'est que le bon emploi des facultés que Dieu lui-même nous a données, comme l'unique moyen à l'aide duquel nous puissions le connaître, découvrir les lois par lesquelles il nous dirige, et nous conformer à ces mêmes lois.

La morale d'Épicure est donc vicieuse, sous quelques rapports; elle est incomplète, sous quelques autres : bien qu'elle ne méritât pas, peut-être, le décri prodigieux qui l'a poursuivie dès son apparition dans le monde, elle ne suffit pas à soutenir la vertu au dégré d'élévation et d'énergie où celle-ci doit aspirer, et où elle peut atteindre. Seulement, cette doctrine peut garantir celui qui l'a bien comprise, des excès des passions, et le maintenir dans ce degré de modération et de tranquillité d'ame qui est un des caractères essentiels du bonheur. Au reste, Épicure, et ses disciples les plus estimables, ont eu le mérite d'approfondir, plus qu'on ne l'avait fait avant eux, la nature et les effets de la sensibilité; et leur philosophie joignit au mérite de la clarté, dans les détails, celui de ne pouvoir se prêter ni au fanatisme, ni à l'hypocrisie.

La doctrine morale de Zénon, qui était l'antagoniste naturelle de celle d'Épicure, exagérée à quelques égards, et par cela même incomplète aussi et imparfaite, ne considérait l'homme que comme un être raisonnable, sans tenir presque aucun compte de sa sensibilité (1). Dieu, disaient les stoïciens, est la suprême raison, le législateur qui prescrit ce qui est juste, c'est-à-dire ce qui est moralement bon, et qui défend ce qui est injuste ou ce qui est moralement mauvais; et, suivant eux, il n'y a point d'autre bien ni d'autre mal que le bien et le mal moral. Dieu, ajoutaient-ils, est l'être souverainement heureux; la raison parfaite, le bonheur parfait, et la vertu aussi parfaite, sont trois propriétés ou attributs unis en lui par un lien indissoluble, et qui composent la perfection absolue. Or, l'homme est étroitement uni à la divinité, puisque son ame est d'une nature divine, puisqu'elle est une émanation de la divinité même; l'homme doit donc s'efforcer de ressembler à Dieu, sous le rapport de la perfection morale.

La droite raison (2), qui est pour lui la loi suprême, qui lui prescrit ce qu'il doit faire ou ne pas faire, voilà le principe moral de la philosophie de Zénon. Vivre d'une manière conforme à la nature, c'est-à-dire, à la raison et à la vertu, telle est la règle fondamentale de la morale stoïcienne. C'est

---

(1) *Zeno, quasi expertes corporis simus, animum solum complectitur.* (Cic. *De Finib.* l. 2, c. 12.) « Zénon, « dit Cicéron, n'a eu égard qu'à notre ame, comme si « nous n'avions point de corps. »

(2) Ὀρθὸς λόγος.

dans ce système que se montre pour la première fois la notion explicite de *devoir*, désignée par un terme exprès (1), et l'on doit convenir que c'est un perfectionnement dans le langage de la science, et par conséquent dans la science elle-même. Cette considération conduisait encore les stoïciens à reconnaître d'une manière plus positive que ne le fit aucune autre secte, dans la liberté de l'homme, la condition essentielle et nécessaire de la moralité de ses actions et de sa dignité.

Cependant, le vice radical de ce système, l'omission d'un des principes constitutifs de la nature humaine, devait nécessairement y introduire d'étranges contradictions, et les stoïciens en acceptèrent, s'il le faut ainsi dire, quelques-unes, qu'ils se contentèrent d'exprimer par le nom de *paradoxes*, ou opinions contraires à la façon de penser commune, tandis qu'ils essayèrent de dissimuler les autres à l'aide de quelques distinctions plus subtiles que vraies.

Ainsi, après avoir établi cette proposition fondamentale qu'il n'y a de *mal* réel pour l'homme

---

(1) Τὸ καθῆκον, en latin : *officium*. Ce n'est pas ici le lieu d'entrer dans les distinctions qu'établissaient les stoïciens sur ce sujet. On sent assez que je ne puis qu'indiquer les caractères essentiels des divers systèmes de philosophie morale dont je parle.

que ce qui est contraire à la morale, de *bien* (1) véritable que ce qui y est conforme, et que tout ce

---

(1) Cette abstraction de l'empire ou de l'autorité absolue de la raison dans les considérations morales, a été portée encore plus loin, par Kånt, auteur d'un système de philosophie qui, à la fin du dernier siècle, a fortement agité tous les esprits en Allemagne, et qui a été remplacé par d'autres systèmes où l'on s'est efforcé d'arriver à des abstractions encore plus raffinées que celles de Kant. Ce philosophe distingue la *Raison pratique*, de la *Raison spéculative*; « Cette dernière, suivant lui, ne puise rien dans son propre fonds, tandis que la raison pratique y puise tout; elle trouve son point fixe dans les idées de moralité qui constituent son essence, dans les préceptes qu'elle prescrit à l'homme, dans les devoirs qu'elle lui impose, sans avoir d'autre compte à rendre de son autorité suprême. De ce point élevé, elle descend dans notre monde sensible, dans la vie humaine, où elle règle tout, jusqu'aux moindres détails, en même temps qu'elle suppose ou confirme toutes les connaissances acquises par l'entendement. Elle leur donne une perfection qu'il avait jusque là vainement tenté de leur procurer, en plaçant à la tête ou au sommet de tout un dieu, qui n'est pas un premier être d'une nature indéterminée, mais un créateur du monde qu'il dirige, un rémunérateur et un juge des actions des hommes. »

« Telle est la base, ou le principe fondamental du système moral de Kant; la *Raison pratique* est la plus haute faculté de l'homme; les conséquences qui en sont déduites ne peuvent avoir aucune base plus profonde, elles ont toute la certitude d'une démonstration, qui ne peut se ranger dans l'une de ces deux classes est *indifférent*, comme la richesse, la force,

---

elles sont obligatoires. Elle ne saurait rien emprunter de *l'expérience*, puisqu'elle dicte ses lois bien long-temps avant que celle-ci ait pu être acquise, et que c'est elle qui dirige les travaux nécessaires à cette acquisition. *Obéis à ta Raison pratique, comme au suprême ordonnateur de l'étroite enceinte de ta nature*, telle est la *forme* essentielle et primitive de la *Loi morale*.

« La raison pratique produit l'idée de *Devoir*, exclusivement propre à l'homme, et qui comprend toute son existence morale...... Le *bonheur*, n'étant que la somme ou l'ensemble de tout ce qui est agréable dans la vie de l'homme, et ce qui est *agréable*, ou ce qui flatte notre sensibilité, ne pouvant être le même pour une même personne dans tous les temps, ni pour plusieurs personnes dans des temps différents, le bonheur (disons-nous) ne saurait être pris pour motif premier et déterminant du devoir. Il n'y a que la considération de la raison pratique elle-même, comme législatrice, il n'y a que son autorité suprême, reconnue par l'homme, qui puisse le porter à obéir à ce qu'elle ordonne. L'homme ne s'élève à la dignité morale, qu'en s'humiliant devant elle, comme étant ce qu'il y a de plus sublime dans sa nature ; qu'en se soumettant à ce qu'elle prescrit, sans condition, sans chercher des motifs plus éloignés, sans aspirer, par cette conduite, à aucun autre but, sans même attendre aucune récompense, mais uniquement parce que ce qu'elle prescrit est raisonnable. » Voy. *Darstell. der Verschied. Moralsysteme*, dans le premier volume de la traduction la santé, et, en général, tout ce qui ne dépend pas de la volonté; ils se voyaient pourtant forcés de reconnaître que, parmi ces choses indifférentes, il y en avait quelques-unes que l'on préférait naturellement, tandis qu'on en rejetait d'autres, et ils se contentaient de diviser la classe des choses indifférentes, en deux autres classes, celle des choses préférables et celle des choses qu'il faut éviter ou rejeter; ce qui n'était presque pas même sauver la contradiction dans les termes, puisqu'on ne préfère pas ce qui est indifférent.

Comme il n'y a point de milieu ou de moyen terme entre le vice et la vertu, entre ce qui est

---

allemande de la *Morale d'Aristote*, par Garve, p. 222 et suiv.

On voit que s'il est de la destinée des systèmes de morale où la sensibilité seule est prise pour base, d'être imparfaits, pour ne pouvoir donner un solide appui à la vertu; c'est également le sort des systèmes où la raison seule est admise comme principe, à l'exclusion de la sensibilité, de conduire à des paradoxes dont le bon sens le plus vulgaire ne saurait manquer d'être choqué. Cependant, il ne faut pas se hâter de condamner sans restriction ces doctrines absolues (comme on dit): il y a, dans leur exagération même, un fonds de vérité d'observation, qui, rapporté à sa véritable cause dans la nature de nos facultés, ne saurait qu'enrichir la science, en même temps qu'il lui donne plus de grandeur et plus de dignité.

conforme à la droite raison et ce qui y est contraire, les stoïciens en concluaient que toutes les fautes sont égales, et aussi toutes les vertus, doctrine qui peut conduire, dans certains cas, aux plus grands égarements, et qui, dans la législation, aurait les conséquences les plus funestes.

Suivant ces philosophes, les passions ne sont que des maladies ou des infirmités de la raison, des erreurs du jugement, produites par quelque opinion fausse, par quelque préjugé résultant d'une appréciation inexacte de ce que la raison nous prescrit de désirer ou de craindre. Par conséquent, l'homme vertueux doit être entièrement exempt de passion, n'éprouver jamais ni peine, ni plaisir, pour aucune autre cause que pour les actions qu'il a entièrement dépendu de lui de faire ou de ne pas faire; tout le reste doit être abandonné à la direction suprême de la providence qui a assigné à chaque partie du grand tout sa place et son rôle. Tout le mérite du sage consiste à reconnaître celui qui lui est assigné, et à le remplir, sans s'inquiéter des résultats ou des conséquences.

Mais ce *sage* des stoïciens, insensible à la douleur et aux chagrins, quels qu'ils soient, aussi bien qu'aux plaisirs ou à la volupté, quel qu'en puisse être l'attrait; bravant tous les maux qui peuvent épouvanter les ames vulgaires, dédaignant tous les biens dont elles sont ordinairement séduites; pour qui il n'y a qu'un seul bonheur véritable, celui d'accomplir son devoir, qu'un malheur réel, celui de se sentir coupable de quelque faute qu'il a pu éviter : cet être idéal, en un mot, qui, au dire de ces philosophes, est le seul *riche*, dans l'indigence universelle; le seul *libre*, au milieu d'une foule d'esclaves, le seul *raisonnable*, parmi une multitude d'insensés, enfin, le seul *roi*, parce que tous les autres hommes doivent être devant lui dans un profond abaissement; qu'est-ce autre chose, qu'un type ou un symbole de la perfection morale à laquelle tout être raisonnable doit s'efforcer sans cesse d'atteindre, quoiqu'il ne puisse jamais y arriver?

En général, toutes nos idées de perfection absolue, en quelque genre que ce soit, ne doivent être regardées que comme la limite intellectuelle du progrès indéfini que nous pouvons imaginer ou concevoir, en ce genre : le mot *absolu*, en métaphysique et en morale, comme le mot *infini*, en géométrie, signifie simplement que, quel que soit le degré positif et déterminé des qualités ou des quantités que l'on considère actuellement, notre esprit peut toujours concevoir ou supposer un degré au delà.

Ce n'est pas ici le lieu de chercher à démêler, dans cette esquisse rapide de la doctrine stoïcienne et de ses conséquences les plus paradoxales, ce qui appartient exclusivement à Zénon, qui en fut le fondateur, et ce que ses successeurs peuvent y avoir ajouté. Il sera plus utile peut-être d'en comparer les résultats avec les causes qui lui donnèrent naissance, parce qu'un pareil rapprochement est plus propre à jeter quelque lumière sur la science des mœurs, en général, et sur la nature même de l'esprit humain considéré par rapport à cet ordre d'idées.

En effet, c'est à l'époque où les généraux d'Alexandre, se disputant les débris du vaste empire qu'il avait conquis, désolaient tous les états et toutes les villes de la Grèce et de l'Asie, par les fureurs d'une ambition effrénée; c'est dans ces temps déplorables où nul homme ne pouvait se croire à l'abri des traitements les plus barbares, de l'esclavage ou d'une mort violente et cruelle, qu'on vit naître les deux systèmes opposés dont nous venons de parler. Fatigués du spectacle de tant de maux, et des vengeances horribles qu'exerçaient les unes contre les autres les factions, tour à tour victorieuses et vaincues, qui divisaient toute la Grèce, les esprits sentaient le besoin du repos; et ne pouvant le trouver dans l'ordre de choses qui existait autour de soi, on le cherchait dans des opinions. Épicure le faisait consister dans une volupté qu'il déclarait incompatible avec l'excès des passions de tout genre; et Zénon, dans une perfection morale, dont le résultat devait être, suivant lui, de les anéantir toutes; il exigeait de l'homme des vertus au dessus de l'humanité, afin que son courage pût s'élever au niveau des circonstances désastreuses où il se trouvait placé.

Mais si l'un de ces philosophes parvint, en effet, à modérer, chez ses véritables sectateurs, la fougue des passions les plus nuisibles au bonheur de la société, en les isolant, autant qu'il était possible, de la scène des événemens politiques, où ces passions se manifestent avec le plus de fureur et d'énergie; l'autre, au contraire, en précipitant, s'il le faut ainsi dire, ses disciples, au milieu de ces mêmes événements, en les embrasant d'une généreuse sympathie pour les souffrances de leurs semblables, lorsque la voix inflexible du devoir leur commandait de les secourir, parvint à exalter chez eux la plus noble de toutes les passions, celle de la vertu. Aussi le véritable stoïcien, témoin de la vie calme et des jouissances paisibles de l'épicurien, de sa conduite timide et réservée, pouvait dire, comme Hercule contemplant la statue d'Adonis: « Il n'y a là rien de divin. »

Aussi, lorsque la philosophie fut transportée, avec les autres arts de la Grèce, chez les Romains, la doctrine morale de Zénon compta-t-elle parmi ses sectateurs les hommes d'état les plus dévoués au bonheur et à la gloire de leur patrie; Caton et Brutus, les derniers et les plus illustres défenseurs de la liberté expirante, professaient expressément ses dogmes rigides : et, après la chute de la république, sous le despotisme sanguinaire d'un monstre tel que Néron, ces hommes qu'on vit, au milieu de la dégradation universelle et de la plus abjecte servitude, soutenir presque seuls le faix de la dignité humaine, un Thraséas, un Helvidius Priscus, s'étaient formés sur les maximes sévères du Portique. Enfin, c'est à cette même philosophie que l'empire Romain, déjà penchant vers son déclin, dut le bonheur d'être gouverné, pendant près de vingt ans, par le plus sage et le plus vertueux des hommes qui soient jamais montés sur aucun trône, par Marc Aurèle.

Au reste, plus on étudie l'histoire de la doctrine stoïcienne, ou plutôt celle des grands hommes qui en avaient adopté les principes, plus on voit se manifester avec évidence, dans toute leur conduite, les effets de cette sensibilité que, dans la théorie, plusieurs d'entre eux affectaient de méconnaître. Car il ne faut pas s'y tromper; dans les ames une fois pénétrées de l'amour du beau moral, et chez lesquelles une raison exercée a fortifié cette noble et généreuse passion, le spectacle de l'injustice, de la violation des droits les plus sacrés, des outrages faits à la vertu, produit une souffrance plus insupportable qu'aucune autre. Lorsque l'homme de bien brave les fureurs de la puissance injuste et tyrannique, lorsqu'il semble les avoir provoquées sans nécessité apparente, sans motif direct et personnel, il ne fait que céder à la force d'une douleur morale, dont il ne se rend pas toujours compte. Tandis que les méchants croient poursuivre en lui un ennemi violent et emporté, tandis que les ames communes ne voient dans sa conduite qu'une imprudence propre à expliquer, sinon à justifier le malheur qui le frappe, et qu'une hypocrite lâcheté affecte de l'attribuer à un vain amour de célébrité, ou à d'autres motifs plus vils, celui qui est victime de tous ces faux jugements n'a souvent fait, en s'exposant à des peines extérieures et visibles aux yeux de tous, que s'affranchir d'une peine intérieure plus intolérable encore. C'est que l'amour de l'ordre et de la justice, le dévouement au bien public et, en général, le sentiment du devoir, dans les ames fortes, est une passion véritable, qui, comme d'autres passions moins nobles, a ses exigeances et, en quelque sorte, ses nécessités; qui s'irrite par les privations, et se nourrit des sacrifices mêmes qu'elle s'impose. Vainement l'oubli dédaigneux, l'ingratitude, la calomnie et la persécution s'attachent au petit nombre des hommes faits pour éprouver cette passion généreuse; une seule pensée les soutient et les console : ils savent qu'eux, et tous ceux qui sont animés des mêmes sentiments, sont presque la seule cause de tout le bien qui se fait dans les sociétés humaines, presque l'unique obstacle au mal qui ne se fait pas.

Nous n'avons eu pour but dans ce discours, comme nous l'avons dit, que de mettre le lecteur à même d'apprécier la doctrine morale d'Aristote, en faisant connaître, autant que cela est possible, dans une esquisse rapide, l'état de la science avant ce philosophe, et ce qu'elle a dû aux méditations de ses successeurs immédiats. Par conséquent, l'histoire de la morale, pendant les siècles de barbarie, ou pendant le moyen âge, et depuis la renaissance des lettres en Europe, jusqu'à nos jours, quelque intérêt qu'elle présente, n'appartient pas proprement à notre sujet. Nous nous arrêterons donc ici, et nous nous bornerons à faire remarquer que l'ouvrage dont nous avons entrepris la traduction est, en effet, au moins sous le rapport purement rationnel et philosophique, ce que les anciens nous ont laissé de plus parfait en ce genre. Cicéron dans un de ses plus admirables traités de morale et de philosophie (1), où il a amplement exposé et discuté les doctrines opposées d'Épicure et de Zénon, n'hésite pas à donner hautement la préférence sur l'une et l'autre, à celle d'Aristote et des philosophes de son école.

---

(1) Voy. Cic. *De Finibus bonorum et malorum*. Particulièrement le 4e et le 5e livres.

NOTE

SUR LA DERNIÈRE ÉDITION GRECQUE
DE LA MORALE D'ARISTOTE,

ET SUR LE BUT QU'ON S'EST PROPOSÉ EN PUBLIANT CETTE TRADUCTION.

« Le titre de ce Traité, ΗΘΙΚΑ ΝΙΚΟΜΑΧΕΙΑ (*Morale Nicoma-chéenne* (1)), a donné occasion à quelques personnes de douter s'il est vraiment d'Aristote lui-même, ou de son fils Nicomaque. Diogène Laërce (2), dans la longue liste qu'il donne des écrits du philosophe de Stagyre, ne fait pas mention de celui-ci, et Cicéron (3) penchait, quoiqu'avec quelque hésitation, à en regarder Nicomaque comme l'auteur. Mais, ni le silence de Diogène, ni le doute de Cicéron, n'ont ébranlé l'opinion qui l'attribue à Aristote ; opinion fondée essentiellement sur ce qu'on y reconnaît entièrement la méthode philosophique, les sentiments, les pensées, et surtout le style de cet illustre écrivain. D'ailleurs, si le nom de Nicomaque, mis en tête de ce Traité, a pu faire croire qu'il était du fils d'Aristote, pourquoi ne serait-ce pas également un motif pour l'attribuer au père de ce grand homme, qui portait aussi le nom de Nicomaque, et qui de plus était philosophe et médecin renommé ? »

« Quant aux deux autres Traités sur le même sujet, qui font

---

(1) Littéralement : *Livres de morale Nicomachéens.*
(2) Livre 5, § 22—27.
(3) *De Finib.* l. 5, c. 5.

partie de la collection des œuvres d'Aristote, l'un, intitulé : ἨΘΙΚΆ ΜΕΓΆΛΑ (*Grande Morale*(1)), l'autre, ἨΘΙΚΑ ΕΎΔΉΜΙΑ (*Morale Eudémienne*), on pourrait douter qu'ils soient réellement d'Aristote, quoique les mêmes sujets y soient traités et qu'on y retrouve la même doctrine. On ne sait pourquoi le premier est intitulé Grande Morale, puisqu'il ne contient que deux livres; et le second (que l'on suppose dédié à *Eudemus* de Rhodes, disciple d'Aristote), ne contient que sept livres, qui, si l'on en retranche tout ce qui semble avoir été littéralement copié de la morale à Nicomaque, ne sont guère plus longs que la Grande Morale. D'ailleurs, le style de ces deux Traités n'est pas toujours semblable à celui d'Aristote, et, dans l'un et l'autre, le catalogue des vertus et celui des vices qui leur sont opposés, n'est pas le même que dans la morale à Nicomaque. Quoiqu'il en soit, l'hypothèse la plus probable est que ces deux Traités n'étaient que des essais, ou des esquisses, dont l'auteur se servit ensuite pour rédiger celui-ci, en admettant que tous trois soient l'ouvrage du philosophe de Stagyre (2). »

L'édition grecque, que Mr Coray fit imprimer à Paris, l'année dernière, en un volume in-8°, et sur laquelle a été faite notre traduction, est la vingt-septième qui ait été publiée en Europe (3). Elle forme le quatorzième volume de la *Bibliothèque grecque*, commencée il y a dix-huit ans, par les soins du même savant (4). Les frères Zosima, riches négociants grecs,

---

(1) Indiqué, dans les notes de la traduction, par les lettres *M. M.*

(2) Extrait des *Prolégomènes*, en grec moderne, qui se trouvent en tête de l'édition de Mr Coray.

(3) Mr Zell, éditeur de la vingt-sixième, donne, dans sa préface, le catalogue des vingt-cinq éditions qui ont précédé la sienne.

(4) Elle se compose des ouvrages suivants: 1° Les *Harangues d'Isocrate*, 2 vol.; 2° les *Vies des Hommes illustres de Plutarque*, 6 vol.; 3° la *Géographie de Strabon*, 4 vol.; la *Politique* et la *Morale d'Aristote*, 2 vol., à quoi il faut ajouter: (*a*) les *Histoires diverses* d'Ælien. 1 vol.; (*b*) les *Stratagémes* de Polyen, 1 vol.; (*c*) les traités de Xénocrate et de Galien, sur les aliments qu'on tire des poissons, 1 vol.; (*d*) les *Pensées*

avaient fait d'abord les frais de cette collection, avec une liberalité peu commune. Des habitants de Scio fournirent les fonds nécessaires pour la continuation de cette entreprise, qui non-seulement a contribué aux progrès de l'instruction et de la civilisation chez les Grecs, mais qui a aussi répandu en Europe, particulièrement en France, des livres utiles et intéressants, devenus fort chers et fort rares, et qui n'y avaient jamais paru avec ce degré de correction et de pureté.

Mais tandis que ces hommes estimables consacraient une partie de leur aisance à cette généreuse entreprise, une calamité, presque sans exemple dans les annales de la férocité humaine, est venue anéantir leur malheureuse patrie. En peu de jours, sur une population d'environ cent vingt mille personnes, quarante mille ont été massacrés, trente mille emmenés en esclavage, se verront peut-être la plupart forcés d'embrasser la religion musulmane, et le reste, luttant contre la misère et le désespoir, s'est trouvé dispersé dans toutes les parties de l'Europe; un gymnase, où se trouvaient réunis huit cents étudiants, a été détruit, une bibliothèque de soixante mille volumes est devenue la proie des flammes.

La souscription que nous avons proposée n'a pour objet, comme on l'a dit dans le prospectus, que de procurer quelques secours aux infortunés, qui, après avoir échappé à ce désastre, sont peut-être aujourd'hui privés du peu de ressources qu'ils

---

de *l'Empereur Marc-Aurèle*, 1 vol.; (e) le traité d'Hippocrate, *Des Airs, des Eaux*, etc., 1 vol.; (f) le *Général d'armée*, par Onisander, avec la traduction française, en regard du texte, 1 vol. Chacun des vingt-un volumes, qui forment cette intéressante collection, est accompagné de notes critiques et philologiques, en grec littéral, et de *Prolégomènes*, en grec moderne, dans lesquels l'auteur s'est attaché sans cesse à inspirer à ses jeunes compatriotes les sentiments les plus élevés, le désir de travailler à se rendre utiles à leur malheureuse patrie, par des talents et des connaissances de tous genres. L'auteur leur a donné à la fois l'exemple et le précepte, car on voit assez, par ce que nous venons de dire, que l'amour de sa patrie a été la pensée dominante de toute sa vie.

avaient pu dérober à l'avidité de leurs assassins. Eh! quel cœur, s'il n'est pas entièrement fermé à tout sentiment d'humanité, pourrait ne pas sympathiser avec des maux, dont la seule pensée effraie l'imagination!

Mais, si l'on ne peut espérer de soulager que quelques individus, peut-on se défendre de porter le plus ardent intérêt à la cause sacrée que soutient avec un si noble héroïsme la nation grecque toute entière? Quel peuple sur la terre peut avoir plus de droits à l'intérêt des nations civilisées de l'Europe, que celui aux ancêtres duquel elles doivent leurs arts, leurs sciences, en un mot, tout ce qu'il y a chez elles de grand et d'honorable?

Car, il ne faut pas se le dissimuler, sans ces mêmes Grecs, dont la postérité lutte sous nos yeux, avec une constance et un courage si admirables, contre la rage de ses tyrans, nous serions probablement encore plongés nous-mêmes dans les ténèbres de la barbarie. C'est dans cette terre privilégiée que brilla, pour la première fois, la pure lumière des arts, des sciences et de la raison; c'est elle aussi qui, conservant quelques étincelles de ce feu sacré, le transmit aux peuples occidentaux, lorsque les stupides Ottomans menaçaient de l'éteindre dans un déluge de sang.

Et qu'on ne dise pas que c'est à tort que les Grecs de nos jours se vantent d'être les descendants de ceux qui nous ont transmis les glorieux monuments de leur génie, de leur sagesse et de leur vertu. Il n'y a pas de preuve plus authentique de l'origine et de la descendance d'un peuple à l'égard d'un autre, que l'identité du langage. Or, celui que parlent les Hellènes de nos jours se compose, en presque totalité, des mêmes mots et des mêmes formes grammaticales que l'on retrouve dans les poèmes d'Homère et de Sophocle, dans les écrits de Platon et de Démosthènes. Jamais sur la terre qu'ils habitent, on n'a parlé un autre idiome que celui de ces grands hommes. Quelques altérations qu'aient subies la syntaxe et la prononciation de l'ancienne langue grecque, dans les siècles de barbarie, jamais les chefs-d'œuvre qui nous en restent n'ont cessé d'être compris et médités dans leur sol natal, au moins par quelques hommes, qui n'ont cessé d'en entretenir leurs compatriotes ; et c'est ainsi qu'au milieu de la plus cruelle servitude, malgré l'abjection et l'ignorance, qui accompagnent toujours une si misérable condition, des traditions de gloire et de grandeur, et l'espérance d'un avenir plus heureux, se sont conservées sans cesse au milieu de ce peuple infortuné.

Si les vœux, que forment depuis plusieurs siècles tout ce qu'il y a eu chez les nations civilisées d'hommes amis de la justice et de l'humanité, sont enfin exaucés, si le jour de l'indépendance luit enfin pour ceux qui prodiguent aujourd'hui leur sang et leur fortune avec tant d'enthousiasme pour conquérir leur liberté, qui peut dire quelles destinées sont réservées à un peuple capable de tant de constance et d'efforts si unanimes? qui peut dire ce qu'il saura recouvrer de trésors du génie, et de monuments des arts, dans ces ruines qui jusqu'à présent semblent d'une fécondité inépuisable?

Je n'ai que peu de mots à ajouter sur la traduction que je publie en ce moment. Si l'on ne saurait dire que ce soit la première fois que la morale d'Aristote paraît en français, au moins ceux qui auront occasion de parcourir la traduction qui fut publiée en 1644, par Charles Catel, conseiller au Parlement de Toulouse, s'apercevront facilement qu'elle n'a pu m'être d'aucune utilité. Quant aux versions en langues étrangères, comme celle du docteur Gillies, en anglais, et celle de Garve, en allemand, je les ai quelquefois consultées dans les endroits obscurs et difficiles. Mais on sent assez que rien n'a pu m'être plus utile que les conseils de mon respectable ami, le docteur Coray : qu'il me soit permis d'exprimer ici toute la reconnaissance que je lui dois, pour la peine qu'il a prise de revoir mon livre à mesure qu'il s'imprimait, et de m'aider à en faire disparaître le plus de fautes qu'il m'a été possible. Il m'est doux aussi de rappeler ce que je dois au noble désintéressement et à l'empressement généreux avec lequel mes amis, MM. Didot, père et fils, ont bien voulu me seconder dans cette entreprise.

Paris, 27 août 1823.

LA MORALE D'ARISTOTE.

LIVRE PREMIER.

ARGUMENT.

I. Il y a toujours un but, une dernière fin, à laquelle tendent toutes les actions des hommes. Cette fin est toujours quelque bien, ou quelque avantage. Tantôt c'est l'opération même, ou l'action, et plus souvent l'œuvre, ou le produit de l'action. Les sciences sont subordonnées les unes aux autres, à raison de l'importance du but qu'elles se proposent. — II. Par conséquent il doit y en avoir quelqu'une qui est supérieure à toutes les autres, comme ayant le but le plus important. Cette science est en effet la politique, ou la science du gouvernement, qui a pour but le plus grand bien de l'homme, et même des hommes réunis en société. — III. Cette science n'est pas, comme plusieurs autres, susceptible d'être traitée avec une précision rigoureuse. Les jeunes gens ne sont pas ceux à qui elle peut être enseignée, parce qu'ils sont trop peu maîtres de leurs passions. — IV. Il faut d'abord savoir quel est le bien auquel tout le monde aspire, comme au dernier terme de ses efforts. On s'accorde généralement à dire que c'est le bonheur; mais on n'est pas également d'accord sur ce que c'est que le bonheur. — V. Les uns le font consister dans la volupté, d'autres dans les honneurs et dans les dignités, d'autres dans les richesses : mais il est facile de faire voir qu'ils se trompent; et même la vertu toute seule ne donne pas, peut-être, le parfait bonheur. — VI. Platon le regarde comme une de ces natures universelles, qu'il a désignées par le nom d'*idées;* mais cette doctrine est peu conforme à la vérité. — VII. Le bonheur est la fin la plus parfaite que l'homme puisse se proposer. C'est donc quelque chose d'absolu, et qui se suffit à soi-même. Il est l'œuvre propre de l'homme, en tant que créature douée d'intelligence et de raison. Par conséquent, il consiste dans la constante activité de nos facultés rationnelles et intellectuelles, et dans leur développement opéré par une vie parfaite. — VIII. Il est convenable de connaître les opinions diverses, au moins les plus remarquables, qui ont été proposées sur la nature du bien proprement dit, ou du bonheur. Cet examen sert à nous convaincre que les actes de vertu sont en eux-mêmes une source de délices; mais il semble bien difficile, sinon impossible, qu'on fasse constamment de tels actes, quand on est entièrement dénué des biens extérieurs. — IX. Le bonheur est-il une chose qui puisse s'apprendre, qui soit le résultat de l'exercice et de l'application : est-il un don de la divinité, ou un effet du hasard ? Il est naturel de penser, d'après la définition qui en a été donnée, que l'application et une étude assidue peuvent contribuer essentiellement au bonheur. — X. D'un autre côté, faut-il, comme le pensait Solon, attendre qu'un homme soit mort, pour pouvoir prononcer avec certitude sur son bonheur ? On peut, ce semble, déclarer heureux celui dont les actions sont conformes à une vertu parfaite, qui possède des biens extérieurs autant qu'il en faut pour pratiquer la vertu, et qui existe dans une telle situation depuis une longue suite d'années. D'ailleurs c'est toujours un bonheur purement humain, c'est-à-dire, soumis aux vicissitudes dont la vie de l'homme n'est jamais exempte. — XI. Quant à l'espèce et au degré d'influence que peuvent avoir sur la félicité de l'homme, après sa mort, les destinées de sa postérité et de ses amis, il est probable que cette influence ne peut guère rendre parfaitement heureux ceux qui ne le seraient pas, ni changer le sort, ou détruire la félicité de ceux qui le seraient. — XII. Enfin, le bonheur est-il du nombre des choses qu'on loue, ou de celles qui inspirent un sentiment de respect et de vénération? Il est facile de voir qu'il est plutôt dans ce dernier cas. — XIII. C'est le bonheur purement humain, ou le bien propre à la nature humaine, qui a été l'objet de nos recherches. Il consiste dans l'exercice de la vertu; et celle-ci se rapporte aux facultés intellectuelles, et non aux facultés corporelles. Il faut donc que l'homme versé dans la science politique, ou qui est appelé à pratiquer la vertu dans son plus haut degré, ait acquis, sinon une connaissance approfondie de l'ame et de ses facultés, au moins des notions exactes sur ce sujet.

I. Tout art, toute recherche, et pareillement toute action, toute préférence ou détermination raisonnée, semble se proposer pour but quelque bien; aussi a-t-on eu raison de dire que *le bien* est la fin vers laquelle tendent tous les efforts et tous les vœux. Cependant il y a des différences entre les fins qu'on se propose : quelquefois ce sont les actes eux-mêmes, d'autres fois c'est l'œuvre, ou le produit de ces actes. Dans ce dernier cas, l'œuvre a naturellement plus de prix ou d'importance que l'acte lui-même. Mais comme il y a un grand nombre d'actions diverses, d'arts et de sciences, il y a aussi une grande diversité dans les buts que chacune de ces choses est destinée à atteindre. Ainsi le but de la médecine, c'est la santé; celui de l'architecture navale, c'est le navire; celui de la stratégie, c'est la victoire; celui de la science économique (1), c'est la richesse. Toutefois ces arts divers sont ordinairement soumis à quelque faculté (2) unique : ainsi l'art de celui qui fabrique les mors, est, comme tous ceux qui s'occupent des autres parties de l'équipage des chevaux, subordonné à l'art de l'écuyer; lequel, est à son tour, comme tous les autres arts relatifs à la guerre, subordonné à la stratégie. Il en est de même d'un grand nombre d'autres arts ou talents, qui sont pareillement subordonnés à quelque science qui les emploie aux fins qu'elle se propose. Et il est clair que, dans tous les arts, la fin de ceux qu'on pourrait appeler *ordonnateurs* ou *directeurs* (3), est plus désirable, ou plus importante que celle des arts qui leur sont subordonnés; car c'est en vue de cette fin qu'on exerce et qu'on pratique ceux-ci. Au reste, il n'importe nullement que les actes eux-mêmes soient le but des actions, ou qu'on se propose, en agissant,

---

(1) On voit ailleurs (*Politic.*, l. 1, c. 3) qu'Aristote distingue la science ou la profession de l'économe de celle du financier; et comment, suivant lui, l'un et l'autre considèrent la richesse sous des points de vue différents.

(2) *Faculté* (c'est-à-dire, *pouvoir* ou *moyen* de *faire* quelque chose) est ici à peu près synonyme de *science* ou *art*.

(3) Aristote se sert du mot *architectonique*, par une métaphore empruntée de l'architecture même, puisque celui qui professe cette science doit tracer le plan d'un monument, et diriger les travaux de tous ceux qui concourent à le construire et à l'embellir. Les écrivains latins ont employé aussi le mot *architectari* dans ce sens figuré.

quelque autre but plus éloigné, comme on le voit par les sciences que nous avons citées pour exemples.

II. Mais si nos actes ont un but que nous veuillions pour lui-même, et en vue duquel nous désirions tout le reste, en sorte que chacune de nos déterminations ne soit pas successivement l'effet de quelque vue nouvelle (car, de cette manière, cela irait à l'infini (1), et nos vœux seraient dès lors entièrement vains et sans objet), il est évident que ce but ne saurait être que le bien (en soi), et même le souverain bien : et dès lors peut-on nier que la connaissance de ce but ne puisse avoir une influence très-importante sur notre vie, et que, comme des archers auxquels on marque le point où ils doivent diriger leurs traits, nous ne soyons plus en état de nous procurer ce dont nous avons besoin (2)? Et, s'il en est ainsi, il faut que

---

(1) « Le motif qui fait entreprendre une chose, c'est *la fin*. Or,
« celle-ci n'a pas lieu en vue d'une autre chose ; mais les autres
« choses se font pour elle. Tellement que s'il y a ainsi un dernier
« terme, il n'y aura pas progrès à l'infini ; mais s'il n'y a rien
« de tel, il n'y aura aucun motif pour faire quelque chose. Ce-
« pendant ceux qui admettent l'infini, ne s'aperçoivent pas qu'ils
« anéantissent ainsi la nature du bien : car, assurément, per-
« sonne ne songerait à entreprendre quoi que ce soit, s'il ne
« devait pas arriver à un terme. »
ARISTOT., *Metaphys.*, l. 2, c. 2.

(2) « Faute de connaître la vérité, dit Platon, on manque d'un
« but qu'il faut sans cesse avoir en vue, dans toutes les actions de
« sa vie, soit publiques, soit privées. » (*De Repub.* l. 7, p. 137, Bip.)

nous nous efforcions de le caractériser au moins par ses traits les plus généraux, de faire connaître ce qu'il est, et à quelle science ou faculté il appartient; on présume bien que ce ne peut être qu'à celle qui a le plus d'influence et d'autorité sur toutes les autres. Or, il semble que ce doive être précisément la science du gouvernement (la politique) (3). En effet, c'est elle qui décide de quelles autres connaissances on a besoin dans les états; qui sont ceux qui doivent s'en instruire, et jusqu'à quel point; aussi voyons-nous que les talents les plus recommandables, comme la stratégie, l'économie, et la rhétorique, lui sont subordonnés. Puis donc que c'est elle qui dirige l'emploi des autres sciences pratiques, et que de plus, elle

---

(3) Cette idée est fondamentale dans la doctrine morale d'Aristote. « Puisque nous avons résolu de traiter des mœurs, « dit-il ailleurs, il convient d'abord d'examiner de quel sujet « ou de quel objet les mœurs font partie; et, pour dire la chose « en un mot, elles ne nous semblent appartenir à aucune autre « science qu'à la *politique*. Or, on ne peut rien faire dans la « politique, si l'on ne possède pas certaines qualités, ou plus « simplement, si l'on n'a pas des vertus. Il faut donc que tout « homme qui aspire à diriger avec succès les affaires publiques, « ait d'abord des habitudes vertueuses. Par conséquent un traité « de la science des mœurs semble n'être qu'une partie de la « science politique; il en est comme le principe ou l'introduction; « et l'ensemble de toutes ces considérations mériterait plutôt, à « mon avis, le nom de *Politique* que celui d'*Ethique* (ou de « Morale.) »

(*Mor. Mag.* l. 1, c. 1.)

prescrit par des lois positives ce qu'il faut faire, et ce dont on doit s'abstenir, il s'ensuit que sa fin doit comprendre celles de toutes les autres, et que par conséquent ce doit être cette fin qui est le bien propre et véritable de l'homme. Car, bien qu'un individu isolé se propose la même fin que tout un peuple, et qu'on pût se borner à ce qui concerne un seul homme, il y a pourtant quelque chose de plus noble et de plus élevé à s'occuper du bonheur durable d'un peuple et d'un état tout entier. Tel sera donc l'objet de ce traité; c'est une sorte de politique.

III. Ce sera sans doute en dire ce qu'il faut, que d'y porter toute la clarté dont le sujet est susceptible; car, dans toutes les sortes de discours, de même que dans les ouvrages de la main, on ne doit pas toujours exiger une précision rigoureuse. En effet, l'honnête et le juste, qui sont l'objet des considérations de la politique, ont donné lieu à des opinions si divergentes, qu'on a cru qu'ils n'étaient qu'une création de la loi, et non le produit de la nature (1). Et le bon (ou le bien en soi) a

---

(1) Le mot νόμος signifie, en grec, *loi*, et de plus, usage, coutume, précepte, et même opinion, croyance. Démocrite avait dit, en ce sens, νόμῳ γλυκὺ, νόμῳ πικρὸν (le doux et l'amer n'existent pour nous que parce que nous les *croyons tels*), voulant marquer par là l'incertitude du jugement des sens, qu'il appelait *obscur*, par opposition à celui de l'esprit, qu'il nommait *légitime* ou *pur*. Cependant les sophistes, parodiant cette expression de Démocrite, et l'appliquant à la morale, en firent leur fameux adage: Νόμῳ καλὸν, νόμῳ κακὸν (il n'existe de vertu ou de vice que par la

fait naître des dissentimens du même genre, parce qu'on a vu ce qu'on appelait des biens, être pour beaucoup de gens une cause de dommages. En effet, les richesses ont causé la ruine de quelques-uns; et le courage, celle de plusieurs autres. Il faut donc se contenter, quand on parle sur un pareil sujet, de donner une esquisse générale de la vérité, et de ne présenter que les conséquences qui sortent des faits les plus constants et les plus généraux. C'est même le mode que l'on doit adopter dans la plupart des sujets qu'on traite; car, en chaque genre, il n'y a que l'homme

---

loi.) Mais Socrate soutenait que l'homme a reçu de la nature la faculté de discerner le juste et l'injuste, et qu'en cela il obéit à la loi naturelle, qu'il appelle *loi non écrite*, et même *loi de Jupiter*. (Voy. *Plutarch. De Repugn. Stoic. Philos.* § 9.) Platon a réfuté, avec une admirable éloquence, les maximes des sophistes, dans ses livres de la République, et dans son dialogue intitulé *Gorgias*. Au reste, il n'est pas surprenant que cette maxime si propre à favoriser la tendance constante des hommes violents et ambitieux à s'emparer du pouvoir arbitraire, et à sanctionner par une sorte de légalité les priviléges les plus injustes qu'il leur plaît de s'attribuer, ait été renouvelée à toutes les époques où il s'est élevé quelque tyrannie parmi les peuples. Ainsi Hobbes adopta cette doctrine des sophistes grecs, et s'attacha à préconiser le pouvoir arbitraire auquel elle s'accommode merveilleusement. « Mais ceux qui se sont accoutumés à admirer « un pareil pouvoir, dit avec raison Shaftesbury, et à le regarder « comme sacré et divin, ne sont pas moins pervertis dans la « morale que dans la religion. » (Voy., sur ce sujet, une ingénieuse et savante *Dissertation*, en grec moderne, par Steph. Pantazi, imprimée à Leipsick en 1819.)

très-éclairé qui soit à même de chercher le degré d'exactitude que comporte la nature de la question dont il s'occupe ; et exiger des démonstrations d'un orateur, ou se contenter, en geométrie, des simples probabilités, c'est à peu près la même chose. Cependant, on ne peut bien juger que de ce qu'on sait très-bien ; aussi l'homme très-instruit est-il en état d'apprécier jusqu'aux moindres détails des objets, tandis que celui qui n'a que des connaissances peu approfondies, se contente de les juger en masse. Voilà pourquoi la jeunesse est peu propre à l'étude de la politique ; car il lui manque l'expérience des choses de la vie, qui sont précisément celles dont traite cette science. Ajoutons que cet âge, étant dominé par les passions, ne pourrait tirer aucune utilité de pareilles leçons, puisque le but principal de la politique est l'action, et non pas la connaissance. Au reste, qu'on soit jeune par les années, ou qu'on le soit par le caractère, l'effet est le même ; car ce n'est pas le temps qui fait l'inconvénient, mais l'habitude de vivre assujetti aux passions, et de se laisser entraîner à tous les objets. En effet la connaissance, chez les hommes de ce caractère, est accompagnée de légèreté et d'irréflexion, aussi bien que chez ceux qui n'ont aucun empire sur eux-mêmes ; au lieu que, pour ceux qui savent conformer leurs désirs et leur conduite à la raison, la science de la politique peut être extrêmement utile. Voilà ce que j'avais à dire sur le caractère propre de ceux qui veulent étudier cette science, sur les dispositions d'esprit qu'ils y doivent apporter, et sur le sujet que je me propose de traiter.

IV. Mais, revenant à notre question, puisque toute connaissance, toute détermination raisonnée, est produite par le désir de quelque bien, quel est celui auquel la politique aspire? Et, entre tous ceux qui peuvent résulter de nos actes, quel est le bien suprême? Presque tout le monde, à vrai dire, est d'accord sur son nom; car les hommes instruits, aussi bien que le vulgaire, l'appellent *le bonheur;* et même tous admettent que bien vivre, bien agir, et être heureux, c'est absolument la même chose (1). Mais, qu'est-ce que le bonheur? Voilà la question; et le vulgaire ne la résout pas de la même manière que les sages : car les uns prétendent que le bonheur est quelqu'une de ces choses qui sont visibles et sensibles, comme la volupté, ou la richesse, ou la considération; et les autres veulent que ce soit autre chose. Souvent l'opinion d'un même homme varie sur ce sujet; s'il est malade, il voit le bonheur dans la santé; s'il est pauvre, il le voit dans

---

(1) Voy. *M. M.*, l. 1, c. 4, et *Eudem.* l. 1, c. 7, 8, et l. 2, c. 1. Aristote, en répétant la même observation dans ces divers endroits de ses ouvrages, semble y avoir attaché quelque importance. Pourquoi les expressions *bien vivre, bien agir,* et *être heureux*, qui étaient en effet synonymes dans la langue grecque, ne le sont-elles dans aucune des langues de l'Europe moderne? Serait-ce parce que la forme des gouvernements y fut toujours moins favorable à la prospérité des hommes vertueux? ou, en d'autres mots, serait-ce parce que la morale et la politique y ont toujours été séparées l'une de l'autre?

la richesse; et quand il s'est aperçu de son ignorance en ce point, il voit avec regret les hommes instruits, qu'il est forcé d'admirer, se servir d'un langage imposant, et qu'il ne saurait comprendre. Cependant il y a eu des personnes (2) qui pensaient que, parmi les biens en si grand nombre, il en existe un qui est le bien en soi, et qui est la cause de tout ce que les autres ont de bon. Au reste, il est peut-être inutile d'examiner ces opinions diverses; c'est assez de s'arrêter à celles qui ont le plus de vogue, ou qui semblent avoir quelque fondement raisonnable.

Toutefois n'oublions pas la différence qu'il y a entre les raisonnements qui procèdent en prenant les principes pour point de départ, et ceux qui ont pour objet de remonter aux principes : car Platon avait raison de voir ici la matière d'une question importante; et il cherchait à s'assurer si la méthode consiste à partir des principes, ou à y remonter; comme, dans les courses du stade, on pourrait demander si le point de départ est l'endroit où siégent les juges des prix, en courant vers la borne placée à l'extrémité de la carrière, ou bien si c'est le contraire. Quoi qu'il en soit, c'est par les choses connues qu'il faut commencer (3);

---

(2) C'est à la doctrine de Platon que notre auteur fait allusion ici, comme on le verra plus clairement dans le chapitre VI.

(3) Voy. *Aristot. Topic.* l. 6, c. 3. *Analyt. Poster.* l. 1, c. 2. *Physic. Auscult.* l. 1, c. 1, et *Metaphys.* l. 7, c. 4.

et l'on peut en considérer de deux sortes : celles qui sont connues par nous, et celles qui le sont en général ; peut-être convient-il de commencer par celles qui nous sont connues. C'est pour cela qu'il faut avoir des mœurs bien réglées et des habitudes honnêtes, quand on veut tirer une veritable utilité des leçons qui nous seront données sur l'honnête, sur le juste, et, en général, sur la politique. Car les vrais principes sont dans les faits ; et quand ceux-ci se manifestent dans toute leur étendue, il est presque superflu de remonter aux causes (4). Celui donc qui est tel que je viens de dire, ou possède déja les principes de la science, ou peut du moins facilement en acquérir la connaissance ; mais s'il est quelqu'un qui manque de ces deux conditions, qu'il écoute ces paroles d'Hésiode (5) :

« Celui-là, dit-il, est le plus sage et le plus ex-
« cellent des hommes, qui, connaissant tout par
« lui-même, est capable de prévoir la suite des
« évènements, et de prendre toujours le parti le

―――――

(4) Aristote traite, dans sa *Logique* (*Analyt. Poster*. l. 1, c. 13), de la différence qu'il y a entre les démonstrations fondées sur la simple exposition du *fait* (τὸ ὅτι), et celles qui se font en remontant à la *cause* (τὸ διότι) ; et au premier livre de sa *Métaphysique*, il remarque que les hommes habiles savent bien les *faits*, mais qu'ils ignorent les *causes*.

(5) Dans son poëme des *OEuvres et des Jours* (vers. 293). La même pensée, à peu près, se trouve aussi dans l'*Antigone* de Sophocle (vers. 720 et suiv.)

« plus avantageux. Il est encore vertueux, celui
« qui se montre docile aux sages avis qu'on lui
« donne ; mais celui qui, n'ayant aucune con-
« naissance, ne sait pas même recueillir dans son
« esprit ce qu'il entend dire aux autres, est de
« tous les mortels le plus incapable et le plus
« inutile. »

V. Mais, pour revenir à notre sujet, ce n'est pas sans raison que l'on paraît avoir cherché à se faire une idée du souverain bien, ou du bonheur, d'après les divers genres de vie. Le vulgaire et les hommes les plus grossiers l'ont placé dans la volupté : aussi préfèrent-ils à tout la vie qui n'offre que des jouissances. En effet, il y a trois genres de vie, qui se distinguent éminemment entre tous les autres : celle dont je viens de parler, la vie politique et active, et la vie contemplative ou spéculative. On peut regarder comme tout-à-fait servile ce sentiment du vulgaire, qui donne la préférence à la vie purement animale ; et il ne peut guère mériter qu'on en fasse mention qu'à cause de cette foule d'hommes qui, élevés à la puissance et aux dignités, se montrent asservis aux mêmes passions que Sardanapale (1). Au lieu que les hommes bien

---

(1) Le dernier des rois d'Assyrie. (Voy. Diodore de Sicile, l. 2, c. 23; et Justin, l. 1, c. 3.) Il fut le plus efféminé des hommes. Son épitaphe, composée par le poète Chærilus, peint ses mœurs et ses sentiments. (Voy. *Brunck. Analect.* t. 1, p. 185.) Un de ses capitaines, nommé *Arbactus* par Justin, et *Arbaces* par les écrivains grecs, lui ôta l'empire avec la vie.

élevés et qui ont quelque activité, préfèrent l'honneur et la considération; car c'est là communément le but de la vie politique. Cependant, il semble trop superficiel, trop peu important, pour satisfaire nos désirs, puisqu'il dépend plutôt de ceux qui accordent les honneurs que de celui qui les obtient. Au lieu que le souverain bien nous paraît devoir être quelque chose de propre à celui qui le possède, et qu'il est difficile de lui ravir. D'ailleurs, il semble qu'on ne recherche les honneurs que pour se confirmer soi-même dans l'opinion qu'on a de son mérite : aussi ambitionne-t-on la considération des hommes sensés, de qui l'on est connu, et comme un hommage qu'ils doivent à notre vertu; ce qui prouve évidemment que, même dans l'opinion de l'homme avide d'honneurs, c'est la vertu qui a la prééminence. On pourrait donc supposer que c'est plutôt elle qui est la fin, ou le but, de la vie politique; mais elle semble encore insuffisante : car on peut supposer que celui qui la possède fût livré au sommeil, ou demeurât dans une entière inaction pendant toute sa vie, et qu'outre cela, il éprouvât de cruelles souffrances, et tombât dans de grandes infortunes : or, assurément personne, à moins que ce ne fût pour sou-

---

Aristote, dans un autre endroit (*Eudem.* l. 1, c. 5), joint au nom de Sardanapale celui du Sybarite *Smindyrides*, dont le luxe et la mollesse furent si célèbres dans l'antiquité. (Voy. la trad. d'Hérodote, par Mr Miot, liv. vi, chap. 127.)

tenir un paradoxe, n'oserait vanter le bonheur de celui qui vivrait ainsi.

Mais en voilà assez sur cet article, qui a été suffisamment discuté dans mes Traités *encyclopédiques* (2). Quant à la vie contemplative, qui est le troisième genre, j'en ferai l'examen dans la suite (3). Je ne compte point, parmi les genres de vie, celle qui n'est occupée que des richesses; il est évident qu'elles ne sont pas le bien que nous cherchons, puisque leur utilité n'est pas directe et immédiate. Aussi serait-on plus porté à adopter les fins dont j'ai parlé précédemment; car on les recherche, on les aime pour elles-mêmes; cependant il ne semble pas qu'elles satisfassent complétement, quoiqu'elles aient été le sujet d'une infinité de discours et de raisonnements. Ne nous arrêtons donc pas plus long-temps sur cet objet.

VI. (1) Peut-être vaut-il mieux considérer la

---

(2) Les mêmes probablement, ou du même genre que ceux qu'il appelle plus loin (c. 13) *exotiques*, et dont nous parlerons dans l'endroit indiqué.

(3) Dans le chap. 7 du dixième livre.

(1) L'auteur réfute ici l'opinion de Platon, sur la nature du souverain bien, considéré comme une de ces formes éternelles et universelles, auxquelles on avait donné le nom d'*idées*, et qui étaient regardées comme les modèles ou archétypes de tous les objets de la connaissance et de l'intelligence humaine. Ce chapitre n'a donc d'intérêt que sous le rapport de l'histoire de la philosophie chez les Grecs, et n'est d'aucune importance pour la science proprement dite de la morale. Aristote combat encore cette partie de la doctrine de Platon, dans plusieurs

chose en général, et démêler complètement la signification du mot *bien* (ou *souverain bien*), quoique cette recherche semble exiger de notre part une certaine réserve, à cause de l'amitié qui nous liait avec ceux qui ont introduit la doctrine des idées. Cependant, c'est surtout parce qu'on est philosophe, qu'on doit attacher plus de prix à la vérité, et lui sacrifier même ses propres opinions; et, entre ces deux objets de respect et d'affection, l'amitié et la vérité, c'est un devoir sacré de préférer la vérité. Or, ceux qui ont proposé ce système ne regardaient point comme des idées les choses dans lesquelles on peut reconnaître un rapport d'antériorité et de postériorité, et prétendaient, par cette raison, qu'il n'y a pas d'idée des nombres : cependant, le mot *bien* se dit des substances, des qualités et des rapports; et, dans l'ordre de la nature, la substance, ou ce qui subsiste par soi-même, existe avant quelque rapport que ce soit; car le rapport semble n'être qu'un accident, et comme un accessoire de l'être; en sorte qu'il ne saurait y avoir une idée commune pour toutes ces choses. D'ailleurs, le mot *bon* se dit d'autant de manières que le mot être; car il s'applique à la substance : par exemple, à Dieu et à l'ame; à la qualité, quand on le dit des vertus; à la quantité, quand

---

endroits de ses ouvrages. (Voy. *Eudem.* l. 1, c. 8; *M. M.* l. 1, c. 1; *Metaphys.* l. 6, c. 14, l. 16, c. 4; *Analyt. Poster.* l. 1, c. 11).

on parle de ce qui est médiocre; à la relation, en parlant de l'utile. Le mot bon s'applique aussi au temps: on le dit de l'occasion; au lieu: on le dit d'une demeure, d'un séjour, et d'autres choses pareilles. Il est donc évident qu'il n'exprime pas quelque chose qui soit une, commune et universelle; car alors il ne pourrait se dire que d'une seule catégorie, et non de toutes (1).

Enfin, puisqu'il n'y a qu'une seule science des choses comprises sous une seule idée, il ne devrait y avoir qu'une seule science de tout ce qui est bon; or, il y a plusieurs sciences du bien, même dans les choses comprises sous une seule catégorie. Par exemple, la science du temps ou de l'occasion: dans la guerre, c'est la stratégie; dans la maladie, c'est la médecine: et pour la science du médiocre, en fait d'aliments, c'est encore la médecine; et, en fait d'exercices, c'est la gymnastique. On est même assez embarrassé de savoir ce qu'on doit entendre par l'expression d'*idée propre de chaque chose* (2), puisque ces expressions *idée propre de l'homme*,

---

(1) Ici la doctrine fantastique de Platon, sur les *idées*, ou modèles éternels des choses et des objets de la pensée humaine, est réfutée par la doctrine arbitraire d'Aristote sur les *catégories*, ou classes de tous ces mêmes objets; et il est assez évident que tout ce raisonnement ne prouve rien, ni contre Platon, ni pour Aristote.

(2) Exprimée en grec par le mot αὐτοέκαστον. C'est, pour chaque objet, le modèle ou l'archétype, dont Platon supposait que cet objet n'était que la copie; réalisant ainsi les conceptions de notre esprit, qui sont exprimées par les noms des genres et

Tome I. 2

et homme, n'admettent que la même définition, qui est celle de l'homme; car il ne doit y avoir aucune différence, en ce sens, que la notion homme est comprise dans l'une et l'autre expression. Par conséquent, il en sera de même de la notion du bon et du bien : la durée éternelle (qu'on lui attribue en en faisant une idée) n'ajoutera rien à la bonté, de même que la couleur blanche qui subsisterait pendant des siècles, ne sera pas pour cela plus blanche que celle qui ne durerait qu'un jour. La manière dont les Pythagoriciens (3) s'expriment sur ce sujet, paraît plus conforme à la vérité : ils placent l'unité dans le catalogue ou tableau des biens; et, sur ce point, Speusippus (4) semble avoir suivi leur doctrine. Mais c'est une discussion qui sera mieux placée ailleurs.

Ce que nous avons dit précédemment peut donner lieu à quelque embarras; parce qu'il semble que nous n'ayons pas voulu parler de toutes les sortes de biens, mais que nous ayons rangé sous une seule et même espèce, tous ceux qu'on préfère et

---

des espèces. On voit, dans Diogène Laërce (l. 6, sect. 53), qu'Aristote n'était pas le seul qui fût peu satisfait de cette doctrine, dont Platon ne laissait pas de tirer vanité.

(3) Ils avaient formé des tableaux comparatifs des qualités opposées les plus générales, comme *fini, infini,* — *pair, impair,* — *unité, pluralité,* — *bon, mauvais,* etc. (Voy. *Aristot., Metaphys.*, l. 1, c. 5; et *Plutarch. de Isid et Osir.* § 48).

(4) Neveu de Platon, et qui fut son successeur dans l'école que ce philosophe avait fondée. Aristote, dit-on, acheta trois talents les livres de Speusippus (*Diog. Laert.*, l. 4, sect. 5).

qu'on recherche pour eux-mêmes ; tandis que ceux qui servent à produire ceux-ci, ou à les conserver, ou à empêcher l'effet de ce qui pourrait nous en priver, semblent, pour cette raison, avoir été envisagés sous un autre point de vue. D'où il suit évidemment que nous admettrions deux sortes de biens : les uns qui sont tels par eux-mêmes, et les autres qui servent de moyens pour obtenir les premiers. Puis donc que nous avons ainsi distingué les biens proprement dits de ceux qui ne sont que simplement utiles, examinons si les biens (proprement dits) sont compris sous une seule idée, et quels ils sont. Seront-ce tous ceux qui, indépendamment de toute autre chose, sont l'objet de nos désirs et de nos efforts, comme l'esprit, la vue, certains plaisirs et certains honneurs? Car, quoique nous les recherchions pour quelque autre fin, on pourrait cependant les compter parmi les biens proprement dits; ou les réduire à l'idée, et rien de plus : et alors il ne reste qu'une forme vaine (un mot). Mais si ceux-là doivent faire partie des biens proprement dits, alors il faudra que la définition du bien se retrouve la même dans chacun d'eux, comme celle de la blancheur se retrouve dans la neige et dans la céruse. Or, les définitions de la considération, de l'esprit, et de la volupté, en tant que ce sont des biens, diffèrent entièrement : le bien n'est donc pas quelque chose de commun et qui appartienne à une seule idée.

Cependant, comment se fait-il qu'on se serve

toujours du même nom? Car ici la similitude des termes ne semble pas être l'effet du hasard. Est-ce donc que tous les biens ont une source unique, où concourent à une fin commune? Ou l'emploi du même terme est-il, dans ce cas, l'effet d'une simple analogie, comme lorsqu'on dit que la vue est pour le corps ce que l'entendement est pour l'ame, et ainsi des autres analogies, dans d'autres cas? Peut-être, au reste, est-il convenable de renoncer à cette recherche, quant à présent; car la solution complète de la question semblerait appartenir plus spécialement à quelque autre partie de la philosophie. Il en est de même de l'idée, puisque, si ce qu'on appelle bien, en général, a une existence absolue et indépendante, il est clair que ce ne peut être une chose que l'homme puisse produire ou posséder; or c'est là ce que l'on cherche.

On pourrait s'imaginer qu'il vaudrait mieux s'attacher à le connaître par comparaison avec ceux des biens qu'on peut ou produire ou acquérir; car cette connaissance nous offrirait comme un modèle, d'après lequel nous serions plus à même de savoir ce qui est bon pour nous, et, une fois que nous le saurions, de nous en procurer la possession. Cette manière de raisonner a quelque probabilité en sa faveur : mais, d'un autre côté, elle s'accorde peu avec les procédés des sciences; car toutes, aspirant à quelque bien, et cherchant à satisfaire quelque besoin, négligent entièrement cette connaissance spéculative. Et pourtant il n'est guère probable que tous ceux qui pratiquent les arts, méconnussent l'importance d'une pareille ressource, et en dédaignassent la recherche. D'ailleurs, on ne voit pas de quelle utilité pourrait être au tisserand, pour la pratique de son art, ou au charpentier, la connaissance du bien en soi; ni comment, en en contemplant l'idée, le médecin ou le général d'armée deviendraient plus habiles. En effet, il ne paraît pas que le médecin considère la santé sous ce point de vue général; il s'occupe seulement de celle de l'homme, ou plutôt peut-être, de celle de tel individu; car c'est l'individu qu'il prétend guérir. Mais en voilà assez sur toutes ces questions.

VII. Revenons donc encore une fois à la recherche de ce bien, qui paraît différent dans chaque action et dans chaque art; car il n'est pas le même pour l'art de la médecine et pour celui de la guerre, et ainsi de tous les autres. Quel est donc le bien pour chacun d'eux, le but en vue duquel on fait tout le reste? Dans la médecine, c'est la santé; dans la stratégie, la victoire; dans l'architecture, la maison ou l'édifice; dans un autre art, autre chose : en un mot, dans toute action, dans toute détermination raisonnée, c'est *la fin*; car voilà pourquoi tout homme fait tout ce qu'il fait. En sorte que, s'il y a une fin commune de tous les actes, ce serait elle qui serait le bien qui peut se faire; et, s'il y en a plusieurs, ce seront celles-là. Ainsi, après de longs détours, notre raisonnement se trouve ramené au même point. Mais essayons d'y porter plus de lumière. Puis donc qu'il y a plusieurs fins diverses, entre lesquelles il en est que nous prenons comme des moyens pour arriver à d'autres (par exemple, les richesses, et, en général, ce qu'on appelle des instruments), il est évident que toutes ne sont pas parfaites ou absolues. Or, le bien suprême, ou absolu, semble devoir être quelque chose de parfait; en sorte que, s'il n'y a qu'un seul bien qui soit parfait, ce serait précisément celui que nous cherchons; mais, s'il y en a plusieurs, ce sera le plus parfait de ceux-là.

D'un autre côté, nous regardons un bien qu'on recherche pour lui-même, comme plus parfait que celui qu'on recherche en vue de quelqu'autre; et celui qu'on ne peut jamais désirer en vue d'un autre, comme plus complet que ceux qu'on désire à la fois pour eux-mêmes et comme moyens d'en obtenir d'autres : en un mot le bien parfait, ou absolu, est celui qu'on préfère toujours pour lui-même, et jamais en vue d'aucun autre.

Or, le bonheur paraît surtout être dans ce cas: car nous le désirons constamment pour lui-même, et jamais pour aucune autre fin; au lieu que la considération, la volupté, l'esprit, et tout ce qui s'appelle vertu ou mérite, nous les désirons sans doute pour eux-mêmes (puisque, quand il n'en devrait résulter aucun autre avantage, leur possession nous paraîtrait encore désirable) : mais nous les recherchons aussi en vue du bonheur, nous imaginant que nous serons heureux par leur moyen. Au contraire, personne ne recherche le bonheur en vue d'aucun de ces avantages, ni, en général, de quelqu'autre bien que ce soit.

Il semble aussi que le bien parfait ou absolu doive se suffire à lui-même, et de cette condition résultent tous les mêmes effets que nous venons d'attribuer au bonheur. Mais, par cette façon de parler « Se suffire à soi-même », nous n'entendons pas simplement vivre pour soi seul et dans un entier isolement, mais vivre pour ses parens, ses enfans, sa femme, et généralement pour ses amis et ses concitoyens : puisque, par sa nature, l'homme est un être sociable. Toutefois, cette proposition doit être renfermée dans de certaines limites : car, en l'étendant aux générations antérieures, à la postérité, et aux amis de nos amis, cela irait à l'infini. Mais nous reviendrons ailleurs sur ces considérations. Nous entendons ici, par la condition de se suffire à soi-même, un genre de vie qui seul, et sans aucun autre secours, satisfasse à tous les besoins ; et voilà, suivant notre opinion, ce que c'est que le bonheur. C'est ce qu'il y a au monde de plus désirable, indépendamment de tout ce qu'on y pourrait ajouter (1) ; mais, pour peu qu'on en accroisse la somme, il est évident que l'addition du plus petit de tous les biens doit le rendre encore plus désirable ; car ce qu'on y ajoute y met le comble ; or, en fait de biens, ce qui est plus considérable ne saurait manquer d'obtenir la préférence. On peut donc dire que le

---

(1) Voy. *M. M.*, l. 1, c. 2.

bonheur est quelque chose de parfait et qui se suffit à soi-même, puisqu'il est la fin de tous nos actes.

Mais, en convenant que le bonheur est ce qu'il y a de plus excellent, peut-être désirerait-on de connaître plus clairement ce qu'il est; et il semble qu'on y parviendrait, si l'on pouvait connaître quelle est l'œuvre de l'homme (2). En effet, de même que c'est dans l'action et dans l'ouvrage d'un musicien, d'un sculpteur, d'un artiste en quelque genre que ce soit, et, en général, de tous ceux qui produisent quelque acte ou quelque ouvrage, que l'on reconnaît ce qui est bon et bien, il semblerait que, pour l'homme aussi, on pourrait porter un jugement pareil, s'il y a quelque œuvre qui lui soit propre. Serait-ce donc qu'il y a des actes et des œuvres propres au cordonnier et au charpentier, et aucune qui le soit à l'homme; et la nature l'aurait-elle fait une créature inerte et incapable de rien produire? ou plutôt, ne peut-on pas affirmer que de même que l'œil, la main, le pied, et, en général, chacun de nos membres a sa fonction particulière, ainsi l'homme lui-même en a une qui lui est propre? Mais cette fonction quelle est-elle? Et d'abord la vie semble lui être commune même avec les plantes : or nous cherchons ce qu'il y a de propre; il faut donc mettre de côté la vie de nutrition et celle d'accroissement. Vient en-

---

(2) Voy. *M. M.*, l. 1, c. 4 et 5; *Eudem.*, l. 2, c. 1, et Platon, *De Repub.*, l. 1, p. 352, 353.

suite la vie sensitive : mais celle-ci encore est commune au cheval, au bœuf, et à tous les animaux. Reste enfin la faculté active de l'être qui a la raison en partage, soit qu'on le considère comme se soumettant aux décisions de la raison, ou comme possédant cette raison même avec la pensée. Or, cette faculté étant susceptible d'être considérée sous deux points de vue (3), admettons d'abord celui sous lequel elle est envisagée comme active, car c'est plus proprement celui-là qui lui donne son nom. Si donc l'œuvre de l'homme est une activité de l'ame, conforme à la raison, ou au moins qui n'en soit pas dépourvue; et si l'on peut affirmer, qu'outre qu'elle est une œuvre de l'homme en général, elle peut encore être celle de l'homme de bien : comme il y a l'œuvre du musicien, et celle du musicien habile; et si cette distinction s'applique aux œuvres de toute espèce, ajoutant ainsi à l'œuvre elle-même la différence qui résulte d'une supériorité absolue en mérite; s'il en est ainsi (disons-nous), et si l'œuvre de l'homme est un certain genre de vie, qui consiste dans l'énergie de l'ame et dans des actions accompagnées de raison, qu'il appartient à l'homme vertueux d'exécuter convenablement, et dont chacune ne peut être accomplie qu'autant qu'elle a la vertu qui lui est propre : il

---

(3) L'un, comme simple faculté ou puissance, c'est-à-dire, existant même quand on n'en fait aucun usage, comme dans le sommeil, ou dans l'inaction complète; l'autre, au contraire, comme actuellement agissante.

résulte de là que le bien de l'homme est l'activité de l'âme dirigée par la vertu; et, s'il y a plusieurs vertus, par celle qui est la plus parfaite, et de plus dans une vie parfaite. Car (comme on dit proverbialement) une hirondelle ne fait pas le printemps, ni aussi un seul jour; de même un seul jour, ou un temps très-court, ne suffit pas pour rendre un homme complètement heureux.

Telle est donc la manière dont nous considérons le bonheur; car peut-être convient-il de n'en présenter d'abord qu'une esquisse imparfaite, pour pouvoir en faire ensuite une description plus exacte. D'ailleurs, il est facile à tout homme de perfectionner les objets dont les premiers linéaments ont été une fois bien tracés, et d'en saisir plus distinctement les détails; le temps aussi devient un moyen puissant d'invention et de perfectionnement, et c'est à cette cause que sont dus les progrès des arts, puisque tout homme est capable d'ajouter à chacun d'eux ce qui lui manque. Mais il ne faut pas oublier ce que nous avons déjà dit, et prétendre en tout au même degré d'exactitude; il y en a un qui est proportionné à chaque objet, et qui ne saurait dépasser les limites propres à cet objet même, et aux procédés qu'on y applique, ou au but qu'on se propose. En effet, le géomètre et le charpentier ne considèrent pas la ligne droite sous le même point de vue : l'un n'y cherche que ce qui peut être utile à la pratique de son art; et l'autre, qui a pour but la contemplation du vrai, aspire à connaître ce qu'elle est en elle-même. Or, voilà précisément ce qu'il faut faire dans toutes les autres choses, afin que ce qui n'est qu'accessoire, 'ou moyen, ne l'emporte pas sur le principal, ou sur la fin. Il ne faut pas non plus exiger également dans tous les sujets de recherche, que l'on remonte à la cause; il y en a où il suffit de bien caractériser le fait, comme cela a lieu quand il s'agit des principes : car le fait existe d'abord et est un principe. Mais, entre les principes, il y en a qu'on peut conclure par induction (4) ; il y en a qui sont donnés par le sentiment, d'autres par la coutume ou par l'habitude, et d'autres autrement. Toujours faut-il s'efforcer de remonter à la nature de chacun d'eux, et s'appliquer à les bien définir, car ils ont beaucoup d'influence sur les conséquences. Aussi croit-on généralement que le commencement est, comme dit le proverbe, plus que la moitié de l'ouvrage (5), et qu'il suffit pour faire entrevoir déjà une grande partie de ce qu'on cherche.

VIII. C'est donc le principe du bonheur qu'il s'agit à présent d'examiner, non seulement par ses conséquences, et par la définition qu'on en donne, mais aussi d'après ce qu'on dit communément sur ce

---

(4) Aristote explique dans ce traité (1. 6, c. 3), et ailleurs (*Analyt. Poster.*, l. 1, c. 1), la différence qu'il y a entre l'*induction* et le *syllogisme*, ou entre ce que les rhéteurs ont appelé *exemple* et *enthymème*.

(5) Notre auteur rappelle encore ce proverbe (*Politic.*, l. 6, c. 3), mais avec quelque différence d'expression.

sujet. Car tout ce qui est ne saurait manquer de s'accorder avec la vérité, au lieu que le faux est bientôt en désaccord avec elle. Or, comme nous avons fait trois classes des biens, les uns qui sont appelés extérieurs, ceux de l'ame, et ceux du corps, nous plaçons au premier rang ceux de l'ame, et ce sont eux que nous appelons proprement des biens, attribuant à l'ame les actes et les fonctions : en sorte que notre langage est tout-à-fait conforme à l'opinion qui a été anciennement et universellement admise par tous les philosophes, que la fin de notre vie consiste dans ces actes et dans ces fonctions; car, de cette manière, on voit qu'elle comprend les biens de l'ame, et non pas les biens extérieurs. Cette définition se trouve confirmée par les expressions *de bien vivre* et *bien agir*, dont on se sert ordinairement en parlant d'un homme heureux, puisqu'en effet *bonne vie*, et *bonne conduite*, sont des expressions à peu près synonymes de *bonheur*.

D'un autre côté, toutes les conditions requises pour le bonheur semblent se rencontrer dans notre définition; car les uns y font entrer la vertu, les autres la prudence, les autres la sagesse; ceux-ci joignent à ces conditions ou à quelqu'une d'elles, la volupté, ou du moins exigent qu'elle ne soit pas exclue; ceux-là y comprennent aussi l'abondance des biens extérieurs. Entre ces combinaisons diverses, les unes ont été adoptées par le plus grand nombre, et dès les plus anciens temps; les autres n'ont été admises que par quelques hommes célèbres. Mais il n'est pas croyable que tous aient été complètement dans l'erreur; il y a lieu de croire, au contraire, qu'ils ont eu raison sur quelques points, ou même sur plusieurs. Au reste, ceux qui prétendent que la vertu, en général, ou quelque vertu particulière, est nécessaire au bonheur, rentrent dans notre définition, puisqu'il est, suivant nous, l'action de l'ame dirigée par la vertu. Cependant il semble qu'il y a une grande différence à faire consister le souverain bien dans la possession ou dans l'usage, dans la disposition à la vertu ou dans la pratique de la vertu (1); car la disposition peut exister sans produire rien de bien, comme cela arrive pour un homme qui dort, ou qui demeure, pour quelque cause que ce soit, dans une entière inaction.

Mais, si c'est dans la vie active qu'est le bonheur, on ne saurait faire la même objection, puisqu'il faudra nécessairement, pour être heureux, que l'on agisse, et que l'on agisse bien. Et, de même que dans les jeux olympiques ce ne sont pas les plus beaux et les plus forts qui reçoivent la couronne, mais seulement ceux qui combattent dans l'arène (car c'est parmi eux que se trouvent les vainqueurs); ainsi, il n'y a que ceux qui agissent d'une manière conforme à la vertu (2), qui puissent avoir part à la gloire et au bonheur de la vie. Au reste, leur vie est par elle-même remplie de dé-

---

(1) Voy. *M. M.*, l. 1, c. 4.
(2) Voy. *Eudem.*, l. 2, c. 1.

lices: car le sentiment du plaisir appartient à l'ame, et dire qu'un homme aime quelque chose, c'est dire que cette chose lui cause du plaisir; ainsi, les chevaux, les spectacles, sont des causes de plaisir pour celui qui les aime; et, de même, quiconque aime la justice, ou, en général, la vertu, y trouve de véritables jouissances.

Toutefois il y a, dans les ames vulgaires, des jouissances qui semblent se combattre les unes les autres : c'est qu'elles ne sont pas telles par leur nature, au lieu que ce qui est plaisir pour les hommes qui savent goûter le beau, est agréable par sa nature; et tel est le caractère des actions conformes à la vertu, qu'elles sont agréables par elles-mêmes, et qu'elles charment ceux qui les font. Aussi leur vie n'a-t-elle aucun besoin du plaisir; c'est, pour ainsi dire, un talisman dont ils savent se passer; elle le renferme en elle-même. Car, indépendamment de tout ce que nous avons dit à ce sujet, il est évident que celui qui ne prend pas plaisir à faire de bonnes actions, n'est pas véritablement homme de bien; pas plus que celui qui ne se plaît ni aux actes de justice, ni aux actes de libéralité, n'est juste ou libéral; et ainsi du reste.

Il suit de là que les actions vertueuses sont des plaisirs, qu'elles sont à la fois bonnes et honorables, et qu'elles réunissent chacune de ces qualités au plus haut degré, si l'homme de bien sait les apprécier comme il faut; et c'est ainsi qu'il en juge en effet, comme on l'a déja dit. Le bonheur est donc ce qu'il y a de plus excellent, de plus beau et de plus agréable ; et ces choses ne doivent être ni distinguées ni séparées, comme elles le sont dans cette inscription de Délos (3) : « Ce qu'il y a « de plus beau, c'est la justice ; de meilleur, c'est « la santé ; et de plus agréable, la jouissance de « ce qu'on désire. » Car tout cela se trouve dans les actions les plus parfaites ; or le bonheur est, à notre avis, ou la réunion de toutes ces choses, ou celle d'entre elles qui est la plus excellente. Néanmoins, il semble, comme je l'ai dit, qu'il faille y joindre encore les biens extérieurs ; car il est impossible, ou au moins fort difficile, de bien faire, quand on est entièrement dépourvu de res-

---

(3) Gravée sur les propylées du temple de Latone, comme le dit notre auteur (*Eudem.* l. 1, c. 1); et le distique qu'il cite se trouve parmi les *sentences* attribuées à Théognis (vs. 255). Platon, au second livre des *Lois* (p. 661), semble faire allusion à cette inscription de Délos, lorsqu'il dit : « Ce que la plu- « part des hommes appellent des biens, ne mérite pas ce nom : « car on dit communément que ce qu'il y a de meilleur, c'est « la santé ; en second lieu, la beauté ; en troisième lieu, la force ; « et enfin la richesse. Il y a même encore un nombre infini de « choses qu'on appelle des biens..... Mais nous pouvons dire, « vous et moi, que toutes ces choses-là sont excellentes, quand « elles se trouvent appartenir à des hommes justes et religieux ; « et qu'elles sont ce qu'il y a de plus funeste à ceux qui sont « sans religion et sans vertu. » On peut voir encore ces mêmes pensées rappelées dans le premier livre des *Lois* (p. 631), dans le *Gorgias* (p. 451); et, sur le même sujet, Clément d'Alexandrie (*Strom.*, 4, p. 483), où il cite un scolie de Simonide ou d'Epicharme. Voy. enfin un fragment de la *Créuse* de Sophocle, cité par Stobée (p. 552).

sources; il y a même beaucoup de choses pour l'exécution desquelles des amis, des richesses, une autorité politique, sont comme des instruments nécessaires. La privation absolue de quelqu'un de ces avantages, comme de la naissance, le manque d'enfants, de beauté, gâte et dégrade en quelque sorte le bonheur. Car ce n'est pas un homme tout-à-fait heureux que celui qui est d'une excessive laideur, ou d'une naissance vile, ou entièrement isolé et sans enfants. Celui qui a des amis ou des enfants tout-à-fait vicieux, ou qui en avait de vertueux que la mort lui a enlevés, est peut-être moins heureux encore. La jouissance de ces sortes de biens semble donc être, comme je l'ai dit, un accessoire indispensable; aussi y a-t-il des personnes qui rangent dans la même classe le bonheur et la bonne fortune, et d'autres la vertu.

IX. C'est même cette considération qui a donné lieu à la question de savoir si ce bien suprême peut être le résultat de la science, de l'habitude, ou de quelque autre exercice ou procédé que ce soit; ou une faveur des dieux, ou l'effet d'un hasard heureux (1). Et de fait, s'il y a au monde quelque

---

(1) Cette question fut souvent agitée par les philosophes et par les sophistes de la Grèce. Socrate, Platon et plusieurs de ses disciples, soutinrent que la vertu est un don de la Divinité. (Voyez les dialogues intitulés : *Protagoras*, *Theages*, *Euthyphron*, *Menon*.) Cicéron semble même avoir adopté, jusqu'à un certain point, cette opinion : *Nemo..... vir magnus sine afflatu*

chose qu'on puisse regarder comme un bienfait des Dieux, il est naturel de penser que le bonheur est un don qu'ils ont fait aux hommes, puisque c'est la plus précieuse des choses humaines. Mais l'examen de cette question appartient peut-être plus proprement à quelque autre sujet de recherche. Au reste, en supposant qu'il ne soit pas une faveur des Dieux, mais le résultat de la vertu, ou de l'instruction, ou d'une constante application, le bonheur semble du moins être ce qu'il y a de plus divin, puisqu'il est la fin la plus excellente, et comme le prix de la vertu. On peut même dire qu'il est, en quelque sorte, accessible à tous : puisqu'il n'est point d'homme, pourvu qu'il ne soit pas disgracié de la nature au point d'être incapable de toute vertu, qui ne puisse l'obtenir avec des soins et de l'étude. Or, si le bonheur, acquis de cette manière, est préférable à

---

aliquo divino unquam fuit, dit-il (*De Nat. Deor.* l. 2, c. 66). Au contraire, d'autres philosophes, et surtout les stoïciens, Zénon, Chrysippe, Cléanthe, Posidonius, etc., prétendirent que la vertu peut être le fruit de l'étude, de l'application, en un mot, d'une raison exercée et cultivée; et il nous reste, parmi les œuvres de Plutarque, un traité intitulé : *Que la vertu peut être enseignée.* Enfin, une troisième opinion, qui paraît être celle d'Aristote, et qui est en effet plus conforme à la vérité et à l'observation de la nature humaine, c'est que la culture, l'étude et l'application contribuent essentiellement à développer et à fortifier les bonnes dispositions naturelles de certains individus ; ou à modifier les inclinations vicieuses de quelques autres, de manière à les rendre moins funestes. Sur quoi l'on peut voir encore ce que disent Quintilien (*Instit. Orator.*, l. 12, c. 2), et Maxime de Tyr (*Dissert.* 33).

Tome I.

celui qui ne serait que l'effet de circonstances favorables, il y a lieu de croire que c'est ainsi qu'il faut l'acquérir. Et, s'il est vrai que les choses naturelles doivent à la nature leur plus haut degré de perfection, il en doit être de même des choses qui sont le produit de l'art, ou de quelque cause que ce soit, et surtout de la plus parfaite de toutes. Car il y aurait aussi trop d'absurdité à livrer au hasard ce que nous avons de plus noble et de plus précieux.

La solution de la question qui nous occupe, sort même évidemment de notre définition. Le bonheur, avons-nous dit, est un emploi de l'activité de l'ame, conforme à la vertu; et quant aux autres biens, les uns sont nécessaires pour le rendre complet, et les autres y servent naturellement comme des auxiliaires, ou d'utiles instruments. Or, cela s'accorde avec ce que nous avons dit au commencement de ce Traité; car nous avons avancé que la fin de la politique est la plus excellente, parce qu'elle s'applique principalement à donner aux citoyens de certaines qualités, à les rendre vertueux, à leur faire acquérir l'habitude de pratiquer le bien. C'est donc avec fondement que nous ne disons jamais ni d'un cheval, ni d'un bœuf, ni d'aucun autre animal, qu'il est heureux; car il n'y en a aucun qui soit susceptible du genre d'action ou d'activité qui constitue le bonheur. Par la même raison, nous ne le disons pas non plus d'un enfant que son âge tendre rend encore incapable de cette sorte d'activité : ou, si nous employons cette expression, en parlant des enfants, ce n'est que pour faire entendre l'espérance qu'ils font concevoir; car les conditions du bonheur sont, comme je l'ai dit, une vertu parfaite, et une vie accomplie. En effet, la vie est sujette à bien des vicissitudes, à bien des chances diverses; et il peut arriver que celui qui est au comble de la prospérité, tombe, en vieillissant, dans de grandes infortunes, comme les poètes épiques le racontent de Priam. Or personne ne vantera sans doute le bonheur de celui qui, après avoir éprouvé de tels revers, serait mort misérablement.

X. Mais quoi! ne peut-on prononcer qu'un homme soit heureux tant qu'il est vivant? Et faut-il, comme le prétendait Solon (1), attendre la fin de sa vie? s'il en est ainsi, pourra-t-on dire qu'il est heureux, lorsqu'il est mort? ou plutôt, ne serait-ce pas une

---

(1) Suivant ce que racontent Hérodote (l. 1, c. 31-33), et Plutarque (*Vit. Solon.* c. 27), Solon, se trouvant à Sardes, Crésus, roi de Lydie, eut avec lui un entretien, dans lequel le sage athénien s'efforça de faire comprendre au riche et puissant monarque, qu'il ne faut pas se laisser éblouir par la prospérité présente, et qu'on ne peut assurer qu'un homme est heureux, tant qu'il n'a pas échappé à toutes les chances funestes que peut amener le cours de la vie. C'est la pensée exprimée dans ces vers d'Ovide : (*Métam.*, l. 3, vers. 135.)

Ultima semper
Expectanda dies homini : dicique beatus
Ante obitum nemo supremaque funera debet.

(Voy. aussi *Aristot. Eudem*, l. 2, c. 1; *Sophocl. Trachin.*, vs. 1-3.)

chose tout-à-fait absurde, surtout quand on prétend, comme nous le faisons, que le bonheur est un certain emploi de l'activité? Mais si nous n'affirmons pas que celui qui est mort soit heureux (et ce n'est pas, en effet, ce qu'a voulu dire Solon, mais seulement qu'on ne peut prononcer avec certitude sur le bonheur de l'homme qu'au moment où il se trouve hors de l'atteinte de tous les maux et de toutes les infortunes), cette assertion peut encore, jusqu'à un certain point, être contestée. Car il semble qu'après la mort on pourrait éprouver des biens et des maux, puisque, même pendant la vie, on en éprouve qui n'affectent point les sens, comme les honneurs et les affronts, les événements heureux ou malheureux qui arrivent à nos enfants, et, en général, à notre postérité. Mais cela même est encore sujet à quelque difficulté : car il est possible qu'il y ait bien des vicissitudes dans la fortune des descendants d'un homme qui aura vécu parfaitement heureux jusqu'à un âge avancé, et qui sera mort comme il devait mourir. Il peut se faire qu'entre ses descendants, les uns soient vertueux et jouissent du sort qu'ils méritent, tandis que les autres auront une destinée toute contraire : car il est évident qu'ils peuvent différer de leurs ancêtres de plus d'une manière. Il serait donc bien étrange qu'un homme, après sa mort, éprouvât toutes ces vicissitudes diverses, et qu'il devînt quelquefois heureux, pour redevenir ensuite malheureux; et, d'un autre côté, il est difficile de comprendre que des parents soient entièrement étrangers ou insensibles, au moins pendant un certain temps, au sort de leurs enfants.

Mais revenons à la question que nous avons proposée d'abord; car peut-être contribuera-t-elle à la solution de celle qui nous occupe à présent. Si donc il faut voir la fin d'un homme pour le déclarer heureux, non pas comme l'étant actuellement, mais parce qu'il l'a été autrefois, ne serait-il pas étrange, lorsqu'un homme est heureux, que l'on s'obstinât à ne pas dire la vérité sur son état présent, sous prétexte qu'on ne veut pas préconiser le bonheur de ceux qui sont encore vivants, à cause des révolutions auxquelles ils sont exposés; et parce qu'on regarde le bonheur comme quelque chose de durable et d'immuable, tandis que la destinée humaine est sujette à de fréquentes vicissitudes, que les mêmes personnes peuvent éprouver bien des fois? En effet, il est clair que si l'on s'attache à observer ces vicissitudes de la fortune, on pourra souvent dire d'un même individu qu'il est heureux, et ensuite qu'il est malheureux, et ce sera faire du bonheur une condition fort équivoque et fort peu stable (2).

Ne pourrait-on pas dire plutôt qu'il n'y a aucune

---

(2) Ce serait, dit le texte grec, faire de l'homme heureux une espèce de *chaméléon*, etc. On sait que les anciens ont cru que cette espèce de lézard, qui ne se trouve qu'en Asie et en Afrique, ne se nourrissait que d'air, et prenait à volonté la couleur des objets qui l'environnaient, d'où son nom est de-

raison d'attacher tant d'importance à ces vicissitudes? car, enfin, ce ne sont pas elles qui constituent le bien et le mal en soi; mais la vie humaine a besoin, comme nous l'avons dit, d'en tenir compte, au moins jusqu'à un certain point; au lieu que ce sont les actions conformes à la vertu, qui décident du bonheur, comme les actions contraires décident de l'état opposé. La question présente vient même à l'appui de cette opinion, car il n'y a rien dans les choses humaines où la constance se manifeste autant que dans les actions conformes à la vertu; elle y paraît plus que dans les sciences mêmes; et c'est précisément parce que les hommes parfaitement heureux portent cette constance jusque dans les moindres détails des actions de leur vie, qu'elles sont ce qu'il y a de plus honorable à la fois, et de moins sujet à l'instabilité; et cela même semble être cause qu'ils n'ont pas, à cet égard, un moment d'oubli.

Ainsi donc, le caractère que nous cherchons se

---

venu, en grec, en latin, et dans la plupart des langues modernes, le symbole de l'inconstance et de la versatilité.

...... *Id quoque quod ventis nutritur et aurá*
Protinus adsimulat tactu quoscumque colores.
(Ovid., *Metam.*, l. 15 vs. 412.)

Des observations plus récentes ont appris que c'est un animal extrêmement lent dans ses mouvements, qui se nourrit d'insectes, et dont les couleurs changent par l'effet des affections qu'il éprouve, et du mouvement qu'elles donnent à son sang, qui est d'un beau violet, etc. (Voy. le *Nouveau Dictionn. d'Hist. naturelle.*)

trouvera dans l'homme heureux, et il le conservera toute sa vie. Car les actions conformes à la vertu seront toujours, ou du moins la plupart du temps, ce qu'il fera et ce qu'il considérera avant tout ; et quant aux revers de la fortune, il saura les supporter, quels qu'ils soient, avec dignité et avec calme : car il sera l'homme véritablement vertueux, et dont toute la conduite n'offre rien qui soit à reprendre (3).

D'ailleurs les accidents de fortune étant aussi nombreux que différents par le degré de bien ou de mal qui les accompagne, il est clair que ces chances heureuses ou malheureuses, si elles sont de peu d'importance, n'ont pas une grande influence sur la vie; tandis que les grandes prospérités la rendent réellement plus heureuse : car naturellement elles sont faites pour l'embellir, et l'usage qu'on en fait donne un nouveau lustre à la vertu. Au contraire, les grandes infortunes diminuent et gâtent, en quelque sorte, le bonheur, car elles causent de vifs chagrins, et sont, dans bien des cas, un obstacle aux actions vertueuses.

---

(3) Aristote se sert ici d'une expression métaphorique, employée avant lui par Simonide, ἄνδρα τετράγωνον (littéralement un *homme quarré*), qui était devenue comme proverbiale : soit parce que la forme cubique était regardée comme présentant naturellement l'idée de la plus grande stabilité, ou parce que la figure quarrée était regardée comme la plus parfaite. Platon, dans le *Protagoras* (p. 339), cite, avec quelque étendue, les paroles de Simonide ; et Aristote rappelle cette expression métaphorique dans sa *Rhétorique* (l. 3, c. 11).

Cependant, c'est même alors que ce qu'il y a de grand et de noble dans notre nature brille de tout son éclat : c'est lorsqu'on supporte ces grandes calamités avec résignation, non par insensibilité, mais par générosité et par grandeur d'ame. Au reste, si les actions des hommes décident, comme on l'a dit, de la destinée de leur vie, il est impossible qu'un homme heureux (au sens que nous l'entendons) soit jamais misérable, car jamais il ne fera des actions odieuses et méprisables. Nous croyons, en effet, que l'homme véritablement vertueux et sage sait supporter avec dignité tous les revers de la fortune, et tire toujours le parti le plus avantageux de ce qui est à sa disposition : comme le grand capitaine emploie avec le plus de succès l'armée qui est actuellement sous ses ordres, comme l'habile cordonnier fait les meilleures chaussures avec le cuir qu'on lui donne, et ainsi des autres arts.

Si cela est vrai, il est impossible que l'homme heureux soit jamais misérable. Mais on ne pourra pas non plus le dire heureux, s'il tombe dans la calamité de Priam; du moins ne sera-t-il ni variable, ni inconstant dans ses sentiments. Car les revers ordinaires n'altéreront pas facilement son bonheur : il faudra, pour cela, de nombreuses et de grandes infortunes. Et, d'un autre côté, il ne pourra pas redevenir heureux en peu de temps; mais, en supposant qu'il retrouve le bonheur, ce ne sera que par une durée non interrompue de grandes et éclatantes prospérités.

Pourquoi donc ne dirions-nous pas que l'homme heureux est celui qui agit d'une manière conforme à la vertu dans sa perfection, et qui, de plus, est suffisamment pourvu des biens extérieurs, non pas pour un temps indéterminé, mais dans une vie parfaite ? Ou bien, faut-il ajouter encore qu'il continuera de vivre ainsi, et qu'il mourra comme il convient à une telle vie ? tandis qu'il nous est impossible de lire dans l'avenir, et que nous avons déclaré que le bonheur est la fin suprême et absolue de tous nos vœux et de toutes nos actions. Et, s'il en est ainsi, nous pourrons déclarer heureux ceux qui vivent actuellement, tant qu'ils réunissent et qu'ils réuniront les conditions que nous venons de dire; mais cette félicité sera seulement celle que comporte la nature humaine. Voilà donc un point suffisamment éclairci.

XI. Cependant, prétendre que le sort de nos enfants et de nos amis ne nous intéresse en aucune façon (après notre mort), serait une assertion trop dure et trop contraire aux opinions reçues. Mais, d'un autre côté, comme les événements auxquels ils sont exposés peuvent être extrêmement divers, et influer d'une manière plus ou moins favorable ou défavorable sur leurs destinées, ce serait une tâche bien pénible et presque infinie que d'entreprendre d'en faire le détail : peut-être donc suffira-t-il de les indiquer en masse et d'une manière générale. Or si, entre les infortunes qui nous touchent personnellement, il y en a qui ont une certaine gravité et une influence positive sur toute notre vie, tandis que d'autres sont beaucoup moins graves, il en sera de même de celles qui touchent les êtres qui nous sont chers. Et d'abord, il y a apparemment beaucoup plus de différence entre les passions et les affections que nous éprouvons pendant notre vie, et celles qui nous touchent quand nous ne sommes plus, qu'il n'y en a entre les grands forfaits et les grandes infortunes qu'on éprouve réellement, et celles dont la tragédie nous offre la représentation. Et l'on peut déja se faire ainsi une idée de cette différence ; mais plus encore parce qu'il y a lieu de douter si les hommes, après leur mort, sont susceptibles d'avoir quelque sentiment des biens et des maux. Car on peut croire que, s'il leur en arrive quelque impression, au moins ne peut-elle être que très-faible et très-obscure, soit en elle-même, soit par rapport à eux. Dans tous les cas, elle ne peut guère être de nature à rendre heureux ceux qui ne le sont pas, ou à diminuer la félicité de ceux qui en jouissent. [Les prospérités ou les infortunes des amis de ceux qui ne sont plus, paraissent donc ne devoir les affecter que trop peu pour les rendre heureux, s'ils ne l'étaient pas, ou pour avoir aucune influence positive sur leur manière d'être] (1).

XII. Après avoir ainsi discuté ces questions, examinons si le bonheur est du nombre des choses

---

(1) Cette dernière phrase a été regardée avec raison, par les critiques, comme une glose marginale, insérée dans le texte par quelque copiste peu intelligent.

qui méritent nos éloges, ou de celles qui sont dignes de respect; car il est évident qu'il n'est point au nombre des facultés (1). Or il semble que tout ce qui mérite la louange ne l'obtient qu'à raison de de quelque qualité, et d'un rapport déterminé à quelque chose : car nous louons l'homme juste, courageux, vertueux; et même la vertu, à cause des actes et des actions qu'elle produit; et celui qui est robuste, léger à la course, ou qui a quelque autre avantage de ce genre, à cause de ces qualités dont l'a doué la nature, et des dispositions qu'il en a reçues pour quelque fin bonne et vertueuse. Cela est même évident par les louanges que nous donnons aux Dieux : car il y a quelque chose de ridicule dans l'espèce de comparaison que nous en faisons ainsi avec nous; mais cela vient de ce que la louange suppose, comme on l'a dit, un certain rapport (d'une qualité à une fin déterminée). Or, si tel est le caractère essentiel de la louange, il est clair qu'on ne doit pas louer les choses les plus excellentes; mais qu'il y a quelque chose de meilleur et de plus grand qui leur convient; car nous préconisons la gloire et la félicité des Dieux, et des hommes qui se rapprochent le plus de la Divinité;

---

(1) Voy. *M. M.* l. 1, c. 2; *Eudem.* l. 2, c. 1, où l'auteur établit à peu près la même division des biens, qu'il distingue en honorables, louables, et facultés, donnant à ce dernier terme un sens un peu différent de celui que nous avons indiqué précédemment (c. 1, note 3), mais qu'il adopte encore ici, en sorte que c'est celui qu'il convient de lui attribuer plus généralement.

et il en est de même des biens. Aussi personne ne songe à louer le bonheur, comme on loue la justice; mais on le vante, on l'exalte, comme étant une chose meilleure et plus divine. C'est pour cela qu'Eudoxe (2), en soutenant la prééminence de la volupté, remarque avec raison que, de ce qu'on ne la loue pas, quoiqu'elle soit au rang des biens (3), on devait conclure qu'elle est au-dessus de tout ce qui est l'objet de nos louanges; que Dieu et le bien (en soi) sont dans le même cas, puisque c'est à eux que l'on rapporte tout le reste. Aussi donne-t-on des louanges à la vertu, car c'est elle qui rend capable de faire le bien, au lieu que les éloges (4) s'appliquent aux actions ou aux actes, tant ceux du corps, que ceux de l'esprit ou de l'âme. Mais une dis-

---

(2) Eudoxe de Gnide, disciple de Platon. Notre auteur en parle, avec plus de détail, au chapitre II du dixième livre de ce traité.

(3) Cicéron (*De Fin.*, l. 4, c. 18) fait voir l'utilité des considérations indiquées ici, en réfutant ce sophisme : tout ce qui est bon est louable ; tout ce qui est louable est honnête : donc, tout ce qui est bon est honnête. « Aristote, dit-il, Xénocrate, « et toute cette école, n'accorderont pas cette proposition. » *Quippe qui valetudinem, vires, divitias, gloriam, multa alia, bona esse dicunt, laudabilia non dicunt.*

(4) *Louange* (ἔπαινος), *éloge* (ἐγκώμιον) diffèrent par des nuances de significations qu'il serait trop long de développer ici, de même que les idées attachées aux mots εὐδαιμονισμὸς et μακαρισμὸς, qui ont quelque rapport avec les mots *célébration, panégyrique*, en français, surtout par rapport à la religion. Voyez la *Rhétorique* d'Aristote (l. 1, c. 9).

cussion plus exacte et plus étendue sur ce sujet appartient peut-être plus proprement aux rhéteurs qui ont traité des éloges; il nous suffit d'avoir prouvé, par ce qui vient d'être dit, que le bonheur est du nombre des choses qui, par leur perfection, sont dignes de nos respects. Cela semble même résulter de ce qu'il est un principe, puisque c'est pour lui que chacun de nous fait tout ce qu'il fait; et nous admettons l'opinion que le principe et la cause de tous les biens est quelque chose de respectable et de divin.

XIII. Mais, puisque le bonheur consiste dans l'activité de l'ame, dirigée ou guidée par la vertu dans toute sa perfection, il faut examiner ce que c'est que la vertu; car peut-être parviendrons-nous, de cette manière, à nous faire une notion plus exacte du bonheur lui-même. Or, il semble que l'homme véritablement habile dans la politique est précisément celui qui médite le plus sur la vertu; car il travaille à rendre ses concitoyens vertueux et soumis aux lois. Nous en trouvons la preuve dans les législateurs des Crétois et des Lacédémoniens, et dans ceux qui leur ont ressemblé, s'il s'en trouve de tels. Et, puisque cet examen appartient à la politique, on voit que c'est une recherche qui tient au sujet que nous nous sommes proposé au commencement de ce Traité. Au reste, ce n'est que la vertu purement humaine que nous considérons ici; car nous n'avons cherché que le bien qui est propre à l'homme, et le bonheur que comporte sa nature.

Or, nous entendons par vertu purement humaine, non celle du corps, mais celle de l'ame, et nous disons que le bonheur consiste dans l'activité de l'ame. D'après cela, il est évident que la science générale de l'ame doit, jusqu'à un certain point, être connue de celui qui désire être habile dans la politique; comme la connaissance des yeux, ou de tout le corps, doit être familière à celui qui voudrait guérir les maladies des yeux, ou de tout le corps (1) : et cela d'autant plus, que la politique est une science plus noble et plus importante que la médecine. Et comme les médecins distingués s'occupent essentiellement d'acquérir la connaissance générale du corps, il faut donc que le politique habile ait fait une étude particulière de l'ame. Voilà pourquoi nous devons entrer dans quelques considérations sur ce sujet, et seulement autant que cela est nécessaire à l'objet de nos recherches; car une science plus approfondie en ce genre exigerait peut-être plus d'application que n'en comporte le but qu'on se propose. Au reste, il suffira de voir ce que j'en dis dans quelques parties de mes livres *exotériques* (2), dont

---

(1) Platon, dans le *Charmides* (p. 156), se sert de la même comparaison, dans un sens un peu différent, et prétend prouver qu'il y a une telle connexion entre toutes les parties de l'organisation, qu'on ne saurait guérir les yeux, sans soumettre le corps tout entier à un régime particulier. D'où il conclut qu'on ne saurait même guérir le corps, sans s'occuper aussi du régime de l'ame.

(2) Nom qu'Aristote a donné à ceux de ses ouvrages, ou

on pourra faire usage, et où l'on verra, par exemple, la distinction qu'il faut faire entre la partie raisonnable de l'ame et la partie irraisonnable. Quant à la question de savoir si ces deux parties sont distinctes (et séparables) à la manière de celles du corps, et de toute matière susceptible d'être divisée; ou bien, si elles ne le sont que pour l'intelligence, étant réellement inséparables de leur nature, comme la partie concave et la partie convexe d'une même circonférence, elle n'est d'aucune importance dans le cas présent.

Il y a pourtant une partie de l'ame irraisonnable qui semble commune même aux plantes; je

---

plutôt de ses discours, où il traitait des sujets à la portée de tout le monde, ou d'une manière facile à comprendre pour tous. Ses discours, ou ses traités, *ésotériques*, étaient, au contraire, ceux qui, par la nature du sujet, ou par la manière de le traiter, ne pouvaient être compris que de ceux qui avaient déja des connaissances étendues, ou qui étaient initiés dans la doctrine de l'auteur. On les appelait aussi *Discours de philosophie*, ou *acroamatiques*, etc. Aulu-Gelle (*Noct. Attic.*, l. 20, c. 5), Cicéron (*De Finib.*, l. 5, c. 5), Plutarque (*In Alex.*), Clément d'Alexandrie (*Strom.* l. 5.), etc., sont les écrivains où l'on trouve les principales données propres à résoudre les difficultés que présente la question de savoir dans laquelle de ces deux classes il faut ranger les divers ouvrages d'Aristote. Mr Buhle a mis en tête du premier volume de son édition (*Bipont.*, 1791) une longue et savante dissertation sur ce sujet. Quant à l'opinion de notre auteur sur les parties de l'ame (comme il les appelle), il y revient encore dans le chapitre 13 du septième livre de sa *Politique*, mais il faut lire surtout ses trois livres *De Anima*.

veux dire celle qui est cause de la nourriture et de l'accroissement : car on est autorisé à croire qu'il existe une telle faculté de l'ame dans tout ce qui est susceptible de se nourrir, et, en général, dans tous les germes. Enfin, dans les êtres même qui sont parvenus à leur entier développement, il y a plus de raison pour croire que cette faculté est la même, que pour en admettre quelque autre.

Cette partie, ou faculté, paraît donc avoir quelque vertu commune qui n'appartient pas (exclusivement) à l'homme : car il semble qu'elle exerce plus particulièrement son action dans le sommeil; or, cet état est celui où le vice et la vertu ne sauraient se manifester, et voilà pourquoi l'on dit communément que, pendant la moitié de la vie, il n'y a aucune différence entre l'homme heureux et celui qui est dans l'infortune. L'on sent, au reste, que cela doit être ainsi : car le sommeil est un état de complète inertie pour l'ame, en tant que l'on peut l'appeler vertueuse ou vicieuse ; excepté que peut-être il s'y produit certains mouvements qui donnent lieu à des visions ou à des apparitions plus régulières, dans l'homme sage et vertueux, que dans les hommes vulgaires (3); mais en voilà

---

(3) Aristote, dans ses *Problémes*. (*Probl.* 30, sect. 14), fait encore la même remarque : mais Platon l'a présentée avec cette richesse de couleurs et cet intérêt de sentiment qu'on trouve toujours dans ses écrits. Il oppose le sommeil paisible du juste à ces songes hideux qui assiégent un tyran pendant les nuits, et dans lesquels sa pensée est encore occupée des plus

assez sur ce sujet. Il est donc inutile de s'occuper de la faculté nutritive de l'ame, parce qu'elle ne participe en rien à la vertu de l'homme.

Cependant l'ame semble être encore douée d'une autre faculté irraisonnable, quoiqu'elle paraisse, à quelques égards, participer à la raison. En effet, nous louons la raison de l'homme sobre et de l'intempérant (4), et, en général, nous louons la partie raisonnable de l'ame, parce qu'elle nous invite, comme elle le doit, aux actes les plus recommandables. Mais on reconnaît dans chacun de ces caractères une autre partie, qui est opposée à la raison, qui la combat et qui lui résiste, précisément comme les membres frappés de paralysie, lorsqu'on veut les mouvoir à droite, se portent malgré nous à gauche (5). Il en est ainsi de l'ame: ses désirs, dans l'intempérant, la portent dans un sens contraire (à la raison). Mais, dans les corps, nous voyons la partie qui se refuse (aux mouvements voulus), au lieu que dans l'ame nous ne la

---

épouvantables forfaits. (Voy. *Plat.*, *De Rep.* l. 9, init.) Cicéron a traduit tout entier cet endroit de la République de Platon. Voy. Cic. *De Divinat.*, c. 29.

(4) L'un et l'autre, en effet, ont la raison en partage; l'un agit contre ce qu'elle prescrit, sachant qu'il agit mal, parce qu'il ne saurait vaincre ses désirs; l'autre s'abstient des actes qu'elle défend, parce qu'il sait qu'ils sont criminels.

(5) Cette opposition trop fréquente entre la raison et les désirs, est admirablement décrite, et présentée sous une allégorie fort ingénieuse dans la République de Platon (l. 4, p. 439 et suiv.).

Tome I.

voyons pas. Il faut donc croire qu'il y a aussi en elle quelque chose de différent de la raison, qui lui est opposé et qui lui résiste; mais en quoi consiste cette différence? Cela n'importe en aucune façon.

D'un autre côté, cette partie semble participer à la raison, comme je viens de le dire; car, dans l'homme sobre et modéré, elle se montre docile; et peut-être même l'est-elle plus dans l'homme sage et courageux, car chez lui tout est d'accord avec la raison. Ainsi donc, la partie irraisonnable de l'ame est, en quelque sorte, double ou composée de deux autres : la faculté nutritive, qui n'a rien de commun avec la raison; la faculté concupiscible (s'il le faut ainsi dire), et, en général, siége des désirs, participant, à certains égards, à la raison, en ce sens qu'elle lui est soumise et qu'elle lui obéit; à peu près comme nous disons que nous avons de la déférence pour un père, pour des amis, et non pas comme nous avons égard aux démonstrations purement scientifiques. Les avis, les reproches, et, en général, les exhortations de tout genre, auxquelles cette partie irraisonnable est pourtant accessible, en sont la preuve. Que si l'on veut qu'elle soit elle-même le siége de la raison, alors ce sera la partie raisonnable qu'il faudra diviser en deux parties : l'une, siége de la raison proprement dite, et en elle-même; l'autre, capable seulement d'entendre la raison, et de lui obéir, comme un fils à son père.

Cette distinction sert de fondement à une division

ou classification des vertus ; car nous disons que les unes sont intellectuelles, et les autres morales : nous appelons vertus intellectuelles, la sagesse, le jugement et la prudence ; vertus morales, la tempérance et la libéralité. En effet, quand nous parlons des mœurs d'un homme, nous ne disons pas qu'il est habile ou spirituel, mais qu'il est doux ou sobre ; mais nous louons aussi dans l'homme savant et habile, ses habitudes et sa manière d'être ; or, entre les habitudes, on appelle vertus celles qui sont dignes de louange.

LIVRE II.

ARGUMENT.

I. La vertu est principalement le résultat de l'habitude : par conséquent, il faut s'attacher principalement à observer l'espèce et la tendance de nos actions, puisque ce sont elles qui déterminent les habitudes. C'est en cela que consiste presque entièrement l'éducation de la jeunesse. — II. Les actions ne peuvent être vertueuses, qu'autant qu'elles sont conformes à la droite raison, ou qu'autant qu'elles ne nous portent ni vers un extrême, par excès, ni vers l'extrême opposé, par défaut. — III. Les sentiments de plaisir et de peine sont les indices de nos dispositions ou de nos habitudes, et les causes déterminantes de nos actions. C'est donc sur ce fondement que repose toute la science de la morale : aimer tout ce qui est conforme à la raison, haïr ce qui y est contraire. — IV. Mais comment peut-on dire qu'on devient vertueux en faisant des actes de vertu, puisque faire de tels actes, c'est déjà être vertueux? Ce n'est pas l'acte lui-même qui fait l'homme vertueux, mais ce sont les dispositions qu'il y apporte. — V. Les vertus ne sont ni des passions ou affections, ni des facultés; d'où l'on conclut qu'elles sont des dispositions acquises, ou des habitudes. — VI. La vertu consiste essentiellement dans un juste milieu entre deux extrêmes opposés, l'un par excès, l'autre par défaut. Cependant il y a des affections et des actions, qui sont par elles-même bonnes ou mauvaises, sans qu'on ait occasion de considérer, à leur sujet, ni milieu, ni extrêmes opposés. — VII. Application du principe, tableau des passions, dénomination des extrêmes et du milieu qu'on peut y considérer; témérité, courage, lâcheté, prodigalité, libéralité, avarice, etc. Il y a des extrêmes qui n'ont pas de nom dans la langue usuelle. — VIII. Cas particuliers où le milieu ne saurait être déterminé avec précision, et peut facilement se confondre avec l'un ou l'autre extrême. Opposition plus ou moins grande des extrêmes entre eux, ou par rapport au milieu. — IX. Difficulté de saisir ce juste milieu, en quoi consiste la vertu. Il faut s'appliquer à connaître quel est celui des extrêmes dont on doit le plus se garantir, car il y en a qu'on est plus blâmable de ne pas éviter; il faut donc incliner vers l'un ou l'autre, suivant qu'il s'éloigne moins du milieu, qui seul est louable et désirable.

I. Puisque la vertu peut être envisagée sous deux points de vue : comme résultat de l'intelligence, et comme produit des mœurs; on voit que, sous le premier rapport, elle peut le plus souvent être enseignée, elle est susceptible (s'il le faut ainsi dire) de génération et d'accroissement; voilà pourquoi il lui faut du temps et de l'expérience; mais, sous le second rapport, elle naît de l'*habitude*, et c'est de là que lui vient son nom de *morale* (1). Cela nous fait voir clairement qu'aucune vertu morale n'est en nous le produit immédiat de la nature, car rien de ce qui vient de cette source ne peut être changé par la coutume.

---

(1) Voy. *M. M.* l. 1, c. 6; *Eudem* l. 2, c. 2. Mêmes observations au sujet de la valeur étymologique du mot ἠθική (morale), dérivé de ἦθος (mœurs), ou ἔθος (habitude). Cicéron (*De Fato.* init.) dit aussi : *Quia pertinet ad mores, quod* ἦθος *illi vocant, nos eam partem philosophiæ* De Moribus *appellare solemus : sed decet augentem linguam latinam, nominare* Moralem. Voy. encore Quintilien (*Inst. orat.* l. 6, c. 2).

Ainsi, la pierre, que sa tendance naturelle porte toujours en bas, ne changera jamais cette direction, quand même on s'efforcerait de l'accoutumer à une direction contraire, en la jetant des milliers de fois en l'air; le feu ne pourrait pas plus se diriger vers le lieu le plus bas; en un mot, il n'y a pas moyen de changer, par la coutume, les inclinations ou les tendances imprimées par la nature. Les vertus ne sont donc point en nous le fait de la nature, ni contraires à la nature; seulement elle nous a faits susceptibles de les recevoir, et nous les perfectionnons par l'habitude.

De plus, nous apportons, pour ainsi dire, en naissant, les facultés propres aux choses qui sont en nous le fait de la nature, et ensuite nous produisons les actes : comme on le voit clairement, pour les sens. Car ce n'est pas à force de voir et d'entendre que nous avons acquis les sens de l'ouïe et de la vue; au contraire, nous en avons fait usage parce que nous les avions, mais nous ne les avons pas parce que nous en avons fait usage. C'est après avoir agi d'une manière conforme à la vertu, que nous acquérons des vertus, et il en est de même des autres arts : car la pratique est notre principal moyen d'instruction dans les choses que nous ne faisons bien que quand nous les savons faire. Par exemple, en bâtissant on devient maçon, en jouant de la lyre, on devient musicien; et de même en pratiquant la justice, on devient juste, en pratiquant la tempérance, on devient sobre et modéré dans ses désirs; enfin, en faisant des actes de courage on devient courageux. Ce qui se passe dans les sociétés civiles en est la preuve : car les législateurs rendent les citoyens vertueux, en leur faisant contracter de bonnes habitudes. C'est là le dessein ou l'intention de tout législateur, et quand il ne réussit pas, il se trompe; c'est par là qu'un gouvernement diffère d'un autre, un bon d'un mauvais (2).

Enfin, c'est par les mêmes causes et par les mêmes moyens que se produisent ou se détériorent les vertus et les arts de toute espèce; c'est à force d'exercer leur art que les musiciens, les architectes et les autres artistes de tout genre deviennent bons ou mauvais : car s'il n'en était pas ainsi, on n'aurait besoin de maître pour aucun de ces arts, et tous ceux qui les exercent seraient également habiles ou inhabiles. (3). Or, il en est exactement de même par rapport aux vertus. C'est dans l'exécution des conventions et des transactions de tout genre qui ont lieu entre les hommes, que nous nous montrons, les uns justes, et les autres injustes; c'est dans les occasions où il y a des dangers à braver, que nous prenons des habitudes de timidité,

---

(2) Cette pensée est développée d'une manière extrêmement ingénieuse et intéressante dans le *Protagoras* de Platon, p. 321-328.

(3) *Quod si tales nos natura genuisset, ut eam ipsam intueri et perspicere, eademque optima duce cursum vitæ conficere possemus, haud erat sane quod quisquam rationem ac doctrinam requireret.* (Cicéron. *Tuscul.* l. 3, c. 1.)

ou de courage, que nous devenons ou lâches, ou courageux. Il en sera de même encore des passions ou des désirs, et de la colère. Car l'habitude de se comporter, les uns d'une manière et les autres d'une autre, dans les mêmes circonstances, fait que les hommes deviennent, les uns sages et modérés, les autres débauchés et emportés. En un mot, c'est de la répétition des mêmes actes que naissent les habitudes : et voilà pourquoi il faut que les actions soient assujéties à un mode déterminé, car de leurs différences naissent les habitudes diverses. Ce n'est donc pas une chose indifférente que de s'accoutumer, dès l'âge le plus tendre, à agir de telle ou telle manière; c'est, au contraire, une chose très-importante, ou plutôt, tout est là.

II. Mais puisque la théorie n'est pas uniquement l'objet de ce traité, comme elle l'est dans d'autres ouvrages (car nous ne nous proposons pas seulement de savoir ce que c'est que la vertu, mais de devenir vertueux, puisqu'autrement notre étude serait sans utilité), il est nécessaire que nous considérions ce qui a rapport aux actions, et comment elles doivent être faites. Car ce sont elles qui déterminent les habitudes et qui leur impriment leur caractère distinctif, comme nous venons de le dire. Et d'abord, que l'on doive agir conformément à la raison, c'est un principe généralement admis et sur lequel nous reviendrons (1). Nous dirons alors ce

---

(1) Au commencement et à la fin du sixième livre.

que c'est que la raison, et quel rapport elle a avec les autres vertus ou facultés. Mais on nous accordera sans doute que ce sujet, des actions humaines, ne peut être traité que d'une manière un peu générale, et qu'il ne comporte pas une exactitude rigoureuse; parce que, comme nous l'avons expliqué au commencement de cet ouvrage (2), la nature ou l'espèce des raisonnements dépend de celle du sujet qu'on traite. Or, il en est de nos *actions* et de nos intérêts comme des choses relatives à la santé; elles n'ont rien d'immuable ou d'absolu; et si telle est la nature de ce sujet, en général, le détail des actions particulières sera encore moins susceptible d'une démonstration rigoureuse, puisqu'on ne saurait ni les réduire en art, ni les soumettre à aucune règle précise. C'est à celui qui pratique d'observer sans cesse ce qu'exigent les circonstances, comme on le fait aussi dans la médecine et dans la navigation. Cependant, quel que soit l'inconvénient attaché à la nature du sujet qui nous occupe, nous devons au moins tâcher d'y porter remède.

Premièrement il faut observer que l'excès et le défaut peuvent naturellement avoir sur les actions une influence très-nuisible (3), comme on le remarque dans ce qui tient à la force et à la santé (car, dans les choses qui ne se manifestent pas par

---

(2) l. 1, c. 3.
(3) Voy. *M. M.* l. 1, c. 5; *Eudem.* l. 2, c. 3.

elles-mêmes, on doit recourir aux indices évidents); ainsi, des exercices trop violents détruisent la force, aussi bien que le manque d'exercice; et de même, les aliments et les boissons, en trop grande ou en trop petite quantité, ne sont pas moins nuisibles à la santé; pris avec modération, ils la produisent, l'entretiennent et la fortifient.

Or, il en est de même de la tempérance, du courage et des autres vertus. Celui qui fuit et craint tout, qui n'a de fermeté contre aucun péril, devient lâche; comme celui qui ne craint absolument rien, et qui se précipite dans tous les dangers, devient téméraire. Pareillement, s'abandonner à toutes les jouissances des sens et ne s'abstenir d'aucune, c'est le moyen de devenir débauché; et fuir tous les plaisirs, par l'effet d'une sauvage rudesse, c'est courir le risque d'étouffer en soi toute sensibilité. Car l'excès et le défaut sont contraires à la tempérance, aussi bien qu'au véritable courage: l'une et l'autre ne se conservent qu'en observant un certain milieu.

Au reste, les vertus sont produites, fortifiées, ou détruites par les actes eux-mêmes et sous leur influence; mais ce sont eux aussi qui constituent (en quelque sorte) l'essence de nos facultés d'agir (4), puisque l'effet est le même dans d'autres choses plus évidentes ou plus sensibles, comme

---

(4) Voy. la même doctrine exposée avec un peu plus d'étendue (*Eudem.* l. 2, c. 1, extr.).

dans la force, par exemple, qui vient de l'habitude de prendre une nourriture abondante et de supporter beaucoup de fatigues, et c'est ce que l'homme robuste est surtout capable de faire. Or, il en est de même des vertus : car c'est en nous abstenant des voluptés que nous devenons tempérants, et plus nous le sommes, plus nous devenons capables de nous en abstenir. De même, pour le courage, en prenant l'habitude de mépriser les dangers et de les braver, nous devenons courageux ; et c'est surtout quand nous le serons devenus, que nous serons en état d'affronter les périls les plus menaçants.

III. On doit surtout considérer comme signe des habitudes ou dispositions, le plaisir ou la peine qui se joignent aux actes. Car celui qui s'abstient des plaisirs des sens, et qui trouve à cela de la satisfaction, est véritablement tempérant ; au lieu que celui qui ne le fait qu'à regret est porté à la débauche : celui qui se plaît à braver les dangers, ou du moins qui les brave sans peine, est courageux ; mais celui qui ne les affronte qu'à regret est timide. Et en effet, la vertu morale est relative aux plaisirs et aux peines, puisque c'est l'attrait du plaisir qui nous porte aux mauvaises actions, et la crainte de la peine qui nous détourne des bonnes. C'est pour cela qu'il faut, comme dit Platon (1), avoir été élevé dès l'âge le plus tendre, de manière

---

(1) Dans les Dialogues sur les *Lois*, l. 2, p. 653.

à ne trouver du plaisir ou de la peine que dans les choses où on le doit, car c'est là précisément la bonne éducation. D'ailleurs, si les vertus sont uniquement relatives à nos actions et à nos passions, et si toute action ou passion est toujours accompagnée de plaisir ou de peine, il s'ensuit que la vertu est relative aux plaisirs et aux peines; et même les châtiments qu'on inflige par leur moyen en sont une preuve : car ils sont comme des espèces de remèdes; or, naturellement, les guérisons s'opèrent par les contraires. De plus, comme on l'a déjà dit, ce qui constitue la nature meilleure ou pire des dispositions de l'ame, quelles qu'elles soient, c'est celle des choses auxquelles elle s'applique. Ces dispositions deviennent vicieuses, par l'effet des plaisirs ou des peines, en nous faisant rechercher ou fuir ce qu'il ne faut pas, ou lorsqu'il ne faut pas, ou comme il ne le faut pas, ou enfin de toutes les autres manières que la raison détermine. Voilà pourquoi on a défini la vertu, une sorte d'impassibilité, ou de calme imperturbable. Mais c'est une définition vicieuse, parce qu'elle est exprimée en termes trop absolus, et qu'elle ne dit pas comment et quand il faut agir, et toutes les autres conditions ou exceptions qu'il est utile d'ajouter.

On peut donc supposer que la vertu est l'art de pratiquer tout le bien possible, et de diriger vers ce but nos sentiments de plaisir ou de peine; et que le vice est tout le contraire. La vérité de ce qui a été dit devient encore évidente par ce qui suit. En effet, puisqu'on peut réduire à trois classes, comprises sous les noms d'honnête, d'utile, et d'agréable, les motifs propres à déterminer notre préférence; et, au contraire, comprendre sous les noms de honteux, de nuisible, et de pénible, les motifs propres à déterminer notre aversion; l'homme vertueux est celui dont la conduite est réglée par les premiers de ces motifs, et le vicieux, celui dont la conduite s'en écarte, surtout par rapport au plaisir. Car c'est un sentiment commun à tous les êtres animés, et qui accompagne tout ce qui est un objet de choix ou de préférence, puisque l'honnête et l'utile paraissent toujours agréables. Ajoutons que ce sentiment n'a pu que se fortifier en nous depuis notre enfance, et que notre vie toute entière en a pris, s'il le faut ainsi dire, la teinte ineffaçable. Aussi sommes-nous tous plus ou moins portés à prendre le plaisir ou la peine pour règle de toutes nos actions. C'est pour cette raison qu'un traité tel que celui-ci doit nécessairement porter tout entier sur ces deux sortes de sentiments; car ce n'est pas une chose de peu d'importance pour la conduite de la vie, que nos sentiments de plaisir ou de peine soient, ou non, conformes à ce qui est bien, ou mal. Il est même plus difficile, quoi qu'en dise Héraclite (2), de résister au plaisir qu'à la colère : or

---

(2) Héraclite, comme nous l'apprend notre auteur lui-même en deux autres endroits (*Eudem.* l. 2, c. 7; et *Politic.* l. 5, c. 9), avait dit : « Il est difficile de vaincre la colère, car on lui sacri-

c'est toujours dans ce qui est plus difficile, que consiste l'art et la vertu ; car c'est en cela que le bien est véritablement mieux (3) ; et, par cette raison, tout ouvrage qui traite de la vertu ou de la politique, n'est, au fonds, qu'un traité des peines et des plaisirs : car l'homme vertueux est celui qui sait en faire un bon usage, et le vicieux, celui qui en fait un mauvais. Nous avons donc suffisamment fait voir jusqu'ici que la vertu consiste dans les peines et dans les plaisirs ; qu'elle s'accroît par les mêmes causes qui la font naître ; et qu'elle se corrompt ou se dégrade, quand ces causes n'agissent pas de la même manière ; qu'en un mot, elle produit des actes conformes aux causes qui l'ont fait naître.

IV. On pourrait demander ce que nous voulons dire quand nous affirmons qu'on devient juste en pratiquant la justice, et raisonnable en agissant conformément à la raison : car, enfin, agir d'une manière conforme à la raison et à la justice, c'est déja être raisonnable et juste ; de même que c'est être grammairien ou musicien, que de pratiquer les règles de la grammaire ou celles de la musique ;

« fie même sa vie. » Ici Aristote semble faire dire à Héraclite qu'il est plus difficile de résister à la volupté qu'à la colère ; et j'ai cru pouvoir profiter des observations de Mr Coray sur cet endroit du texte, pour rendre à l'écrivain grec sa véritable pensée.

(3) C'est-à-dire, qu'il y a plus de mérite à bien faire ce qui est difficile, que ce qui est facile.

et cette différence ne se trouve-t-elle pas aussi dans les arts? Car on peut parler ou écrire quelquefois avec correction, soit par hasard, soit en suivant les conseils d'une autre personne. On ne sera donc grammairien qu'autant que non-seulement on se conformera aux règles de la science, mais qu'on le fera en grammairien, c'est-à-dire, en suivant les règles d'une science qu'on possèdera réellement. Du reste, la vertu ne ressemble pas aux autres arts (1) : car c'est dans les produits mêmes de ceux-ci que se trouve le bien qui leur est propre; et, par conséquent, il suffit que ces produits existent d'une certaine manière; mais cela ne suffit pas pour les actes de vertu. Il ne suffit pas, dis-je, pour les constituer tels, qu'ils soient conformes à la justice et à la raison; mais il faut encore que celui qui les fait, réunisse en lui-même de certaines conditions. Il faut, premièrement, qu'il sache ce qu'il fait; ensuite, que son action soit le résultat d'une détermination réfléchie, qui lui fait choisir cette manière d'agir pour elle-même. Enfin, il faut que cette manière d'agir soit en lui l'effet d'une disposition ferme et immuable. Mais ces conditions ne sont pas du nombre de celles qu'on exige pour les arts, à l'exception de la connaissance que l'artiste a de ce qu'il fait. Or, cette connaissance, lorsqu'il s'agit de vertus, n'a qu'une influence peu considérable, ou nulle, tandis que celle des deux au-

---

(1) Voy. encore, l. 5, c. 6, ce que dit Aristote de la différence qu'il y a entre la vertu et les différents arts.

tres conditions est très-importante ; ou plutôt, elles sont tout, et ne peuvent avoir lieu que par la fréquente répétition des actes de justice et de raison.

D'un autre côté, on appelle actes de justice et de raison, ceux que font les hommes justes et raisonnables : et, pour être raisonnable et juste, il ne suffit pas de faire de pareils actes; mais il faut les faire comme les font ceux qui sont justes et raisonnables. On est donc autorisé à dire que c'est en pratiquant la justice qu'on devient juste, et en pratiquant la raison qu'on devient raisonnable; et que, si l'on néglige de s'exercer à cette pratique, on ne doit pas espérer de jamais devenir vertueux.

Cependant la plupart des hommes ne s'appliquent point à agir de cette manière; mais ils se persuadent qu'il suffit, pour être philosophe et pour devenir vertueux, d'avoir recours à de vains raisonnements (2); et en cela, ils font comme des malades qui se contenteraient d'écouter fort attentivement ce que leur disent les médecins, sans rien faire de ce qu'ils leur prescrivent. Or, de même que ceux-ci ne recouvreront jamais la santé du corps, en ne suivant pas d'autre traitement; de même les premiers ne recouvreront ja-

---

(2) Ils s'imaginent qu'on est philosophe et vertueux uniquement parce qu'on sait discourir sur la vertu, en donner des définitions exactes, et qu'on possède, s'il le faut ainsi dire, la théorie ou la science de la morale.

mais la santé de l'ame, en philosophant de cette manière-là.

V. Mais à présent, il faut examiner ce que c'est que la vertu (1) : et puisqu'il y a dans l'ame trois sortes de choses, passions, facultés, dispositions, ou habitudes, il faut que la vertu soit quelqu'une de ces choses. Or, j'appelle passions, le désir, la colère, la crainte, l'audace, l'envie, la joie, l'amitié, la haine, le regret, l'émulation, la pitié, en un mot, tout ce qui est accompagné de plaisir ou de peine (2). J'entends par facultés, les pouvoirs en vertu desquels nous sommes dits capables d'éprouver de tels sentiments, c'est-à-dire, en vertu desquels nous sommes susceptibles d'éprouver de la colère ou de la tristesse, ou de la pitié. Enfin, j'appelle habitudes ou dispositions, la tendance bonne ou mauvaise qui nous porte vers ces passions : par exemple, à l'égard de la colère, si elle a en nous trop de violence, ou si nous en sommes trop peu susceptibles, c'est une mauvaise disposition; si nous n'y sommes portés

---

(1) Voy. *M. M.* l. 1, c. 7 et 8; Plutarque (*De Virtute morali*, c. 4) adopte aussi la doctrine d'Aristote sur ce sujet.

(2) Il est facile de voir que le mot *passion* signifie ici simplement les diverses manières dont l'ame peut être affectée, ou les sentiments divers dont elle peut être agitée, et non pas les affections profondes et durables que nous exprimons communément par ce même terme, et que Cicéron, en exposant la doctrine des stoïciens, appelle *morbos*, ou *perturbationes animi* (maladies ou troubles de l'ame).

Tome I.

qu'avec la modération convenable, c'est une bonne manière d'être. Et ainsi du reste.

Ni les vertus, ni les vices, ne sont donc des passions; parce que ce n'est pas eu égard à nos passions qu'on nous donne le nom de vertueux ou de vicieux, mais eu égard à nos vertus et à nos vices; et parce que ce n'est pas à raison de nos passions que l'on nous blâme, ou qu'on nous loue. Car on ne loue point celui qui est frappé de crainte, ou agité par la colère; on ne blâme pas même l'homme qui éprouve simplement un accès de colère, mais on blâme la manière dont il s'y laisse emporter; enfin, on nous loue, ou l'on nous blâme, à cause de nos vertus ou de nos vices.

D'ailleurs, ce n'est pas par choix et par réflexion que nous éprouvons de la colère ou de la crainte: au lieu que les vertus sont l'effet d'une détermination réfléchie, ou du moins n'y sont jamais entièrement étrangères. Outre cela, on dit que nous sommes mus par les passions, et non pas suivant l'impulsion de nos vertus, ou de nos vices; mais on dit qu'ils sont en nous des dispositions, ou manières d'être, particulières. Voilà pourquoi ils ne sont pas des facultés ou capacités; car ce n'est pas simplement pour être susceptibles d'éprouver des passions qu'on nous dit vertueux ou vicieux, qu'on nous loue, ou qu'on nous blâme. De plus, les facultés sont en nous le produit de la nature; mais ce n'est pas elle qui nous rend vicieux ou vertueux, comme je l'ai dit précédemment. Si donc les vertus ne sont ni des passions, ni des facultés, il s'ensuit qu'elles ne peuvent être que des dispositions, c'est-à-dire des habitudes ou manières d'être. Nous voyons par là à quel genre de choses appartient la vertu.

VI. Mais il ne suffit pas de dire qu'elle est une habitude ou disposition; il faut encore que l'on sache quelle espèce d'habitude elle est. Disons donc que toute vertu rend parfait, dans sa manière d'être, tout ce dont elle est une vertu, et le met en état de bien exécuter les fonctions qui lui sont propres. Ainsi la vertu de l'œil le rend lui-même exact, et donne de l'exactitude et de la précision à ses fonctions; car c'est par la vertu ou perfection de l'œil que nous voyons bien. Et de même, la vertu du cheval le rend lui-même bon, c'est-à-dire propre à la course, à bien porter le cavalier, et à soutenir, sans s'effrayer, le choc des ennemis. Si donc il en est ainsi dans tous les cas, la vertu de l'homme devra être pareillement une disposition, ou manière d'être, par laquelle l'homme devient bon, et capable d'exécuter les actes qui lui sont propres. Nous avons déjà dit comment cela pourra se faire (1); mais la chose deviendra plus évidente encore, quand nous aurons examiné quelle est la nature de la vertu.

Dans toute quantité continue ou discrète, on peut prendre des parties, ou plus grandes, ou plus petites, ou égales, considérées, soit par rapport à

---

(1) Ci-dessus, l. 1, c. 7.

la chose, à la quantité elle-même, soit par rapport à nous (2). Or ce qui constitue l'égalité, c'est un certain milieu entre l'excès et le défaut. Par exemple, le milieu d'une chose, c'est un point également éloigné des deux extrémités, et qui est unique et le même dans toutes : mais, par rapport à nous, c'est ce qui ne pèche ni par excès ni par défaut; et ce n'est pas une chose unique, ni qui soit la même pour tous. Par exemple, si *dix* est considéré comme le grand nombre, et *deux* comme le petit, *six* sera le nombre moyen, par rapport à la chose, puisqu'il surpasse le petit, et qu'il est surpassé par le grand d'une quantité égale. C'est là un milieu, ou terme moyen, dans la proportion arithmétique. Mais, par rapport à nous, ce n'est pas ainsi qu'il faut l'entendre : car, en supposant que consommer dix mines d'aliments soit manger beaucoup, et que ce soit manger peu que d'en consommer deux, un maître de gymnastique ne devra pas prescrire d'en manger six ; car il peut y avoir tel individu pour qui cette quantité d'aliments serait trop forte, et tel autre pour qui elle serait insuffisante. Elle le serait sans doute pour Milon (3), tandis qu'elle serait trop considérable pour celui qui commence à s'exercer aux combats athlétiques. Il en serait de

---

(2) Voy. *M. M.* l. 1, c. 8; *Eudem.* l. 2, c. 3.

(3) Fameux athlète de Crotone, qui, au rapport de Théodore, cité par Athénée (p. 312), mangeait par jour vingt *mines* (plus de dix-sept livres) de viande, et autant de pain, et buvait trois *conges* (plus de six pintes) de vin.

même pour celui qui s'exerce à la course et à la lutte. Ainsi donc quiconque est instruit dans un art, évite l'excès et le défaut, cherche le milieu ou le terme moyen, et le préfère; non pas sans doute le milieu par rapport à la chose elle-même, mais considéré par rapport à nous.

Si donc c'est en ne perdant point de vue ce milieu, et en y ramenant tout ce qu'on fait, que, dans toute science, l'on parvient à un heureux résultat, en sorte que l'on dit ordinairement des ouvrages qu'elle produit, quand ils sont bien exécutés, qu'il n'y a rien à y ajouter, rien à en retrancher (attendu que l'excès et le défaut sont également contraires à la perfection, et qu'il n'y a que ce juste milieu entre l'un et l'autre qui puisse la leur donner); si, dis-je, ceux à qui nous donnons le nom d'artistes excellents ont toujours en vue ce juste milieu dans leurs travaux, et si la vertu est un art plus parfait que tous les autres, et qui leur est bien préférable, il s'ensuit que la vertu, comme la nature, tend sans cesse à ce juste milieu. Je parle de la vertu morale (4); car c'est elle qui s'occupe de nos actions et de nos passions. Or il peut s'y trouver aussi un excès, un défaut et un milieu.

En effet, on peut s'abandonner plus ou moins à la crainte, à la confiance, au désir, à l'aversion,

---

(4) L'auteur entend ici, par *vertu morale*, la vertu pratique, par opposition à la vertu spéculative, ou simplement théorique.

à la colère, à la pitié; en un mot, être trop ou trop peu touché des sentiments de plaisir ou de peine, et à tort dans l'un et l'autre cas. Mais l'être lorsqu'il le faut, dans les circonstances convenables, pour les personnes et par les causes qui rendent ces sentiments légitimes, et l'être de la manière qui convient, voilà ce juste milieu en quoi consiste précisément la vertu.

Il y a aussi excès, défaut et milieu par rapport aux actions; or la vertu s'applique à celles-ci, aussi bien qu'aux passions : l'excès y est une erreur, le défaut un sujet de blâme; au contraire, le milieu obtient de justes éloges, et le succès s'y trouve; deux choses qui appartiennent à la vertu. Elle est donc, en effet, une sorte de modération, ou de médiocrité, qui tend sans cesse au juste milieu. De plus, il y a bien des manières d'errer; aussi les Pythagoriciens comparaient-ils le mal à la quantité infinie, et le bien à la quantité finie (5); mais il n'y a qu'une manière de bien faire. Voilà pourquoi l'un est facile et l'autre difficile : rien de si facile, en effet, que de manquer le but, rien de si difficile que de l'atteindre; et, par cette raison, l'excès et le défaut sont les caractères du vice; le juste milieu est celui de la vertu; et comme dit un poète (6):

« L'homme vertueux ne l'est que d'une seule manière; le
« méchant prend mille formes diverses. »

---

(5) Voy. ci-dessus, l. 1, c. 6.

(6) On ignore quel est le poète dont notre auteur cite cette pensée, exprimée dans un vers pentamètre.

La vertu est donc une habitude de se déterminer, conformément au milieu convenable à notre nature, par l'effet d'une raison exacte et telle qu'on la trouve dans tout homme sensé. Ce milieu se rencontre entre deux vices, l'un par excès, et l'autre par défaut; et de plus, comme nos passions et nos actions peuvent nous écarter du devoir, par excès aussi bien que par défaut, c'est à la vertu qu'il appartient de trouver le milieu entre ces extrêmes opposés, et de s'y fixer. Voilà pourquoi la vertu, quant à son essence et à sa définition (7), est une sorte de moyen terme; mais considérée dans ce qu'elle a de bon ou même d'excellent, elle est, pour ainsi dire, un extrême.

Toutefois ce milieu ne se rencontre pas dans toutes sortes d'actions et de passions; il y en a dont le nom seul emporte avec soi l'idée de quelque chose d'odieux et de vil; par exemple, la malveillance (ou la disposition à se réjouir du mal d'autrui), l'impudence, l'envie, et, en fait d'actions,

---

(7) Aristote se sert ici d'une expression qui a fort exercé tous les commentateurs, tant chez les Grecs que dans les siècles du moyen âge; c'est le τί ἦν εἶναι, que les scolastiques ont exprimé par le mot latin barbare *quidditas*, et que je rends ici par le terme *définition*, qui du moins semble autorisé par ce qu'en dit l'auteur lui-même dans plusieurs endroits de ses ouvrages. (Voy. entre autres, *Topic.* l. 1, c. 4; *Metaphys.* l. 6, c. 5 et 6.) Quant à la valeur grammaticale de l'expression grecque, on voit, par ce qu'en dit Sextus Empiricus (*Adv. Mathemat.* p. 315), que de son temps les érudits n'avaient pu parvenir à la déterminer d'une manière satisfaisante.

l'adultère, le vol, le meurtre; car ces actions-là, et d'autres du même genre, sont déclarées criminelles par leur nom même, et non par l'excès ou le défaut qui s'y trouvent. On ne peut donc jamais bien faire, en les commettant; on ne peut que se rendre coupable. On ne peut pas non plus considérer, en de telles choses, ce qui est bien et ce qui ne l'est pas : ni avec quelles personnes, quand et comment il faut commettre un adultère; mais l'on peut dire qu'absolument parlant, c'est tomber dans l'égarement que de faire quelque action de ce genre. Il en serait de même, si l'on prétendait qu'on doit envisager un milieu, un excès, ou un défaut, dans l'injustice, la poltronnerie, ou la débauche; car, de cette manière, il y aurait donc milieu dans l'excès ou dans le défaut, ou excès d'excès et défaut de défaut. Mais comme il ne peut y avoir ni excès ni défaut par rapport à la tempérance et au courage (car le milieu, dans ce cas, est, s'il le faut ainsi dire, un extrême), ainsi, à l'égard des actions et des passions dont j'ai parlé tout à l'heure, il n'y a ni milieu, ni défaut, ni excès; mais de quelque manière qu'on s'y laisse entraîner, on se rend criminel. En un mot, il ne peut y avoir ni milieu dans l'excès ou dans le défaut, ni excès ou défaut dans le milieu.

VII. Mais cela ne doit pas seulement se dire de la vertu en général; il faut aussi qu'on puisse appliquer le même principe à chaque vertu en particulier. Car les raisonnements qui ont nos actions pour objet, quand ils sont très-généraux, ne peuvent pas être d'une grande utilité; il y a toujours plus de vérité dans ceux qui s'appliquent aux détails, puisque les actions n'ont pour objet que des choses particulières, et que c'est avec elles que les raisonnements doivent être d'accord. C'est donc celles-ci qu'il s'agit maintenant de considérer, d'après le tableau (1) que nous en avons fait. Et

---

(1) Il est probable, dit ici Mr Coray, que ce tableau, tracé par Aristote, se sera perdu, ou que les copistes l'auront regardé comme inutile : essayons donc de le reproduire, d'après l'ouvrage même, tel qu'il existe aujourd'hui :

	EXCÈS.	MILIEU.	DÉFAUT.
1	Témérité	Courage	Lâcheté.
2	Intempérance ou Débauche	Tempérance	Insensibilité ou Stupidité.
4	Grossièreté Vanité sotte * * *	Magnificence	Lésinerie.
5	Insolence ou Forfanterie	Magnanimité	Bassesse d'ame.
6	Ambition	* * *	Absence d'ambition.
7	Irascibilité	Indulgence	Patience excessive.
8	Jactance ou Charlatanisme	Vérité	Dissimulation ou Modestie affectée.
9	Bouffonnerie	Gaieté ingénieuse	Rusticité.
10	Désir de plaire Flatterie	Amabilité	Humeur farouche ou difficile.
11	Étonnement stupide	Pudeur	Impudence.
12	Envie	*Némésis*	Malveillance.

Notre savant éditeur donne deux autres tableaux tirés des deux autres Traités d'Aristote; on y retrouve à peu près les

d'abord, entre la crainte et l'audace, le vrai milieu, c'est le courage; mais l'excès produit par la confiance, ou par l'absence de toute crainte, n'a point reçu de nom; et il y a un assez grand nombre de passions qui sont dans ce cas. L'excès dans l'audace s'appelle témérité; l'excès contraire, dans la crainte, ou dans le défaut d'audace, se nomme lâcheté. Par rapport aux plaisirs et aux peines (non pas aux peines de toute espèce, et toujours dans un moindre degré), le milieu, c'est la tempérance; et l'excès, la débauche. Au reste, il n'y a guères de gens qui pèchent par défaut, en fait de plaisirs: aussi n'a-t-on point imaginé de terme propre à les désigner; appelons-les *insensibles*. A l'égard du penchant à donner et à recevoir de l'argent ou des présents, le juste milieu s'appelle libéralité; et l'on désigne par les noms de prodigalité et d'avarice, l'excès ou le défaut relatifs à ce penchant. Mais ceux qui pèchent ainsi exagèrent en sens contraire: le prodigue a une facilité excessive à donner, et n'a pas assez de penchant à recevoir ou à prendre, tandis que l'avare n'a que trop de penchant à prendre, et n'en a pas assez à donner. Nous nous contentons, pour le moment, de cette esquisse imparfaite et sommaire, nous réservant de revenir, dans la suite, sur ce sujet, et de le traiter avec plus d'étendue.

---

mêmes combinaisons, quoique dans un ordre un peu différent; ce qui prouve encore que ces deux Traités sont en effet ou les premiers essais du philosophe grec, ou des ouvrages composés d'après le sien.

Mais il y a, par rapport aux richesses, d'autres dispositions de l'ame, car la magnificence est aussi un certain milieu. Le magnifique diffère du libéral en ce que l'un dépense des sommes considérables, et l'autre se borne à des dons de peu de valeur. L'excès en ce genre s'appelle sotte vanité, ridicule étalage, et le défaut se nomme lésinerie. Ces deux extrêmes diffèrent aussi de la libéralité par quelques nuances dont nous parlerons dans la suite.

Le milieu, par rapport aux honneurs et à l'absence de toute considération, s'appelle magnanimité; l'excès en ce genre prend le nom d'insolence, et le défaut prend celui de bassesse d'ame. Or, de même que nous avons dit que la magnificence diffère de la libéralité, en ce que celle-ci s'applique aux choses de peu de valeur; ainsi il y a, à l'égard de la magnanimité ou passion de l'ame qui aspire aux honneurs importants, une autre passion qui n'est que le désir des honneurs de moindre importance : car on peut désirer les dignités et les honneurs, quels qu'ils soient, plus ou moins qu'il n'est convenable.

On appelle ambitieux celui dont les désirs, en ce genre, sont excessifs, et celui qui pèche par défaut, *homme sans ambition :* le caractère intermédiaire n'a pas de nom, de même que les dispositions qui le produisent, excepté qu'on donne le nom d'ambition à celle qui fait l'ambitieux. De là vient que les extrêmes se disputent, en quelque manière, la place du milieu. Nous-mêmes nous donnons quelquefois le nom d'ambitieux à celui qui n'a que des désirs modérés, et d'autres fois nous l'appelons homme sans ambition; et tantôt nous louons l'ambitieux, tantôt l'homme sans ambition. Je dirai dans la suite quelle cause nous fait agir ainsi; quant à présent, continuons à traiter des autres passions ou affections, suivant la méthode que nous avons adoptée (2).

Il y a aussi par rapport à la colère, un excès, un défaut et un milieu; mais on ne leur a presque pas donné de noms; appelons donc le caractère intermédiaire indulgence, nommons *indulgent* celui qui a ce caractère, désignant par les mots *irascible* et *irascibilité* la personne et le caractère où se montre l'excès de cette disposition, et exprimons par les mots *non-irascible* et *non-irascibilité* le défaut de cette même disposition.

Enfin, il y a encore trois caractères intermédiaires, qui se ressemblent à quelques égards, quoiqu'ils diffèrent sous d'autres rapports. Ils se ressemblent en ce qu'ils sont relatifs au commerce des hommes dans la société, tant par leurs discours que par leurs actions; mais ils diffèrent en ce que, dans l'un, on ne considère les discours et les actions que sous le rapport de la vérité; et, dans les deux autres, on ne les considère que sous celui de l'agrément, qui lui-même peut être envisagé

---

(2) C'est-à-dire, en commençant par une esquisse rapide et sommaire des diverses passions ou affections morales.

par rapport à la simple plaisanterie, ou comme embrassant tous les détails de la vie. Il faut donc que nous parlions encore de ces trois caractères, afin de mieux faire voir que, dans tous, c'est le juste milieu qui est digne de louanges, tandis que les extrêmes ne sont ni estimables, ni louables, mais méritent au contraire d'être blâmés. A la vérité, la plupart des affections ou dispositions, d'où résultent ces caractères, n'ont pas de noms; mais nous essaierons de leur en donner, comme nous l'avons fait pour ceux dont nous avons parlé précédemment, tant pour répandre plus de lumière sur ce sujet, que pour rendre notre pensée plus facile à comprendre.

Et d'abord, appelons *vérité* le milieu entre la jactance orgueilleuse (3) d'un homme qui cherche à donner aux autres une idée exagérée de ses avantages, et la *dissimulation* de celui qui affecte de les diminuer; et donnons le nom de *vrai*, au caractère qui est placé entre ces extrêmes opposés. Quant à l'agrément qui consiste dans l'art de plaisanter avec grace, celui qui y observe un juste milieu pourra être appelé un homme d'un caractère gai, jovial (4), tandis que l'excès en ce genre sera

---

(3) Ou *l'ostentation*. Voy. les *Caractères de Théophraste*, c. 23.

(4) Le mot grec εὐτράπελος, que je rends par *gai* ou *jovial*, et qui signifie aussi *facétieux*, semble exprimer plus généralement la grace qui accompagne ce ton de plaisanterie légère et de bon goût, qui peut se mêler aux discussions sérieuses, et dont

exprimé par le nom de *bouffonnerie*, et le défaut par celui de *rusticité* (5). Mais, pour ce qui contribue, à tous les autres égards, à l'agrément ou au charme de la vie, le caractère qui ne pèche par aucun excès, est l'amabilité; et l'exagération en ce genre, quand elle n'est le produit d'aucun sentiment d'intérêt personnel, peut être appelée manie de plaire : et flatterie, quand elle est l'effet d'un calcul intéressé. Le défaut en ce genre, qui caractérise un homme désagréable en tout, lui fait donner les noms de bourru, fantasque, difficile à vivre.

Il y a aussi ce qu'on pourrait appeler des moyens termes dans les passions, et dans ce qui tient aux passions. La pudeur, par exemple, n'est pas proprement une vertu : cependant on loue celui qui en est susceptible; car, dans les choses où ce sentiment intervient, l'on peut tenir un juste milieu, et pécher par excès ou par défaut. L'homme que tout fait rougir, et qui est comme frappé de stupeur, pèche par excès; celui qui ne rougit de rien, est impudent et pèche par défaut; l'homme modeste est dans le juste milieu.

Je donnerais le nom de *Némésis* (6) (ou de généreuse indignation) à un sentiment qui tient le milieu entre l'envie et la malveillance : deux passions

---

l'effet est quelquefois de concilier les esprits. C'est au moins en ce sens qu'il me semble avoir été employé par Aristophane, (*In Vesp.* vs. 469), et ici, par Aristote.

(5) Voy. les *Caractères de Théophraste*, c. 4.

(6) Voy. *Eudem.* l. 2, c. 3, et l. 3, c. 7.

qui se rapportent au plaisir ou à la peine que nous ressentons de ce qui arrive aux personnes que nous connaissons. En effet, l'homme susceptible d'une indignation généreuse, s'afflige du bonheur qui arrive à ceux qui en sont indignes; et l'envieux, exagérant ce sentiment, s'irrite du bonheur de tout le monde; mais le malveillant, au contraire, est si peu disposé à s'affliger ou à s'irriter, qu'il se réjouit du mal d'autrui : mais j'aurai occasion de revenir sur ce sujet. Quant à la justice, comme son nom n'a pas une signification simple, je parlerai, dans la suite (7), des deux rapports sous lesquels on doit la considérer, et je ferai voir comment on y observe un juste milieu; et je traiterai également des vertus qui se rapportent à la raison.

VIII. Puisqu'il y a trois sortes de dispositions (1), parmi lesquelles deux sont vicieuses, l'une par excès, l'autre par défaut, tandis qu'une seule, celle qui tient le milieu, constitue la vertu; on voit qu'elles sont opposées les unes aux autres; car les deux extrêmes sont opposés entre eux et au milieu, et le milieu l'est à l'un et à l'autre extrême. En effet, comme (dans une progression arithmétique) le terme moyen est plus grand que le plus petit des deux extrêmes, et moindre que le plus grand; ainsi, les habitudes moyennes, dans tout ce qui tient aux passions et aux actions, sont, pour

---

(7) C'est le sujet du cinquième livre de ce traité.
(1) Voy. *M. M.* l. 1, c. 9; *Eudem.* l. 2, c. 5.

ainsi dire, un excès par rapport au défaut, et un défaut par rapport à l'excès. Car l'homme courageux paraît téméraire, comparé au lâche; et, au contraire, il paraît timide, comparé au téméraire: de même, le tempérant paraît dissolu, quand on le compare à l'homme insensible à tous les plaisirs, et presque insensible, quand on le compare au débauché: enfin, le libéral semble prodigue, en comparaison de l'avare, et avare, en comparaison du prodigue. Aussi, chacun des extrêmes repousse-t-il, pour ainsi dire, le milieu vers l'extrême opposé; le téméraire nomme craintif celui qui est courageux, et le lâche l'appelle téméraire; et il en est de même des autres.

Mais, puisque telle est l'opposition qu'il y a entre ces choses, celle des extrêmes entre eux devra être plus grande que celle de chaque extrême à l'égard du milieu, car ils sont plus éloignés l'un de l'autre qu'ils ne le sont du milieu; de même que [dans une proportion numérique] le grand [nombre] diffère plus du petit, ou réciproquement, que chacun d'eux ne diffère du [nombre] égal, [ou du terme moyen]. Cependant les extrêmes, dans certains cas, ressemblent plus au milieu, comme la témérité, au courage, et la prodigalité, à la libéralité; mais la plus grande dissemblance est entre les extrêmes. Or, on appelle contraires les termes qui sont le plus éloignés l'un de l'autre; il y a donc une plus grande opposition là où se trouve une plus grande distance. De plus, il y a des cas où l'excès est plus en opposition avec le juste milieu, et d'autres où c'est le défaut : ainsi, par rapport au courage la témérité, qui pèche par excès, n'est pas ce qui s'en éloigne le plus; c'est la lâcheté, qui pèche par défaut : au contraire, l'insensibilité, qui pèche par défaut, est moins éloignée de la tempérance, que la débauche, qui pèche par excès.

Cela vient de deux causes : l'une, qui est dans la nature même de la chose; car, précisément parce qu'un des deux extrêmes est plus près du milieu et lui ressemble plus, ce n'est pas celui-là que nous lui opposons : mais plutôt l'extrême contraire. Ainsi, parce que la témérité ressemble plus au courage que la lâcheté, c'est plutôt celle-ci que nous lui opposons : car les extrêmes plus éloignés du milieu paraissent plus contraires. Telle est donc l'une des causes, prise dans la nature de la chose. L'autre est en nous-mêmes; car nous regardons comme plus opposées au juste milieu, les dispositions auxquelles nous nous sentons plus naturellement enclins. Ainsi, nous avons reçu de la nature plus de penchant pour les plaisirs, et par conséquent nous sommes plus disposés à une vie molle et voluptueuse, qu'à une vie sobre et réglée. Nous appelons donc plutôt opposées, ou contraires, les choses pour lesquelles notre entraînement est plus grand; et c'est pour cela que l'intempérance, qui est un excès, est plus opposée, ou plus contraire, à la tempérance.

IX. Nous avons suffisamment fait voir comment la vertu est un certain milieu entre deux vices, l'un par excès, l'autre par défaut, et qu'elle est telle, parce que sans cesse elle tend vers ce milieu, en tout ce qui tient aux passions et aux actions. Voilà pourquoi c'est une affaire que de devenir vertueux; car, en tout genre, tenir le juste milieu est une tâche difficile. Ainsi, trouver le centre d'un cercle n'est pas le fait de quiconque voudra l'entreprendre, mais de celui qui sait [la géométrie]; et pareillement, s'abandonner à la colère, ou prodiguer l'argent, est chose facile, et que tout le monde peut faire; mais ne le faire qu'autant et de la manière qu'il le faut, avoir, en le faisant, un juste égard aux personnes et aux motifs, voilà ce qui n'est plus facile, et qui n'est pas donné à tous; c'est pour cela que ce qu'on fait bien, est beau, rare et digne de louange.

Il faut donc que celui qui aspire à ce juste milieu, commence par s'éloigner de l'extrême le plus opposé, suivant le conseil de Calypso (1).

> Loin des lieux où s'élève une sombre vapeur
> Dirige ton vaisseau......

car, entre les deux extrêmes, il y en a un qui est plus vicieux, et l'autre qui l'est moins. Et, puisqu'il est très-difficile d'arriver à ce point si desirable, il faut, en changeant (comme on dit) la manœuvre (2), s'approcher plutôt de l'extrême le

---

(1) Ce n'est pas Calypso qui dit ces paroles, tirées de l'*Odyssée* d'Homère (ch. xi, vers. 219), et que notre philosophe lui attribue ici, par une erreur de mémoire; c'est Ulysse racontant les avis qui lui ont été donnés par Circé.

(2) C'est le sens de l'expression proverbiale (δεύτερος πλοῦς)

moins dangereux, à quoi on parviendra surtout de la manière que nous avons dite. On doit, de plus, observer vers quels objets on se sent le plus porté: car les uns ont naturellement plus de penchant pour une chose, les autres pour une autre, et c'est ce qu'on reconnaîtra par le plaisir ou par la peine, qu'on ressent; il faut alors se diriger en sens contraire, car c'est en nous écartant le plus possible de l'excès vicieux, que nous nous approcherons du milieu desiré, comme font ceux qui entreprennent de redresser un bois tortu. Mais il faut surtout se garantir, en tout genre, des choses qui donnent du plaisir, car nous n'en jugeons jamais sans partialité. Nous devons donc nous tenir, à l'égard de la volupté, dans les mêmes sentiments que les vieillards troyens à l'égard d'Hélène (3), et lui appliquer, dans tous les cas, le langage que leur prête le poète; car c'est ainsi que, parvenant à la congédier, nous serons moins exposés à tomber dans de funestes égarements.

Voilà donc, pour le dire en peu de mots, ce que nous devons faire pour parvenir au juste milieu; mais c'est peut-être une tâche difficile, surtout

---

employée ici par Aristote, et au sujet de laquelle on peut consulter les *Remarques* de Mr Coray, sur Héliodore (t. 2, p. 31 de son édition.)

(3) Allusion aux vers 159 et suiv. du 3e chant de l'*Iliade* d'Homère, lorsque les vieillards assis avec Priam sur les remparts de Troie, voient arriver Hélène, à qui le roi demande de lui faire connaître les héros grecs qu'il voit occupés à ranger leurs soldats dans la plaine.

quand il s'agit des actions particulières. Car [pour la colère] il n'est pas facile de marquer avec exactitude, comment, contre qui, et dans quelles circonstances, et combien de temps on doit éprouver du ressentiment; puisque tantôt nous louons ceux qui ne se montrent pas accessibles à cette passion, et nous les appelons des hommes doux et débonnaires; tantôt, nous applaudissons ceux qui manifestent leur vive indignation, que nous appelons alors une mâle fermeté. Au reste, on ne blâme pas communément celui qui ne s'écarte que médiocrement de ce qui est bien, soit vers un extrême, soit vers l'autre, mais celui qui s'en écarte beaucoup : car alors son erreur frappe tous les yeux. Cependant il n'est pas facile de déterminer combien et jusqu'à quel point il est blâmable ; comme dans toutes les autres choses où le sentiment intervient; mais, dans les choses de ce genre, le jugement dépend des circonstances particulières et du sentiment. Quoi qu'il en soit, en voilà assez pour faire voir clairement que, dans tous les genres, une disposition moyenne est toujours digne de louange; et qu'il faut, dans certains cas, pencher plutôt du côté de l'excès, et dans d'autres, se rapprocher davantage du défaut; car c'est de cette manière, comme on l'a vu, qu'il nous sera surtout facile d'atteindre ce juste milieu, où se trouve le bien.

LIVRE III.

ARGUMENT.

I. On ne saurait traiter de la vertu, sans se faire une notion exacte de ce qui, dans nos actions, est volontaire ou involontaire. Or, tout ce qu'on fait par contrainte, ou par ignorance est involontaire : par conséquent, tout ce qu'on fait de son plein gré, et avec une entière connaissance, est volontaire. Le principe déterminant des actions volontaires est dans celui qui agit; le principe déterminant des actions involontaires est hors de lui. En appréciant les actes, il faut tenir compte des conditions relatives aux personnes, aux circonstances, aux moyens, etc., qui font partie de toute action volontaire. — II. La préférence, ou détermination réfléchie, diffère, à quelques égards, de la volonté. Elle diffère aussi du désir, du vœu ou souhait, et de l'opinion. Elle suppose l'exercice de la raison et de la réflexion; c'est-à-dire, la délibération, ou le pouvoir de délibérer. — III. Mais sur quels objets peut-on délibérer? Ce n'est pas sur les choses nécessaires ou impossibles; mais seulement sur celles qui sont contingentes et possibles, et qu'il dépend de nous de faire, ou de ne pas faire. En général, la délibération est plutôt relative aux moyens d'exécuter une chose, ou d'atteindre à un but, qu'elle n'est relative au but lui-même. — IV. Quant à la volonté, a-t-elle pour objet le bien en soi, le bien absolu, ou seulement ce qui paraît tel à chaque individu? Il semble que, dans l'homme raisonnable et vertueux, elle a, en effet, pour objet le bien véritable; mais le vulgaire, appréciant facilement les choses sur le plaisir ou la peine qu'il en éprouve, se trompe souvent sur ce qui doit être l'objet de la volonté. L'homme de bien est à lui-même comme la mesure et la règle de ce qu'il faut vouloir, ou ne pas vouloir. — V. Il suit de tout ceci, que les vices et les vertus sont également volontaires. Sans doute, il n'est pas toujours en notre pouvoir de résister à l'influence des habitudes déja contractées; mais on pouvait ne les pas contracter. C'est une erreur, en admettant que les vertus soient volontaires, de nier que les vices le soient aussi, car tout est égal de part et d'autre. Mais les habitudes ne sont pas volontaires, de la même manière que les actions; comme on le verra par l'examen des vertus particulières. — VI. Le courage est relatif aux objets et aux circonstances qui sont propres à inspirer de la crainte ou de la confiance; il est comme un milieu entre la lâcheté, et la témérité. Mais c'est plus particulièrement dans les périls de la guerre qu'il se manifeste. Cependant l'homme courageux ne brave pas toutes les sortes de dangers avec la même constance. Le guerrier s'afflige, ou au moins s'irrite quelquefois de se voir exposé à périr sur mer, ou par une maladie longue et douloureuse. — VII. Il faut distinguer les dangers et les maux qu'on peut craindre et ceux qu'on doit braver; connaître quand, comment, envers qui, dans quelles occasions, etc., le vrai courage se manifeste; autrement, on peut n'être qu'un fanfaron, un faux brave; ou bien, au lieu d'être véritablement courageux, on ne sera que téméraire, et insensé. En général, il y a plutôt de la lâcheté que du courage à se donner la mort. — VIII. Il y a cinq sortes de courage, qui diffèrent du courage véritable auquel elles ressemblent d'ailleurs à plusieurs égards. 1° Le courage des citoyens, quand il est l'effet de la crainte des lois. 2° Le courage des soldats, inspiré par la crainte des chefs. 3° Le courage qui est l'effet de la colère. 4° Celui qui vient de l'espérance du succès, fondée sur l'expérience. 5° celui qui vient de l'ignorance. — IX. Le vrai courage est une vertu d'autant plus digne d'estime, qu'elle est plus difficile à pratiquer. Cependant elle est une de celles qui contribuent le plus au bonheur; mais on n'en goûte les fruits qu'autant que l'on envisage et que l'on atteint le but légitime des actions courageuses. Aussi cette vertu se trouve-t-elle surtout dans les citoyens qui combattent pour la liberté de leur patrie. — X. La tempérance est un certain milieu, une sorte de modération, dans les sentiments de plaisir et de peine. Mais elle n'est relative qu'aux plaisirs et aux peines du corps, ou des sens; et même, entre les sensations, c'est plutôt à celles du goût et du toucher que se rapporte la tempérance. Voilà pourquoi l'intempérance est un des vices qui avilissent et dégradent le plus la nature de l'homme, parce qu'il la rapproche davantage de celle des animaux. — XI. Il y a des appetits et des désirs communs à tous les hommes : il y en a qui sont propres ou particuliers à certains individus. C'est surtout par rapport à ceux-ci qu'on pèche contre la tempérance, lorsqu'on s'y livre avec excès, et sans avoir égard aux temps, aux lieux, aux personnes, aux circonstances, etc. La tempérance ne consiste pas à être inaccessible aux sentiments de plaisir ou de peine, mais à ne s'y abandonner qu'avec modération, et toujours dans la mesure que la droite raison prescrit ou approuve. — XII. L'intempérance est un vice plus volontaire que la timidité ou la lâcheté, et par conséquent elle est un plus légitime sujet de blâme; elle est un défaut naturel de l'enfance, et elle a, en général, plusieurs traits de ressemblance avec cet âge que caractérisent la faiblesse morale et l'indocilité. Il n'y a donc qu'une raison ferme et éclairée qui puisse donner à l'homme la vertu de la tempérance.

I. Puisque la vertu se rapporte aux passions et aux actions, et puisque la louange ou le blâme s'adressent aux actions volontaires, tandis qu'on a ordinairement de l'indulgence, et quelquefois de la pitié pour les actions involontaires; peut-être est-il nécessaire, quand on traite de la vertu, de définir ce que c'est que volontaire ou involontaire (1). Cela même est utile aux législateurs qui

---

(1) Voy. aussi *M.M.* l. 1, c. 13; *Eudem.* l. 2, c. 6-9.

ont à régler ce qui regarde les honneurs et les châtiments.

Or, on peut dire que tout ce qui se fait par contrainte, ou par ignorance, est involontaire; et il y a contrainte dans toute action qui a son principe hors de nous, en sorte que celui qui agit, ou qui est l'objet de l'action, n'y contribue en rien: comme lorsqu'on est poussé par un vent violent, ou par des hommes qui sont maîtres de nous. Mais tout ce qu'on fait par la crainte de maux plus grands, ou par quelque motif honorable, par exemple, lorsqu'un tyran, qui tient en sa puissance vos parents et vos enfants, vous commande une action criminelle, à condition de leur sauver la vie, si vous faites ce qu'il exige, et menaçant de la leur ôter si vous refusez de lui obéir; en pareil cas (dis-je) il est difficile de décider si une action est volontaire ou involontaire. C'est à peu près ce qui arrive au navigateur qui, battu par la tempête, jette à la mer ce qui charge son vaisseau; car assurément personne ne consent, de gaieté de cœur et sans motif, à perdre ce qu'il possède; au lieu que tout homme sensé en fait le sacrifice, pour sauver sa vie et celle des autres. De pareilles actions sont, pour ainsi dire, mixtes, et semblent plutôt volontaires : car, lorsqu'on les fait, elles sont le résultat d'un choix ou d'une préférence, mais la fin, ou le but, dépend des circonstances. Voyons donc ce qu'il y a de volontaire et d'involontaire dans une action de cette espèce.

Sans doute, celui qui la fait agit volontairement,

puisque le principe du mouvement imprimé à tout ce qui sert à l'exécuter est en lui-même, et, par conséquent, il dépend de lui d'agir ou de ne pas agir. Sous ce rapport donc, son action est volontaire; mais, considérée en soi, peut-être est-elle involontaire, car personne ne peut se déterminer à de pareils actes, uniquement pour eux-mêmes. On loue cependant quelquefois des actions de ce genre, lorsque celui qui les fait s'expose à l'ignominie ou à la douleur, en vue de quelque résultat important et honorable; mais, dans le cas contraire, on les blâme, car il n'y a qu'un homme méprisable qui puisse consentir à se couvrir d'opprobre, sans qu'il en résulte aucun bien, ou même pour un médiocre avantage. Mais, dans certains cas, s'il n'y a pas lieu à donner des éloges, au moins croit-on devoir user d'indulgence, lorsque celui qui fait une chose blâmable s'est vu exposé à des maux qui surpassent tout ce que la nature humaine est capable de supporter. Peut-être aussi y a-t-il des circonstances où l'on ne doit jamais se laisser contraindre, mais endurer la mort la plus cruelle [plutôt que de consentir à ce qu'on exige de nous]. Par exemple, le motif pour lequel Alcméon, dans Euripide, prétend avoir été forcé d'égorger sa mère, est ridicule (2). Cependant, il est

---

(2) Alcméon, fils du devin Amphiaraüs, tua Ériphyle, sa mère, qui, s'étant laissé séduire par le présent d'un riche collier, avait déterminé son époux à prendre part à la première guerre contre Thèbes, où il avait perdu la vie. (Voy. Apollod.

quelquefois difficile de discerner quel parti l'on doit préférer, ou si l'on doit s'exposer à tel inconvénient plutôt qu'à tel autre. Mais il est plus difficile encore de persister dans les résolutions qu'on a prises, car la plupart du temps on n'a que des peines à attendre d'une pareille constance; et d'un autre côté, les actions qu'on est forcé de faire sont toujours peu honorables. De là l'éloge ou le blâme qu'on mérite, suivant qu'on a su résister à la contrainte, ou qu'on y a cédé.

A quels caractères donc reconnaîtra-t-on ce qui est l'effet de la contrainte? N'a-t-elle absolument lieu que lorsqu'elle est produite par une cause extérieure, et que celui qui agit ne concourt en rien à son action? Ou bien, dira-t-on qu'il y a des actes qui en eux-mêmes sont involontaires, mais qu'il convient, dans la circonstance présente, de préférer à d'autres, et dont le principe est dans celui qui agit; en sorte qu'ils sont involontaires en eux-mêmes, mais volontaires par rapport à la circonstance présente, et à ceux auxquels on les préfère? Ils semblent, en effet, être plutôt volontaires; car les actions se rapportent toujours aux choses particulières, et celles-là sont volontaires. Mais il n'est

---

Biblioth. l. 2, c. 6 et 7.) Le scholiaste d'Aristote (soit Aspasius, soit Eustratius) cité par Mr Zell, rapporte deux vers de l'*Alcméon* d'Euripide, dont le sens est : « Mon père, au mo-
« ment où, montant sur son char, il allait porter la guerre aux
« Thébains, m'a donné des ordres qui m'ont déterminé à faire
« ce que j'ai fait. »

pas facile de dire quelles sont les choses que l'on doit préférer à d'autres; car il y a, entre les cas particuliers, des différences sans nombre. Que si l'on prétend que tout ce qui est agréable et beau exerce sur nous une sorte de contrainte, attendu que ce sont des objets extérieurs; alors il faudrait dire que tout exerce sur nous un empire violent; car c'est toujours en vue de ces choses que tous les hommes font tout ce qu'ils font: les uns par force, malgré eux, et par conséquent avec peine; les autres avec plaisir, parce qu'ils n'envisagent que le côté agréable. Or il est ridicule d'accuser les objets extérieurs, plutôt que de s'en prendre à soi-même de la facilité qu'on a à s'en laisser séduire; et de s'attribuer le mérite des actions estimables ou honnêtes, tandis qu'on rejette sur l'attrait des objets agréables la faute des actions honteuses. Tout acte dont le principe est extérieur, sans que celui qui agit y ait concouru en rien, paraît donc devoir être regardé comme l'effet de la violence ou de la contrainte.

Quant aux actes qui sont l'effet de l'ignorance, sans doute tous ne sont pas volontaires; mais on peut regarder comme tels tous ceux qui sont des causes de peine et de repentir. Car celui qui a fait une action par ignorance, et qui n'en a pas de regret, ne l'a pas faite à dessein, puisqu'il n'en savait pas les conséquences, ni aussi contre son gré, puisqu'il n'en est pas affligé. Ainsi donc celui qui se repent d'une action faite par ignorance, paraît l'avoir faite malgré lui; mais celui qui ne s'en repent pas, sera dit l'avoir faite *sans dessein;* car il vaut mieux marquer une chose différente par une expression propre et particulière. Au reste, il y a, ce semble, quelque différence entre commettre une action par ignorance, ou la faire sans le savoir. En effet, il ne semble pas que celui qui s'enivre, ou qui s'abandonne à la colère, agisse par ignorance, mais par l'une des deux passions que je viens d'indiquer. Il n'agit pas avec connaissance de cause; il ignore, au contraire, la cause qui le fait agir. Et véritablement l'homme vicieux ignore ce qu'il faut faire, et de quoi on doit s'abstenir; et c'est cette espèce d'erreur qui fait qu'on devient injuste, et, en général, vicieux. Or, le mot *involontaire* ne se dit pas ordinairement des actions de celui qui ignore ce qui est utile ou avantageux; car l'ignorance de ce qu'il faudrait préférer ne fait pas qu'une action soit involontaire; mais c'est elle qui la rend vicieuse. Ce n'est même pas l'ignorance, en général, qui les rend involontaires, car elle est un juste sujet de blâme; mais c'est l'ignorance, à l'égard des choses particulières auxquelles se rapportent les actions. Aussi est-ce à celles-là que l'on croit devoir de la compassion et de l'indulgence; car celui qui les fait par ignorance, les fait involontairement. Peut-être est-il donc utile d'en déterminer avec précision l'espèce et le nombre, de marquer exactement qui fait une de ces actions, et quelle, et dans quel cas; quelquefois même, avec quoi, par exemple, avec quel instrument; par quel motif, par exemple, pour sauver sa vie, et comment, c'est-à-dire, si c'est avec violence ou sans emportement. En effet, il est impossible qu'on soit dans l'erreur sur toutes ces choses, à moins qu'on ait perdu le sens; et il est évident qu'on ne peut pas davantage se méprendre sur l'auteur de l'action, puisque ce serait se méconnaître soi-même.

Toutefois il peut arriver qu'un homme ne sache pas ce qu'il fait; comme lorsqu'on est dans le cas de dire qu'un mot nous est échappé, ou lorsqu'on révèle aux profanes les rits des mystères, mais sans savoir que cela fût défendu, ainsi qu'il arriva à Eschyle (3); ou lorsqu'en voulant montrer le mécanisme d'une catapulte (4), on fait partir le trait. On peut aussi quelquefois, comme Mérope (5), s'imaginer qu'on voit un ennemi mortel dans

---

(3) « Eschyle, ayant exposé sur la scène les cérémonies des « mystères (de Cérès), et ayant été traduit devant le tribunal « de l'Aréopage, fut absous, parce qu'il prouva qu'il n'était pas « initié ». (*Clem., Alexandr. Strom.* l. 2, p. 387.) Les scholies citées par Mr Zell, sur cet endroit d'Aristote, ajoutent, d'après Héraclide de Pont, que les motifs qui portèrent l'Aréopage à renvoyer Eschyle absous, furent la bravoure éclatante que Cynégire, son frère, avait montrée dans la bataille de Marathon, et la gloire qu'il y avait acquise lui-même, ayant été rapporté du champ de bataille tout couvert de blessures.

(4) J'ai adopté la leçon commune δεῖξαι, au lieu de θίξαι, qu'ont proposé d'habiles commentateurs, et qui signifierait *en touchant* une catapulte, etc.

(5) Euripide avait fait une tragédie intitulée *Mérope*, ou *Cresphonte*, que nous n'avons plus. Aristote, dans sa *Poétique*, c. 14, dit: « Dans le *Cresphonte*, Mérope est sur le point de « tuer son fils; mais, l'ayant reconnu, elle ne le tue pas. » Plu-

son propre fils; ou croire qu'un javelot est garni par la pointe, tandis qu'il est armé d'un fer tranchant; ou lancer une pierre dure, parce qu'on suppose que c'est une pierre ponce; ou, en poussant quelqu'un, pour lui sauver la vie, le tuer; ou porter un coup dangereux, en ne voulant que s'essayer à la manière de ceux qui préludent aux combats de la lutte et du pugilat. Dans tous ces cas, celui qui agit, ignorant quelqu'une des choses qui constituent son action, est censé l'avoir faite involontairement, et précisément dans ce qu'il y a d'essentiel; or, ce qu'il y a d'essentiel, c'est sans doute le résultat et le motif. Mais à ces caractères d'ignorance, qui distinguent les actes qu'on appelle involontaires, doit se joindre encore un sentiment de peine et de repentir.

Puis donc qu'une action involontaire est l'effet de la contrainte et de l'ignorance, il semblerait que l'action volontaire serait celle dont celui qui agit, a en soi-même le principe déterminant, et dont il connaît tout le détail. Car peut-être est-ce à tort qu'on nomme involontaires les actions qui sont l'effet de la colère ou du désir. Et d'abord, il s'ensuivrait que les animaux et les enfants eux-

---

tarque fait aussi mention de ce trait : « Voyez, dit-il, Mérope,
« dans la tragédie, ayant déja levé la hache sur la tête de son
« fils, qu'elle croit en être l'assassin, et s'écriant :

> D'un coup plus saint je te frappe à mon tour.

« Quel mouvement elle excite dans toute l'assemblée, etc. »
(Plutarch. *De Esu Carn.* l. 2, § 3.)

mêmes sont incapables d'agir volontairement : ensuite, dira-t-on qu'une action produite par la colère ou par le désir n'est pas volontaire ; ou bien, regardera-t-on celles qui sont honnêtes comme volontaires, et comme involontaires celles qui sont honteuses? ou plutôt, ne serait-ce pas ridicule, puisqu'il n'y a là qu'une seule et même cause? Peut-être même y aurait-il quelque absurdité à nommer involontaires les actions que l'on est obligé de désirer ; car il y a des choses contre lesquelles on est obligé de s'indigner, et d'autres qu'il faut désirer, comme la santé et l'instruction. Au reste, il semble que tout ce qui est involontaire produit un sentiment de peine, au lieu que ce qu'on désire en produit un de plaisir. D'ailleurs, quelle différence y a-t-il entre un acte involontaire, qui résulte d'une erreur de raisonnement, ou celui qui est l'effet d'une erreur occasionée par la colère? L'un et l'autre doivent être également évités. Les passions irraisonnables sont, comme les erreurs de jugement, le partage de l'homme; et ses actions peuvent aussi être l'effet du désir et de la colère ; il serait donc absurde de vouloir les regarder comme involontaires.

II. A présent que nous avons marqué la distinction entre ce qui est volontaire et ce qui ne l'est pas, il reste à examiner ce que c'est que choix, ou préférence (1) ; car c'est là ce qui caractérise

---

(1) Voy. *M. M.* l. 1, c. 12 et 18; *Eudem.* l. 2, c. 10.

plus spécialement la vertu, et ce qui sert, plus que les actions mêmes, à nous faire apprécier les qualités morales. Or, le choix semble être quelque chose de volontaire ; mais ce n'est pas tout-à-fait la même chose que la volonté ; seulement celle-ci y domine. En effet, les animaux et les enfants peuvent avoir des volontés ; mais ils ne sont pas capables de préférence : et nous appelons volontaire une action subite et instantanée ; mais nous ne lui donnons pas le nom de choix ou de détermination réfléchie. Quant à ceux qui appellent de ce nom le désir, ou la colère, un vœu ou un souhait, ou une certaine opinion, il y a lieu de croire qu'ils emploient un langage peu exact. Car la détermination réfléchie n'appartient nullement aux êtres privés de raison, et pourtant ils sont susceptibles d'éprouver des désirs et de la colère ; et l'homme qui n'a aucun empire sur lui-même, n'agit que par l'impulsion de ses désirs, tandis qu'au contraire, le tempérant agit en vertu d'un choix, d'une préférence, et ne se laisse pas entraîner par ses désirs. D'ailleurs, le désir peut être opposé à la préférence, mais non pas au désir : celui-ci ne se rapporte qu'à ce qui est agréable, et est accompagné de quelque peine, tandis que la préférence n'a pas toujours l'agréable pour objet, et n'est pas toujours pénible. On peut encore moins la comparer avec la colère, puisque rien ne ressemble moins à un choix que les actes qui sont l'effet de cette passion.

Quant aux vœux ou aux souhaits, ils ne sont pas

non plus des préférences, bien qu'ils semblent s'en rapprocher davantage; car les choses impossibles ne peuvent être l'objet ni d'un choix, ni d'une préférence, et celui qui dirait qu'il les choisit ou les préfère passerait pour un homme stupide; au lieu qu'on peut souhaiter des choses impossibles, comme d'être immortel. On peut même souhaiter des choses qu'on ne serait nullement capable d'exécuter ou d'accomplir soi-même; par exemple, souhaiter qu'un certain acteur ou un certain athlète remporte le prix; mais personne ne dira qu'il choisit ou qu'il préfère des choses de ce genre; il ne le dira que de celles qu'il croit être en état d'exécuter ou de faire par lui-même. D'ailleurs, un vœu ou un souhait se rapporte plutôt à la fin, tandis que, dans le choix ou la préférence, on a plutôt en vue les moyens. Ainsi, nous souhaitons la santé et nous préférons ou nous choisissons tout ce qui peut contribuer à nous la donner; nous souhaitons d'être heureux et nous le disons; mais ce serait s'exprimer improprement que de dire qu'on le préfère : car, en général, il semble que la préférence ne puisse avoir lieu que pour les choses qui dépendent de nous.

On ne peut pas dire non plus qu'elle soit une opinion : car l'opinion s'étend à toutes sortes de choses, aussi bien à celles qui sont éternelles et impossibles, qu'à celles qui dépendent de nous. C'est le vrai ou le faux qui fait la différence des opinions, et non le bien ou le mal, au lieu que la préférence a plutôt pour objet ces deux genres de qualités. Peut-être même n'y a-t-il personne qui affirme que la préférence est la même chose que l'opinion en général, ni qu'aucune opinion en particulier; car c'est par la préférence que nous donnons au bien ou au mal que nous avons telle ou telle qualité morale, et non par les opinions que nous adoptons. Fuir ou rechercher des objets particuliers, ou agir de telle ou telle manière, est en nous l'effet de la préférence; au lieu que nous avons une opinion sur ce qu'ils sont, sur leur utilité pour quelque personne, et sur la manière dont ils peuvent être utiles; mais la détermination qui nous les fait éviter ou rechercher, n'est pas une opinion. On loue la préférence quand l'objet en est convenable, ou quand elle est fondée en raison; mais on ne loue l'opinion que pour sa conformité avec la vérité. Nous préférons les choses que nous savons, avec certitude, être bonnes; et nous avons des opinions sur des choses qui ne nous sont pas bien connues. Enfin, ceux qui préfèrent les meilleures choses ne sont pas toujours ceux qui en ont l'opinion la plus exacte; tandis que ceux qui ont une opinion plus juste, choisissent quelquefois ce qu'ils ne devraient pas préférer, parce qu'ils sont vicieux. Au reste, il importe peu de savoir si l'opinion précède ou suit la préférence (car ce n'est pas là ce que nous examinons en ce moment); mais si la préférence est la même chose qu'une certaine opinion.

Qu'est-elle donc? à quels caractères la reconnaîtra-t-on, si elle n'est rien de tout ce que nous venons de dire? Il paraît bien qu'elle est quelque chose de volontaire; mais tout ce qui est volontaire ne doit pas être préféré. Serait-ce donc quelque chose sur quoi on a délibéré à l'avance? En effet, la préférence est accompagnée de raisonnement et de réflexion : et le mot lui-même (προαιρετὸν) semble l'indiquer [par sa valeur étymologique], puisqu'il se dit d'une chose adoptée avant une autre, ou plutôt qu'une autre.

III. Mais délibère-t-on sur toutes sortes de choses, ou y en a-t-il quelques-unes qui ne peuvent pas être un sujet de délibération (1)? peut-être faut-il ranger dans ce nombre celles sur lesquelles il n'y a qu'un imbécille ou un insensé qui s'avise de délibérer, mais admettre les sujets sur lesquels délibère un homme qui jouit de sa raison. Ainsi, les choses éternelles, comme l'univers, les vérités éternelles, comme l'incommensurabilité du côté et de la diagonale d'un carré, ne peuvent être des sujets de délibération pour personne. Il en faut dire autant des corps assujettis à des mouvements périodiques et réguliers, soit par leur nature, soit en vertu des lois nécessaires de leur existence, ou par toute autre cause, comme cela a lieu pour les levers et les retours [du soleil, c'est-à-dire, les équinoxes et les solstices]. Mettons encore dans cette classe les phénomènes qui se manifestent à des époques irrégulières, comme les sécheresses et les pluies:

---

(1) *M. M.* l. 1, c. 19; *Eudem.* l. 2, c. 10.

et les évènements qui dépendent entièrement du hasard, comme la découverte d'un trésor. Il n'est pas même toujours possible de délibérer sur les affaires humaines : par exemple, un Lacédémonien ne délibère pas sur la meilleure forme de gouvernement à donner aux Scythes : car nous ne pouvons rien faire à cela; mais nous délibérons sur toutes les choses qu'il est en notre pouvoir de faire; voilà tout ce qui demeure soumis à notre libre arbitre. La nature, la fortune et la nécessité, sont des causes généralement reconnues, mais auxquelles il faut joindre aussi l'intelligence et le pouvoir de l'homme.

Tout homme délibère donc sur les choses qu'il est en son pouvoir de faire; cependant il n'y a pas lieu de délibérer sur les sciences qui sont portées jusqu'à un certain degré d'exactitude et de perfection. Ainsi, à l'égard de la connaissance des lettres, on n'est guère d'avis différents sur la manière d'écrire un nom (2), mais on délibère sur les choses que les hommes peuvent faire, et qu'ils ne font pas toujours de la même manière. Par exemple, on délibère sur la médecine, sur les finances, sur la navigation, plutôt que sur la gymnastique, parce que les premiers de ces arts ont des règles moins

---

(2) « Personne n'est en doute sur la manière dont il faut « écrire le nom d'Archiclès; et par conséquent s'il y a quelque « erreur en ce cas, elle ne saurait venir de l'intelligence, mais « de l'exécution dans la formation des lettres.» (*M. M.* l. 1, c. 18.)

précises; et ainsi de tout le reste. Les arts prêtent plus à la délibération que les sciences, parce qu'ils donnent plus souvent lieu au doute. La délibération a donc pour objet les actions les plus ordinaires, mais quand le résultat en est incertain, et qu'elles n'ont rien de fixe et de déterminé : aussi, dans les circonstances importantes, nous aidons-nous des conseils des autres, n'osant pas nous en rapporter à notre propre discernement.

Au reste, on ne délibère jamais sur le but, mais sur les moyens qui s'y rapportent; ainsi, un médecin ne met pas en question s'il doit guérir son malade, ni un orateur s'il doit persuader son auditoire, ni un législateur s'il doit faire de bonnes lois : en aucun genre on ne délibère sur la fin. Mais quand on s'est proposé quelque but, on examine comment et par quels moyens on pourra y arriver; et dans le nombre de ceux qui semblent pouvoir y conduire, on considère quel est celui qui y conduira le mieux et le plus facilement. S'il n'y en a qu'un, on examine encore comment il produira le résultat proposé, et comment on trouvera ce moyen même, jusqu'à ce qu'on arrive à reconnaître la cause première, qui se trouve être ainsi le dernier terme de la recherche. Car celui qui délibère, semble, par le procédé qu'on vient de décrire, chercher quelque chose, et employer une sorte d'analyse pareille à celle dont on se sert dans les problèmes de géométrie.

Cependant toute recherche n'est pas une délibération : par exemple, celles des géomètres; mais toute délibération est une sorte de recherche, et le dernier terme, dans l'ordre de l'analyse, est le premier dans l'ordre de la génération (3). Si l'on a reconnu l'impossibilité d'atteindre le but proposé, on renonce à l'entreprise (si l'on a besoin d'argent, par exemple, et qu'on ne trouve aucun moyen de s'en procurer); mais si la chose semble possible à exécuter, on commence à agir. Or, les choses possibles sont celles qui dépendent de nous, et même, jusqu'à un certain point, de nos amis, car c'est en nous qu'est le principe. Au reste, on cherche tantôt les instruments ou les moyens, tantôt l'emploi qu'il convient d'en faire; et, en tout genre de questions, on examine tantôt par quel moyen, ou comment, ou à l'aide de qui [on exécutera un dessein]. C'est donc toujours l'homme, comme je viens de le dire, qui semble être le principe déterminant des actions; mais la délibération se rapporte aux choses qu'il peut exécuter lui-même, et les actions sont exécutées en vue de quelqu'autre chose. Ainsi, ce n'est pas du but ou de la fin qu'on délibère, mais des moyens d'y atteindre. Ce n'est pas non plus des choses particulières; par exemple, si ceci est du pain, s'il a été cuit ou fait comme il doit l'être, car c'est aux sens à en juger; et si l'on entreprenait de délibérer sans cesse, et de tout, cela irait à l'infini.

---

(3) « Le principe de la méditation, c'est la fin (ou le but qu'on « se propose), et le principe de l'action, c'est la fin (ou le der— « nier résultat) de la méditation. » (*Eudem.* l. 2, c. 11.)

Mais ce qui a été le sujet de la délibération est aussi ce que l'on préfère, à moins que l'objet de la préférence n'eût été déterminé à l'avance. En effet, ce qui est jugé meilleur, en vertu d'une mûre délibération, est nécessairement préférable; et tout homme cesse de s'occuper des moyens d'exécuter une chose, du moment où il s'est déterminé à agir, et où il a ramené le principe de sa détermination à cette partie de son être qui dirige et domine tout le reste; car c'est elle qui choisit ou préfère. C'est ce qu'on remarque dans les anciennes formes de gouvernement dont Homère nous a retracé l'image; car, dans ces temps antiques, les rois faisaient annoncer au peuple les résolutions qu'ils avaient prises. Enfin, puisqu'on ne peut préférer et désirer que des choses qui sont en notre pouvoir, et que ce sont aussi les seules dont on puisse délibérer, il s'ensuit que la préférence est un désir réfléchi des choses qui dépendent de nous : car, le jugement étant le résultat de la délibération, notre désir est alors l'effet de la réflexion. Voilà donc ce que j'avais à dire, en général, de la préférence, et des objets auxquels elle se rapporte; et l'on voit que ce sont ceux qui eux-mêmes se rapportent à des fins déterminées.

IV. Quant à la volonté, j'ai dit qu'elle se rapporte à un but ou à une fin, laquelle, suivant les uns, est le bien, et selon d'autres, au moins ce qui nous paraît tel. Mais il suit de là, pour ceux qui soutiennent que le bien est l'objet de la volonté, que ce qui sera préféré par un homme qui ne fait pas un choix convenable, ne sera pas l'objet de la volonté. Car, s'il était préférable, ce serait le bien; or, dans notre hypothèse, il se trouve que c'est le mal.

D'un autre côté, dans l'opinion de ceux qui prétendent que l'objet de la volonté est ce qui semble être un bien, il n'y aura point d'objet qui soit tel par sa nature; mais ce sera, pour chaque homme, ce qui lui paraît tel. Par conséquent, l'un le verra dans une chose, l'autre dans une autre, qui, dans cette hypothèse, sera peut-être tout-à-fait contraire. Enfin, si l'on n'est pas satisfait de ces résultats, faudra-t-il dire que l'objet de la volonté est véritablement [et dans un sens absolu] le bien; mais que, pour chaque individu, c'est ce qui lui semble tel? Ainsi donc, pour l'homme vertueux et sage, ce sera le bien véritable; mais, pour l'homme sans vertu, cela dépendra des circonstances ou du hasard. Et de même que, pour les corps dans l'état de santé, les aliments sains sont ceux qui sont véritablement tels, au lieu que, pour un corps malade, ce sont d'autres aliments; il en faudra dire autant du doux et de l'amer, de la chaleur, de la pesanteur, et de toutes les autres qualités de ce genre. En effet, l'homme sage et raisonnable juge sainement de tout, et démêle avec sagacité le vrai dans chaque chose; car toute disposition particulière ou singulière est appropriée à un certain genre de beauté, ou d'agrément, qui est destiné à l'affecter. Et peut-être que l'homme sensé a ce précieux et immense avantage de reconnaître ce qu'il y a de vrai dans chaque objet, comme étant lui-même la règle et la mesure de ces objets : au lieu que le plaisir semble être, pour le vulgaire, une cause continuelle d'illusions, parce qu'il lui semble un bien, quoiqu'il ne le soit pas. Aussi ne manque-t-on pas de préférer, comme bon, ce qui est agréable, et de fuir, comme un mal, ce qui cause de la peine ou de la douleur.

V. Mais, puisque la fin est l'objet de la volonté, et que les moyens d'y atteindre sont celui de la délibération et du choix, il s'ensuit que les actions auxquelles elle donne lieu, sont l'effet d'une détermination réfléchie, et qu'elles sont volontaires, et que les actes de vertu sont dans le même cas. La vertu dépend donc de nous, et le vice aussi : car dans les cas où il dépend de nous d'agir, nous pouvons aussi ne pas agir : et quand il dépend de nous de dire *oui*, il est aussi en notre pouvoir de dire *non* ; en sorte que, si nous sommes maîtres de faire ce qui est bien, nous le sommes aussi de ne pas faire ce qui est mal. Or, si nous sommes maîtres de faire ou de ne faire pas les bonnes actions, aussi bien que les mauvaises, c'est-à-dire d'être bons ou méchants, il dépendra donc de nous d'être ou vils ou estimables (1). Et le poète

---

(1) Voy. *M. M.* l. 1, c. 9, où l'on attribue à Socrate une opinion contraire à celle-ci : « Socrate a prétendu qu'il ne dépend « pas de nous d'être vertueux ou vicieux ; car, dit-il, jamais « un homme à qui l'on demanderait s'il aime mieux être juste « qu'être injuste, ne préférera être injuste. »

qui a dit, « Nul n'est méchant à dessein, ni heu-« reux malgré lui (2), » semble avoir dit une chose véritable à quelques égards, et fausse sous un certain rapport. Car sans doute nul homme n'est heureux malgré lui ; mais le vice est volontaire : ou bien, faut-il remettre en question ce que nous venons d'avancer, et nier que l'homme ait en soi le principe de ses œuvres, et qu'il en soit, s'il le faut ainsi dire, le père, comme il l'est de ses enfants?

Mais, si tout cela paraît fondé sur la raison, et s'il nous est impossible de remonter à d'autres principes d'action qu'à ceux qui sont en nous-mêmes, les actes dont les principes sont en nous, dépendent eux-mêmes de nous, et par conséquent sont volontaires. Cela même semble confirmé, non-seulement par le témoignage de tous les hommes pris individuellement, mais aussi par celui des législateurs. Car ils châtient et punissent ceux qui commettent des actions criminelles, toutes les fois qu'elles n'ont pas été l'effet de la contrainte, ou d'une ignorance dont ils n'étaient pas cause : au lieu qu'ils honorent les auteurs des actions vertueuses, comme pour exciter les hommes aux unes, et les détourner des autres. Or assurément personne ne s'avise de nous exciter aux choses qui ne dépendent ni de nous ni de notre volonté ; attendu qu'il ne servirait à rien d'entreprendre de nous

---

(2) Cette pensée d'un poète inconnu est aussi rappelée par Socrate, dans le *Dialogue sur la Justice*, faussement attribué à Platon (p. 374.)

persuader de ne pas éprouver les sensations du chaud, du froid, ou de la faim, ou quelqu'autre sentiment de ce genre, puisque nous ne les éprouverions pas moins pour cela.

Les législateurs punissent même l'ignorance, quand elle paraît pouvoir à bon droit être imputée au coupable; ainsi ils imposent quelquefois une double peine au délit commis dans l'ivresse (3); car alors la faute en est au délinquant, puisqu'il était le maître de ne pas s'enivrer, et que l'ivresse a été la cause de son ignorance. Ils punissent aussi ceux qui ignorent une chose prescrite par les lois, et dont il leur eût été facile de s'instruire; et pareillement, dans d'autres cas, ils punissent toute ignorance qui semble produite par la négligence, attendu qu'il dépendait du coupable de ne pas ignorer, et qu'on est maître de s'appliquer et de s'instruire. Cependant (dira-t-on peut-être) il y a tel homme qui est incapable d'application : mais c'est lui qui en est la cause; c'est sa vie molle et sa nonchalance qui l'a rendu tel, comme c'est l'habitude de vivre dans la débauche et de commettre des injustices, qui fait, en général, les hommes injustes et débauchés; car la fréquente répétition des actes dans chaque genre, produit une manière d'être conforme à ces actes. Cela se voit clairement par ceux qui s'appliquent à quelque espèce d'actions,

---

(3) Aristote, dans un autre endroit (*Politic.* l. 2, c. 9), attribue cette loi à Pittacus.

ou à quelque genre d'escrime que ce soit; car ils s'y exercent incessamment. C'est donc le comble de la stupidité d'ignorer que les habitudes, en tout genre, résultent de la continuité des actes; et de plus, il est absurde de prétendre qu'on ne veut pas devenir injuste, quand on commet des injustices, ou débauché, quand on se livre à la débauche.

Mais, si l'on devient volontairement injuste, en faisant sciemment des choses qui sont de nature à vous rendre tel, il ne faut pas croire qu'on pourra cesser de l'être, et devenir juste, aussitôt qu'on le voudra; pas plus qu'un homme qui se serait rendu malade, en vivant volontairement dans l'intempérance, et négligeant les avis des médecins, ne pourra recouvrer la santé quand il le voudra. On le pouvait avant que d'être malade; mais une fois qu'on s'est abandonné à la maladie, cela n'est plus possible. Ainsi celui qui a une fois lâché la pierre qu'il tenait dans la main, ne peut plus la retenir : cependant, il était maître de la lancer ou de la jeter; car le principe de son action était en lui-même. Pareillement, l'homme injuste et le débauché pouvaient, au commencement, s'empêcher de devenir tels; et voilà pourquoi ils le sont volontairement; mais, une fois qu'ils le sont devenus, il n'est plus en leur pouvoir de ne pas l'être (4).

---

(4) « Celui qui cherche un moyen de s'arrêter dans la route
« du vice, dit Cicéron, est comme un homme qui croirait qu'a-
« près s'être précipité du rocher de Leucade, on peut retarder

Mais, non-seulement les vices de l'ame sont volontaires, il y a même des personnes chez qui les imperfections du corps le sont aussi, et on les leur reproche : car personne sans doute ne blâme ceux qui ont quelque difformité ou infirmité naturelle; mais on en fait un sujet de reproche à ceux en qui elle est l'effet de la négligence, ou du manque d'exercices. Il en est de même de la faiblesse, de la laideur, de la privation de quelque membre : assurément aucun homme sensé n'insultera un aveugle de naissance, ou celui qui le serait devenu par l'effet d'une maladie, ou d'un coup qu'il aurait reçu ; on sera plutôt porté à en avoir compassion : au lieu que, si c'est l'effet de l'ivrognerie, ou de tout autre genre de débauche et d'intempérance, tout le monde sera porté à le blâmer. On blâme donc les vices du corps qui dépendent de nous, et non ceux qui n'en dépendent pas; et s'il en est ainsi, il s'ensuivra que tous les autres genres de vices ou de défauts, qui sont un sujet de reproche, dépendent également de nous.

Cependant [on fait de nouvelles objections, et l'on dit :] tous les hommes désirent ce qui leur semble être le bien ; mais nul n'est le maître de son imagination, car tel qu'est chaque individu, telle lui semble la fin qu'il se propose. Chaque homme [répondrons-nous] est, jusqu'à un certain point, la

---

« à son gré l'instant de la chute. » *Qui modum igitur vitio quærit, similiter facit, ut si posse putet eum, qui se a Leucata præcipitaverit, sustinere se, quum velit.* (Cic. *Tuscul.* l. 4, c. 18.)

cause de ses dispositions ou de ses habitudes, et, par conséquent, le sera aussi, à certains égards, de sa manière de voir ou d'envisager les objets. D'ailleurs, si personne n'est la cause du mal qu'il fait, et ne le fait que par ignorance du résultat, et dans la persuasion que ce sera pour lui un moyen d'arriver au bonheur; si le désir de ce bien n'est nullement en nous l'effet d'un choix libre et indépendant, mais doit, pour ainsi dire, être inné, et nous faire choisir le bien véritable (de même que pour bien juger des objets à la vue, il faut être né avec de bons yeux), en sorte que celui-là sera vraiment le favori de la nature, qui sera né avec des dispositions si heureuses (puisqu'il possèdera ainsi, par le seul privilége de sa naissance, ce qu'il y a de plus grand et de plus beau, et qu'il est impossible de recevoir d'un autre, ni d'apprendre par soi-même, mais qu'on ne peut tenir que d'une nature véritablement parfaite); si (dis-je) on admet tout cela comme une vérité incontestable, en quoi donc la vertu sera-t-elle plus volontaire que le vice? Car la fin de toutes les actions se présente à l'homme vertueux aussi bien qu'au scélérat, à l'aide de ses facultés naturelles, ou de quelque manière que ce soit; et, rapportant tout le reste à ces mêmes facultés, ils agissent d'une manière qui y est analogue. Soit donc que le but ou la fin, quelle qu'elle soit, ne se découvre pas en vertu des facultés naturelles, et qu'il y ait quelque chose qui dépende de l'individu lui-même; soit que cette fin s'offre naturellement, mais que l'homme de bien, faisant volontairement les actions qui y tendent, la vertu doive être volontaire, le vice n'en devra pas moins être aussi volontaire; car l'homme pervers a pareillement en lui le principe déterminant des actions, supposé que ses facultés naturelles ne lui manifestent pas la fin elle-même.

Si donc les vertus sont volontaires, comme on l'a dit (car nous sommes, jusqu'à un certain point, cause de nos dispositions ou habitudes, et la fin que nous nous proposons est déterminée par l'espèce particulière ou par la nature de ces mêmes habitudes), il s'ensuit nécessairement que les vices aussi sont volontaires, car tout est pareil de part et d'autre.

Nous avons donc traité des vertus en général; nous avons indiqué sommairement à quel genre elles appartiennent, elles sont un juste milieu entre des extrêmes opposés; nous avons dit aussi qu'elles sont des habitudes, par suite desquelles nous exécutons les actes qui leur ont donné naissance; enfin, nous avons fait voir qu'elles dépendent de nous, qu'elles sont volontaires et conformes à ce que prescrit la droite raison. Au reste, les actions ne sont pas volontaires de la même manière que les habitudes : car nous sommes maîtres de nos actions depuis le moment où nous les commençons jusqu'à ce qu'elles soient pleinement accomplies, connaissant en détail tout ce qui les constitue : au lieu que, dans les habitudes, il n'y a que le commencement qui soit en notre pouvoir. A la vérité, nous ne connaissons pas ce qu'y ajoutent les actes particuliers, comme cela arrive, par exemple, dans les maladies; mais il dépendait de nous d'en user de telle ou telle manière; et c'est par cette raison que les habitudes sont volontaires. Reprenons donc la considération de chacune en particulier, disons quelles elles sont, à quels objets elles se rapportent, et comment; ce qui nous fera connaître en même temps combien il y en a; et d'abord nous traiterons du courage.

VI. Nous avons dit précédemment (1) qu'il est un juste milieu entre l'audace et la crainte; or, on ne craint évidemment que les choses qui sont propres à inspirer de l'effroi, et ce sont en général des maux; voilà pourquoi on définit la crainte, l'attente d'un mal. On craint donc tous les maux, comme le déshonneur, la pauvreté, la maladie, le manque d'amis, la mort. Cependant il ne semble pas qu'on puisse avoir du courage contre tous; il en est même qu'on doit redouter, qu'il est beau de craindre, et qu'il y aurait de la honte à braver : par exemple, le déshonneur; car celui qui le craint est un homme estimable, et qui a de la pudeur; tandis que celui qui le brave est impudent. Toutefois, il y a des gens qui le nomment courageux, par une sorte de métaphore, parce qu'il a quelque ressemblance avec l'homme de cœur. Peut-être, au reste, ne faut-il craindre ni la pauvreté, ni la ma-

---

(1) Ci-dessus, l. 2, c. 7. Voy. sur le même sujet, *M. M.* l. 1, c. 21; *Eudem.* l. 3, c. 1.)

ladie, ni, en général, tous les maux qui ne procèdent point du vice, ou dont on n'est point soi-même la cause; mais celui qui ne s'en laisse pas effrayer, n'est pas pour cela un homme courageux, bien qu'on lui applique quelquefois ce nom par analogie. Car il se trouve des gens qui sont généreux, et capables de supporter avec beaucoup de fermeté la perte de leur fortune, quoique timides d'ailleurs, et craintifs dans les dangers de la guerre. Si donc un homme craint les outrages auxquels seraient exposés sa femme et ses enfants, s'il redoute l'envie, ou quelque chose de ce genre, ce n'est point un lâche; pas plus que ce ne sera un homme courageux, s'il montre une impassible fermeté en se voyant sur le point d'être battu de verges.

Quels sont donc les dangers à l'égard desquels on peut être appelé véritablement courageux? Sont-ce les plus grands? Personne, en effet, n'est plus inébranlable dans les périls que l'homme de courage. La mort est assurément ce qu'il y a de plus terrible, puisqu'elle est la fin de tout, et qu'il n'y a plus rien qui puisse paraître bon ou mauvais à celui qui a perdu la vie; cependant il semble que l'homme courageux ne soit pas celui qui brave tous les genres de mort : par exemple, dans un naufrage ou dans une maladie. Dans quelles occasions doit-il donc braver la mort? est-ce dans les plus éclatantes, comme celles qui se rencontrent à la guerre? C'est là, en effet, que sont les plus grands périls et les plus glorieux. Les honneurs que prodiguent en pareil cas les républiques et les monarques, confirment cette pensée. On appellera donc proprement courageux celui qui ne redoute point une mort honorable, ni tous les périls qui peuvent à chaque instant y conduire, et tels sont surtout ceux que présente la guerre.

Et cependant, l'homme courageux, s'il est exempt de crainte sur mer et dans les maladies, ne l'est pas comme les gens de mer, car il désespère de sa vie, et s'indigne d'une telle mort; au lieu que l'expérience des gens de mer soutient leur espoir. Les hommes ont aussi de la fermeté, toutes les fois que la valeur offre quelque ressource, ou lorsque la mort doit être glorieuse; mais rien de tout cela n'a lieu dans les deux genres de dangers que je viens d'indiquer.

VII. Au reste, les sujets de terreur ou d'effroi ne sont pas les mêmes pour tous les hommes; nous ne parlons donc ici que de ce qui est au-dessus de la force humaine, et que redoute nécessairement toute personne qui n'a pas perdu le sens. Quant aux périls qui sont proportionnés à l'homme, ils diffèrent en importance, en plus et en moins; et il en est de même des motifs de confiance ou d'audace. Le vrai courage, quoiqu'il rende intrépide, n'empêche pas qu'on ne redoute de tels dangers, parce qu'on n'est qu'un homme, mais on les affrontera comme on le doit, et comme la raison le veut, par un sentiment d'honneur; car telle est la fin de la vertu. On peut cependant être plus ou moins susceptible de les craindre, et même redouter comme graves des périls qui ne le sont pas. On pèche, en ce genre, en craignant ce qu'on ne doit pas craindre, ou en le craignant autrement qu'on ne doit, ou lorsqu'il ne le faut pas, ou de quelque autre manière également répréhensible ; et il en sera de même de la confiance et de l'audace. L'homme vraiment courageux est donc celui qui brave et qui craint les dangers qu'il faut braver ou craindre, qui le fait par les motifs, et dans les circonstances, et de la manière convenables; car ses actions et ses sentiments sont toujours déterminés par une juste appréciation des choses, et par la droite raison. D'ailleurs, la fin de tous les actes est conforme aux habitudes qu'on a contractées : le courage est pour l'homme courageux une chose honorable et belle, et telle est aussi la fin des actions qu'il exécute, car c'est la fin qui donne à chaque genre d'action le caractère qui le distingue; c'est donc en vue de l'honneur qu'un homme de cœur fait et endure tout ce qu'exige le vrai courage.

En fait d'excès, sous ce rapport, on n'a point donné de nom à l'entière absence de la crainte; et j'ai déja remarqué (1) que plusieurs espèces, dans ces divers genres, n'ont point de nom. Au reste, celui qui ne craindrait absolument rien, ni les tremblements de terre, ni les inondations de la mer soulevée, ne pourrait être qu'un homme en démence, ou tout-à-fait insensible, comme on dit que sont les Celtes (2). Celui qui porte jusqu'à

---

(1) Ci-dessus (l. 2, c. 7.)
(2) Dans un autre endroit (*Eudem.* l. 3, c. 8): « Les Celtes, « dit notre philosophe, affrontent les flots soulevés, et s'avan-

l'excès l'audace dans les dangers, est appelé téméraire, mais il peut quelquefois n'être que fanfaron, et n'avoir qu'une audace feinte. Ainsi il veut paraître dans les dangers ce qu'est réellement l'homme courageux; il l'imite autant qu'il lui est possible : aussi la plupart de ces gens-là ne sont-ils que des faux braves, qui, tout en cherchant à se montrer intrépides à l'approche des périls, ne savent pas les supporter.

Le lâche est celui en qui domine l'excès de la crainte ; car il redoute ce qu'il ne faut pas craindre, ou autrement qu'il ne faut, et ainsi des autres conditions que nous avons marquées. Il pèche par le défaut d'audace et de confiance. Mais, incapable de se modérer dans l'affliction, c'est alors qu'il se décèle davantage. Le lâche est donc un homme qui conçoit difficilement de bonnes espérances; car il s'effraie de tout : le brave, au contraire, ne perd jamais cette noble confiance qui tient à la bonne espérance. C'est donc à l'égard des mêmes choses, ou des mêmes circonstances, que se manifeste le caractère du lâche et du téméraire, aussi bien que celui de l'homme courageux; mais ils se compor-

---

« cent contre eux en se couvrant de leurs armes. » Et Strabon, (*Geograph.* l. 7, p. 293) d'après le témoignage d'Éphore, auquel il ne semble pourtant pas trop ajouter foi, dit aussi : « Que « les Celtes prennent les armes contre les inondations ; et que, « pour s'exercer à braver tous les dangers, ils voient de sang-« froid submerger leurs habitations. » (Voy. aussi *Ælian. Var. Hist.* l. 12, c. 23 p. 148 de l'édit. de Mr Coray).

tent différemment. Ceux-là pèchent par défaut ou par excès, au lieu que le dernier tient un juste milieu, et agit comme il convient de faire. Le téméraire se précipite dans le danger, et après l'avoir, pour ainsi dire, provoqué, il lui arrive de lâcher pied; mais le brave, plein d'ardeur dans l'action, sait rester calme avant qu'elle commence (3). Le vrai courage est donc, comme nous l'avons dit, un juste milieu à l'égard des motifs de confiance et de crainte, mais particulièrement dans les circonstances qui ont été indiquées précédemment. Il préfère le danger; et il le brave, parce que cela lui paraît honorable et beau, ou parce qu'il serait honteux de s'y dérober. Pour ce qui est de chercher la mort, afin d'échapper à la pauvreté (4), ou à quelque chagrin, ou à l'amour, ce n'est pas le fait d'un homme de courage, mais bien plutôt d'un lâche; car c'est une lâcheté de fuir les choses pénibles ou affligeantes (5); et alors ce n'est pas

---

(3) Tacite (*Histor.* l. 1, c. 84) applique la même pensée à une armée toute entière : *Fortissimus in ipso discrimine exercitus est, qui ante discrimen quietissimus.*

(4) Notre auteur semble faire ici allusion à cette pensée de Théognis (vs. 275) : « Pour échapper à la pauvreté, il faut, « cher Cyrnus, se précipiter dans les profonds abîmes de la « mer, ou des hauteurs des rochers les plus escarpés. »

(5) Aristote exprime la même pensée dans son *Traité de Morale*, dédié à Eudémius (l. 3, c. 1), et cite, à ce sujet, ces paroles du poète Agathon : « Il n'y a que les hommes vils et « méprisables qui, se laissant vaincre par la souffrance, cher- « chent avidement la mort. »

par un motif honorable et généreux qu'on supporte la mort, mais seulement pour fuir un mal. Telle est donc l'idée qu'il faut se faire du véritable courage.

VIII. On distingue encore cinq sortes de courage : premièrement, le courage civil, qui ressemble, à beaucoup d'égards, à celui dont on vient de parler; car les citoyens s'exposent souvent à de grands dangers, pour éviter ou les peines portées par les lois, ou le déshonneur, ou même pour obtenir des distinctions. Et pour cette raison, on doit s'attendre à trouver les hommes les plus courageux chez les peuples où les lâches sont flétris d'infamie, et les braves récompensés par des honneurs. Tels sont les héros qu'Homère nous présente dans ses poëmes, par exemple, Diomède, Hector. « Polydamas, dit celui-ci, sera le premier à blâmer « publiquement ma faiblesse » (1); et Diomède : « Un jour, dit-il, Hector, se vantant au milieu des « Troyens, dira : C'est moi qui forçai le fils de « Tydée à fuir épouvanté vers ses vaisseaux » (2). Ce genre de courage se rapproche le plus de celui dont j'ai parlé précédemment, parce qu'il est le produit de la vertu; car il a pour cause une noble pudeur, le désir de ce qui est honorable et beau, et la crainte du blâme qui est une tache à l'honneur.

---

(1) *Iliade*, ch. XXII, vs. 100.
(2) *Iliade*, ch. VIII, vs. 148.

On pourrait placer ensuite ceux qui bravent le danger, quand ils y sont forcés par leurs chefs, mais qui sont inférieurs [à ceux dont nous venons de parler], puisque ce n'est pas le sentiment de l'honneur, mais la crainte qui les fait agir, et qu'ils n'ont en vue que de se dérober à la peine, et non à la honte. Car ceux qui ont autorité sur eux les forcent à s'exposer aux périls, comme fait Hector, lorsqu'il dit : « Celui que j'aurai surpris saisi d'une « lâche terreur, et fuyant le combat, espérerait en « vain sauver ses jours, et ne pas devenir la pâture « des chiens et des oiseaux de proie » (3). C'est ce que font aussi les généraux qui, en menant leurs soldats au combat, n'hésitent pas à les frapper s'ils reculent devant l'ennemi, et ceux qui placent un corps de troupes en avant d'un fossé, ou d'autres ouvrages militaires; car ils les forcent [à tenir ferme au moment de l'attaque]. Mais on ne doit pas être courageux par force, il faut l'être par honneur.

Au reste, il semble que l'expérience des évènements de la vie contribue au courage; et, pour cette raison, Socrate prétendait qu'il est, pour ainsi dire, une science (4) : aussi les uns se montrent-ils

---

(3) Ce n'est pas Hector qui parle ainsi dans Homère (*Iliade*, ch. II, vs. 391.) mais c'est Agamemnon. Notre auteur paraît avoir été trompé ici par sa mémoire. Ailleurs (*Politic.* l. 3, c. 9), en citant les mêmes paroles, il n'a pas commis la même erreur.

(4) Voyez le *Lachès* et le *Protagoras* de Platon, où cette opinion est en effet attribuée à Socrate.

braves dans certains cas, et les autres dans d'autres. Les soldats, par exemple, se montrent tels dans les expéditions militaires; car il y a dans la guerre mille circonstances qui semblent très-menaçantes, quoiqu'elles n'offrent aucun danger réel, et le soldat expérimenté les apprécie au premier coup d'œil. Il paraît donc courageux et brave, en comparaison de ceux qui ne savent pas, comme lui, juger de la réalité des choses. De plus, l'expérience lui a surtout appris à agir et à se garantir, à se défendre des coups de l'ennemi et à le frapper; parce qu'il sait faire usage de ses armes, et choisir celles qui offrent le plus d'avantages, soit pour attaquer son adversaire, soit pour parer les coups que celui-ci lui porte. Aussi est-il, à l'égard du soldat inéxpérimenté, comme un homme armé de toutes pièces, à l'égard d'un homme sans armes, ou comme l'athlète consommé, par rapport à celui qui ne s'est jamais exercé. Car, dans ce genre d'escrime, ce ne sont pas les plus courageux qui combattent le plus volontiers, mais ceux dont le corps a le plus de vigueur, le plus de souplesse et d'agilité.

Cependant, les soldats mercenaires deviennent timides, quand le danger est trop grand, et quand ils se voient trop inférieurs en nombre, ou dépourvus des ressources et de l'appareil nécessaires; alors ils sont les premiers à prendre la fuite : au lieu qu'une armée, composée de citoyens, brave le péril et meurt en combattant, comme il arriva à Hermæum (5). C'est que ceux-ci regardèrent la fuite comme un opprobre, et qu'ils aimèrent mieux mourir que de sauver leur vie par un pareil moyen : tandis que leurs auxiliaires mercenaires s'étaient d'abord exposés au danger, parce qu'ils se croyaient les plus forts : mais ayant reconnu leur infériorité, ils prirent la fuite, craignant plus la mort que la honte. Tel n'est pas l'homme d'un véritable courage.

On attribue aussi quelquefois au courage ce qui n'est que l'effet de la colère ; car on regarde comme des gens courageux ceux que cette passion emporte, comme les bêtes féroces qui s'élancent contre le chasseur qui les a blessées ; parce qu'en effet, les hommes courageux s'irritent facilement, et que rien ne porte plus que la colère à affronter les dangers. De là ces façons de parler si souvent employées

---

(5) « C'est la partie basse et unie de la ville de Coronée, en « Béotie, où les citoyens s'étaient rangés en bataille, avec les « soldats que les Béotarques [ou chefs militaires des Béotiens] « avaient amenés à leur secours, tandis que le Phocéen Ono- « marque occupait la citadelle, qui lui avait été livrée par tra- « hison. Les Coronéens, résolus de tenir ferme, et ayant même « fermé les portes de la ville, pour ôter toute possibilité de « fuir à ceux qui auraient été tentés d'abandonner leur patrie, « furent tous tués par les troupes d'Onomarque. Mais les soldats « béotiens prirent la fuite dès le commencement de la bataille, « quand ils surent que Chiron, l'un des Béotarques, avait été « tué. Ce fait est rapporté par Céphisodius, dans le douzième « livre de son Histoire de la Guerre sacrée, par Anaximène, « dans le quatrième de son Histoire des évènements arrivés du « temps de Philippe, et par Éphore. » (*Scholiaste grec*, cité dans l'édition de Mr Zell.)

par Homère : « La colère redouble ses forces; » ou, « Son courage et sa colère se réveillent; » ou bien, « Une vive colère agite ses narines, » et « Son sang « bouillonne. » etc. Car ce sont des indices du réveil et de l'emportement de la colère. Cependant les hommes d'un vrai courage n'agissent que par un sentiment d'honneur; seulement la colère seconde leur action, ou du moins s'y joint, au lieu que les animaux ne sont touchés que de la douleur. Il n'y a que les coups, ou la frayeur, qui les puissent exciter. Au sein des bois, ou dans les marais, on ne les voit point s'avancer au-devant du péril. Il n'y a donc point de véritable courage à se précipiter dans le danger, quand on n'y est excité que par la douleur ou par la colère, et qu'on ne prévoit rien de ce qui est à craindre. Car, à ce compte, un âne affamé pourrait passer pour un animal courageux, puisque alors on a beau le frapper, on ne saurait l'éloigner du pâturage (6). Les débauchés aussi font quelquefois des actions très-audacieuses pour satisfaire leur passion. Le courage le plus naturel est sans doute celui que donne la colère; mais, pour être véritable, il faut qu'il soit l'effet d'un choix, d'une préférence, qui apprécie les motifs qui la déterminent.

D'ailleurs, la colère est pour l'homme un sentiment pénible, et la vengeance un sentiment

---

(6) Allusion à un passage du xie chant de l'*Iliade* d'Homère (vs. 558-562).

agréable : ceux donc qui n'agissent que par de tels sentiments, peuvent bien être belliqueux, mais ne sont pas courageux ; car ce n'est pas l'honneur, ni la raison, mais la passion qui les porte à agir. Cependant, il y a quelque ressemblance dans les résultats de ces causes diverses. Les hommes en qui l'espoir du succès entretient la confiance, ne sont pas non plus véritablement courageux : car, pour avoir souvent remporté la victoire sur de nombreux ennemis, ils sont pleins d'audace dans les dangers, et c'est par là qu'ils ressemblent aux hommes d'un vrai courage ; mais la confiance de ceux-ci se fonde sur les motifs que nous avons expliqués précédemment : au lieu que l'audace de ceux-là n'est entretenue que par la conviction qu'ils ont de leur supériorité, et par l'espoir de ne pas éprouver à leur tour le mal qu'ils entreprennent de faire aux autres. C'est à peu près ce qui arrive aux gens ivres ; car ils sont aussi remplis de confiance et d'espoir : mais, lorsque l'évènement trompe leur attente, ils prennent la fuite, au lieu que le devoir de l'homme courageux est de se montrer inébranlable en présence de tout ce qui est ou qui paraît propre à inspirer de l'effroi ; parce qu'il y a de l'honneur à le faire, et de la honte à ne le faire pas.

Aussi trouve-t-on qu'il y a plus de véritable fermeté à conserver du sang froid et de l'intrépidité dans un danger subit et imprévu, que dans celui qu'on a pu apprécier à l'avance ; car le parti que l'on prend, en ce cas, semble tenir plus au caractère habituel, et moins à la réflexion. En effet, quand le péril a pu se prévoir, on peut prendre une résolution fondée sur le raisonnement ou sur la raison ; mais c'est l'habitude seule qui nous détermine dans le cas d'un évènement inattendu.

Ceux qui ignorent le danger qui les menace peuvent aussi quelquefois paraître courageux, et ressemblent, en effet, beaucoup aux hommes pleins de confiance et d'espoir ; néanmoins ceux-ci leur sont supérieurs, en ce qu'ils ont au moins une opinion fondée jusqu'à un certain point, au lieu que les autres n'en ont aucune. Aussi les premiers tiennent-ils ferme pendant quelque temps, tandis que ceux dont la confiance n'est fondée que sur l'erreur et l'ignorance, du moment où ils viennent à connaître, ou même à soupçonner qu'ils s'étaient trompés, prennent la fuite. C'est ce qui arriva aux Argiens qui avaient attaqué les Spartiates, les prenant pour des Sicyoniens (7). Nous avons donc fait connaître quels sont les hommes qui ont le véritable courage, et comment ils diffèrent de ceux qui n'en ont que l'apparence.

IX. Mais quoique le courage se rapporte aux passions et aux actes où paraissent l'audace et la crainte, il ne se manifeste pas également dans les unes et dans les autres, mais plus dans les occasions où il y a lieu d'éprouver de la crainte ; car celui qui conserve son sang-froid dans ces occasions-là, et qui s'y comporte comme il le doit, est

---

(7) Voyez le détail de cet évènement dans l'*Histoire grecque* de Xénophon (l. 4, c. 4, § 10).

plus courageux que celui qui montre de la confiance dans les occasions qui exigent de l'audace. Or, c'est par la fermeté avec laquelle on supporte la peine et la douleur, que l'on mérite, comme je l'ai dit, le nom d'homme courageux; et voilà pourquoi on loue avec justice le courage, parce qu'il est une chose pénible, et qu'il est plus difficile d'endurer ce qui cause de la peine, que de s'abstenir de ce qui donne du plaisir. Néanmoins, la fin que se propose cette vertu a bien aussi son attrait, mais qui semble disparaître au milieu de toutes les circonstances qui l'accompagnent. C'est ce qu'on peut voir, par exemple, dans les combats athlétiques : car la fin que se proposent les athlètes, la couronne et les honneurs qu'ils espèrent obtenir, sont sans doute des choses agréables; mais les coups et les blessures auxquels ils sont exposés, la fatigue continuelle qu'ils endurent, sont aussi des choses pénibles et douloureuses, quand on n'est pas tout à fait insensible; et comme ces maux sont considérables, tandis que le fruit qu'on en recueille l'est assez peu, il semble qu'en effet il n'y ait rien d'agréable [dans une telle profession].

Or, si telle est la nature du courage, les blessures et la mort même ne peuvent être qu'un sujet d'affliction pour l'homme courageux, et il ne peut s'y exposer qu'avec répugnance; mais il les supportera parce qu'il y a de l'honneur à le faire, et qu'il y aurait de la honte à ne le faire pas. Plus même il possédera toutes les vertus, plus il sera heureux, plus la mort doit lui causer de peine;

car c'est surtout pour un tel homme que la vie a un grand prix, et il ne peut ignorer qu'en la perdant il sera privé des plus grands biens; or, c'est là sans doute un vif sujet d'affliction; mais il n'en sera pas moins courageux : peut-être même le sera-t-il plus encore, parce qu'il préférera à tous ces biens l'honneur qui s'acquiert dans les combats. On voit donc qu'en tout genre de vertu les actes ne sont accompagnés de quelque plaisir qu'autant qu'on en considère la fin. Au reste, il n'est peut-être pas impossible que des hommes, je ne dis pas tels que ceux dont je viens de parler, mais moins véritablement courageux, et ne possédant aucun autre avantage, soient des soldats mercenaires très-redoutables, car les mercenaires aussi sont prêts à braver tous les dangers et à prodiguer leur vie pour un peu d'or. Mais j'en ai dit assez sur ce sujet, et il est facile, d'après tout ce qui précède, de se faire une idée sommaire et générale de ce que c'est que le courage.

X. Parlons maintenant de la tempérance, car cette vertu semble être, comme le courage, une de celles qui tiennent à la partie de l'ame qui n'est pas le siége de la raison. J'ai déja dit (1) qu'elle est une sorte de disposition moyenne à l'égard des plaisirs (car elle a avec les affections pénibles des rapports différents et moins directs); d'ailleurs c'est dans les plaisirs que se manifeste aussi l'intempé-

---

(1) Ci-dessus (l. 2, c. 7.) Voyez aussi *M. M.* l. 1, c. 22; *Eudem.* l. 3., c. 2.

rance. Essayons donc de marquer ici quels ils sont : et d'abord distinguons les plaisirs du corps de ceux de l'ame; tels sont, par exemple, l'amour des honneurs et celui de l'instruction, car on peut trouver du plaisir dans l'une et l'autre de ces choses, quand on les aime, mais ce n'est point le corps, c'est plutôt l'intelligence qui en reçoit les impressions; et ceux qui éprouvent des plaisirs en ce genre, ne sont appelés ni tempérants ni intempérants. Il en est de même de tous les plaisirs qui ne sont point corporels : car on appellera frivoles ou babillards les hommes qui aiment passionnément les récits fabuleux, ou qui perdent leur temps à toutes sortes d'inutilités; mais on ne leur donnera pas le nom d'intempérants, pas plus qu'à ceux qui s'affligent profondément d'une perte d'argent, ou de la mort de leurs amis.

La tempérance paraîtrait donc se rapporter aux plaisirs du corps, mais non pas à tous, même en ce genre. Car ceux qui prennent plaisir aux objets de la vue, comme les couleurs, les figures, et les tableaux, ne sont appelés ni tempérants, ni intempérants; quoique d'ailleurs il semble qu'en ce genre on puisse aussi avoir du plaisir dans la mesure convenable, et pour les choses qui le méritent, et dans un degré ou excessif, ou trop faible. Il en faut dire autant des objets de l'ouie, car on ne donne pas le nom d'intempérants à ceux qui aiment à l'excès la musique ou les représentations dramatiques, pas plus qu'on ne nomme tempérants ceux qui ne les aiment qu'avec modération. Il en est de même du goût pour les odeurs, si ce n'est eu égard aux idées qui s'y joignent; car nous n'appelons point intempérants ceux qui aiment l'odeur des pommes, des roses et des parfums; mais plutôt ceux qui aiment les essences, et l'odeur des mets recherchés; car les débauchés aiment ces sortes d'odeurs, parce qu'elles réveillent en eux le souvenir des objets qu'ils sont accoutumés à désirer. Il n'est même pas rare de voir des hommes qui, lorsqu'ils ont faim, éprouvent un vif plaisir à la seule odeur des aliments; mais ce plaisir est l'indice de l'intempérance; car c'est le débauché qui désire surtout de telles jouissances.

Au reste, ce genre de sensations n'est pas un plaisir pour les animaux, ou du moins il ne l'est qu'accessoirement. En effet, ce n'est pas l'odeur du lièvre qui fait plaisir au chien, c'est d'en faire sa proie; et l'odeur ne fait que réveiller en lui cette sensation. De même, le mugissement du taureau n'est pas une chose qui fasse plaisir au lion, il ne veut que le dévorer; mais le mugissement qu'il entend, lui fait connaître qu'il est près de sa proie; et voilà pourquoi ce genre de bruit semble lui faire plaisir. Pareillement la vue d'un cerf, ou d'une chèvre sauvage (2), n'est pas proprement ce qui lui donne de la joie, mais c'est de pouvoir incessamment satisfaire sa faim (3).

---

(2) Allusion au passage d'Homère. (*Iliad.* ch. III, vs. 23.)
(3) « Les animaux, dit ailleurs notre philosophe (*Eudem.* l. 3, « c. 2), n'aiment les odeurs qu'autant qu'elles réveillent en eux

La tempérance et l'intempérance ne se rapportent donc qu'aux plaisirs qui sont communs à l'homme et aux autres animaux; et voilà pourquoi on les regarde comme des appétits serviles, et qui nous rapprochent de la bête. Ce sont proprement ceux du toucher et du goût : le goût même paraît n'y contribuer que peu, car il ne sert qu'à distinguer les saveurs, comme on le voit par ceux qui dégustent les vins, et qui assaisonnent les mets; les débauchés n'y trouvent donc que peu ou point de plaisir, mais ils en trouvent dans la jouissance que leur procure le sens du toucher, en fait d'aliments ou de boissons, ou de ce qu'on appelle les plaisirs de l'amour. C'est pourquoi un certain Philoxène (4), fils d'Eryxis, grand mangeur, souhaitait d'avoir le cou plus long qu'une grue, voulant faire entendre que le plaisir qu'il prisait le plus était celui du toucher, genre de sensation qui est le plus étendu

---

« d'autres sensations; mais ils ne les recherchent pas pour elles-
« mêmes. Nous en jouissons par elles-mêmes, lorsque le plaisir
« qu'elles nous font n'est pas l'effet de l'attente ou du souvenir.....
« Ainsi les odeurs des fleurs nous plaisent par elles-mêmes. C'est
« pour cela que Stratonicus établissait une distinction assez ingé-
« nieuse entre les odeurs, en disant qu'il y en a qui sont *belles*,
« et d'autres qui sont *agréables*. » Aristote observe encore (*Problem.* 28, *sect.* 7), que les animaux ne sont accessibles au plaisir que par deux sens, le toucher et le goût, et que l'homme seul l'est par les trois autres sens. On peut voir ce passage cité et traduit par A. Gelle. (*Noct. Attic.* l. 19, c. 2.)

(4) Il est fait mention de ce Philoxène dans Plutarque (*Symposiac.* l. 4, *Quæst.* 4); dans Athénée (l. 6, p. 341); dans Ælien (*Var. Histor.* l. 10, c. 9), etc.

Tome I.

et auquel se rapporte plus spécialement l'intempérance; aussi semble-t-il être celui qu'on peut le plus justement mépriser, attendu que ce n'est pas comme hommes que nous le possédons, mais comme appartenant à la nature animale. C'est donc se rapprocher en effet de cette nature inférieure que d'aimer ces sortes de jouissances, et de leur accorder une préférence exclusive, puisqu'on se prive alors des plaisirs de ce genre qui sont les plus dignes d'une ame libre et élevée, comme ceux que l'on trouve dans les exercices du gymnase, où les sensations du toucher sont produites par les frictions et accompagnées d'une chaleur vivifiante (5); car ce n'est pas le corps tout entier, mais quelques-unes de ses parties seulement qui sont susceptibles des plaisirs qui caractérisent la débauche ou l'intempérance.

XI. Parmi les désirs, il y en a qui semblent communs à la nature humaine tout entière, et il y en a d'autres qui sont comme accidentels et propres à chaque individu. Ainsi, le désir de la nourriture est naturel; car tout homme qui a faim ou soif désire des aliments ou des boissons, et quelquefois on peut éprouver ces deux besoins à la fois; le besoin d'une compagne se fait sentir aussi, comme dit Homère (1), au jeune homme qui est à la fleur

---

(5) Les frictions dont on faisait usage dans les gymnases, dit ailleurs Aristote, contribuaient aussi à augmenter l'embonpoint, et à raffermir les chairs. Voy. *Problem.* 37, *sect.* 3, 5, 6.

(1) Voy. *Iliad.* ch. XXIV, vs. 129.

de ses ans. Mais tout homme ne désire pas telle ou telle nourriture, ni les mêmes choses. Ainsi, il y a dans le désir quelque chose qui est propre à chacun de nous, et aussi quelque chose qui est naturel et commun à tous les hommes; car les uns trouvent une chose agréable et les autres une autre, et il y en a pour qui certains objets ont plus d'attrait que tous les autres.

Il n'y a donc guère de gens qui puissent pécher en fait de désirs naturels; mais il est un point dans lequel on pèche le plus souvent, car manger ou boire ce qu'on trouve, jusqu'à s'en rassasier avec excès, c'est dépasser ce qu'exige le désir naturel, qui n'est que la satisfaction d'un besoin. Aussi donne-t-on le nom de gourmandise ou de voracité à ce penchant qu'ont certaines personnes à se gorger de nourriture au-delà du besoin, et ce ne sont guère que des hommes vils et lâches qui contractent un pareil vice. Mais bien des gens pèchent par l'attrait des plaisirs auxquels ils sont particulièrement sensibles, et de bien des manières diverses : et comme on appelle amateurs de telle ou telle chose ceux qui aiment celles qu'il ne faut pas, ou plus qu'il ne faut, ou à la manière du vulgaire grossier, ou pour ne s'y pas plaire comme il convient; les intempérants sont sujets à donner dans l'excès de toutes ces manières, puisqu'ils trouvent du plaisir à des choses indignes de plaire, et qui au contraire méritent notre aversion; ou bien, si ce sont des choses qui ont droit de nous plaire, en les aimant ou les recherchant plus qu'il ne convient, et comme font les hommes grossiers et sans lumières. Il est donc évident que la débauche ou l'incontinence est un excès en fait de plaisirs et qu'elle est blâmable.

Mais, en fait de peines, ce n'est ni la fermeté à les supporter qui caractérise l'homme sobre ou tempérant, comme elle caractérise l'homme courageux, ni l'incapacité en ce genre qui fait l'intempérant. Le vice de celui-ci consiste à éprouver plus de chagrin qu'il ne convient, parce qu'il n'obtient pas les choses qui lui seraient agréables : en sorte que c'est le plaisir, ou au moins l'amour du plaisir, qui est cause de sa peine ; au lieu que la tempérance consiste à n'être pas affligé de l'absence des plaisirs, et à s'en abstenir. Ainsi donc l'intempérant désire tout ce qui est agréable, et ce qui l'est le plus ; et il est tellement séduit et entraîné par ses désirs, qu'il en préfère les objets à toute autre chose. Voilà pourquoi il s'afflige, lorsqu'il est trompé dans son attente, et tout le temps qu'il désire ; car le désir est toujours accompagné d'un sentiment de peine, quoiqu'il semble étrange que le plaisir soit cause de la peine qu'on ressent.

Au reste, il n'y a guère d'hommes qui pèchent, en ce genre, par défaut, et qui aient moins de plaisir qu'il ne faut ; car une pareille insensibilité n'est pas dans la nature humaine. Les animaux même savent discerner les aliments qui s'offrent à eux ; il y en a qui leur plaisent, et d'autres qui ne leur plaisent pas. Mais, s'il est quelque être animé à qui rien ne fasse plaisir, et qui ait une égale indifférence pour toutes choses, il s'en faut beaucoup qu'un tel être soit un homme : aussi n'a-t-on point donné de nom à ce genre de caractère (2), qui ne se rencontre nulle part. Quant à l'homme sobre et tempérant, il se tient, à cet égard, dans un juste milieu; car il ne trouve point de plaisir dans les choses qui séduisent le plus un débauché ; elles lui inspirent plutôt de la répugnance. En général, il ne désire ni ne recherche les plaisirs qu'il ne doit pas aimer, ni ne s'y abandonne avec emportement, ni ne s'afflige d'en être privé. Il ne désire même aucune chose qu'avec modération, et non pas plus qu'il ne faut, ou quand il ne le faut pas, ou de toute autre manière qui serait également répréhensible. Mais tout ce qui peut contribuer à la santé ou à la bonne disposition du corps, et qui est agréable, il le désire et le recherche, toutefois avec la modération convenable, sans que les autres plaisirs puissent y faire obstacle, et sans que son désir le fasse sortir des règles de la décence, ou puisse l'engager à com-

---

(2) Aristote dit ailleurs (*Eudem.* l. 3, c. 2): « Ceux qu'aucun « plaisir ne peut émouvoir ont été appelés par les uns *insensibles*, et autrement par d'autres...... Ce sont ces hommes « rustiques et grossiers que les auteurs comiques ont quel- « quefois joués sur la scène, et que rien de ce qui plaît ne « touche, même médiocrement, ni autant que cela serait néces- « saire. » Il y a en effet plusieurs auteurs, comme Antiphanes, contemporain d'Aristote, Ménandre, Phérécrate, Sophron, dont on cite des comédies intitulées *Les Rustres*, *les Paysans*, *le Campagnard*, etc.

promettre sa fortune. Car celui qui se mettrait dans ce cas-là priserait de pareilles jouissances plus qu'elles ne valent, au lieu que l'homme tempérant et modéré ne s'expose pas à ce péril, mais sait toujours entendre la voix de la raison.

XII. Il semble que l'intempérance soit quelque chose de plus volontaire que le manque de courage, parce que l'une est l'effet du plaisir, et l'autre celui de la peine, et que l'on est enclin à rechercher l'un de ces sentiments, et à fuir l'autre. D'ailleurs, la peine trouble et corrompt, en quelque sorte, l'exercice de nos facultés naturelles, au lieu que le plaisir ne produit rien de pareil. Il est donc réellement plus dépendant de la volonté, et, par cette raison, un plus légitime sujet de reproche. Car il est facile de se faire des habitudes qui y soient relatives, et on ne manque pas, dans tout le cours de la vie, d'occasions propres à s'y exercer sans danger. Mais il en est tout autrement des objets propres à donner de la crainte. Il semble, au reste, qu'il y ait quelque différence, par rapport à la volonté, entre la lâcheté, ou timidité en général, et celle qui se manifeste dans les actes ou dans les cas particuliers; car l'une ne produit actuellement aucun sentiment de peine, tandis que les circonstances particulières troublent l'esprit d'un homme au point de lui faire jeter ses armes, ou de lui faire commettre d'autres actions indignes d'un homme d'honneur, en quoi il semble qu'il éprouve une sorte de contrainte.

C'est tout le contraire pour le débauché; tous

ses actes particuliers sont volontaires, puisqu'ils sont l'effet du désir et de l'inclination : mais, à considérer l'intempérance comme habitude, la volonté y paraît moins; car, en général, personne ne veut être intempérant. L'expression même d'intempérance, ou de conduite désordonnée (1), s'applique aux fautes de peu d'importance, comme sont celles des enfants, à cause d'une certaine ressemblance qu'il y a entre leur intempérance et celle des hommes plus avancés en âge ; mais laquelle de ces deux notions a donné son nom à l'autre, c'est ce qu'il importe peu de décider en ce moment. Toutefois il est assez visible que c'est la seconde qui a pris son nom de la première, et avec assez de raison; car le penchant pour les choses honteuses a besoin d'être réprimé ou châtié, comme tout ce qui est susceptible de s'accroître ; et c'est précisément ce qu'on peut appliquer au désir et aux enfants; car leur vie est agitée par des désirs continuels, et rien

---

(1) En grec, ἀκολασία signifie littéralement *absence de châtiment*, ou de punition; et ἀκόλαςος, que nous traduisons communément par *intempérant*, ou *débauché*, signifierait plutôt *mal morigéné*, et se dirait en effet d'un enfant indocile, et qui a contracté de mauvaises habitudes. Ce défaut de correspondance exacte entre les expressions dans les différentes langues, qui arrête, pour ainsi dire, à chaque pas un traducteur, est cause que les bonnes traductions sont très-rares. Ici, par exemple, j'ai été forcé de paraphraser assez longuement le texte d'Aristote, et j'avoue que c'est un inconvénient; mais je n'ai pas su trouver le moyen de l'éviter. Malheureusement ce n'est pas le seul endroit où je fusse dans le cas de faire un pareil aveu.

n'égale le penchant qui les porte vers tout ce qui est agréable. Si donc on ne les rend pas soumis et dociles, ce penchant ne saurait que s'accroître en eux. Le goût du plaisir est insatiable, et est excité par tous les objets, dans l'homme qui manque de jugement; l'activité de quelque passion ne manque guère d'accroître toutes celles qui ont quelque affinité avec elle; et, parvenues à un certain degré de force et de violence, elles finissent par troubler entièrement l'esprit. Voilà pourquoi il faut qu'elles soient modérées et en petit nombre, et qu'elles ne soient pas contraires à la raison. C'est là ce qui constitue le caractère qu'on appelle docile et bien réglé. Car de même qu'il faut qu'un enfant s'accoutume à vivre, en se conformant aux avis de l'instituteur chargé de sa conduite, ainsi il faut que nos désirs soient conformes à la raison. C'est aussi ce qui arrive à tout homme sobre et tempérant; car il n'a en vue, comme la raison elle-même, que ce qui est beau et honorable; il ne désire que ce qu'il doit désirer, de la manière et dans le temps qu'il le faut, comme la raison le prescrit. Voilà donc ce que j'avais à dire au sujet de la tempérance.

LIVRE IV.

ARGUMENT.

I. La *libéralité* se manifeste dans les occasions où il est question de donner ou de prendre de l'argent, ou tout ce qui peut s'évaluer en argent. Le libéral est moins disposé à recevoir qu'à donner; mais il évite l'excès en ce genre, qui est la prodigalité; et il est plus loin encore de l'excès opposé, qui est l'avarice. Il donne toujours avec joie, mais avec discernement, et pour des motifs justes et honorables, observant à cet égard les convenances relatives au temps, aux personnes, aux occasions, etc. On est plus libéral du bien qu'on tient de ses pères, que de celui qu'on a acquis par son travail. Quelles que soient les dépenses d'un tyran, on ne l'appellera point libéral, pas plus qu'on ne donnera ce nom aux filous, aux voleurs, et à tous ceux qui s'enrichissent par le crime, et par des gains illicites. Le libéral ménage sa fortune, et s'occupe des moyens de la conserver; et, sous ce rapport encore, il tient un juste milieu entre la prodigalité et l'avarice. Mais, entre ces deux extrêmes, l'un est moins odieux et moins méprisable que l'autre; aussi le libéral s'en rapproche-t-il plus. Cependant le prodigue peut être conduit, par ses profusions indiscrètes, aux actions les plus criminelles; mais il est plus susceptible que l'avare de se guérir de sa passion. — II. La *magnificence* est la libéralité dans les grandes occasions, et qui exigent des dépenses considérables. Les vices opposés à cette qualité, sont la parcimonie, la mesquinerie, etc. A la différence près, que nous venons d'indiquer, on peut dire, sous beaucoup de rapports, de la magnificence, les mêmes choses qui ont été dites de la libéralité. L'ostentation, le faste insolent, sont les défauts de ceux qui, voulant paraître magnifiques, ne savent juger ni les personnes ni les choses, ni les occasions dans lesquelles la magnificence est convenable. — III. La *magnanimité*, ou grandeur d'ame, est le caractère de celui qui, non-seulement est digne des plus grands honneurs et capable d'exécuter les plus grandes choses, mais qui en a la confiance, qui s'apprécie lui-même ce qu'il vaut. La petitesse ou bassesse d'ame de celui qui ne s'apprécie pas lui-même ce qu'il vaut, et l'insolent orgueil de celui qui se croit capable de tout, quoiqu'il n'ait que des talents ou des vertus très-ordinaires, sont les extrêmes opposés entre lesquels la magnanimité tient le juste milieu. Le magnanime est nécessairement vertueux et courageux; il n'est même que médiocrement touché des honneurs ou des dignités, étant accoutumé à n'attacher que peu d'importance à tout ce qui séduit les ames vulgaires. Il est bienfaisant, ami ou ennemi ouvert, franc et sincère dans son langage; peu empressé à parler des autres ou de lui-même, ou à se plaindre des torts qu'on a envers lui. L'étroitesse d'ame, ou la vanité impertinente, qui sont opposées à la magnanimité, sont plutôt des travers que des vices. — IV. Il y a, à l'égard des honneurs et des dignités, un certain milieu entre l'ambition et l'absence totale d'ambition; ce milieu serait à la magnanimité ce que la libéralité est à la magnificence; mais on ne lui a point donné de nom. Celui qui ne recherche les honneurs ou les dignités qu'autant qu'il faut, et comme la saine raison l'exige, est appelé *ambitieux* par les uns, et homme *sans ambition* par les autres. Ainsi, faute d'une notion bien déterminée, et d'un nom qui lui soit approprié, les extrêmes opposés se disputent, en quelque sorte, la place et le nom du milieu où se trouve la vertu véritable. — V. La *douceur* ou l'*indulgence* est un juste milieu par rapport à la colère, et à l'espèce d'insensibilité qui fait qu'on ne s'émeut d'aucun outrage. Cet extrême, par défaut, n'a pas reçu de nom, parce qu'il se rencontre bien plus rarement que l'extrême opposé, ou l'humeur violente et emportée. L'indulgence consiste à se garantir des mouvements de colère ou d'indignation pour des causes légères, et à observer encore, à cet égard, ce qu'exige la convenance par rapport aux personnes, aux temps, aux circonstances, etc. Il est difficile de

déterminer les motifs d'une juste colère, et surtout le degré que la raison approuve. Et ici encore on loue souvent comme indulgents ceux qui ne sont pas assez indignés de ce qui mériterait le plus leur colère, et on appelle quelquefois courageux ou généreux ceux qui dépassent la limite d'un juste ressentiment.
— VI. On peut pécher, dans le commerce et dans les relations habituelles que l'on a avec les autres hommes, ou par un désir excessif de leur plaire, en louant tout et approuvant tout, ou, au contraire, par une humeur morose et difficile qui se manifeste en toute occasion, et qui ne craint jamais d'affliger ou de déplaire. Le juste milieu, en ce point, consiste évidemment à ne louer et à ne blâmer que les choses et les personnes qui méritent véritablement l'éloge ou le blâme. Ce caractère n'a point de nom qui le distingue proprement, mais il s'éloigne également de la molle complaisance, et de l'humeur farouche.
— VII. L'homme sincère observe, pareillement, un juste milieu entre la jactance ou l'arrogance de celui qui s'attribue des avantages qu'il n'a pas, ou qui veut faire croire ceux qu'il possède plus grands qu'ils ne sont, et la dissimulation de celui qui cache ses avantages, ou qui affecte de les croire moindres qu'ils ne sont. Le premier n'est digne que de mépris; le second mérite quelquefois des éloges, par la grace aimable ou piquante qui se joint à sa dissimulation. Au reste, les motifs qui déterminent ces deux caractères peuvent les rendre plus ou moins blâmables.
— VIII. Il y a encore, par rapport au commerce de la vie, et à la conversation des hommes entre eux, un milieu entre la bouffonnerie et la rusticité grossière : deux extrêmes, dont l'un pèche par excès, dans les choses qu'on peut se permettre de dire ou d'entendre, en fait de plaisanteries; et l'autre pèche par défaut, dans celui qui n'est capable ni de dire ni d'entendre rien qui soit agréable ou plaisant. Le caractère de l'homme qui observe les convenances relatives aux personnes, et aux circonstances, dans les choses qu'on peut dire ou entendre, est donc dans ce milieu, qui n'a pas de nom, et qu'il est difficile de définir avec justesse. — IX. La pudeur, ou la modestie n'est pas proprement une vertu; elle est plutôt une manière

d'être affecté : elle convient particulièrement à la jeunesse. Elle est moins propre à l'âge avancé, parce qu'un homme de cet âge ne doit rien dire ou faire dont il ait à rougir. Cependant l'impudence est un vice : car on est réellement coupable quand on a commis des actions honteuses, et qu'on n'en rougit pas.

I. Parlons maintenant de la libéralité, qui semble être une sorte de juste milieu par rapport à l'emploi des richesses. En effet, on ne loue l'homme libéral, ni dans les actions guerrières, ni dans celles qui caractérisent le tempérant, ni dans sa manière de juger ou d'apprécier les choses; mais dans les occasions où il s'agit de donner ou de prendre de l'argent, ou plutôt lorsqu'il est question d'en donner. Or j'appelle *richesses* tout ce dont le prix peut s'évaluer en argent monnayé.

La prodigalité et l'avarice sont les noms donnés à l'excès ou au défaut relatifs à l'emploi des richesses; et nous désignons ordinairement par le nom d'illibéral celui qui attache aux richesses plus d'importance qu'il ne faut, comme nous comprenons quelquefois sous celui de prodigue les débauchés et les intempérants, à cause du peu de modération qu'ils mettent dans les dépenses où les entraîne leur intempérance. Aussi semblent-ils être les plus méprisables des hommes, parce qu'ils réunissent plusieurs vices à la fois. Cependant, cette façon de s'exprimer manque de précision ; car le nom de prodigue ne doit désigner que l'homme qui a un seul vice, celui de dissiper sa fortune :

et, en effet, celui qui anéantit les moyens de vivre qu'il possédait, se détruit, en quelque sorte, lui-même (1). C'est donc en ce sens que nous prenons le terme de prodigalité.

On peut faire un bon ou un mauvais emploi des choses qui ont quelque utilité : or celui qui possède la vertu relative à chaque chose, doit être le plus capable de faire un bon usage de cette chose ; et, par conséquent, celui qui possède la vertu relative aux richesses, sera aussi capable d'en faire le meilleur emploi. C'est donc celui-là qui est *libéral.* Au reste, l'emploi, en ce genre, consiste plus particulièrement à dépenser et à donner : mais l'acquisition et la conservation doivent plutôt s'appeler *possession* (2) ; et, par cette raison, le fait du libéral est de donner à qui il convient, plutôt que de recevoir de qui il doit, ou bien de ne pas prendre où il ne faut pas : car la vertu consiste à faire du bien, plutôt qu'à en recevoir; à s'honorer par des actions estimables, plutôt qu'à

---

(1) Il y a ici, dans le grec, une allusion à l'étymologie du mot ἄσωτος (prodigue), qu'il était impossible de rendre en rançais. Le mot grec, décomposé dans ses éléments, signifie en effet, « celui qui est privé, ou qui se prive, des moyens de « salut ou de conservation. »

(2) Il y a entre les mots grecs χρῆσις (usage, usufruit), et κτῆσις (possession, propriété), une opposition, ou une nuance de signification qui est expliquée avec assez d'élégance dans ce passage d'une lettre de Curius à Cicéron : *Si bene vales, bene est. Sum enim* χρήσει μὲν *tuus,* κτήσει δὲ *Attici nostri. Ergo fructus est tuus,* mancipium *illius.* (Cic. *Famil.* l. 7, Ep. 29.)

éviter d'en commettre de honteuses. Il est, d'ailleurs, facile de voir que l'accomplissement des actions bonnes et généreuses est la conséquence naturelle du penchant à donner, au lieu que recevoir ne produit qu'une satisfaction personnelle, dans laquelle on a, tout au plus, le mérite de ne pas faire une chose honteuse; aussi la reconnaissance s'attache-t-elle à celui qui donne, et non à celui qui ne reçoit pas, et les éloges s'adressent plus à l'un qu'à l'autre. Il est aussi plus facile de ne pas recevoir que de donner, parce qu'en général les hommes sont moins disposés à se dépouiller de ce qui leur appartient, qu'à ne pas prendre ce qui appartient aux autres. On appelle donc libéraux ceux qui donnent. Quant à ceux qui ne reçoivent pas, ce n'est pas à leur libéralité qu'on applaudit, mais plutôt à leur équité; mais on ne loue en aucune façon ceux qui acceptent les dons qu'on leur fait. La libéralité est peut-être de toutes les vertus celle qui fait le plus chérir ceux qui la possèdent. Car ils sont utiles aux autres hommes, et c'est précisément dans les dons, ou dans le penchant à donner, que consiste cette utilité.

Les actions que l'on fait par vertu, et en vue de ce qui est honorable et beau, sont proprement les belles actions. Le libéral donnera donc par ces nobles motifs, et en se conformant à la raison; c'est-à-dire qu'il donnera à ceux à qui il est convenable de donner, et autant qu'il le faudra, et dans les circonstances convenables; en un mot, il se conformera à toutes les conditions qu'exige, en ce cas, la droite raison : et il le fera avec joie, ou du moins sans peine; car c'est le caractère des actions vertueuses, on ne doit point les faire à regret. Celui qui donne comme il ne faut pas, ou sans se proposer un but honnête, mais par quelque autre motif, n'est pas libéral; il faudra lui donner quelque autre nom. Celui qui ne donne qu'à regret ne l'est pas non plus, puisqu'il préférerait l'argent à une bonne action, ce qui n'est pas d'un homme libéral. Il se gardera bien aussi d'en prendre d'où il ne doit pas; car cela n'est pas d'un homme qui ne fait pas une trop haute estime de l'argent (3). Enfin, il ne se montrera pas indiscret dans ses demandes; car rien n'est plus étranger aux habitudes de la bienfaisance que cette facilité à contracter des obligations : mais il prendra où il faut; par exemple, sur ses propres revenus, non pas parce que cela est honorable, mais parce que cela est nécessaire pour pouvoir faire des dons. Il ne négligera pas le soin de sa fortune, puisqu'il désire y trouver les moyens d'aider les autres; et il ne la prodiguera pas sans discernement à tout venant, afin de se réserver la possibilité de donner aux

---

(3) « En effet, il n'y a rien qui décèle plus une ame étroite « et basse, que l'amour de l'argent; rien qui annonce plus de « grandeur d'ame et de noblesse dans les sentiments, que le mé- « pris des richesses. » *Nihil enim est tam angusti animi tamque parvi quam amare divitias, nihil honestius magnificentiusque quam contemnere pecuniam.* (Cic. *De Offic.* l. 1, c. 20.)

personnes dans les occasions et de la manière convenables (4).

Cependant l'homme véritablement libéral doit donner avec largesse, et de manière à se réserver à lui-même moins qu'il ne donne aux autres; car c'est précisément cet oubli de soi qui le caractérise. Au reste, c'est par la fortune qu'un homme possède qu'on peut apprécier sa libéralité; car ce n'est pas la quantité des choses que l'on donne qui constitue cette vertu, mais c'est l'habitude ou la disposition d'ame de celui qui donne : or, le libéral donne en proportion des biens qu'il possède; et il est très-possible que celui qui donne moins, soit réellement plus libéral, s'il prend ses dons sur une fortune moins considérable (5). Ceux qui jouissent d'un bien qui leur a été transmis sont plus libéraux que ceux qui ont fait eux-mêmes leur fortune, parce qu'ils n'ont point éprouvé l'indigence, et qu'en général on tient plus au produit de son

---

(4) Diogène demandait un jour à un prodigue une *mine* (environ 90 fr.) Pourquoi donc, lui dit celui-ci, me demandes-tu une somme aussi forte, tandis que tu ne demandes aux autres que trois *oboles* (9 sous)? C'est que j'espère qu'ils seront en état de m'en donner une autre fois, répondit Diogène; au lieu que toi, tu ne le pourras plus. » (Stob. *Serm.* 15, p. 152; Diog. *Laert.* l. 6, § 67.)

(5) « Je suis pauvre, disait Eschine à Socrate, je ne possède rien; mais je me donne à toi tout entier.— Eh quoi! répondit Socrate, ne vois-tu pas que c'est me faire le plus magnifique présent? » (Diog. *Laert.* l. 2, sect. 34; Senec. *De Benef.* l. 1, c 8.)

travail, à ce qu'on peut regarder comme son propre ouvrage, comme on le voit par l'exemple des pères ou des mères, et des poètes (6). Mais il n'est pas facile au libéral de s'enrichir, n'étant ni avide d'acquérir, ni appliqué à conserver, mais aimant, au contraire, à prodiguer l'argent, sans y attacher un grand prix en lui-même, et ne l'estimant que par le plaisir qu'il trouve à le donner. Voilà pourquoi on reproche si souvent à la fortune de n'accorder ses faveurs qu'à ceux qui en sont le moins dignes; et ce n'est pas sans raison : car il en est de l'argent comme de toutes les autres choses, on n'en peut avoir sans s'appliquer aux moyens d'en acquérir.

Cependant le libéral ne fera des dons ni aux personnes à qui on n'en doit pas faire, ni dans les occasions où il ne le faut pas, et il ne manquera à aucune des autres convenances; car ce ne serait plus agir libéralement, et, après avoir ainsi dépensé sa fortune, il ne lui resterait plus de quoi satisfaire aux dépenses convenables. Car, comme je l'ai dit, on n'est libéral qu'autant que l'on proportionne sa dépense à la fortune qu'on a, et qu'on en fait un emploi raisonnable; celui qui donne dans l'excès

---

(6) Cicéron (*Tuscul.* l. 5, c. 22), en parlant de la manie qu'avait Denys, tyran de Syracuse, de se croire un habile musicien et un grand poète, ajoute : « Je ne sais comment il arrive « qu'en ce genre, plus qu'en tout autre, on trouve admirable « tout ce qu'on fait. Je n'ai pas connu de poète qui ne se crût « parfait, et pourtant j'ai été lié avec Aquinus. » Platon (*De Rep.* l. 1, p. 53) fait la même observation.

Tome I.

est un prodigue. C'est pour cela qu'on ne donne pas ce nom aux tyrans, parce qu'il leur est difficile d'épuiser par leurs dons, ou par leurs dépenses, l'immensité des trésors qu'ils possèdent.

Puisque la libéralité est un certain milieu par rapport à l'acquisition et à l'emploi des richesses, le libéral donnera et dépensera pour les choses convenables, et autant qu'il le faut, dans les occasions peu importantes, aussi-bien que dans les grandes, et toujours avec plaisir; et il saura trouver des ressources où il doit, et autant qu'il faut. Car, puisque la vertu consiste à observer un juste milieu dans ces deux choses (donner et recevoir), il fera l'une et l'autre comme il faut; et, en effet, la disposition à acquérir convenablement est une conséquence naturelle du penchant à donner d'une manière convenable : celle qui ne serait pas telle, serait tout le contraire. Ainsi donc ces deux manières d'être, qui se suivent l'une et l'autre, se rencontrent toujours dans la même personne; et il est facile de voir qu'il n'en est pas ainsi des manières d'être contraires. Mais, s'il arrive à l'homme libéral de faire quelque dépense peu convenable ou déplacée, il en sera affligé sans doute, mais sans excès, et comme il doit l'être; car le propre de la vertu, c'est de n'être accessible au plaisir ou à la peine que pour des sujets convenables, et dans la mesure qu'il faut. Le libéral est d'ailleurs facile en affaires d'intérêts, car il peut souffrir même des injustices, faisant peu de cas des richesses, et étant plus susceptible d'éprouver de la peine, quand il lui arrive de ne pas dépenser dans quelque occasion où cela eût été convenable, que de s'affliger pour avoir fait quelque dépense déplacée; sentiment tout-à-fait contraire à celui de Simonide (7).

Quant au prodigue, il est sujet à errer aussi à cet égard; car il n'est capable ni d'avoir du plaisir, ni d'avoir de la peine, pour les sujets qui le méritent, ni de la manière qui convient, comme je le ferai voir plus clairement tout à l'heure.

J'ai dit que la prodigalité et l'avarice pèchent l'une par excès, et l'autre par défaut, sous deux rapports, *donner* et *recevoir*; car je comprends les

---

(7) « Simonide était d'une sordide avarice..... Il vendait les « provisions que lui envoyait chaque jour Hiéron, roi de Syra- « cuse, ne s'en réservant qu'une très-petite portion; et comme « on lui demandait la cause d'une pareille conduite, — C'est, « répondit-il, afin de faire éclater aux yeux de tous la magni- « ficence d'Hiéron, et ma sobriété. » (*Athen.* p. 656.) Il disait à ceux qui lui reprochaient son avarice: « Que se voyant privé, « par la vieillesse, de toutes les autres jouissances, le plaisir « d'amasser était désormais sa seule consolation. » (*Plutarch. an Sen. Ger. S. R. P.* § 5.) Une autre fois il disait : « J'aime « mieux laisser du bien à mes ennemis, après ma mort, que « d'avoir recours à mes amis, pendant ma vie. » (*Stob.* p. 152.) Quelqu'un l'ayant prié de faire des vers à sa louange, et lui disant qu'à la vérité il ne pourrait pas lui donner d'argent, mais qu'il en conserverait une vive reconnaissance : « J'ai chez moi « deux cassettes, répondit-il; dans l'une, je mets l'argent que « je reçois, et dans l'autre, les actions de grace; mais quand « j'ai besoin de quelque chose, celle-ci se trouve toujours vide: « l'autre seule me fournit ce qui m'est nécessaire. » (*Stob.* p. 130.)

dépenses sous l'idée de donner. Par conséquent, la prodigalité est excès sous le rapport de donner et de ne pas recevoir, et elle est défaut du penchant à recevoir; l'avarice, au contraire, est défaut sous le rapport de donner, et excès du penchant à recevoir; à la vérité, seulement dans des occasions et en fait de choses de peu d'importance. Ainsi donc ce qui caractérise la prodigalité, c'est de manquer, à quelques égards, de ce qui peut l'entretenir et l'accroître; car il est difficile de donner à tout le monde, quand on ne reçoit d'aucun côté, attendu que ces dons continuels épuisent bientôt la fortune des simples particuliers, qui sont surtout ceux auxquels s'applique le nom de prodigues. Au reste, l'homme de ce caractère a une véritable supériorité sur l'avare; car l'âge et la détresse peuvent le corriger, et le faire revenir aux habitudes de modération, puisqu'il a plusieurs des dispositions du libéral, celle de donner et celle de ne pas être avide de recevoir, ou de prendre : seulement il ne les exerce ni comme il convient, ni d'une manière conforme à la raison. Si donc il parvient à prendre ces habitudes raisonnables, ou à se modifier de quelque manière que ce soit, il pourra devenir libéral; car alors il donnera avec discernement, et il saura ne pas prendre où il ne faut pas. Aussi ne regarde-t-on pas ordinairement le prodigue comme un homme méprisable; car dans le penchant excessif à donner et à ne pas recevoir, il n'y a ni bassesse, ni perversité; il n'y a que de la duperie. Celui donc qui est prodigue de cette manière, passe généralement pour meilleur que l'avare, par les raisons que je viens de dire, et aussi parce qu'il rend service à beaucoup de gens, tandis que l'avare n'en rend à personne, et n'est pas même utile à lui-même.

Cependant, la plupart des prodigues finissent, comme je l'ai dit, par se procurer de l'argent par des moyens répréhensibles, et, en cela, ils deviennent des hommes illibéraux. Le désir de continuer leurs dépenses, et la difficulté d'y pourvoir, les rend avides, parce qu'ils ont bientôt dissipé leur fortune. Ils sont donc forcés de se procurer d'autres ressources; et, comme ils ne se soucient guère de l'honneur, ils prennent de toutes parts et sans réflexion, parce qu'ils ne songent qu'à satisfaire leur penchant à donner, et qu'il leur importe peu de savoir comment et d'où ils s'en procureront les moyens. Voilà pourquoi leurs dons ne sont point l'effet d'une véritable libéralité; car il n'y a rien d'honorable ni dans leurs motifs, ni dans la manière dont ils donnent. Souvent, au contraire, ils enrichissent des gens qu'il aurait fallu laisser dans la pauvreté, tandis qu'ils ne donnent rien à ceux qui ont des mœurs et un caractère estimables, et qu'ils prodiguent leur fortune à des flatteurs, ou à ceux qui leur procurent quelque autre genre de plaisirs. Aussi la plupart d'entre eux tombent-ils dans le vice et la débauche, parce qu'étant disposés à dépenser facilement leur argent, ils l'emploient aussi aux voluptés, et, faute de savoir vivre honorablement, ils finissent par donner dans tous les désordres. Tel est donc le degré d'avilissement où tombe le prodigue, quand il est devenu incapable de se laisser conduire; cependant, avec des soins et de sages conseils, il peut encore revenir à la modération et rentrer dans le devoir.

L'avarice, au contraire, est incurable, parce que ce vice semble appartenir plutôt à la vieillesse (8), et à tous les genres de faiblesse et d'imbécillité, et qu'il est plus dans notre nature que la prodigalité; car les hommes sont plus généralement disposés à aimer l'argent qu'à en donner. Cette passion est même susceptible de prendre beaucoup d'intensité, et des formes très-diverses; et il semble qu'il y a, en effet, plusieurs sortes d'avarice. Car, comme elle renferme deux conditions, le défaut de facilité à donner, et le penchant excessif à recevoir ou à prendre, ce double caractère ne se trouve pas toujours dans un même individu; mais il se partage quelquefois, de manière que l'on peut remarquer chez les uns l'excès de l'avidité, tandis que chez d'autres c'est plutôt le défaut du penchant à donner : aussi y a-t-il des noms particuliers pour désigner les hommes de ce caractère, comme avare,

---

(8) Aristote, dans sa *Rhétorique* (l. 2, c. 8); Horace (*De Arte Poet.* vs. 170), ont reproduit cette pensée, dont la justesse semble confirmée par l'observation de tous les siècles. Cicéron (*De Senect.* c. 18) met dans la bouche de Caton cette réflexion qui n'est pas moins juste : « Je ne comprends pas quel peut être le but « de l'avarice dans un vieillard : car y a-t-il rien de plus absurde « que de s'occuper à amasser plus de provisions, au moment où « il vous reste moins de chemin à faire ? »

chiche, ladre, tous termes qui expriment le même défaut, et qui se disent de gens qu'on ne saurait accuser de vouloir prendre le bien d'autrui; les uns, par un certain esprit de justice, ou par un sentiment d'honneur, puisqu'il y en a même qui semblent ne conserver si soigneusement leur argent que pour n'être pas forcés de faire quelque chose de honteux, ou du moins ils le disent. C'est encore dans cette classe qu'il faut ranger l'homme d'une économie sordide, et, en général, ceux qu'on désigne par des noms qui tous expriment l'éloignement invincible à donner. Les autres ne s'abstiennent du bien d'autrui que par crainte, parce que, quand on prend le bien des autres, il est difficile qu'ils ne cherchent pas, à leur tour, à vous prendre le vôtre; ils adoptent donc pour maxime qu'il ne faut ni prendre, ni donner.

Il y en a d'autres, au contraire, qui sont caractérisés par un penchant excessif à prendre tout et de toutes mains, comme ceux qui exercent des professions illibérales; ceux qui se font entremetteurs d'infames intrigues, et les usuriers, et, en général, ceux qui mettent un prix considérable aux plus petits services; car tous ces gens-là prennent de l'argent où il ne faut pas, et beaucoup plus qu'il ne faut. L'avidité pour les gains les plus infames est ce qui les distingue, et il n'y a point d'affront qu'ils n'endurent, pourvu qu'ils en tirent quelque profit, si mince qu'il puisse être. Quant à ceux qui s'approprient des objets considérables, sans y avoir aucun droit, et contre toute raison ou justice, comme les tyrans, quand ils pillent des villes, ou qu'ils dépouillent les temples, on ne leur donne pas le nom d'avares, mais plutôt celui de scélérats, d'impies, et de violateurs de tout ce qu'il y a de juste et de sacré. Mais il faut ranger parmi les hommes incapables de tout sentiment libéral, le joueur, le brigand et le voleur; car ce sont des gens avides de gains honteux, puisque tel est le motif qui les fait agir, et qui leur fait braver l'infamie. Les uns s'exposent aux plus grands dangers pour satisfaire leur cupidité, et les autres gagnent et s'enrichissent aux dépens de leurs amis, c'est-à-dire de ceux à qui on doit plutôt faire des dons; les uns et les autres, en cherchant des profits illicites, sont donc, en effet, avides de gains infames; et de telles manières de se procurer de l'argent sont assurément tout le contraire de la libéralité. C'est donc avec raison qu'on regarde l'avarice et la cupidité comme tout-à-fait contraires à cette vertu; car elles font plus de mal que la prodigalité, et les hommes y sont plus enclins qu'ils ne le sont à celle-ci. Voilà ce que j'avais à dire de la libéralité, et des vices qui y sont opposés (9).

II. Le sujet qui semble le plus naturellement appeler notre examen par sa liaison avec celui que nous venons de traiter, est celui de la magnificence; car elle est, en général, regardée comme une des

---

(9) Voyez entre autres auteurs qui ont traité le même sujet, *Theophr. Charact.* c. 10, 22, 30; *Cic. De offic.* l. 2, c. 15-24; *Senec. de Benef. passim.*

vertus qui se rapportent à l'emploi des richesses : cependant elle n'embrasse pas, comme la libéralité, toutes les actions relatives à cet emploi, mais seulement les occasions de dépenses considérables. A cet égard donc, elle surpasse en importance la libéralité, comme l'indique le nom même qu'on lui a donné. Et d'abord, quel sera le but de cette dépense qui doit être considérable? car sans doute elle ne sera pas la même de la part du Triérarque (1), et de celui qui est chargé de présider une députation ou théorie (2). Mais, en fait de convenances de ce genre, il faut considérer la personne qui fait la dépense, le sujet qui y donne lieu, et la somme qui y est consacrée; or, on ne donne pas le nom de magnifique à celui qui ne fait qu'une dépense proportionnée à des sujets ou peu considérables,

---

(1) Les *triérarques*, à Athènes, étaient ceux des citoyens qui devaient fournir à l'armement et à l'équipement des galères, en cas de guerre. Cette dépense étant fort considérable, était ordinairement imposée aux plus riches; et ceux qui avaient du penchant à la magnificence, y trouvaient une occasion toute naturelle de le manifester. On trouvera des éclaircissements très-curieux sur cette matière dans les *Prolégomènes* du savant Mr Wolf, à la tête de son édition de la *Harangue de Démosthènes* sur *Leptine* (p. c et suiv.)

(2) Les *théories*, ou députations que les villes ou états de la Grèce envoyaient pour prendre part à quelques solennités, ou pour consulter les oracles, avaient ordinairement pour président ou pour chef (ἀρχιθέωρος), un riche citoyen, qui se chargeait d'une partie, et quelquefois de la totalité de la dépense qu'occasionnait cette mission. Voyez la dissertation citée de M. Wolf (p. xc, note 65.)

ou d'un médiocre intérêt. C'est le cas de celui qui dit [dans Homère] : « Plus d'une fois mes dons « ont secouru l'infortuné errant et accablé de mi- « sère (3). » Mais on appelle magnifique celui qui se montre généreux dans les grandes occasions : car le magnifique est sans doute libéral, mais le libéral n'est pas toujours magnifique. En fait d'habitudes ou de dispositions de ce genre, le défaut s'appelle mesquinerie, lésinerie, et l'excès se nomme vanité grossière, étalage ridicule (4); et c'est le caractère de toute dépense considérable et excessive, qui n'est pas appliquée à des objets convenables, mais que l'on fait pour briller dans des occasions où elle n'est pas placée, et d'une manière qui ne convient pas. Au reste, nous reviendrons sur ce sujet.

Il y a dans le magnifique comme un degré de science ou de connaissance, puisqu'il est capable de juger de ce qui convient, et de faire de grandes dépenses avec noblesse et dignité. Car l'habitude (5), comme je l'ai dit au commencement, est déterminée par les actes qui la constituent : or les dépenses du magnifique sont considérables et convenables; tels devront donc être aussi les ouvrages qui en seront le produit ou le résultat. Car ce n'est que de cette manière que sa dépense étant considérable, pourra être en proportion avec l'œuvre; en sorte qu'il soit digne des grandes sommes qu'on

---

(3) Dans l'*Odyssée*, ch. xvii, vs. 420.
(4) Voy. *Eudem.* l. 3, c. 6.
(5) Voy. ci-dessus, l, i, c. 10, et l. ii, c. 1.

y consacre, et que réciproquement la dépense soit digne du résultat qu'on en obtient, ou même le surpasse : et, dans cet excès même, le magnifique n'aura en vue que ce qui est honorable et beau, car tel est le caractère commun de toutes les vertus. De plus, il dépensera avec plaisir et avec largesse, parce que l'économie sévère est le caractère du défaut de magnificence, et que le magnifique doit plutôt envisager les moyens de donner à ce qu'il fait le caractère de la beauté et de la grandeur, que s'occuper du prix qu'il y consacre, et des moyens de faire qu'il soit le moindre possible.

Il faut donc nécessairement que le magnifique soit libéral, puisque le libéral est celui qui fait la dépense qu'il faut et comme il convient; mais, en ce genre, la grandeur est ce qui fait la magnificence, c'est-à-dire la libéralité appliquée aux choses qui ont de la grandeur. Aussi, avec une dépense égale, obtiendra-t-elle un résultat plus important; car le mérite de l'œuvre n'est pas toujours proportionné à l'étendue des moyens; ceux-ci consistent dans la possession de ce qui a un prix ou une valeur considérable, comme l'or. Mais le mérite de l'œuvre consiste dans la grandeur et dans la beauté, dont la contemplation excite toujours en nous un sentiment d'admiration; en sorte que c'est proprement la magnificence qui fait le mérite de l'œuvre ou de l'action. Cependant il y a des dépenses auxquelles on donne plus spécialement le nom d'honorables, comme sont, par exemple, les offrandes que l'on consacre dans les temples, les sacrifices, les constructions pieuses, et, en général, tout ce qui regarde la religion, et tout ce qui se fait pour le public, par un sentiment d'ambition bien placé, comme on le voit dans ceux qui croient devoir faire de grandes dépenses, soit pour les solennités des jeux, pour l'équipement des vaisseaux de guerre, ou pour les repas qu'ils donnent au peuple.

Mais, dans tous ces cas, comme je l'ai dit, on considère dans celui qui fait de pareilles dépenses, qui il est, et quelle est sa fortune ; car il faut qu'elle y soit proportionnée, et qu'il y ait convenance, non-seulement des moyens à l'entreprise, mais aussi à celui qui s'en charge. Aussi un homme pauvre ne saurait-il jamais être magnifique ; car il n'a pas de quoi faire convenablement des dépenses considérables ; et s'il l'entreprend, il sera un insensé, puisqu'il agira contre la convenance et la véritable dignité, tandis que la vertu consiste à agir raisonnablement. La magnificence n'est donc placée que dans ceux qui ont par eux-mêmes, ou qui ont reçu de leurs ancêtres, ou qui tiennent de ceux avec qui ils ont quelque lien de famille, des moyens suffisants : tels sont les hommes distingués par leur naissance, par des actions d'éclat, ou qui sont dans telle autre semblable situation, où la grandeur et la dignité se trouvent réunies. Tel est donc essentiellement le magnifique, et telle est la nature des dépenses qui constituent la magnificence, comme on l'a dit ; car elles sont, en effet, très-considérables et très-honorables.

Mais, en fait de dépenses particulières, on peut

mettre dans la même classe toutes celles qu'on n'a occasion de faire qu'une fois, comme pour un mariage, ou pour telle autre circonstance de ce genre; et encore celles où toute une cité est intéressée, ou au moins tous ceux qui y sont en dignité, comme l'hospitalité donnée à des étrangers (6), et les fêtes qu'on fait pour eux au moment de leur départ, les dons envoyés au nom de la ville, ou ceux que l'on fait en retour des présents que les étrangers lui ont envoyés. Car ce n'est pas pour lui-même que le magnifique fait de ces dépenses considérables, mais toujours pour le public; et les présents dont je viens de parler ressemblent, à quelques égards, aux offrandes consacrées dans les temples.

La magnificence consiste aussi à se faire construire une habitation proportionnée aux richesses qu'on possède (7); car c'est encore là une sorte d'éclat qui impose, et il faut plutôt employer son argent aux objets solides et durables, parce que ce sont ordinairement les plus beaux, et surtout

---

(6) Voy. Cicéron (*De Offic.* l. 2, c. 18). Dans le chapitre 16 du même livre, cet auteur reproche à Théophraste d'avoir fait un éloge excessif de la magnificence; et, au contraire, il loue Aristote des sages réflexions par lesquelles il avait combattu la manie qu'avaient les personnes riches, à Athènes, de se ruiner par des prodigalités insensées, en donnant au peuple des fêtes, des spectacles, etc. Malheureusement l'ouvrage d'Aristote, auquel Cicéron fait allusion, a été perdu; de même que le *Traité des Richesses* de Théophraste, où il y avait d'ailleurs, suivant le même écrivain, beaucoup d'excellentes choses.

(7) Voy. Cicéron (*De Offic.* l. 1, c. 39).

observer en chaque chose la convenance; car les mêmes choses ne conviennent pas aux hommes et aux Dieux, à un temple et à un tombeau. Mais chaque dépense doit être considérable en son genre; la plus magnifique est celle qui est considérable dans un genre important; et ici, celle qui est considérable, dans le genre dont nous parlons. Au reste, l'importance de l'œuvre ou du résultat ne se mesure pas sur celle de la dépense : ainsi le plus beau ballon ou le plus beau flacon peuvent avoir toute la magnificence convenable à des cadeaux qu'on donne aux enfants; mais le prix qu'on y peut mettre est toujours peu considérable, et n'a rien de libéral. Voilà pourquoi le caractère du magnifique consiste à agir avec magnificence dans tout ce qu'il fait; car alors il sera difficile de le surpasser, parce que sa dépense sera toujours proportionnée à la valeur ou à l'importance de l'objet qui y donne lieu : tel est donc le magnifique.

Mais l'homme sans discernement et sans délicatesse, pèche, comme on l'a dit, par l'excès d'une dépense faite contre la convenance; car il prodigue l'argent pour des objets peu importants, et l'affectation de briller à ce prix a quelque chose de choquant. Ainsi, dans un pique-nique (8), il dépensera, pour sa part, autant que s'il donnait un

---

(8) C'est-à-dire, s'il reçoit chez lui des amis qui sont convenus de fournir chacun son écot; c'est le sens du mot ἐρανιςάς. Voyez les notes que Mr Coray a jointes à sa traduction française des *Caractères* de Théophraste, page 166.

repas de noces; et, s'il est chargé de faire les frais d'une comédie, il fera couvrir de pourpre l'entrée de la scène, comme font les Mégariens (9) : et il n'aura en cela nulle considération de ce qui est véritablement beau; mais il ne voudra qu'étaler sa richesse, pensant se faire admirer par ce moyen. En un mot, il ne fera qu'une dépense mesquine, quand il faudrait en faire une considérable, et il prodiguera l'argent, dans les occasions où il suffirait d'une dépense fort ordinaire.

Quant à l'homme chiche et avare, c'est par défaut qu'il pèche dans tous les cas; et même lorsqu'il fera les plus grandes dépenses, il leur ôtera tout ce qu'elles pourraient avoir de noble et de généreux, par des mesquineries de détail. Quoi qu'il entreprenne, il ne saura donner à rien le mérite de l'àpropos, à force d'hésiter dans ses résolutions, et de calculer tous les moyens de faire la moindre dé-

---

(9) Une scholie d'Aspasius (citée par Mr Zell) explique ainsi cette allusion aux Mégariens : « On les tournait en ridicule, dit-il, « dans les comédies, à cause de leurs prétentions en fait de « spectacles de ce genre, dont ils croyaient que l'invention « leur était due; attendu que Susarion, le premier qui eût fait « des comédies, était de Mégare. Ici donc on les raille comme « des acteurs froids, et détestables, qui aimaient à paraître sur « la scène avec des robes de pourpre. » Le mot πάροδος, que j'ai traduit par *l'entrée de la scène*, et qui a en effet cette signification, comme on peut le voir dans les Remarques de Mr Coray sur Plutarque (*In Demetr.* t. 6, p. 341), signifie aussi le *début*, ou les premières paroles que prononce le chœur en paraissant sur la scène. (Voy. *Aristot. Poetic.* c. 12.)

pense possible; encore ne s'y décidera-t-il qu'à regret, et avec l'air d'un homme qui croit toujours faire plus qu'il ne doit. Ces deux genres d'habitudes ou de caractères sont donc des défauts, mais qui n'attirent point de graves reproches, parce qu'ils ne sont ni dommageables au prochain, ni extrêmement choquants.

III. Le nom même de la magnanimité (1) indique assez qu'elle se rapporte aux choses qui ont de la grandeur. Mais faisons voir d'abord quelles sont ces choses; car observer une habitude, ou celui en qui elle se trouve, cela revient au même. Or, on regarde comme magnanime celui qui se croit digne de faire de grandes choses, et qui l'est en effet; car celui qui conçoit une pareille opinion sans fondement,

---

(1) Voy. *M. M.* l. 1, c. 26; *Eudem.* l. 3, c. 5. Dans sa logique, (*Analyt. Poster.* l. 2, c. 13), notre philosophe, en traitant de la *définition*, s'exprime en ces termes : « Si nous voulons savoir « ce que c'est que la magnanimité, il faut savoir ce qu'il y a de « commun à tous les hommes magnanimes dont nous ayons « connaissance, en tant qu'ils sont tels. Si, par exemple, Alci-« biade, Achille et Ajax ont eu cette qualité, il faut remarquer « une chose commune à tous, comme de n'avoir pu supporter « l'outrage, puisque l'un a fait la guerre à sa patrie pour cette « cause, l'autre s'est abandonné à un long ressentiment, et « l'autre s'est tué lui-même; et ainsi, par rapport à d'autres « individus, comme Lysandre et Socrate. Or, si l'indifférence « dans la prospérité et dans la mauvaise fortune, est un trait qui « leur soit commun, j'examine ce qu'ont de commun cette in-« différence même, et l'impuissance à supporter l'outrage; et, « s'il n'y a rien qui puisse appartenir à ces deux caractères à la « fois, ce seront deux espèces de la magnanimité. »

est dépourvu de jugement; et certes, nul homme vertueux ne saurait manquer de jugement.

Le caractère de la magnanimité est donc tel que nous venons de le dire; car celui qui n'est capable que de choses peu considérables, et qui se juge lui-même tel, est sans doute un homme sensé, mais il n'est pas magnanime. Il en est de cette vertu comme de la beauté du corps; elle suppose de la grandeur (2); et les hommes de petite taille peuvent être bien faits et bien proportionnés, mais ils ne sont pas beaux.

Quant à celui qui prétend à tout ce qu'il y a de grand, sans en être capable, ce n'est qu'un homme vain : cependant il n'y a pas toujours de la vanité à avoir des prétentions au-dessus de ce qu'on mérite. Mais c'est une petitesse d'ame que de ne prétendre qu'à ce qui est au-dessous de ce dont on est capable, soit dans les choses importantes, soit dans celles de moindre importance : ou si, n'ayant qu'un mérite tout-à-fait inférieur, on se croit encore au-dessous de ce qu'on vaut, surtout lorsqu'on semblerait digne de quelque chose de grand. Car que ferait-on si l'on n'avait pas ce degré de mérite?

Le magnanime, quoiqu'il soit dans l'extrême par la grandeur, se trouve dans le juste milieu, en ce sens qu'il est ce qu'il doit être; car il s'apprécie selon sa valeur. L'homme vain et celui qui n'a

---

(2) Voyez encore (*Politic.* l. 7, c. 4; et *Poetic.* c. 7).

aucune élévation d'ame, pèchent, l'un par excès, et l'autre par défaut. Celui qui aspire à tout ce qu'il y a de grand, et même de plus grand, s'il en est véritablement digne, aura donc principalement en vue, une seule chose. Au reste, le mot *mérite* se dit des biens extérieurs ; et l'on peut considérer comme le plus grand celui que nous attribuons aux dieux, qu'ambitionnent les hommes élevés aux dignités, et qui est comme la récompense proposée aux plus éclatants services ; en un mot, c'est l'honneur ; car il est au premier rang entre les biens extérieurs. Ainsi donc le magnanime est, surtout par rapport à l'honneur et au déshonneur, dans la disposition d'ame qui convient. D'ailleurs, il n'est pas besoin de beaucoup de raisonnements pour faire voir que le magnanime aspire essentiellement aux honneurs ; car tel est le sentiment de tous les grands hommes ; seulement ils les désirent en proportion de leur mérite. Mais celui qui a peu d'élévation dans l'ame n'a que des prétentions au-dessous de son mérite, et au-dessous de celles du magnanime. Quant à l'homme vain, sans doute il s'exagère sa propre valeur ; et, à cet égard, il pèche par excès, mais non pas à l'égard du magnanime. Celui-ci, s'il est digne des plus grands honneurs, sera sans doute l'homme le plus vertueux : car plus on a de mérite, plus on a droit aux honneurs, et par conséquent le plus vertueux est celui à qui sont dus les plus grands honneurs.

L'homme véritablement magnanime doit donc être vertueux, et il semble que ce qu'il y a de noble et de grand en chaque genre de vertu, doit être son partage. Jamais il ne pourra s'abandonner honteusement à la fuite, ni commettre quelque acte injuste; car pourquoi ferait-il quelque chose de honteux, lui aux yeux de qui rien n'est grand? Si donc l'on considère attentivement la question sous toutes les faces, on trouvera qu'il est ridicule de penser qu'on puisse être magnanime, si l'on n'est pas homme de bien. Il est également impossible qu'on mérite d'être honoré, si l'on est bas et vil; car l'honneur est le prix de la vertu: il ne s'accorde qu'aux gens vertueux. On peut donc dire que la magnanimité est, en quelque sorte, l'ornement de toutes les vertus; car elle leur donne plus de grandeur, et ne saurait exister sans elles. Aussi est-il très-difficile d'être véritablement magnanime; car on ne saurait l'être sans réunir toutes les qualités qui font l'honnête homme.

La magnanimité étant surtout relative aux honneurs, ou au déshonneur, celui qui possède cette vertu ne sera que médiocrement sensible aux grands honneurs, même quand ils lui seront accordés par des gens de bien, parce qu'il lui semblera qu'ils lui appartiennent, ou même qu'il en mérite de plus grands. Car il n'y a presque point d'honneurs qui soient le digne prix d'une vertu parfaite. Toutefois il les acceptera, puisqu'on ne peut pas lui en accorder de plus grands; mais il dédaignera ceux qui lui seraient offerts par les ames vulgaires (3), ou

---

(3) Voyez *Eudem.* l. 3, c. 5.

pour des services de peu d'importance : car ce n'est pas là ce qu'il mérite; et il en sera de même de la privation des honneurs, puisque jamais il ne pourra y être exposé avec justice. On voit donc que c'est principalement dans ces sortes de choses, comme je l'ai dit, que se montre le caractère du magnanime. Toutefois il saura modérer ses désirs pour les richesses, aussi bien que pour la puissance, et il conservera les mêmes sentiments de modération dans les prospérités et dans les infortunes de toute espèce. Il ne se laissera point emporter à une joie excessive, quand la fortune le favorisera, ni ne s'abandonnera à l'excès de la douleur, quand elle lui deviendra contraire : car ce ne sont pas les honneurs et la considération qui sont à ses yeux les plus grands des biens, quoique ce soit principalement le motif qui fait rechercher la puissance et la richesse, et quoique ceux qui possèdent ces deux sortes d'avantages prétendent surtout être honorés à cause d'eux. Mais celui qui n'attache pas un grand prix aux honneurs, ne sera pas plus ébloui des autres sortes d'avantages ; et voilà pourquoi les hommes magnanimes passent quelquefois pour hautains et dédaigneux.

Cependant il semble qu'une situation prospère contribue à la magnanimité : une naissance illustre, la possession d'un grand pouvoir, ou d'une grande richesse, donnent de la considération; car c'est une sorte de supériorité, et la supériorité en quelque genre que ce soit est un moyen de considération. De tels avantages inspirent donc de la magnanimité; car certaines personnes y attachent de l'importance.

Mais, à vrai dire, il n'y a que l'homme vertueux qui mérite d'être honoré. Sans doute quand on réunit la richesse et la puissance à la vertu, on obtient communément une plus grande considération: mais quiconque possède ces avantages, sans la vertu, ne peut ni justement prétendre à une haute considération, ni être appelé avec raison magnanime; car la vertu parfaite donne seule ce droit. Sans elle, on devient orgueilleux et insolent, et l'on contracte d'autres vices pareils; car on ne peut guère soutenir avec dignité les faveurs de la fortune; et comme on croit pourtant être supérieur aux autres, on les méprise : mais on agit au hasard, car on veut se donner l'air de la magnanimité, sans avoir rien qui y ressemble. On le fait du moins autant qu'on peut, et cependant on n'agit point d'une manière conforme à la vertu, et l'on a pour les autres hommes un orgueilleux mépris.

Mais le magnanime n'a pas tort de les mépriser; car il juge sainement des choses, au lieu que le vulgaire en juge au hasard. Au reste, il n'est ni avide de dangers, ni disposé à les braver pour de frivoles motifs, parce qu'il n'y a guère de choses qui aient une grande importance à ses yeux; mais dans les grandes occasions, il ne ménage point sa vie, parce qu'elle ne lui paraît pas d'un prix à qui tout doive céder. Toujours disposé à rendre service, il rougit, en quelque sorte, du bien qu'on lui fait; car la supériorité se manifeste dans le premier cas, et l'infériorité dans le second; et il s'applique à surpasser en générosité ceux qui l'ont obligé, parce qu'alors on lui devra davantage, et qu'ainsi le bienfaiteur devient l'obligé à son tour. D'ailleurs, l'homme est, en général, plus disposé à se ressouvenir du bien qu'il a fait que de celui qu'on lui a fait; car l'obligé est, par rapport au bienfaiteur, dans une sorte d'infériorité, et l'on veut toujours avoir l'avantage de son côté; on se plaît à entendre parler de sa supériorité; la situation contraire fait toujours quelque peine. Aussi Thétis, dans Homère (4), ne fait-elle pas à Jupiter une longue énumération des services qu'elle lui a rendus; et les députés de Lacédémone, dans leur harangue aux Athéniens (5), s'arrêtent-ils plus volontiers sur les services que ceux-ci leur avaient rendus.

Il est encore dans le caractère du magnanime,

---

(4) En effet, elle dit simplement: « Si jamais je t'ai été utile, « par mes paroles ou par mes actions. » (Voyez *Iliad.* ch. 1, vs. 503.)

(5) Il est probable qu'Aristote n'avait pas en vue le passage de Xénophon (*Hellenic.* l. 6, c. 5), où se trouve le récit de cette ambassade des Lacédémoniens, à Athènes, après la perte de la bataille de Mantinée. Voici ce que dit, à ce sujet, le scholiaste de notre auteur : « Callisthène, dans le premier « livre des *Helléniques*, rapporte que, dans le temps que les « Thébains faisaient une invasion dans la Laconie, les Lacédé- « moniens envoyèrent solliciter l'alliance des Athéniens, et que « les députés eurent soin, dans leur discours, de ne point faire « mention des services rendus à Athènes par Lacédémone, mais « de ne parler que des bons offices qu'elle avait reçus des Athé- « niens, espérant les engager, par ce moyen, à consentir à « l'alliance proposée. »

de ne demander aucun service à personne, ou au moins de ne s'y résoudre qu'avec peine, et d'être toujours prêt à obliger les autres; de se conduire avec fierté envers ceux qui sont constitués en dignité, ou qui sont comblés des faveurs de la fortune, tandis qu'il se montre doux et traitable envers ceux qui sont dans une condition médiocre : car il est difficile d'obtenir la supériorité sur les premiers, il y faut de la dignité; au lieu que cela est facile avec les autres. La hauteur même, à l'égard des puissants, n'est pas sans quelque générosité; elle devient grossièreté et rudesse à l'égard des personnes d'un état humble, comme l'abus de la force envers le faible. Il convient encore à l'homme vraiment magnanime de ne pas rechercher toutes les occasions d'obtenir des honneurs, et surtout, là où d'autres occupent le premier rang, de ne montrer de l'activité et de l'empressement que dans les occasions où il y a beaucoup de considération à obtenir, ou quelque chose de grand à exécuter; en un mot, de ne faire que des choses importantes et qui procurent de la gloire.

Il doit nécessairement être ami prononcé et ennemi déclaré, car la dissimulation est l'indice de la crainte; se montrer plus soigneux de la vérité que de l'opinion, et enfin agir et parler sans feinte et sans détours; car c'est le propre d'une ame élevée. Aussi s'exprime-t-il toujours avec une noble franchise et avec une grande sincérité, à moins qu'il ne veuille avoir recours à l'ironie, ce qui lui arrive souvent avec le vulgaire.

L'homme d'un caractère magnanime est incapable de régler sa vie sur les désirs ou les volontés d'un autre, si ce n'est de son ami ; car il y a en cela quelque chose de servile. Aussi tous les flatteurs sont-ils de vils mercenaires, et les hommes d'un caractère servile et bas sont des flatteurs. Il n'est pas porté à l'admiration, car peu de choses ont une véritable grandeur à ses yeux. Il oublie volontiers les injures, car il n'y a guère de magnanimité à se ressouvenir surtout du mal : il vaut mieux n'en pas tenir compte. Il ne prend point part aux conversations frivoles (6), car il n'est enclin à parler ni de lui-même, ni des autres. Il se soucie peu, en effet, qu'on le loue, ou qu'on blâme les autres. Aussi n'est-il pas louangeur ; et il ne dit pas même du mal de ses ennemis, si ce n'est quand on l'a outragé. Il ne descendra jamais aux gémissements et aux prières pour des choses de peu d'importance, ou qui lui sont nécessaires ; car ce serait y attacher de l'intérêt. Il aimera mieux posséder ce qui a de la beauté et qui ne donne aucun profit, que ce qui est utile et profitable ; cela convient mieux à celui qui sait se suffire à soi-même. Il a de la lenteur dans les mouvements, un ton de voix

---

(6) Le mot ἀνθρωπολόγος, dont se sert ici Aristote, signifie proprement « celui qui discourt sur les hommes, » comme θεόλογος signifie celui qui disserte ou qui discourt des attributs de Dieu. Casaubon, dans ses *Commentaires* sur Suétone (*In August.* c. 74), citant cet endroit de notre auteur, entend par ἀνθρωπολόγος celui qui a la manie de louer tout le monde, *qui multus est in hominum laudibus.*

grave et un langage posé, parce que celui qui ne prend intérêt qu'à très-peu de choses, n'a point cet air de vivacité et d'empressement, et qu'on ne s'emporte pas, quand on ne trouve rien qui ait une véritable grandeur : or ce sont là les causes qui donnent au langage des accents passionnés et une volubilité extraordinaire. Tel est donc celui qui a la véritable grandeur d'ame.

Mais l'homme sans élévation pèche par défaut, et l'insolent par excès. Cependant ils ne sont pas proprement vicieux; car ils ne sont pas malfaisants : mais ils manquent de connaissance et de discernement. En effet, celui qui manque d'une certaine grandeur d'ame, quoiqu'il ait droit à des avantages réels, se prive lui-même de ce qu'il méritait d'obtenir, et semble être entaché de quelque imperfection, en ce qu'il ne se croit pas digne de jouir de ces avantages, et qu'il s'ignore (en quelque sorte) lui-même ; car (autrement) il désirerait d'obtenir ce dont il est digne, puisque ce sont des biens. Cependant c'est moins de stupidité qu'on pourrait taxer des hommes de ce caractère, que de nonchalance ; mais leur manière de penser les dégrade : car ils désirent à la vérité ce qu'ils croient mériter; mais ils renoncent aux actions honorables, et aux occupations estimables, comme s'ils en étaient incapables, et s'interdisent pareillement la jouissance des biens extérieurs. Mais les gens vaniteux sont stupides, et font bien voir qu'ils se méconnaissent eux-mêmes; car ils aspirent à tous les emplois honorables, et leur incapacité est bientôt dévoilée. Ils cherchent à attirer les regards par la magnificence de leurs habits, par leur air, leur démarche, et d'autres moyens de ce genre; ils affectent de faire savoir au public les évènements heureux qui leur arrivent; ils aiment à en parler, s'imaginant que cela doit leur attirer une grande considération. Au reste, la bassesse d'ame est plus opposée à la magnanimité que la vanité sotte; car elle se rencontre plus souvent, et elle est, en effet, plus dommageable à la société.

La magnanimité se rapporte donc, comme on l'a dit, aux honneurs et au plus haut degré de la considération publique (7).

IV. Mais il semble qu'il y a aussi en ce genre une vertu, comme on l'a dit au commencement (1), qui se rapprocherait, à quelques égards, de la magnanimité, et qui serait avec elle dans le même rapport que la libéralité avec la magnificence. Car l'une et l'autre des dispositions dont je parle ici, loin de nous porter à ce qui est grand ou important, nous retiennent, au contraire, dans un certain degré convenable d'attachement à tout ce qui est médiocre ou modéré. Or, de même qu'il y a un juste milieu, un excès et un défaut, relatifs au penchant qui porte, en général, les hommes à donner ou à prendre de l'argent; ainsi l'on peut considérer, par rapport au désir des honneurs et

---

(7) Ce même sujet a été traité, avec beaucoup d'étendue, par Cicéron (*De Offic.* l. 1, c. 19,—c. 26).

(1) Voyez l. 2, c. 7.

de la considération, un excès ou un défaut d'énergie, une tendance à les obtenir par des moyens légitimes et convenables. En effet, on blâme l'ambitieux comme aspirant aux honneurs avec plus d'ardeur qu'il ne faut, ou par des moyens répréhensibles ; et l'on blâme pareillement celui qui, trop peu jaloux de l'estime publique, n'éprouve pas le désir de l'acquérir par des actions nobles et généreuses.

Il arrive aussi quelquefois qu'on applaudit à l'ambitieux, comme étant un homme de cœur et capable de sentiments élevés, ou qu'on loue la sagesse et la modération de celui qui n'est pas assez touché des sentiments d'une ambition légitime, ainsi que je l'ai déjà remarqué. Au reste, il est facile de voir que, comme les mots qui expriment le penchant ou les passions des hommes pour différentes choses, s'appliquent de bien des manières différentes (2), on n'emploie pas aussi toujours le terme d'*ambitieux* pour désigner un même caractère, mais qu'on s'en sert tantôt dans un sens favorable, quand on l'applique à ceux qui désirent l'estime et la considération publiques plus que ne le fait le commun des hommes ; et d'autres fois dans un sens défavorable, en parlant de ceux chez qui ce désir est exagéré et porté au delà des bornes que prescrit la raison.

Mais, comme le juste milieu en ce genre n'a pas été marqué par un nom exprès, les extrêmes sem-

---

(2) Voyez ci-dessus l. 3, c. 13.

blent se disputer cette place qui est, pour ainsi dire, restée vide. Cependant, dans toutes les choses où il y a excès et défaut, il y a aussi un milieu : et, en effet, il y a des gens qui désirent les honneurs plus ou moins qu'il ne faut ; et il s'en trouve chez qui ce désir est tel qu'il doit être : aussi cette disposition de l'ame est-elle un juste sujet de louange, parce qu'elle est, à l'égard du désir des honneurs, ce juste milieu qui n'a pas de nom. Mais, par rapport à l'ambition, il semble être indifférence complète pour les honneurs, et, à l'égard de cette complète indifférence, il semble être ambition. En un mot, comparé à chacun des extrêmes, il semble revêtir l'apparence de l'autre, et la même observation peut, à quelques égards, s'appliquer aux autres vertus. Mais l'opposition qui paraît ici entre les extrêmes, vient de ce que le milieu n'a pas reçu de nom.

V. La douceur est un juste milieu par rapport aux sentiments de colère : mais comme ce milieu n'a point proprement de nom, et que même c'est à peine si l'on en a pour désigner les extrêmes, on se sert du mot *douceur*, bien qu'il exprime une manière d'être qui se rapproche plutôt du défaut en ce genre, lequel n'a pas non plus de nom : l'excès pourrait être appelé irascibilité. En effet, l'affection même qu'on éprouve est la colère, et les causes qui peuvent la produire sont nombreuses et diverses. Celui donc qui s'indigne contre les choses, ou contre les personnes qui méritent un pareil sentiment, qui l'éprouve dans le degré qu'il faut, et pendant le temps convenable, ne peut qu'être loué; et, par conséquent, ce sera un homme indulgent et doux, si l'indulgence est digne d'éloges : car un pareil caractère suppose l'absence des mouvements violents et de l'emportement des passions (1), et qu'on ne soit susceptible de s'irriter que dans les occasions où la raison l'exige, et autant de temps qu'elle le permet. Cependant ce caractère semble pécher par défaut, parce que l'homme indulgent est plus enclin à pardonner qu'à punir.

Or ce défaut, cette incapacité d'éprouver de la colère, quelque nom qu'on lui donne, est blâmable ; car ceux qui n'ont aucun ressentiment des choses qui le méritent, passent pour stupides, aussi bien que ceux qui n'en ont ni contre les personnes, ni dans les occasions, ni de la manière qu'il faut; car il semble qu'ils soient insensibles et incapables d'éprouver aucune peine. D'ailleurs celui qui n'éprouve jamais de colère ne peut pas repousser l'outrage ; or il y a quelque chose de lâche et de servile à le supporter soi-même, et à y laisser exposés ceux qu'on doit protéger.

L'excès en ce genre peut avoir lieu de toutes les manières ; car on peut éprouver de la colère ou contre les choses, ou contre les personnes qui ne le méritent pas, ou plus tôt ou plus long-temps qu'il ne faut. Mais la même personne ne réunit pas tous ces inconvénients à la fois; cela serait impossible : car tout mal se détruit, en quelque sorte,

---

(1) Voyez *M. M.* l. 1, c. 23; et *Eudem.* l. 3, c. 3.

lui-même ; et, porté au dernier degré, il devient tout-à-fait intolérable. Les hommes irascibles sont donc sujets à s'emporter promptement ; ils s'irritent hors de propos, soit contre les choses, soit contre les personnes, et plus qu'il ne faut ; mais ils s'apaisent avec la même facilité, et c'est là ce qu'ils ont de meilleur. Cela vient de ce qu'ils ne sauraient contenir leur ressentiment, et qu'ils le témoignent à l'instant même ; son impétuosité les rend redoutables, mais ils s'apaisent presque aussitôt. Les hommes qui sont d'une humeur emportée pèchent donc par cet excès, et s'irritent à propos de tout et contre tout le monde, d'où vient le nom d'irascible qu'on donne à ce caractère.

Mais les hommes capables de rancune ne reviennent pas facilement, et leur ressentiment dure long-temps ; car ils savent contenir leur colère, et elle ne s'apaise que quand ils ont rendu mal pour mal. Car la vengeance les apaise, et fait succéder dans leur cœur un sentiment de plaisir à la peine qu'ils éprouvaient. Mais, tant que ce moment n'est pas venu, ils sentent comme un poids qui les oppresse ; car, comme ils ne manifestent rien au dehors, personne ne peut entreprendre de les ramener par la persuasion : et il faut du temps pour user la colère que l'on concentre ainsi en soi-même. Rien de plus incommode qu'un pareil caractère ; pour ceux qui en sont dominés, et pour les personnes qu'ils aiment le plus. Aussi appelle-t-on moroses, gens difficiles à vivre, ceux qui s'irritent plus qu'il ne faut, et plus long-temps qu'il ne convient, pour des sujets qui n'en valent pas la peine, et qui ne peuvent être apaisés que par la punition de l'offenseur, ou quand ils se sont vengés (2).

Au reste, l'excès de la colère est plus opposé à la douceur, parce qu'il est plus commun, que l'homme est plus naturellement enclin à la vengeance, et qu'il est plus difficile de vivre avec les gens de ce caractère. Mais, comme je l'ai dit précédemment (3), et comme on a pu s'en convaincre par ce que je viens de dire, il n'est pas facile de marquer avec précision, comment, contre quelles personnes, pour quels sujets, et combien de temps il convient d'avoir de la colère, et quelle est la limite où s'arrête la raison, et où commence l'erreur. En effet, on ne blâme pas généralement celui qui ne s'en écarte que d'une manière peu sensible, soit en plus, soit en moins; puisqu'on loue quelquefois ceux qui restent en deçà du degré convenable, et qu'on les appelle des hommes doux et faciles, et que d'autres fois ceux qui montrent du ressentiment sont appelés des hommes courageux et dignes de commander (4). Il n'est donc pas facile d'exprimer

---

(2) Aristote, dans sa *Rhétorique* (l. 1, c. 10), fait une sage distinction entre *punition* ou *châtiment*, et *vengeance*. « La « punition ou le châtiment, dit-il, a lieu dans l'intérêt ou pour « l'avantage de celui qui l'éprouve. La vengeance ne sert qu'à « satisfaire celui qui l'exerce. »

(3) Ci-dessus, l. 2, c. 9.

(4) Cicéron (*Tuscul.* l. 4, c. 19), reproche aux péripatéticiens d'avoir quelquefois loué comme courageux les hommes d'une humeur violente et colère. Voyez aussi ce que dit Sénèque sur le même sujet. (*De Irâ*, l. 1, c. 9.)

exactement par le langage combien et comment on peut s'écarter du juste milieu; car on n'en peut juger que par le sentiment, et dans les cas particuliers. Mais toujours est-il évident que la disposition moyenne, en vertu de laquelle on s'irrite contre les choses ou les personnes, dans les occasions et de la manière qui convient, et ainsi du reste, est une disposition louable; et qu'au contraire, on blâme avec raison tout ce qui s'en écarte par excès ou par défaut, et qu'on le blâme plus ou moins à proportion qu'il s'en écarte, en sorte que c'est à cette disposition moyenne qu'il faut surtout s'attacher. En voilà assez sur les dispositions de l'ame qui se rapportent à la colère.

VI. Mais, dans les rapports qui naissent de la vie sociale et des communications que les hommes ont entre eux par le langage et pour leurs affaires, les uns s'attachent à être agréables à tout le monde; le désir de plaire leur fait tout approuver, éviter toute contestation, regardant comme un devoir de ne faire de la peine à personne; tandis que d'autres, au contraire, toujours en contradiction avec tout le monde, et se souciant peu d'affliger ou de déplaire, sont querelleurs, d'une humeur chagrine et difficile (1). Or, il est facile de voir que ces deux manières d'être sont blâmables, et que le caractère qui tient entre elles le juste milieu, qui consiste à se montrer traitable et doux, et pareillement à ma-

---

(1) Voyez sur le même sujet *M. M.* l. 1, c. 29; et *Eudem.* l. 3, c. 7.

nifester du mécontentement et de l'indignation dans les choses qui le méritent, et de la manière qui convient, est digne d'éloges.

Cependant, on n'a point donné de nom particulier à ce caractère, qui semble avoir quelque ressemblance principalement avec la bienveillance ou l'amitié (2). Car celui qui est dans cette disposition d'esprit, qui tient le juste milieu, a précisément le degré d'obligeance et de convenance que je veux dire. Il ne faut qu'y joindre une affection vive et tendre pour en faire le sentiment de l'amitié. Cependant elle en diffère par l'absence de cette affection tendre envers ceux avec qui l'on a des relations, car ce n'est ni par amour, ni par haine qu'on se détermine à prendre les choses comme il convient, mais simplement parce qu'on a le caractère dont je parle ici, et l'on sera disposé à agir de même à l'égard des gens inconnus, et à l'égard de ceux qu'on connaît; envers ceux avec qui l'on vit familièrement, comme envers ceux avec qui l'on n'a jamais eu aucun rapport. Seulement, on observera les convenances envers chacun : car lorsqu'il y a lieu de témoigner de l'intérêt, ou du mécontentement, on s'y prend autrement avec ceux qu'on fréquente habituellement, qu'avec des étrangers (3).

---

(2) Ailleurs (voyez la note précédente) il ajoute « que ce « caractère a une sorte de gravité ou de dignité. »

(3) Voyez ce que dit, à ce sujet, Cicéron, dans son *Traité des Devoirs* (l. 1, c. 17), où il examine avec quelque détail les différents rapports qui unissent les hommes dans la société, et l'espèce de sentiments qui en résultent naturellement.

Au reste, je l'ai dit, celui qui a ce caractère, se conduit, en général, avec les autres hommes comme il convient, n'ayant en vue que ce qui est honorable et utile : et il aspire à partager leurs plaisirs, ou du moins il ne veut pas les contrarier.

En effet, cette manière d'être semble surtout relative aux plaisirs et aux peines qui naissent du commerce des hommes entre eux. Or, avec un tel caractère, on ne prendra point part à tous les plaisirs qui peuvent nuire aux autres ou les dégrader, et l'on aimera mieux, sans doute, les affliger que leur plaire; et si une action est de nature à déshonorer celui qui la fait, ou à lui causer un dommage considérable, tandis qu'en s'y opposant on ne lui causera qu'une peine légère, on n'hésitera point à s'y opposer avec fermeté.

L'homme dont nous parlons ici ne se comportera pas, à l'égard des personnes en dignité, comme avec les gens du commun, suivant le degré plus ou moins grand de connaissance ou de familiarité qu'il a avec eux, et ainsi des autres différences; observant, dans tous les cas, ce qui convient à chacun. Il préférera sans doute, en général, de faire plaisir, et craindra d'affliger; mais il envisagera surtout les conséquences, et il se décidera pour le parti où l'utile et l'honorable se montrent plus manifestement; et il ne craindra point de faire une petite peine, s'il juge qu'elle doive, plus tard, être la cause d'une grande satisfaction. Tel est donc ce caractère qui tient un juste milieu [entre la dureté farouche, et la molle complaisance], et qui n'a point reçu de nom.

Entre ceux qui cherchent surtout à faire plaisir, les uns, aspirant à se rendre agréables sans aucun autre but, sont désignés par le nom de complaisants. Mais on appelle flatteurs, ceux qui agissent ainsi en vue de leur utilité personnelle, pour obtenir des richesses, et tout ce qu'on peut se procurer par leur moyen. Quant à ceux qui ont de l'humeur contre tout le monde, et à propos de tout, j'ai déja dit qu'on les appelle des gens fâcheux, querelleurs et d'humeur difficile (4). Au reste, ici encore les extrêmes semblent être opposés immédiatement l'un à l'autre, parce que le milieu n'a pas été désigné par un nom exprès.

VII. Il y a, à l'égard de la vanité, ou de la jactance, un milieu qui peut se manifester à peu près dans les mêmes circonstances; mais il n'a pas aussi de nom (1). Cependant, il ne sera pas inutile de traiter de ces sortes de dispositions; car les observations de détail sont propres à répandre plus de lumière sur le sujet des mœurs en général,

---

(4) On peut comparer à la doctrine d'Aristote, dans ce chapitre, les observations plus étendues d'un de ses plus illustres disciples, Théophraste, qui a aussi esquissé les principaux traits de la flatterie et de la manie de plaire, dans ses *Caractères* (c. 2, et c. 5).

(1) Notre auteur l'a pourtant désigné ci-dessus (l. 2, c. 7), par celui de *vérité* ou *sincérité*. Voyez sur le même sujet *M. M.* l. 1, c. 33; et *Eudem.* l. 3, c. 7. Voyez aussi les *Caractères* de Théophraste (c. 33).

et l'on se convaincra que la vertu, en tout genre, est un juste milieu, quand on aura vu qu'en effet ce principe peut s'appliquer à toutes les vertus. Or, nous avons parlé de ceux qui, dans le commerce de la vie, ne se dirigent que par les sentiments de plaisir ou de peine. Parlons maintenant de ceux qui montrent vérité ou fausseté, soit dans leurs paroles, soit dans leurs actions, et jusque dans la dissimulation.

L'homme vain est celui qui, en fait de qualités propres à attirer de la considération ou de la gloire, veut faire croire qu'il a celles qu'il n'a pas, ou qu'il les possède à un plus haut degré qu'il ne les a réellement : et il est un genre de dissimulation qui consiste, au contraire, à nier qu'on possède les qualités qu'on a, ou à faire croire qu'on les possède dans un moindre degré : mais l'homme franc et loyal, également éloigné de ces deux extrêmes, est sincère dans sa conduite, comme dans son langage : il ne craint point d'avouer les qualités qu'il croit reconnaître en lui, sans vouloir les donner pour plus grandes ou moindres qu'elles ne sont.

Au reste, on peut agir de chacune de ces manières diverses, ou pour quelque motif particulier, ou sans aucun motif; mais, en général, chaque homme agit, parle et même vit d'une manière conforme à son caractère particulier, excepté dans les cas où quelque motif secret dirige sa conduite. Cependant comme le mensonge est en lui-même une chose vile, et digne de blâme, et que la vérité est belle et digne d'éloges, l'homme franc et sincère qui observe le juste milieu, est louable, au lieu que les deux autres caractères, où se trouve le mensonge, sont blâmables tous deux, mais plus celui qui est vain et plein de jactance. Parlons donc de l'un et de l'autre, et d'abord de celui qui est sincère et vrai. Je n'entends pas, au reste, la loyauté ou la sincérité dans les contrats, ou dans les transactions de la vie civile, ni dans tout ce qui tient à la justice ou à l'injustice (ce sujet appartient à une autre vertu); mais je parle de l'homme qui, dans les circonstances où il n'a aucun intérêt de ce genre, se montre vrai dans sa conduite comme dans ses discours, parce que tels sont sa nature et son caractère. Ce sera, sans doute, un homme d'honneur; car celui qui aime la vérité, et qui la dit dans les choses où il n'a aucun intérêt, la dira encore plus dans celles où il sera intéressé, puisqu'alors la crainte du déshonneur fortifiera en lui l'aversion naturelle qu'il a pour le mensonge. Il est donc digne de louange et d'estime : toutefois il sera plus disposé à affaiblir la vérité qu'à l'exagérer; car il semble qu'il y ait à cela plus de convenance et de délicatesse; au lieu que l'exagération a toujours quelque chose de choquant.

Celui qui, sans but et sans motif, cherche à faire croire aux autres qu'il possède des qualités ou des avantages plus grands qu'ils ne sont en effet, est sans doute peu digne d'estime, car autrement il ne se plairait pas au mensonge; cependant il est plutôt vaniteux que méchant. S'il agit ainsi par amour de la gloire ou des honneurs, comme il arrive aux fanfarons, et aux charlatans en tout genre, on ne le blâmera pas avec excès; mais si c'est par amour de l'argent, ou de ce qui peut satisfaire la cupidité, on en sera plus choqué. Au reste, la forfanterie et le charlatanisme ne sont pas simplement des actes de nos facultés naturelles (2), mais sont l'effet d'une détermination réfléchie, car c'est par habitude que l'on devient fanfaron, comme on devient menteur, soit qu'on prenne plaisir, en quelque sorte, au mensonge, soit qu'on en fasse un moyen d'obtenir la gloire ou la richesse dont on est avide. Ceux dont le charlatanisme ou la forfanterie a pour but la considération publique, s'appliquent à persuader qu'ils ont les talents ou les qualités qu'on loue ou qu'on admire le plus; ceux qui n'ont en vue que le gain, s'attribuent les talents ou les qualités qui peuvent être avantageuses au public, et dont il est difficile de constater la réalité, comme l'habileté dans la médecine et dans la divination (3); aussi beaucoup de gens ont-ils re-

---

(2) Littéralement : « ne sont pas *en puissance*. » Aristote établit ici, comme dans plusieurs autres endroits de ses ouvrages, une distinction qu'il paraît avoir regardée comme très-importante, entre les actions que nous faisons, simplement parce que nous avons le pouvoir ou la faculté de les faire, et celles qui sont le résultat d'une volonté expresse, ou d'une habitude contractée volontairement. Mr Zell, dans son *Commentaire*, cite, à cette occasion, un passage de notre philosophe (*Topic.* l. 4, c. 5, § 7,) où ce point de sa doctrine est très-clairement exposé.

(3) La superstition et l'ignorance ont favorisé, dans tous les

cours à ce genre de charlatanisme, et l'on reconnaît en eux les caractères que je viens d'indiquer.

Quant à l'espèce de dissimulation qui consiste à affecter de diminuer l'opinion des qualités qu'on possède réellement, ceux qui ont ce caractère plaisent plus généralement, parce qu'ils semblent avoir pour motif, non pas un sordide intérêt, mais la crainte d'un vain et ridicule étalage, et, à l'exemple de Socrate, ils affectent, surtout, de ne point prétendre aux qualités et aux talents qui donnent de la célébrité. Mais quand cela va jusqu'à ne pas convenir des qualités les moins importantes, et qui se manifestent le plus, c'est un autre genre de charlatanisme sot et ridicule (4), qui est tout-à-fait

---

temps, les dangereuses jongleries de ces hommes si bien caractérisés dans les vers d'Ennius, que cite Cicéron (*De Divinat.* l. 1, c. 58):

Non enim sunt ii, aut scientia, aut arte divini;
Sed superstitiosi vates, impudentesque harioli,
Aut inertes, aut insani, quibus egestas imperat:
Qui sibi semitam non sapiunt, alteri monstrant viam;
Quibus divitias pollicentur, ab iis drachmam ipsi petunt.

« Il n'y a rien de divin ni dans leur art, ni dans leur science;
« mais ce sont des jongleurs superstitieux, et d'impudents char-
« latans, des fainéants, des hommes en démence, ou forcés à ce
« genre de vie par la misère; qui ne savent pas se conduire eux-
« mêmes, et montrent le chemin aux autres; qui promettent des
« trésors, en mendiant une chétive pièce de monnaie. »

(4) Littéralement: on les appelle des hommes *niaisement malicieux* (βαυκοπανοῦργοι). Il paraît que c'était un mot usité seulement dans le langage familier, et Schneider est le seul des lexicographes qui lui ait donné place dans son dictionnaire, car on ne le trouve que dans ce passage d'Aristote.

méprisable; par exemple, l'affectation de se vêtir à la manière des Lacédémoniens (5) : car l'excès et le défaut de bonne opinion de soi-même, portés jusqu'à l'exagération, sont également des indices de vanité. Mais ceux qui n'affectent de se rabaisser ainsi qu'avec une certaine mesure, et dans les qualités qui ne sont pas trop manifestement évidentes, plaisent généralement (6). Au reste, c'est plutôt la vaine jactance qu'on met en opposition avec la franchise, parce qu'elle est un défaut plus choquant.

VIII. Comme il y a dans la vie de l'homme des intervalles de repos et de délassement, dans lesquels il cherche quelques amusements, il est naturel qu'à cet égard il porte dans son commerce avec ses semblables un sentiment de convenance et de délicatesse, qui consiste à ne dire et à n'entendre que des choses convenables, et à les dire comme il convient; et nécessairement aussi il faudra distinguer ces deux sortes de convenances,

---

(5) C'était un travers par lequel se faisaient remarquer, à Athènes, quelques jeunes gens, qui voulaient se faire passer pour admirateurs des lois et des usages de Lacédémone. Voyez le *Voyage du jeune Anacharsis* (c. 20, vers la fin).

(6) Tel est le caractère qu'Horace exprime avec sa précision et sa grâce accoutumées, lorsqu'il dit que le poëte satirique prend quelquefois le langage d'un homme du monde, « qui ménage ses forces, et même les diminue à dessein. »

Interdum urbani parcentis viribus, atque
Extenuantis eas consulto.
HORAT. *Sat.* l. 1, sat. 10, init.

relatives, l'une à ce qu'on doit dire, et l'autre à ce qu'on doit entendre; et par conséquent il y aura aussi, en ce genre, un excès et un défaut, par rapport au juste milieu. En effet, ceux qui portent jusqu'à l'excès la manie de plaisanter, sont généralement regardés comme des bouffons insupportables, qui ne cherchent que les occasions de faire rire les autres, et qui d'ailleurs ne s'inquiètent guère de dire des choses inconvenantes, ou propres à affliger celui qui est l'objet de leurs plaisanteries. Et, d'un autre côté, ceux qui ne savent jamais rien dire de plaisant, et qui s'irritent des moindres railleries, passent pour des hommes sauvages, et d'une humeur farouche; au lieu qu'on appelle gens d'un commerce agréable et facile, ceux dont les plaisanteries n'ont jamais rien de choquant. Car il y a une sorte de souplesse et de flexibilité, qui caractérise les mœurs, comme il y en a une qui caractérise les mouvements du corps.

Cependant, comme il n'y a rien de si commun que la plaisanterie, et que la plupart des hommes aiment à railler plus qu'il ne faudrait, il arrive souvent que la bouffonnerie passe sous le nom d'humeur agréable et gaie, quoiqu'elle en diffère beaucoup, ainsi qu'on peut le voir par ce que nous venons de dire. Mais c'est dans un juste milieu en ce genre que consiste proprement le talent de la plaisanterie. L'homme qui a ce caractère, ne consent à dire ou à entendre que des choses qui ne sont contraires ni à la décence, ni à l'élévation et à la dignité d'une personne libre; car il y a en effet des choses qu'une telle personne peut entendre ou dire en plaisantant, et les railleries d'un homme libre et bien élevé ne ressemblent en aucune façon à celles d'un homme servile, et sans éducation. C'est ce dont on se convaincra en comparant l'ancienne comédie avec la nouvelle (1); car dans l'une on trouve souvent des plaisanteries exprimées dans un langage obscène; au lieu que, dans l'autre, les mêmes idées sont plus généralement indiquées par des allusions fines, ce qui fait assurément une très-grande différence, par rapport à la décence.

Faut-il donc définir la raillerie permise et convenable, en disant qu'elle consiste à ne dire que ce qui est digne d'un homme libre; ou à ne pas affliger celui à qui elle s'adresse, mais au contraire à lui plaire? ou ne vaut-il pas mieux renoncer à définir ce juste milieu dont nous parlons? Car les mêmes choses ne sont pas agréables ou odieuses à tout le monde. Au reste, on entendra sans peine ce qu'on dira sans scrupule, et même on est porté à croire qu'un homme ne craindra pas de faire ce qu'il ne craint pas d'entendre dire.

---

(1) Horace parle, dans plusieurs endroits, de cette espèce de révolution dans l'art dramatique, à Athènes, notamment dans le début de la 4ᵉ satire du premier livre, et dans son *Art Poétique* (vs. 281 et suiv.). Cicéron blâme aussi très-sévèrement la licence de ce qu'on appela, chez les Grecs, l'ancienne comédie. Voyez le quatrième livre de son traité *De Republicâ* (t. 2, p. 129; de l'élégante traduction de Mʳ Villemain).

Il ne faut donc pas se permettre de tout dire : car toute raillerie a quelque chose qui tient de l'outrage ; or, il y a des paroles outrageantes, que les législateurs eux-mêmes ont cru devoir interdire, et peut-être cette interdiction devrait-elle s'étendre à certaines railleries. L'homme libre, et qui a un sentiment délicat des convenances, sera donc à lui-même son propre législateur en ce genre. Tel est le juste milieu dans lequel il devra se tenir, soit qu'on lui donne le nom de facétieux, ou qu'on l'appelle homme d'une agréable humeur.

Quant au bouffon, il ne sait pas résister au plaisir de la raillerie, et ne s'épargnera pas plus lui-même qu'il ne ménagera les autres, pourvu qu'il fasse rire, fût-ce en disant des choses que n'oserait jamais dire un homme délicat et bien élevé, et quelquefois des choses que celui-ci n'entendrait pas sans dégoût. Mais l'homme d'une humeur austère et farouche, est tout-à-fait étranger au plaisir d'un pareil commerce ; car, ne voulant y contribuer en rien, il se choque et s'irrite de tout. Il semble pourtant qu'il faut, dans la vie, un peu de relâche et d'amusement.

Il y a donc, dans le commerce du monde et de la société, un milieu, à l'égard des trois sortes d'habitudes dont nous avons parlé (2), et qui

---

(2) Il y a 1° le milieu, à qui il a donné le nom de vérité ou sincérité, entre la jactance orgueilleuse, et la *dissimulation* (l. 4, c. 7). 2° Entre la manie de plaire et l'humeur austère et que-

toutes se rapportent à des discours et à des actions auxquelles ce commerce peut donner lieu; mais elles diffèrent en ce que l'une regarde la vérité, et les deux autres le plaisir ou l'agrément. Entre ces dernières, l'une est plus particulièrement relative aux divertissements, et l'autre, aux autres circonstances de la vie sociale.

IX. Pour ce qui regarde la pudeur, on n'en peut guère parler comme d'une vertu (1); car elle semble plutôt être une passion, une affection fugitive, qu'une habitude morale. Aussi peut-on la définir une sorte de crainte du déshonneur. Et, en effet, elle a beaucoup de ressemblance avec la crainte que cause un danger imminent; car ceux qui éprouvent de la honte rougissent; et la crainte de la mort se manifeste par une pâleur subite. Or, ces deux affections, en quelque sorte purement corporelles, semblent indiquer un sentiment plutôt qu'une habitude.

Au reste, ce sentiment ne convient pas à tous

---

relleuse (c. 6). 3° Le milieu entre la bouffonnerie et la rusticité, dont il a traité dans ce chapitre même, et qui n'a point de nom. Il met ces trois sortes de vertus dans la classe de celles qu'il appelle *naturelles*, par opposition aux vertus *morales* proprement dites, qui ne peuvent être que le résultat d'une détermination réfléchie. (Voyez *Eudem.* l. 3, c. 7; et *M. M.* l. 1, c. 33).

(1) Voyez, sur le même sujet, *M. M.* l. 1, c. 30; *Eudem.* l. 3, c. 7; *Rhetor.* l. 2, c. 6. Voyez aussi, parmi les œuvres morales de Plutarque, le traité *de la Mauvaise Honte* (tom. 8, p. 95 de l'édit. de Reiske); le chapitre 11 des *Caractères* de Théophraste, etc.

les âges, mais seulement à la jeunesse, parce qu'à cette époque de la vie, l'homme étant exposé à faire beaucoup de fautes, par l'entraînement des passions, on suppose que la pudeur est un frein propre à le retenir. C'est pourquoi on loue les jeunes gens qui ont de la pudeur; au lieu que personne ne loue un homme avancé en âge, pour être disposé à rougir de tout; car on pense qu'il ne doit rien faire qui puisse lui causer de la honte, puisque si les mauvaises actions peuvent seules faire naître ce sentiment, il ne convient pas à un honnête-homme de l'éprouver, car il ne doit rien faire qui puisse y donner lieu. Et peu importe qu'il y ait des choses véritablement honteuses, et d'autres qui ne le sont que dans l'opinion, car il ne faut faire ni les unes ni les autres, afin de n'avoir point à rougir de sa conduite. D'ailleurs, il n'y a qu'un homme vil et méprisable qui puisse commettre des actions honteuses : or, être capable de commettre de pareilles actions, en rougir, et s'imaginer qu'à cause de cela on est un homme de bien, c'est une absurdité : car on ne peut avoir honte que des actions volontaires, et jamais un homme de bien n'en fera volontairement de mauvaises.

Toutefois, on suppose généralement, ou l'on peut admettre dans certains cas, que la pudeur est un sentiment estimable; car s'il arrive à l'honnête-homme de faire quelque action répréhensible, il en éprouvera de la honte; mais, encore une fois, ce sentiment n'a rien de commun avec la vertu. Et si l'impudence, qui fait qu'on ne rougit pas de commettre des actions honteuses, est une chose odieuse et vile; rougir de les avoir commises, n'en sera pas plus une chose estimable. De même la tempérance n'est pas une vertu; c'est une façon d'agir, ou une disposition, pour ainsi dire, mixte; mais j'aurai occasion d'en traiter dans la suite (2). Parlons maintenant de la justice.

---

(2) C'est le sujet des dix premiers chapitres du septième livre.

LIVRE V.

ARGUMENT.

I. Ce qui est conforme aux lois et à l'égalité est juste : ce qui y est contraire est injuste. L'homme injuste est avide des biens de toute espèce, plus qu'il n'a droit d'en obtenir; en fait de maux ou de peines, au contraire, il veut toujours en avoir moins que les autres. La justice qui consiste à se conformer aux lois, est la plus importante au bonheur des individus et des sociétés; car les lois prescrivent ce qui peut le plus contribuer à la vertu. La justice, prise en ce sens, n'est donc pas simplement une partie de la vertu; elle est la vertu, pour ainsi dire, dans son essence. — II. On peut distinguer le *juste*, en soi et absolument parlant, de la *justice*, considérée comme vertu particulière, et applicable à la conduite des hommes, lorsqu'ils ont quelque partage à faire entre eux, ou, en général, dans toutes leurs transactions, tant volontaires qu'involontaires. La *justice* alors pourra être regardée comme une partie du *juste*, qui sera le tout : et il en sera de même de l'injustice, par rapport à l'*injuste*. — III. La justice est fondée sur l'égalité : ce qui est juste, est un milieu entre le *plus*, ou le *trop* d'un côté, et le *moins*, ou le *trop peu* de l'autre. Dans la justice *distributive*, il y a au moins quatre choses à considérer; deux parts, et deux personnes; et il est clair que la justice, dans ce cas, n'est pas, ordinairement, dans l'égalité absolue, mais dans la proportion; celle qu'il faut suivre est la proportion que les mathématiciens appellent *géométrique*. — IV. La justice qu'on pourrait appeler *de compensation*, est applicable à toutes les transactions auxquelles la société peut donner lieu; à tous les actes de la vie civile, soit volontaires, soit involontaires. Son but est de rétablir l'égalité toutes les fois qu'il y a trop d'un côté et trop peu de l'autre, quel que soit le genre d'avantages ou d'inconvénients que l'on considère. C'est pour cela qu'on a recours à un arbitre, ou juge, dont la fonction est de rétablir l'égalité. Ce qui se fait suivant la proportion que les mathématiciens ont nommée *arithmétique*. — V. La loi dite de Rhadamanthe, qui prescrit la *peine du talion*, quoique les Pythagoriciens l'aient approuvée, n'est pas conforme à la justice. Le besoin a fait inventer la monnaie, comme moyen d'échange, et elle est assujettie aux variations de valeur que subissent les denrées les plus nécessaires. La justice est une sorte de milieu entre faire tort à d'autres, et éprouver soi-même quelque dommage de la part des autres. Elle n'est pas un milieu dans le même sens que les autres vertus, car l'injustice est l'extrême en plus quand il s'agit des biens ou des avantages, et l'extrême en moins quand il s'agit des maux ou des inconvénients. — VI. La justice *civile*, ou *politique*, est celle qui se pratique entre hommes qui jouissent de l'égalité et de la liberté, et qui sont soumis aux mêmes lois. Voilà pourquoi il n'y a de justice proprement dite que là où la loi commande, et non la volonté arbitraire du magistrat, quel qu'il soit : car il sera toujours porté à violer le droit et l'égalité, et dès lors il n'y aura plus de justice dans la société, il n'y en aura que l'apparence. C'est pour cela aussi que la justice du maître ou celle du père n'est qu'une image imparfaite de la justice politique, et que la justice, entre époux, s'en rapproche davantage, parce qu'il y a plus d'égalité de droits. — VII. Il faut distinguer le droit naturel du droit civil ou politique : l'un est le même partout et dans tous les temps ; l'autre peut varier à raison des institutions et des circonstances. Mais les choses qui ne sont justes que par l'effet des lois, ou des conventions, ne peuvent pas être partout les mêmes : elles varient par les mêmes causes que les formes de gouvernement. — VIII. C'est la volonté, ou l'intention, qui fait qu'un homme est juste ou injuste ; mais les actions peuvent être justes ou injustes par accident ; c'est-à-dire, en égard aux résultats ou aux circonstances. Entre les choses qu'on fait malgré soi, il y en a qui sont excusables, et il y en a qui ne méritent aucune indulgence. — IX. Personne n'est volontairement l'objet de l'injustice. Il n'est pas facile d'être juste; il ne l'est pas même d'être injuste, surtout pour l'homme qui n'y est pas disposé par la nature et par ses habitudes. Ce qui veut dire qu'il ne dépend pas ordinairement de nous de réunir toutes les conditions de sentiment, d'intention, de connaissance, et de circonstances, qui font le caractère de l'injustice proprement dite. La justice ne peut se trouver que chez des êtres capables de participer aux biens véritables. — X. L'équité n'est pas tout-à-fait la même chose que la justice absolue. Ce qui est équitable, bien qu'il soit juste, n'est pas exactement conforme à la loi; il en est plutôt une modification avantageuse. L'équité rectifie l'erreur qui peut résulter des expressions trop générales de la loi, dans les cas particuliers sur lesquels elle n'a pas pu s'expliquer avec assez de précision. — XI. On voit, par ce qui précède, s'il est possible qu'un homme soit injuste envers lui-même. Celui qui se tue, est injuste envers la société; mais il ne peut l'être par rapport à lui-même, puisque la notion du juste emporte l'idée de rapport entre deux personnes distinctes. C'est donc par analogie et par métaphore qu'on peut quelquefois se servir de l'expression être injuste envers soi-même; et alors on considère plus particulièrement la distinction établie entre la partie raisonnable et la partie irraisonnable de l'ame.

I. Il s'agit d'examiner dans quelles actions se trouvent l'injustice et la justice (1); quelle disposition moyenne est exprimée par ce mot, et entre quelles choses ce qui est juste est le milieu qu'approuve

---

(1) On retrouve dans les deux autres traités (*M. M.* l. 1, c. 34; et *Eudem.* l. 4, 5 et 6), le même fonds d'idées, et très-souvent les mêmes expressions que dans tout ce cinquième livre.

la raison. Appliquons donc à ce nouvel objet la méthode dont nous avons déja fait usage.

Or, nous voyons que tout le monde appelle justice le penchant ou la disposition qui nous porte à être justes, à agir d'une manière conforme à l'équité, en un mot, à vouloir (2) en tout ce qui est juste. Et pareillement nous voyons que l'injustice est le penchant qui nous porte à commettre des actes injustes, et à vouloir ce qui n'est pas juste. Voilà donc une première esquisse, grossière et imparfaite de ce sujet; car il n'en est pas des dispositions ou des habitudes, comme des sciences et des facultés.

En effet, la même science et la même faculté peuvent donner lieu à des actes ou à des résultats tout-à-fait opposés; mais la disposition ou l'habitude ne peut rien produire qui lui soit contraire. Par exemple, la santé n'admet aucun acte qui puisse annoncer ou manifester un état opposé; et nous disons d'un homme que sa démarche annonce la santé, lorsqu'il marche comme le fait celui qui est sain. Au lieu que souvent il arrive qu'on reconnaît l'habitude ou la disposition contraire, par l'habitude contraire : et que les habitudes, en général, se reconnaissent aux circonstances qui les accompagnent. Car, si le bon état du corps se manifeste avec évidence, le mauvais état n'est pas

---

(2) « L'homme juste, dit Ménandre, n'est pas celui qui ne « commet point d'injustice; mais celui qui, pouvant être injuste, « ne veut pas l'être. »

moins évident; et si la bonne disposition du corps se conclut des circonstances qui l'accompagnent, réciproquement on peut conclure, de cette bonne disposition connue, l'existence de ces mêmes circonstances. Par exemple, si des muscles bien fournis sont l'indice de cette bonne disposition, nécessairement la maigreur sera le signe d'une disposition contraire; et tout ce qui contribuera à produire l'état de vigueur et de santé, contribuera également à donner au corps le degré d'embonpoint qui convient à cet état.

Il suit de là que, presque toujours, si l'un des termes par lesquels on désigne une disposition ou une manière d'être a plusieurs acceptions diverses, celui par lequel on désigne la disposition contraire, pourra également être pris dans plusieurs sens différents. Par exemple, cela aura lieu à l'égard des mots *juste* et *injuste*, qui ont en effet plusieurs acceptions assez diverses; mais on ne s'en aperçoit pas, parce que les idées qu'ils expriment ont une grande analogie entre elles. Au contraire, lorsque ces idées sont, s'il le faut ainsi dire, fort distantes, la différence devient évidente. Telle est, par exemple, celle qui distingue les espèces: ainsi le mot grec κλεὶς signifie à la fois l'os qui se trouve au-dessous du col des animaux [la clavicule], et ce qui sert à fermer une porte (3) [la clé.]

---

(3) On peut voir, dans les *Apophthegmes* de Plutarque, (to. 6, p. 677, éd. de Reisk.) un jeu de mots de Philippe, roi de Macédoine, à l'occasion de ce double sens du mot κλείς.

Examinons donc en combien de sens divers peut se prendre le mot *injuste*. Or, on appelle ainsi l'homme qui viole les lois, celui qui est ambitieux, et qui méconnaît l'égalité entre les citoyens : par conséquent on appellera *juste* celui qui observe les lois et qui respecte l'égalité des droits ; par conséquent, enfin, le juste en soi sera ce qui est conforme aux lois et à l'égalité, l'injuste ce qui est contraire aux lois et à l'égalité.

D'un autre côté, comme l'homme injuste est aussi ambitieux et avide, il le sera sans doute des biens, mais non pas de tous : il le sera seulement de ceux qui contribuent à la prospérité, et dont l'absence est une cause d'infortune ; je veux dire de ceux qui sont toujours des biens en eux-mêmes, quoiqu'ils ne le soient pas toujours pour tel ou tel individu. Néanmoins, ces derniers sont précisément ceux que les hommes souhaitent avec ardeur, et qu'ils poursuivent sans relâche, en quoi ils ont tort : on doit, au contraire, souhaiter les biens qui sont tels par eux-mêmes, désirer qu'ils soient des biens réels pour nous, et donner simplement la préférence à ce qui nous est personnellement avantageux. Au reste, il y a des cas où l'homme injuste, loin de prétendre obtenir plus que les autres, préfère, au contraire, la moindre part, et c'est lorsqu'il s'agit de ce qui est un mal en soi ; mais comme alors le moins est, en quelque sorte, un avantage, et que l'ambition a surtout le bien pour objet, par cette raison, on trouve encore l'homme injuste, ambitieux et avide dans ce cas-là.

Il est aussi ennemi de l'égalité et violateur des lois; car l'une ou l'autre de ces deux habitudes ou dispositions comprennent toute espèce d'injustice. Mais s'il est vrai que celui qui viole les lois soit injuste, et que l'homme juste les respecte, il s'ensuit évidemment que tout ce qui est conforme aux lois, l'est aussi, jusqu'à un certain point, à la justice. Car, ce qui est prescrit ou permis par la législation, est légitime; et l'on peut affirmer que cela est en même temps juste. Or, les lois s'expliquent sur tous les objets, et ont pour but ou l'intérêt général de la société, ou celui des hommes les plus dignes, ou celui des personnes qui ont autorité, soit à cause de leur vertu, soit sous tout autre rapport du même genre. En sorte qu'on appelle justes, en les comprenant sous un même point de vue, toutes les choses qui contribuent à produire ou à entretenir la prospérité de la société civile, aussi bien dans l'ensemble que dans les détails (4). En effet, la loi prescrit les actes de courage, comme de ne point abandonner son poste, de ne point prendre la fuite, de ne point jeter ses armes; ceux qui constituent la tempérance, comme de ne point commettre d'adultère, de n'outrager

---

(4) C'est proprement là l'idée ou la notion du *droit*, au sujet duquel Cicéron dit, avec raison, qu'il est, pour chaque citoyen, un héritage plus précieux que celui de tous les autres biens qui lui ont été transmis par ses pères. *Mihi credite, major hæreditas venit unicuique vestrum a jure et legibus, quam ab iis a quibus illa bona relicta sunt.* (Cic. *Or. pr. A. Cæcin.* c. 26).

personne; ceux de douceur et de bienveillance, comme de ne frapper et de n'injurier personne; et ainsi de tous les autres vices et de toutes les autres vertus, défendant de certaines actions, et en ordonnant plusieurs autres; avec raison, dis-je, quand elle a été faite comme elle doit l'être, et moins bien quand elle a été faite à la hâte, et comme improvisée.

La justice est donc une vertu accomplie, non pas dans un sens absolu, [et considérée dans l'homme pris isolément], mais dans les rapports qu'il peut avoir avec ses semblables. Aussi est-elle communément regardée comme la plus importante de toutes les vertus; ni l'astre du soir, ni l'étoile du matin, n'inspirent autant d'admiration; et la maxime d'un poète qui dit que *dans la justice sont comprises toutes les vertus* (5), est devenue proverbe parmi nous.

C'est surtout parce qu'elle est l'exercice d'une vertu parfaite, que la justice est elle-même parfaite; et elle est telle, parce que celui qui la possède peut en faire usage pour les autres, et non pas seulement pour son propre avantage. Car plusieurs peuvent faire servir la vertu à leur propre utilité, mais non l'employer à l'utilité des autres.

---

(5) C'est la pensée qu'exprime le vers 149e du recueil qui nous reste sous le nom de *Maximes* ou *Sentences* de Théognis. La comparaison poétique qui précède immédiatement cette citation, et qui paraît avoir été usitée proverbialement du temps d'Aristote, est peut-être aussi une allusion à des vers de quelque poète.

Aussi Bias a-t-il eu raison de dire que *l'autorité révèle ce qu'est un homme* (6), car celui qui a l'autorité ou la puissance est déja en rapport avec les autres, et dans un état de société ou de communauté. Par la même raison, on peut regarder la justice comme le *bien d'autrui;* et elle est, entre les vertus, la seule qui soit dans ce cas, puisqu'elle a pour but l'utilité ou l'avantage d'un autre, soit celui qui a la puissance, soit le peuple tout entier.

Le plus méchant des hommes est sans doute celui qui fait servir ses vices à son propre dommage, ou qui nuit à ses amis; mais le plus vertueux est celui dont la vertu ne sert pas à lui-même, mais aux autres, car c'est là une tâche pénible. Aussi la justice n'est-elle pas une partie de la vertu, mais l'assemblage de toutes les vertus, la vertu tout entière; et l'injustice, de son côté, n'est point une partie du vice, mais le vice tout entier. On voit clairement, par ce qui vient d'être dit, en quoi la vertu diffère de la justice proprement dite; car elle est bien la même chose, mais elle n'a pas la même essence. La vertu, en général et absolument parlant, est une disposition, une habitude d'une espèce particulière et déterminée : en tant que cette ha-

---

(6) La même pensée se trouve aussi dans l'*Antigone* de Sophocle (vs. 175). Sur quoi le scholiaste observe que c'est une maxime attribuée, par les uns, à Bias, et par d'autres, à Chilon. Plutarque la rappelle aussi, dans la *Comparaison de Cicéron et de Démosthène* (to. 5, p. 278 de l'édit. de Mr Coray).

bitude se rapporte au bien ou à l'avantage des autres, elle est la *justice*.

II. Mais nous cherchons ce que c'est que la justice, en tant qu'elle est une partie de la vertu (car il y a, suivant nous, une telle vertu particulière), et nous voulons savoir aussi ce que c'est que l'injustice envisagée sous le même point de vue. Ce qui prouve qu'elle existe en effet, c'est qu'un homme dont les actions sont vicieuses sous d'autres rapports, agit, à la vérité, contre la justice, mais sans qu'il en résulte pour lui aucun profit, aucun avantage. Par exemple, s'il jette son bouclier en prenant la fuite, par lâcheté ; s'il parle mal de quelqu'un, par animosité ; si, par avarice, il refuse de l'argent à quelqu'un qui en a besoin. Au lieu que, lorsqu'il cherche son profit ou son avantage, ce n'est souvent par aucune des passions vicieuses dont on vient de parler ; ce n'est surtout pas par toutes à la fois : mais il y a dans sa conduite un vice particulier ; et c'est parce qu'elle est contraire à la justice, que nous la blâmons. Il y a donc une sorte d'injustice particulière, qui est, pour ainsi dire, une partie de l'injustice, en général, ou prise dans un sens absolu ; il y a l'injuste considéré spécialement, et qui diffère de l'injuste proprement dit, qui est la violation de la loi.

Supposons encore qu'un homme entretienne un commerce adultère, en vue du gain qu'il lui rapporte, et du prix qu'il en reçoit, tandis qu'un autre ne s'y livre que pour satisfaire sa passion, et que même il y dépense de l'argent : celui-ci passera plutôt pour un débauché que pour un homme avide et intéressé ; au lieu qu'on dira de l'autre, qu'il commet une action injuste, mais non pas qu'il est un débauché. D'où il suit clairement que c'est le profit ou le gain qui fait ici la différence. On rapporte même toujours ainsi tous les autres délits à quelque vice : l'adultère, au penchant pour la débauche ; l'abandon d'un poste devant l'ennemi, à la lâcheté ; l'action de frapper quelqu'un, à la colère : mais, dans tous les cas, le gain ou le profit ne se rapporte qu'à l'injustice. Par où il est évident qu'il y a une espèce particulière d'injustice, différente de l'injustice en général et proprement dite, qui est désignée par le même nom qu'elle (1) ; car on peut la définir comme appartenant au même genre, puisque l'une et l'autre ont cela de commun que leur effet se rapporte au prochain. Mais l'une comprend les honneurs, les richesses, les moyens de se sauver ou de se garantir du danger, enfin, tout ce qui, dans ce genre, peut être compris sous un même terme, et rappelle l'idée du plaisir que procure un profit ou un avantage quelconque ; au lieu que l'autre embrasse tout

---

(1) Littéralement : « En partie *synonyme*. » Notre philosophe dit ailleurs : « On appelle *synonymes* les choses qui ont un même
« nom, et dont la définition, rapportée à ce nom, est la même.
« Par exemple, *animal* se dit de l'homme et du bœuf, car ce
« nom est commun à l'un et à l'autre : et la définition, quant à
« l'essence, est aussi la même ; puisque, si l'on entreprend de
« définir chacun d'eux, en tant qu'il est animal, la définition ne
« saurait être différente. » (Aristot. *Categor.* c. 1).

ce qui intéresse l'homme sage et vertueux. Il est donc hors de doute qu'il y a plusieurs sortes de justice; et qu'outre la vertu en général, il y a une vertu particulière qui en diffère. Il reste à déterminer ce que c'est que cette vertu, et quelle elle est.

Or on a défini précédemment le juste et l'injuste, ce qui est conforme ou contraire, soit à la loi, soit à l'égalité; et l'on a parlé d'abord de l'injustice qui consiste dans la violation des lois. D'ailleurs, comme inégalité et quantité plus grande ne sont pas la même chose, mais diffèrent l'une de l'autre, comme la partie diffère du tout (car, dans l'idée de quantité plus grande est sans doute comprise l'idée d'inégalité, mais on ne peut pas dire que tout ce qui est inégal soit une quantité plus grande), l'inégalité et l'injustice ne sont pas non plus la même chose; mais l'une peut être considérée comme le tout, et l'autre comme la partie; c'est-à-dire que l'injustice est, en quelque sorte, partie de l'injuste; et enfin, puisqu'on en peut dire autant de la justice, il s'ensuit qu'on doit traiter de la justice et de l'injustice, et aussi du juste et de l'injuste.

Laissons donc, quant à présent, la justice envisagée comme vertu universelle ou absolue, et l'injustice considérée sous le même point de vue; dont l'une est l'emploi de la vertu en général, et l'autre la pratique du vice, aussi en général, à l'égard des autres. On voit dès-lors comment il faut distinguer le juste et l'injuste, conformément à ces deux points de vue. Car presque toutes les actions conformes aux lois sont le résultat de la vertu en général; puisque la loi ordonne qu'on suive, dans la conduite de la vie, tout ce qui est conforme à chaque vertu particulière, et qu'elle interdit tout ce qui peut être l'effet de chaque vice en particulier. Et même tout ce que la législation prescrit, relativement à l'instruction de la jeunesse, en vue du bien de la société, est propre à produire la vertu en général. J'aurai à examiner, dans la suite (2), si c'est à la politique, ou à quelque autre science, de donner les règles ou les préceptes d'où résulte la véritable et solide vertu dans chaque individu; car peut-être n'est-ce pas la même chose pour tout homme d'être vertueux en général, et d'être un bon citoyen.

Quant à la justice de détail, s'il le faut ainsi dire, et à ce qu'on appelle juste sous ce rapport, il y en a une espèce qui s'applique au partage ou à la distribution des honneurs, des richesses, en un mot, de tout ce qui se distribue entre les membres d'une même société politique (car toutes ces choses peuvent être l'objet d'un partage égal ou inégal); et il y en a une autre espèce, destinée à conserver l'ordre et la régularité dans les transactions entre citoyens. Et même entre celles-ci, il y en a de volontaires et d'involontaires. Par exemple, les ventes, les achats, les prêts, [soit d'argent, soit d'effets], les cautionnements, les dépôts, les salaires, toutes

---

(2) Voyez la *Politique* (l. 3, c. 2).

ces transactions sont appelées volontaires, parce que le principe en est dans la volonté de ceux qui y concourent. Mais il en est où l'on se trouve compromis sans le savoir, soit que ceux qui agissent ainsi à notre égard le fassent secrètement et à la dérobée, comme dans le cas du vol, de l'adultère, de l'empoisonnement, des intrigues infames, de la corruption de nos esclaves, de l'assassinat, du faux témoignage ; soit qu'ils agissent contre nous avec violence et à force ouverte, comme il arrive dans le cas des sévices, de l'emprisonnement, du meurtre, ou quand on ravit avec violence ce qui appartient à un autre, quand on le frappe au point de l'estropier, qu'on lui adresse des paroles offensantes, ou des provocations outrageantes.

III. Puisque le caractère de l'injustice est l'inégalité, il est évident qu'il doit y avoir un milieu par rapport à ce qui est inégal, et ce milieu sera précisément ce qui est égal. Car, dans toute action où il peut y avoir du plus ou du moins, il doit y avoir aussi une égalité possible ; et par conséquent, si on appelle injuste ce qui s'écarte de cette égalité, le juste sera ce qui y est conforme (1), ainsi que

---

(1) Cette doctrine de l'égalité, considérée comme fondement de la justice, fut celle des plus anciens philosophes, surtout de Platon, qui y revient dans plusieurs endroits de ses ouvrages. Voyez, entre autres, le 6e livre des *Lois* (p. 757), où l'on trouve des idées assez analogues à celles qu'Aristote expose avec plus de développement dans tout ce livre. Voyez aussi les *Phéniciennes* d'Euripide (vs. 551 et suiv., p. 49 et 167 de l'édit. imprimée chez Mr Didot. Paris, 1813).

tout le monde en peut juger sans beaucoup de raisonnements ; et, puisque c'est dans le milieu que se trouve l'égalité, ce sera là aussi que se trouvera la justice. Or l'égalité ne peut exister qu'entre deux termes au moins : le juste doit donc nécessairement être un milieu, une égalité par rapport à des choses et à des personnes. Comme milieu, il se rapporte à de certaines choses, qui sont le plus et le moins ; comme égal, il suppose deux termes ; enfin, comme juste, il se rapporte à des personnes. Par conséquent, la notion du juste comprend au moins quatre termes : car cette notion, appliquée aux personnes, en suppose deux ; et, appliquée aux choses, elle en suppose aussi deux. Et la même égalité devra se trouver dans les choses et dans les personnes ; car le même rapport qui existe entre les choses, doit exister aussi entre les personnes (2), puisque, s'il n'y a pas égalité entre celles-ci, elles ne devront pas posséder des choses égales.

Mais c'est précisément là qu'est la source des querelles et des plaintes, lorsque ceux qui sont égaux n'ont pas, ou ne peuvent pas obtenir des avantages égaux, ou lorsque, à mérite inégal, ils en obtiennent d'égaux. Cela devient évident par la comparaison du rang et de la dignité entre les personnes. Car on convient généralement que, dans

---

(2) Par exemple : « Si la valeur d'Achille est deux fois plus « grande que celle d'Ajax, il faudra qu'Achille ait une récom- « pense deux fois plus considérable. » (*Paraphr.*)

la distribution des honneurs, c'est surtout au rang et à la dignité qu'il faut avoir égard. Mais tous les hommes n'attachent pas la même idée à cette dignité; les partisans du gouvernement démocratique la font consister dans la liberté; ceux qui préfèrent l'oligarchie la voient, soit dans les richesses, soit dans la noblesse; et les partisans de l'aristocratie, dans la vertu.

La justice consiste donc dans une sorte de proportion; car la proportionnalité n'est pas exclusivement propre aux nombres abstraits, mais elle est une propriété du nombre en général; et ce qui constitue la proportion, c'est l'égalité de rapport au moins entre quatre termes. Et d'abord cela est évident pour la proportion *discrète*: mais la même chose a lieu aussi pour la proportion *continue*, car alors l'un des termes est répété deux fois. Par exemple, lorsqu'on dit : le rapport de A à B, est le même que celui de B à C, on répète deux fois le terme B, en sorte qu'il y aura quatre termes en proportion.

La notion du juste suppose pareillement quatre termes au moins, et le rapport entre eux est le même. Car il y a pareille différence entre les personnes à qui l'on adjuge leur part de certaines choses, et entre les choses que l'on distribue. On dira donc : Comme le terme A est au terme B, ainsi le terme C est au terme D; et, *en alternant*, comme A est à C, ainsi B est à D; en sorte qu'un rapport tout entier est comparé avec l'autre rapport tout entier, composé des termes tels que les donne la distribution ; et si la composition se fait de cette manière, la combinaison des deux rapports sera juste. Ainsi donc l'union ou la combinaison du terme A avec le terme C, et du terme B avec le terme D, est [le type ou la formule de] la *justice distributive* (3). Le juste est ce qui tient le milieu entre deux termes qui s'éloignent ou s'écartent de la proportion : car la notion de proportionnalité comprend l'idée de moyen terme; et celle de justice suppose l'idée de proportionnalité.

Les mathématiciens donnent à cette espèce de proportion le nom de *géométrique;* car ce qui la caractérise, c'est qu'il y ait même relation entre un rapport tout entier, et l'autre rapport, aussi tout entier, qu'entre les deux termes de chaque rapport (4). Toutefois ce n'est pas une proportion continue ; car la personne et la chose ne peuvent pas être exprimées par un seul et même terme en nombre (5).

---

(3) Si A représente l'une des personnes, ou le degré de mérite de cette personne, et B l'autre personne, ou son degré de mérite, et si C représente la part de la personne A, et D celle de la personne B, il est clair que les deux formes que notre philosophe donne à la proportion dont il se sert, sont également légitimes, soit que l'on compare le degré de mérite au degré de mérite, et la part de l'un à la part de l'autre, ou le degré de mérite de chacun à la part qu'il obtient, ce qu'Aristote appelle ici le *rapport tout entier*.

(4) C'est-à-dire, en termes d'arithmétique, qu'il y a même rapport entre la somme des antécédents et celle des conséquents, qu'entre l'un des antécédents et son conséquent.

(5) *En nombre*, dans le langage d'Aristote, et de la philoso-

Le caractère de cette sorte de justice est donc la proportionnalité, et le caractère de l'injustice, c'est le défaut de proportion; car dès-lors il y aura d'un côté plus, et de l'autre moins qu'il ne faut. C'est ce qui se voit par les faits mêmes; car celui qui commet une injustice obtient plus d'avantages, et celui qui la souffre en a moins qu'il n'en doit avoir. C'est tout le contraire quand il s'agit du mal; car un moindre mal, comparé à un plus grand, peut être compté pour un bien, puisqu'il est certainement préférable à un mal plus grand, et que ce qu'on préfère, c'est toujours le bien, et cela d'autant plus, qu'il est plus grand. Telle est donc l'une des espèces comprises sous la notion générale de justice.

IV. L'autre espèce, que l'on peut appeler *justice de compensation*, a lieu dans les transactions sociales, tant volontaires qu'involontaires : mais elle se présente sous une forme différente de la précédente. En effet, la justice qui préside à la distribution des biens communs à tous, se règle toujours sur la proportion que nous avons dite. S'il est question de partager de l'argent qui appartient au public, on devra y observer le même rapport qu'ont entre elles les sommes qui ont été mises en commun; et l'injustice, opposée à cette sorte de justice, sera de s'écarter de cette proportion.

Quant aux transactions entre citoyens, la justice

---

phie péripatéticienne, signifie complètement et identiquement le même, et non pas d'une manière figurée ou métaphorique.

s'y trouve bien aussi dans l'égalité, et l'injustice dans l'inégalité ; seulement elle ne suit pas la proportion géométrique, mais c'est sur la proportion arithmétique qu'elle se règle. Car il importe peu que ce soit un homme considérable qui ait dépouillé d'une partie de ses biens quelque citoyen des dernières classes du peuple, ou que ce soit celui-ci qui ait fait tort à l'autre ; que ce soit l'un ou l'autre qui ait commis le crime d'adultère : la loi n'envisage, en pareil cas, que la différence des délits, et considère comme égaux à ses yeux celui qui commet l'injustice et celui qui la supporte, celui qui a causé le dommage et celui qui l'a souffert ; de sorte que le juge s'efforce de rétablir l'égalité altérée par cette injustice. En effet, lorsqu'un homme a été frappé, ou a perdu la vie, et qu'un autre lui a porté des coups, ou l'a tué, l'action de l'un et le dommage de l'autre se partagent, pour ainsi dire, en deux parts inégales ; et le juge, par l'amende ou la peine qu'il impose, cherche, en diminuant l'avantage de l'une des parties, à rétablir l'égalité entre elles.

Dans les considérations de ce genre, bien que ces expressions ne conviennent pas peut-être à plusieurs cas particuliers, on se sert du mot *gain* ou *avantage*, en parlant de celui qui a frappé, et du mot *perte*, en parlant de celui qui a été frappé : mais, lorsque le dommage a été apprécié ou évalué, ces deux expressions doivent être prises en sens inverse. Toujours est-il que ce qui rétablit l'égalité entre le plus et le moins, c'est un juste milieu entre l'un et l'autre. Les mots gain et perte peuvent exprimer l'un plus et l'autre moins dans des sens opposés : gain signifie ici plus de bien et moins de mal, et perte, au contraire, [moins de bien et plus de mal]; le milieu entre l'un et l'autre sera l'égalité, qui, selon nous, est la justice; en sorte que le juste, par compensation, sera le milieu entre la perte et le gain : aussi a-t-on recours au juge, toutes les fois qu'il s'élève une contestation. Or, recourir au juge, c'est recourir au droit; car le juge est, en quelque sorte, le droit personnifié, et l'on cherche un juge impartial, un de ces hommes que quelques-uns appellent arbitres ou médiateurs (1), comme étant sûrs qu'ils sont dans le droit, s'ils peuvent être dans le juste milieu. Le droit est donc, en effet, quelque chose qui consiste dans cette observation du terme moyen, puisque c'est également là la fonction du juge. Car il s'attache surtout à rétablir l'égalité; et, comme on le pratique à l'égard d'une ligne partagée en deux parties inégales, il retranche à la plus grande partie la quantité dont elle excède la moitié, pour l'ajouter à la plus petite. Mais, lorsqu'un tout est ainsi divisé en deux portions égales, et que chacun en reçoit une, alors on dit que chacun a ce qui lui appartient. Or, ce qui est égal, c'est la quantité moyenne entre une plus grande et une plus petite, suivant la proportion *arithmétique*; et de là vient que le mot δίκαιον [qui signifie *juste*] exprime ce qui est par-

---

(1) En grec, μεσιδίους. Voyez la *Politique*, l. 5, c. 5, § 9.

tagé en deux, et δικαστής [*juge*] celui qui fait ce partage. Car, si, de deux quantités égales, on diminue l'une de quelque partie, pour l'ajouter à l'autre, celle-ci surpassera la première du double de la partie dont cette première a été diminuée : mais, si l'on ne fait que la lui retrancher, sans l'ajouter à la seconde, cette seconde ne surpassera la première que de la seule partie dont celle-là a été diminuée. Cette quantité surpasse donc le moyen terme d'une seule partie, et le moyen terme surpasse aussi d'une partie celle dont on a retranché quelque chose. Par ce moyen donc, nous pourrons connaître ce qu'il faut ôter à celui qui a plus, et ce qu'il faut ajouter à celui qui a moins, c'est-à-dire qu'il faut retrancher de la plus grande quantité toute la portion dont elle excède la plus petite.

A_____E_____A'
B_____B'
C____Z_____C'_____D

Soient AA', BB', CC', des lignes égales entre elles; soit retranchée de AA' la partie AE, que l'on ajoutera à CC', et qui donnera ainsi la partie C'D, en sorte que la ligne entière CC'D surpasse EA' de C'D et de CZ, et par conséquent BB' de C'D (2).

---

(2) Ce n'est là qu'une explication assez superflue de la notion de proportion arithmétique, appliquée aux lignes, et dans laquelle il est facile de voir que BB' est une moyenne proportionnelle arithmétique entre les lignes EA' et CC'D. Ces exemples sont, il faut en convenir, bien peu propres au sujet auquel l'auteur les applique, et n'éclaircissent en aucune manière la

* Cela a lieu encore dans les autres arts; car ils ne pourraient pas exister, si leurs moyens d'action n'avaient pas un effet, ou un résultat, déterminé sous le rapport de la quantité, aussi bien que sous celui de la qualité, et si la quantité ou la qualité de leur action ne pouvait pas être déterminée *(3).

Au reste, les noms de perte et de gain sont venus des transactions volontaires; car avoir plus qu'on ne possédait précédemment, s'appelle gagner, et avoir moins qu'on ne possédait d'abord, c'est perdre; ainsi qu'il arrive dans les ventes, dans les achats, et dans toutes les autres transactions pour lesquelles la loi offre des garanties. Mais, lorsqu'on n'augmente ni ne diminue la quantité de ce qu'on possède, et qu'il y a compensation exacte, alors on dit que chacun a ce qui lui appartient, sans gain ni perte. En sorte que, dans les choses qui ne dépendent pas de la volonté, la justice consiste dans un certain milieu entre la perte et le gain, c'est-à-dire à se trouver après [que la compensation a été opérée], précisément dans le même état où l'on était auparavant.

V. Quelques personnes font consister la justice

---

notion de justice qu'il s'agissait d'expliquer; parce qu'il s'en faut beaucoup que les idées morales puissent être déterminées avec autant de précision que celles du nombre et de l'étendue.

(3) Toute cette phrase, comprise entre les deux astérisques, a été regardée, par les critiques, comme transposée ici mal à propos du chapitre suivant, auquel elle appartient, et où elle se retrouve presque dans les mêmes termes.

absolue dans la parfaite réciprocité d'action (1) : c'était la doctrine des pythagoriciens, qui définissaient la justice : L'action par laquelle on fait souffrir à un autre ce qu'on a souffert soi-même. Mais cette réciprocité ne convient ni à la justice distributive, ni à la justice de compensation, quoiqu'on prétende que telle est la maxime de Rhadamante : « Qu'il souffre ce qu'il a fait souffrir ; voilà une sen-« tence rigoureusement juste. » Mais il y a bien des cas où cette maxime ne saurait s'appliquer : par exemple, si un magistrat frappe un simple citoyen, il ne faut pas qu'on le frappe à son tour ; et si le citoyen frappe un magistrat, il ne suffit pas qu'il soit frappé de la même manière, il faut encore qu'il soit puni. Ensuite, il y a bien de la différence entre ce qui est volontaire et ce qui ne l'est pas.

Toutefois cette sorte de justice peut s'appliquer aux transactions de la vie sociale ; mais c'est la proportion, et non l'égalité qu'il y faut observer. Car la société ne subsiste que par cette réciprocité

---

(1) Il n'y a point de terme, en français, qui corresponde à l'expression (τὸ ἀντιπεπονθὸς), dont Aristote se sert ici. C'est proprement la loi ou peine du *Talion*, en vertu de laquelle l'auteur d'un délit ou d'un dommage doit souffrir exactement la même espèce et le même degré de mal qu'il a fait à un autre. *Oculum pro oculo, dentem pro dente*. (Levitic. c. 24, vs. 20.) Cette sorte de justice a été admise chez un grand nombre de peuples sauvages ou barbares. Elle est mentionnée aussi dans la loi des Douze Tables, fondement de la jurisprudence romaine : sur quoi l'on peut voir les réflexions du philosophe Favorinus, dans Aulu-Gelle. (*Noct. Attic.* l. 20, c. 1).

qui se règle sur la proportion. En effet, ou les hommes cherchent à rendre le mal pour le mal, autrement l'état de société serait une pure servitude : ou ils cherchent à rendre le bien pour le bien, et, sans cela, il n'y aurait aucune communication, aucun échange de services; car c'est le commerce qui maintient la société. Aussi a-t-on placé le temple des Graces (2) dans le lieu le plus accessible, afin de fortifier et d'entretenir dans les citoyens le penchant à l'obligeance réciproque; car c'est là le propre de la grace [ou de la reconnaissance], et l'on doit s'efforcer de rendre, à son tour, des services à ceux qui nous ont obligés, ou même de les prévenir, en les obligeant, une autre fois.

On peut figurer la réciprocité proportionnelle par la combinaison ou le rapprochement des termes, dans le sens de la diagonale : soit A l'architecte, B le cordonnier, C la maison, et D la chaussure (3). Sans doute il faut que l'architecte

---

(2) Sénèque (*De Benefic.* l. 1, c. 3) développe fort au long l'allégorie que les philosophes grecs trouvaient dans la fable des Graces; surtout les stoïciens, qui montrèrent un goût particulier pour ce genre de subtilités. Je citerai seulement les paroles de cet auteur, qui présentent une pensée analogue à celle qu'Aristote exprime ici : *Quid ille consertis manibus in se redeuntium [Gratiarum] chorus? Ob hoc, quia ordo beneficii per manus transeuntis nihilominus ad dantem revertitur, et totius speciem perdit, si usquam interruptus est : pulcherrimus, si cohæsit, et vices servat.*

(3) Aristote paraît avoir voulu représenter ici la notion de la proportion géométrique, par un parallélogramme dont on évalue

reçoive du cordonnier l'espèce de travail que celui-ci est capable de produire, et que, de son côté, il lui fasse part du produit de son propre travail. Si donc on commence par établir l'égalité proportionnelle, et qu'il en résulte la réciprocité de services, ce sera précisément ce que je veux dire; autrement, il n'y aura pas égalité ni stabilité. Car il est très-possible que le travail de l'un ait plus de valeur que celui de l'autre : il faut donc établir l'égalité entre eux. C'est ce qui a lieu aussi dans les autres arts; car ils cesseraient d'exister, si l'action et le résultat qu'elle produit n'étaient pas l'une et l'autre déterminées ou appréciées sous le rapport de la quantité, aussi bien que sous celui de la qualité. Et, dans le fait, il ne peut pas y avoir de commerce entre deux médecins, mais bien entre un médecin et un laboureur, et, en général, entre des hommes de professions diverses, et qui ne soient pas égales; mais il y faut rétablir l'égalité.

Voilà pourquoi toutes les choses échangeables doivent, jusqu'à un certain point, pouvoir être comparées entre elles; et c'est ce qui a donné lieu à l'établissement de la monnaie, qui est comme une mesure commune, puisqu'elle sert à tout évaluer, et, par conséquent, le défaut aussi bien que

---

la surface par le produit de ses deux dimensions, comme il a représenté, plus haut, la proportion arithmétique, par des lignes que l'on compare uniquement sous le rapport de leur longueur : et l'on peut appliquer à ce dernier exemple ce que nous avons dit de l'autre. Voyez la note 2 du chapitre précédent.

l'excès : par exemple, quelle quantité de chaussures peut être égale à la valeur d'une maison, ou d'une quantité donnée d'aliments. Il faut donc qu'il y ait entre l'architecte [ou le laboureur] et le cordonnier [ou plutôt entre les profits de l'un et des autres], le même rapport qu'il y a entre une maison, ou une quantité d'aliments, et une quantité déterminée de chaussures; car, sans cela, il n'y aura ni commerce ni échange; et cela ne saurait se faire, si l'on n'établit pas, jusqu'à un certain point, l'égalité [entre les produits].

Il doit donc y avoir pour tout, comme on vient de le dire, une commune mesure; et, dans le vrai, c'est le besoin qui est le lien commun de la société : car, si les hommes n'avaient aucuns besoins, ou s'ils n'avaient pas tous des besoins semblables, il n'y aurait point d'échange, ou, du moins, il ne se ferait pas de la même manière. Par l'effet des conventions, la monnaie a été, pour ainsi dire, substituée à ce besoin; et voilà pourquoi on lui a donné le nom de νόμισμα, parce qu'elle doit son existence à la loi (νόμῳ), et non pas à la nature, et qu'il dépend de nous de la changer, et de lui ôter son utilité.

Or il y aura réciprocité de services, toutes les fois que l'égalité sera rétablie, en sorte que le laboureur soit avec le cordonnier en même rapport que le travail du cordonnier avec celui du laboureur. Mais c'est lorsqu'ils viennent à échanger leurs produits que ce rapport doit s'établir sous la forme de proportion : autrement, l'un des extrêmes pécherait par un double excès (4). Mais, lorsque chacun d'eux obtient ce qui lui appartient, alors il y a égalité, et il peut y avoir commerce entre eux, parce qu'il dépend d'eux que cette égalité puisse s'établir. Soit A le laboureur, C la quantité d'aliments, B le cordonnier, D la quantité de son travail égale à la quantité d'aliments; [il faudra que B soit à A, comme D est à C;] au lieu que, s'il n'était pas possible de régler ainsi la réciprocité, le commerce ne pourrait pas non plus avoir lieu.

Ce qui prouve que le besoin est comme le lien unique qui maintient la société, c'est que, quand deux hommes n'ont aucun besoin l'un de l'autre, ou au moins l'un des deux, ils ne font point d'échange; il en est de même lorsque l'un ne manque

---

(4) Aristote veut sans doute parler ici de la proportion arithmétique, dont il a été question dans le chapitre précédent, et il veut dire que si l'architecte donne la maison qu'il a construite, c'est-à-dire, le produit de son travail, au cordonnier, qui lui donnera, de son côté, la paire de souliers qu'il a faite, le premier sera doublement lésé, parce qu'il donnera trop, et recevra trop peu; et l'autre aura un double avantage, en recevant trop, et donnant trop peu. Encore une fois, l'application des formes et des termes de la géométrie ne jette pas beaucoup de lumière sur son raisonnement : elle y répand, au contraire, une sorte d'obscurité. Cependant il y avait un mérite réel à traiter ainsi ces questions, à l'époque où notre philosophe s'en est occupé. Plusieurs de ses vues, à cet égard, sont pleines de justesse; et on l'admirera plus encore, si l'on considère que la science dont il jette, en quelque sorte, ici les premiers fondements, je veux dire l'économie politique, n'a commencé à être traitée avec quelque succès, par les modernes, que dans la dernière moitié du dix-huitième siècle.

pas de ce que l'autre possède, par exemple, de vin, ce qui donnerait lieu à l'autre de faire sortir son blé. Il faut donc qu'il s'établisse une sorte d'égalité [entre les besoins comme entre les produits]. Mais, en supposant qu'aucun besoin ne se fasse sentir actuellement, l'argent est pour nous comme un garant que l'échange pourra se faire à l'avenir, si l'on est dans le cas d'y avoir recours : car il est permis à celui qui le donne, de prendre ce dont il a besoin. Au reste, l'argent lui-même est sujet aux mêmes vicissitudes [que la denrée]; car il n'a pas toujours une égale valeur : cependant il en conserve ordinairement une plus uniforme. Voilà pourquoi il convient que toutes les choses aient un prix déterminé : car de cette manière les échanges pourront toujours avoir lieu; et ce n'est que dans ce cas qu'il y a commerce et société.

La monnaie, étant donc comme une mesure, qui établit un rapport appréciable entre les choses, les rend égales : car il n'y aurait point de société, sans échange; point d'échange, sans égalité; point d'égalité, sans une commune mesure. A la vérité, il est impossible de rendre commensurables des objets si entièrement différents; mais on y réussit assez exactement pour le besoin. Il faut donc qu'il existe quelque mesure commune; mais elle ne l'est que par supposition ou convention. Voilà pourquoi on donne [en grec] à la *monnaie* le nom de νόμισμα [de νόμος, *usage, convention*]; c'est elle qui rend tous les objets commensurables, puisque tous peuvent être évalués en monnaie.

Soit A une maison, B une somme de dix mines, C un lit : il est évident que A sera la moitié de B, si la maison est du prix de cinq mines, ou égale à ce prix. Supposons que le lit, ou C, soit la dixième partie de B ; on voit dès-lors combien de lits feront une valeur égale à celle de la maison, c'est-à-dire qu'il en faudra cinq. Il est même facile de voir que c'est ainsi que se faisaient les échanges, avant que la monnaie existât ; car il importe peu qu'on échange les cinq lits contre la maison, ou contre toute autre chose qui aura la même valeur que cinq lits.

J'ai dit ce que c'est que l'injuste, et ce que c'est que le juste ; et, d'après les définitions que j'en ai données, il est évident que la manière d'agir conforme à la justice, est celle qui tient le milieu entre faire soi-même ce qui est injuste, et le souffrir de la part des autres ; car, dans le premier cas, on a *plus*, et, dans le second, on a *moins* [qu'on ne doit avoir].

Quant à la justice [envisagée comme disposition ou habitude], elle est bien une sorte de moyen terme ou de milieu, non pas de la même manière que les vertus dont il a été précédemment question (5), mais elle appartient au terme qui

---

(5) « Car chacune des autres vertus tient le milieu entre deux
« vices opposés, l'un par excès, et l'autre par défaut : comme
« la tempérance à l'égard de l'insensibilité stupide et de la dé-
« bauche ; le courage à l'égard de la lâcheté et de la témérité,
« et ainsi des autres. Mais la justice n'est opposée qu'à l'injus-
« tice, et non à deux extrêmes en sens contraires. Elle est un

s'éloigne également des extrêmes, au lieu que l'injustice est un de ces extrêmes. En effet, la justice est l'habitude ou la disposition d'après laquelle l'homme équitable fait, par choix, ce qui est juste, et l'observe non-seulement dans toutes ses transactions avec les autres, mais aussi dans celles où il n'y a que d'autres personnes qui soient intéressées; en sorte qu'il ne s'attribuera pas une quantité plus considérable de ce qui est utile ou avantageux, n'en laissant qu'une moindre part à celui avec qui il partage; ou, au contraire, s'il est question de choses nuisibles ou dommageables : mais il observera l'égalité proportionnelle avec une scrupuleuse exactitude; et il en agira de même quand il faudra partager entre des personnes étrangères. L'injustice est la disposition entièrement opposée; elle ne cherche que l'excès en plus dans ce qui est utile, ou en moins dans ce qui peut être nuisible, sans observer ni règle ni proportion. Voilà pourquoi l'excès en plus ou en moins est le caractère de l'injustice; l'excès en plus quand il s'agit de choses avantageuses à l'homme injuste, et l'excès en moins dans les choses nuisibles ou dangereuses. Quand il n'est pas intéressé lui-même dans cette distribution, mais qu'il est chargé de la faire aux autres, il agit, en général, avec la même partialité: mais, quant à la proportion, il la règle au hasard et sans scrupule. En fait d'injustice, l'extrême en moins

---

« milieu en ce sens que, l'injustice, produisant l'inégalité, elle
« cherche à rétablir l'égalité, et y parvient. » (*Paraphr.*)

est le lot de celui qui la souffre, et l'extrême en plus, le partage de celui qui la commet. Telle est la manière dont j'ai cru devoir envisager la justice et l'injustice; voilà ce que j'avais à dire sur la nature de l'une et de l'autre, et aussi sur le juste et l'injuste, en général.

VI. Cependant, comme il est possible qu'en commettant un acte d'injustice, on ne soit pas encore effectivement injuste, quels sont les délits qui, dans chaque genre d'injustice, font qu'un homme est effectivement injuste ? Par exemple, le filou, l'adultère, le voleur, sont-ils dans ce cas ? ou bien, n'y aura-t-il aucune différence (1) ? Car un homme pourrait avoir commerce avec une femme, sachant très-bien qui elle est, mais sans en avoir formé le dessein, et uniquement entraîné par la passion. Il commet un acte injuste sans doute; mais il n'est pas effectivement injuste : de même, il n'est pas voleur, mais il a volé; ni adultère, mais il a commis un adultère, et ainsi des autres genres de délit.

J'ai dit précédemment ce qu'est la réciprocité d'action par rapport au droit; mais il ne faut pas perdre de vue que ce que nous cherchons ici, c'est le juste en soi, ou proprement dit, et le juste par rapport à la société civile; c'est-à-dire pour des

---

(1) L'un des interprètes de ce traité, soupçonnant que le texte peut avoir été altéré, dans cet endroit, complète ainsi la pensée de l'auteur: « Ou bien, dira-t-on qu'il y a une différence réelle, quand on a égard aux motifs ? »

hommes libres et égaux, qui se sont associés dans la vue de pourvoir à la satisfaction de tous leurs besoins, conformément aux règles de la proportion, soit géométrique, soit arithmétique. En sorte que partout où cela n'a pas lieu, il n'existe point de justice politique qui règle les rapports des citoyens entre eux; il n'y a qu'une justice, qui a simplement quelque ressemblance avec la justice politique.

En effet, le droit existe chez ceux dont la loi règle les rapports mutuels, et la loi existe où il y a injustice : car le jugement prononcé par un tribunal, décide sur ce qui est juste et injuste (2). Partout où il y a injustice, il y a aussi des actes injustes commis; mais partout où des actes injustes sont commis, il n'y a pas toujours injustice (3); c'est-à-dire volonté ou dessein de s'attribuer [plus qu'on n'en a le droit] des biens pris dans un sens absolu, et moins des maux, pris dans le même sens. Voilà pourquoi nous ne souffrons pas que l'homme commande, mais nous voulons que ce soit la loi; parce que l'homme ne consulte alors que son propre intérêt, et devient tyran (4). Mais le magistrat est le gardien de la justice, et s'il l'est

---

(2) Voyez la *Politique*, l. 1, c. 1, § 12.

(3) Cette phrase a été regardée à tort, par quelques-uns des commentateurs, comme une répétition, ou une paraphrase oiseuse, de ce qui précède.

(4) Voyez la *Politique*, l. 3, c. 11, § 4; et la *Rhétorique*, l. 1, c. 1.

de la justice, il l'est aussi de l'égalité. Cependant, s'il est juste, il ne prétend, sous aucun rapport, à des priviléges particuliers; car il ne s'attribue à lui-même une part plus grande du bien en soi, ou proprement dit, qu'autant qu'elle se trouve dans la proportion [autorisée ou prescrite par la justice et par la loi]. Aussi est-ce pour l'intérêt des autres qu'il travaille; et c'est par cette raison qu'on dit que la justice est le bien d'autrui, ainsi qu'il a été remarqué précédemment (5). Il faut donc lui accorder un salaire, et ce salaire est l'honneur et la considération. Tous ceux à qui cela ne suffit pas, ne sauraient être que des tyrans.

Au reste, le droit du maître, ou du père, n'est pas le même que celui dont on vient de parler, il n'est que semblable. En effet, il n'y a pas proprement injustice à l'égard de ce qui nous appartient: notre esclave, notre enfant, jusqu'à ce qu'il soit parvenu à un certain âge, et tant qu'il ne vit pas indépendant, sont comme des parties de nous-mêmes : or, personne n'a la volonté de se nuire à soi-même. Voilà pourquoi il n'y a pas injustice d'un homme envers lui-même; par conséquent, il n'y a ni droit ni injustice dans le sens politique : car ce droit n'existe qu'en vertu de la loi, et entre des hommes qui sont de nature à être gouvernés par la loi, c'est-à-dire entre des êtres parmi lesquels il y a égalité de commandement et d'obéissance. Aussi le droit est-il plutôt relatif à la femme qu'aux enfants et

---

(5) Dans le chapitre premier de ce livre.

aux esclaves. Car c'est l'espèce de droit qui se rapporte à l'économie de la maison, et qui est autre que le droit politique.

VII. Mais la justice politique se divise en deux espèces, l'une naturelle, et l'autre légale. La justice naturelle, qui a partout la même force, et qui ne dépend ni des opinions, ni des décrets des hommes: la justice légale, qui regarde les actions indifférentes en elles-mêmes, mais qui cessent de l'être dès que la loi vient à les prescrire ou à les défendre. Par exemple, [quand elle ordonne] de racheter les prisonniers pour le prix d'une mine d'argent, ou d'immoler à Jupiter des chèvres et non pas des brebis (1) : en général, toutes les choses de détail sont prescrites par la loi, comme de faire des sacrifices à Brasidas (2), et tout ce qui est compris dans les *décrets* de l'autorité publique.

Cependant quelques personnes pensent que tout est de ce dernier genre, parce que ce qui est de

---

(1) L'auteur fait allusion aux Égyptiens, au sujet desquels Hérodote (*Hist.* l. 2, c. 42) dit : « Tous ceux qui habitent dans « le district du temple de Jupiter Thébéen, ou qui sont du nome « de Thèbes, s'abstiennent de sacrifier des brebis, et n'immo- « lent que des chèvres. »

(2) L'un des meilleurs et des plus braves généraux qu'eût Lacédémone, dans la guerre du Péloponèse. Il fut tué en défendant la ville d'Amphipolis, dont il avait forcé les Athéniens de lever le siége. Les Amphipolitains lui firent de magnifiques obsèques, et décrétèrent, qu'à l'avenir, on lui sacrifierait, comme à un héros, ou demi-dieu. Voyez (Thucyd. *Hist.* l. 2, c. 11).

la nature est immuable, et a partout la même force ; ainsi le feu brûle ici, de même que chez les Perses, au lieu qu'on voit ce qui est juste sujet à des vicissitudes : mais cela n'est vrai que jusqu'à un certain point. Peut-être cette immuabilité de la justice n'existe-t-elle que parmi les dieux, tandis que chez nous il y a des choses qui sont naturellement sujettes au changement, quoique toutes ne le soient pas : il y a donc un droit naturel, et il y en a un qui ne dérive pas de la nature.

Mais il est facile de voir, entre les choses qui sont sujettes au changement, quelle est celle qui peut varier naturellement, et quelle est celle qui ne le peut pas naturellement, mais seulement par l'effet des lois et des conventions, en supposant même que les unes et les autres soient pareillement susceptibles de changer. La même distinction s'appliquera également à d'autres choses; car on est plus naturellement porté à se servir de la main droite, et néanmoins tout homme peut devenir ambidextre. Mais il en est des choses qui sont justes par convention, et par un simple motif d'utilité ou de convenance, comme des mesures ; car celles qui servent à mesurer le vin et les grains, ne sont pas égales dans tous les pays; on les fait plus grandes dans ceux où l'on est dans le cas d'acheter ces denrées, et plus petites, dans les pays où l'on est dans le cas de les vendre. Ainsi, les choses qui ne sont pas naturellement justes, mais qui ne le sont qu'humainement, ne sont pas partout les mêmes, car les formes de gouvernement ne le sont pas non plus;

mais il n'y en a qu'une seule qui soit partout conforme à la nature, et la meilleure. Au reste, tout ce qui mérite le nom de juste et de légal est [par rapport à nos actions] comme le genre par rapport aux individus ; car le nombre des actions est infini : mais chaque action [juste ou légale] est une, puisqu'elle appartient [comme telle] à une classe générale.

Mais il y a de la différence entre l'injuste [en soi, ou proprement dit], et l'acte injuste, et entre le juste et l'acte de justice ; car l'injuste est tel par sa nature, ou par le fait d'une institution ; et ce qui a ce caractère, quand on l'a fait, est un acte injuste : mais avant qu'on l'ait fait, il n'est pas encore [un acte], mais il est injuste ; et il en est de même d'un acte de justice. Au reste, on désigne plus généralement par le mot δικαιοπράγημα, un acte particulier de justice ; et le mot δικαίωμα exprime la réparation d'un acte injuste. Mais j'examinerai, dans la suite, en détail quelles sont les espèces dans chacun de ces genres, combien il y en a, et à quels objets elles se rapportent.

VIII. Les actions justes et injustes étant celles que nous venons de dire, on pratique la justice, ou on commet l'injustice, quand on les fait volontairement ; mais quand on agit involontairement, on ne fait une action juste, ou un acte d'injustice, que par accident ; car on a simplement fait des actions qui se trouvent être justes ou injustes. C'est donc ce qu'il y a de volontaire et d'involontaire qui constitue la pratique du juste, ou l'acte injuste ;

car, lorsqu'il est volontaire, on le blâme; et c'est alors qu'il est en même temps un acte véritablement injuste. En sorte qu'il pourra exister quelque chose d'injuste, qui pourtant ne sera pas encore un acte injuste, si la condition d'être volontaire ne s'y joint pas.

Or j'appelle *volontaire*, comme il a été dit précédemment (1), ce qu'un homme fait, quand cela dépend de lui, sachant bien et n'ignorant pas à qui, par quel moyen, ni pourquoi il le fait: par exemple, qui il frappe, avec quel instrument, pour quel motif, et ainsi des autres circonstances; et non pas par accident ou par force, comme si un homme, dont on saisit [et dont on pousse] la main, frappait une autre personne, sans le vouloir; puisque cela ne dépend pas de lui. Il pourrait même arriver que la personne qu'il frappe fût son père, et qu'il sût que c'est un homme, ou même quelqu'une des personnes présentes; mais qu'il ignorât que c'est son père. Supposons des distinctions du même genre, établies par rapport au motif et à toutes les circonstances de l'action : assurément, puisqu'elle ne dépend pas de celui qui la fait, et qu'il y est contraint, soit qu'il ignore ou qu'il n'ignore pas ce qu'il fait, son action est involontaire. Car nous faisons et nous souffrons, avec pleine connaissance, bien des choses qui sont dans le cours ordinaire de la nature, sans qu'il y ait de notre part rien de volontaire, ni d'involontaire; c'est

---

(1) Voyez ci-dessus l. 3, c. 2.

ainsi, par exemple, que nous vieillissons et que nous mourons.

Cependant il y a aussi de l'effet des circonstances dans les actions justes et injustes; car, si un homme restitue un dépôt, malgré lui et par crainte, on ne dira pas qu'il fait une action juste, ni qu'il pratique la justice; sinon, par accident. Et pareillement il faudra dire que c'est par accident que celui qui se voit forcé, contre son gré, à ne pas rendre un dépôt, fait une action injuste, ou viole la justice.

Or, entre les actions volontaires, il y en a que nous faisons par choix ou par préférence, et d'autres sans détermination prise à l'avance; nous faisons par choix celles qui sont le résultat d'un dessein prémédité, et sans choix ou sans préférence, celles sur lesquelles nous n'avons point délibéré.

Comme il y a trois manières de nuire aux autres dans le commerce de la vie, les fautes que l'on commet par ignorance ont lieu lorsqu'on n'a réfléchi ni sur la personne, ni sur les moyens, ni sur la manière, ni sur les motifs de son action. Car, ou bien l'on ne croyait pas porter un coup, ou bien ce n'était pas avec cet instrument, ou à cette personne, ou dans ce dessein; mais l'événement a été tout autre qu'on ne croyait. Par exemple, ce n'était pas pour blesser, mais pour faire une simple piqûre; ou bien ce n'était pas cette personne-là, ou de cette manière-là.

Lors donc que le dommage a eu lieu contre l'intention [de celui qui en est l'auteur], c'est un malheur ; et lorsque ce n'est pas contre son intention, mais sans mauvais dessein, c'est une faute : car il est coupable lorsque le principe du mal dont on l'accuse est en lui-même, au lieu que, si le principe ou la cause vient du dehors, il n'est que malheureux. Lorsqu'on agit en connaissance de cause, mais sans dessein prémédité, c'est un acte injuste ; on peut ranger dans cette classe tous les accidents qui arrivent par l'effet de la colère et des autres passions, soit naturelles, soit nécessaires. Car ceux qui commettent ces fautes d'où résultent de tels dommages, sont coupables d'injustice, et toutefois ils ne sont pas encore, pour cela, des hommes en effet injustes, ni méchants ; car le dommage qu'ils causent n'est pas l'effet de la perversité. Mais celui qui agit ainsi, par choix et à dessein, est essentiellement injuste et vicieux. Aussi est-ce avec raison que l'on ne regarde pas les actions inspirées par la colère, comme l'effet d'un dessein prémédité ; car ce n'est pas dans celui qui agit avec emportement qu'est la cause première du dommage, mais dans celui qui a provoqué la colère.

Ici, d'ailleurs, la question n'est pas de savoir si le dommage existe ou non, mais c'est le juste que nous considérons, parce qu'ordinairement la colère naît d'une injustice manifeste. Car il n'en est pas de ceci comme des obligations contractées légalement, et où le fait est l'objet de la contestation : alors il faut nécessairement que l'un des deux contendants soit un homme de mauvaise foi, à moins qu'il n'ait oublié ses engagements. Ici, au contraire, on convient du fait, mais on conteste pour savoir s'il y a justice, ou non. Celui qui a attaqué sait bien qu'il l'a fait, mais il croit avoir été provoqué par un outrage reçu, et l'autre ne le croit pas (2). Mais, si c'est à dessein et avec préméditation que le dommage a été causé, son auteur commet une injustice; et celui qui se rend coupable de tels actes, est injuste, soit qu'il viole les lois de la proportion, ou celles de l'égalité : de même, on est juste, lorsqu'on pratique la justice à dessein et avec réflexion; et on la pratique ainsi, pourvu seulement que l'action soit volontaire.

Quant aux actions involontaires, les unes sont dignes de pardon, et les autres ne le sont pas. Car non-seulement toutes les fautes que l'on commet sans le savoir, mais aussi celles dont l'ignorance est la cause, sont excusables; au lieu que toutes celles que l'on commet, non pas, à la vérité, par ignorance, mais sans le savoir, parce qu'on se laisse égarer par quelque passion qui n'est ni naturelle, ni dans l'humanité, sont impardonnables.

IX. Il pourrait, cependant, rester encore quelque doute sur l'exactitude des notions que nous avons attachées aux expressions *souffrir l'injustice*

---

(2) « On peut être coupable d'injustice, dit ailleurs notre « philosophe (*Problem.* XXXIX, sect. 13), non-seulement avec « intention, mais aussi par colère, par crainte, par passion, « et par beaucoup d'autres causes : mais, la plupart du temps, « il y a du dessein ou de l'intention dans une plainte injuste. »

et *commettre l'injustice*. D'abord, peut-on admettre cet étrange raisonnement d'Euripide, lorsqu'il dit : « J'ai tué ma mère, et voici, en peu de « mots, ma défense : Ou je l'ai tuée volontaire- « ment et d'après sa propre volonté, ou malgré « moi, mais toujours parce qu'elle l'a voulu » (1). Car est-il véritablement possible que quelqu'un veuille qu'on lui fasse un tort ou une injustice? Ou plutôt, n'est-ce pas toujours involontairement qu'on souffre l'injustice, comme c'est volontairement qu'on la fait? Enfin, peut-on considérer toute injustice (tant celle qui est soufferte que celle qui est commise) sous l'un ou sous l'autre point de vue? ou bien, dira-t-on que l'une est toujours volontaire, et l'autre toujours involontaire?

Il en sera de même de la notion attachée à l'expression *se faire rendre justice* (2). Car pratiquer la justice est toujours volontaire, en sorte qu'il est fort raisonnable d'opposer entre elles chacune de ces deux notions, *souffrir l'injustice* et *se faire rendre justice*, et de les envisager sous le double rapport du volontaire et de l'involontaire.

---

(1) Traduction de deux vers grecs tirés, suivant les commentateurs grecs, du *Bellérophon* d'Euripide, tragédie que nous n'avons plus.

(2) Le mot δικαιοῦσθαι, que je traduis par *se faire rendre justice*, signifie aussi *obtenir justice*, ou même *être traité comme on le mérite*, toutes nuances qui sont comprises dans l'idée générale qu'il exprime, et qu'il ne faut pas perdre de vue, pour bien comprendre les pensées de l'auteur dans ce chapitre.

Mais il semblerait étrange, quant à se faire rendre justice, de demander si c'est toujours une chose volontaire ; car il y a des personnes à qui cela arrive sans qu'elles le veuillent. On pourrait même demander encore si tout homme qui éprouve une chose injuste, est réellement traité avec injustice ; ou bien, s'il en est de l'idée de souffrir ou de supporter, comme de l'idée d'agir ou de faire ? Car il peut arriver que l'on souffre, ou que l'on fasse ce qui est juste par le pur effet du hasard ; et il est évident qu'il en peut être de même de ce qui est injuste : car faire des choses injustes n'est pas toujours commettre une injustice, et éprouver des choses injustes n'est pas la même chose qu'être l'objet de l'injustice. Pareillement, pour ce qui est de pratiquer la justice et de se faire rendre justice ; car il est impossible qu'on soit l'objet de l'injustice, sans qu'il y ait quelqu'un qui en soit l'auteur ; et il est impossible qu'on se fasse rendre justice, sans qu'il y ait quelqu'un qui pratique la justice.

Cependant, si commettre l'injustice signifie proprement nuire volontairement à quelqu'un, et si par *volontairement* on entend sachant à qui, et par quel moyen, et comment ; si, enfin, c'est volontairement que l'intempérant se nuit à lui-même, alors ce serait volontairement qu'il serait l'objet de l'injustice ; et il se pourrait que l'on commît l'injustice contre soi-même. Mais voilà précisément ce dont on doute, s'il est possible que l'on commette l'injustice contre soi-même ; et encore si un homme pourrait, par intempérance, consentir à éprouver quelque tort de la part d'un autre qui y consentirait aussi, en sorte qu'il serait possible qu'on fût, de son propre consentement, l'objet de l'injustice. Ou bien, notre définition n'est-elle pas encore exacte, et faut-il ajouter à l'idée de nuire, en sachant à qui, et par quel moyen, et comment, la condition que ce soit contre la volonté de celui à qui l'on nuit?

Un homme peut donc éprouver un dommage volontairement, et il souffre des choses injustes; mais personne n'est volontairement l'objet de l'injustice, puisque personne ne consent à l'être, pas même l'intempérant; au contraire, il agit contre sa volonté. Personne, en effet, ne veut ce qu'il croit n'être pas conforme à l'honneur et à la raison; mais l'intempérant ne laisse pas de faire ce qu'il croit qu'on ne doit pas faire.

Quant à celui qui donne ce qui lui appartient, comme Homère (3) le raconte de Glaucus, lequel donna (dit-il) à Diomède « des armes d'or pour « des armes de cuivre, une armure du prix d'une « hécatombe pour celle qui ne valait que neuf « bœufs », celui-là n'est pas l'objet de l'injustice, car il est le maître de donner : mais être l'objet de l'injustice ne dépend pas de lui; il faut, pour cela, qu'il y ait quelqu'un qui commette cette injustice. Il est donc évident qu'être l'objet de l'injustice n'est pas une chose volontaire.

---

(3) Voyez l'*Iliade* d'Homère (ch. VI, vs. 236).

Mais il nous reste encore à traiter deux des questions que nous nous sommes proposées : d'abord, si l'auteur de l'injustice est celui qui adjuge à un autre plus qu'il ne mérite, ou si c'est celui qui reçoit la chose qui lui est adjugée; et ensuite, s'il est possible que l'on commette l'injustice contre soi-même.

En effet, si l'on admet que le premier cas ait lieu, c'est-à-dire, si celui qui adjuge est l'auteur de l'injustice, mais non pas en prenant plus qu'il ne doit avoir; comme si quelqu'un, ayant un partage à faire, donne à un autre plus qu'il ne prend pour lui-même, il s'ensuivra qu'il se fait tort à lui-même, comme il arrive assez ordinairement aux personnes désintéressées. Car l'homme modeste a un penchant naturel à diminuer son partage. Ou bien, si l'on trouve que la question n'est pas simple; si l'on suppose, par exemple, que cet homme avait d'autres avantages en partage, comme la gloire, ou ce qui est proprement honorable et beau, la difficulté se résout pourtant encore par notre définition de l'expression *être auteur de l'injustice*. Car enfin, il ne souffre, en ce cas, rien qui soit contre sa volonté : ainsi, sous ce rapport au moins, il n'est pas l'objet de l'injustice; seulement, c'est un dommage pour lui, supposé qu'il y ait dommage. Au reste, il est clair que celui qui fait le partage est l'auteur de l'injustice, et non pas celui qui reçoit le plus : car celui entre les mains de qui se trouve la chose injustement donnée, ne commet pas l'injustice, mais bien celui en qui se trouve la disposition à agir ainsi volontairement. C'est là qu'est le principe de l'action, c'est-à-dire, dans celui qui règle le partage, et non dans celui qui prend ce qu'on lui donne.

Ajoutons que comme le mot *faire* a beaucoup d'acceptions diverses, et que, dans certains cas, des objets même inanimés peuvent donner la mort, comme aussi, par exemple, la main [d'un homme qui est poussé ou contraint par une force supérieure à la sienne (4)] et l'esclave de celui qui a ordonné le meurtre, ce n'est pas l'esclave qui est l'auteur de l'injustice, mais il fait des choses injustes.

De plus, si quelqu'un a prononcé, sans le savoir, une sentence injuste, il n'est pas l'auteur de l'injustice, il ne viole pas la justice légale, et son jugement même n'est pas injuste; mais il l'est à quelques égards : car le juste conforme aux lois n'est pas la même chose que le juste, pris dans un sens absolu, ou la justice naturelle et primitive. Mais, s'il a jugé injustement en pleine connaissance de cause, il s'attribue alors un privilége de faveur ou de vengeance. En effet, l'homme qui a jugé injustement par de pareils motifs, fait réellement un *gain*, comme celui qui consent à recevoir sa part du prix d'un acte injuste; car celui qui adjuge un champ, par les motifs que je viens de dire, ne reçoit pas de la terre, mais de l'argent.

Toutefois les hommes s'imaginent qu'il dépend d'eux de commettre l'injustice, et que, par consé-

---

(4) Voyez ci-dessus, chapitre VIII.

quent, il est facile d'être juste; mais cela n'est pas. Véritablement, il est facile d'avoir commerce avec la femme de son voisin, de frapper un autre homme, de donner de l'argent à quelqu'un, et cela dépend de celui qui le fait; mais faire ces choses dans telles circonstances, et avec telles et telles conditions précises et déterminées, c'est ce qui n'est ni facile, ni en notre pouvoir. Pareillement, il semble qu'il ne faut pas une grande habileté pour discerner ce qui est juste et ce qui est injuste, parce qu'il n'est pas difficile de comprendre ce que disent les lois sur ce sujet; mais ce n'est le juste que par hasard. Ce qui est juste, au contraire, c'est ce qui se fait et ce qui se distribue d'une certaine manière, et suivant des conditions précises et déterminées. Or, c'est là une tâche plus difficile que de connaître ce qui est avantageux pour la santé; et, en effet, rien de si facile que de savoir ce que c'est que miel, vin, ellébore, cautère, amputation : mais comment faut-il employer ces choses pour rétablir la santé, à qui faut-il les prescrire, dans quel temps, dans quelles circonstances? Voilà précisément ce qui fait l'art du médecin.

Par la même raison, l'on s'imagine qu'il n'y a rien qui fût si possible à un homme juste que de commettre une injustice; parce que l'homme juste pourrait tout aussi bien, et même plus facilement, faire chacune de ces actions, comme de séduire une femme, de frapper quelqu'un, et qu'il ne tiendrait qu'à l'homme de cœur de jeter son bouclier, de tourner le dos à l'ennemi, et de courir dans quelque direction que ce soit. Mais faire toutes ces choses, ce n'est pas être lâche et injuste, sinon par accident ou par circonstance; au lieu qu'il faut être dans telle disposition déterminée; de même que pratiquer la médecine et rendre la santé, ne consiste pas à faire ou à ne pas faire des opérations, à donner ou à ne pas donner des médicaments, mais à le faire de telle ou telle manière.

Au reste, la justice ne peut exister que parmi des êtres qui participent aux biens véritables et proprement dits. Mais on peut en avoir surabondance, ou en éprouver la privation. Cependant [parmi ces êtres] il y en a pour qui il ne saurait y avoir excès dans cette abondance, et tels sont peut-être les dieux : il en est pour qui aucune partie de ces biens ne peut être utile; ce sont les mortels livrés à une incurable perversité, et à qui tout est cause de dommage ; il en est, enfin, à qui ils peuvent être bons jusqu'à un certain point, et tel est le partage de l'humanité.

X. Il convient à présent de faire voir quel rapport il y a entre la justice et l'équité, entre ce qui est juste et ce qui est équitable. Car on trouve, en les considérant avec attention, que ce n'est pas tout-à-fait une seule et même chose, quoiqu'il n'y ait pas de différence spécifique de l'une à l'autre. Il y a des circonstances où nous louons ce qui est équitable, et l'homme qui a ce caractère; en sorte qu'en certains cas, nous employons l'expression *plus équitable*, au lieu de bon ou juste, pour manifester notre approbation; donnant à entendre par là que la chose est mieux ainsi. Et, d'un autre côté, à ne consulter que la raison, si ce qui est équitable est quelque chose qui s'écarte de la justice, il semble assez étrange qu'on lui donne son approbation. Car, enfin, ou le juste n'est pas conforme à la vertu, ou ce qui est équitable n'est pas juste (s'il est autre chose); ou bien, si l'un et l'autre sont conformes à la vertu, ils ne sont qu'une même chose. Voilà précisément ce qui fait naître le doute et l'embarras au sujet de ce qu'on appelle équitable. Cependant ces expressions sont toutes exactes sous un certain point de vue, et n'ont rien de contradictoire. Car ce qui est équitable, étant préférable à une chose juste d'une certaine espèce, est assurément juste; et, puisqu'il n'est pas une espèce autre ou entièrement différente du juste, il est préférable au juste. Le juste et l'équitable sont donc [en ce sens] une même chose, et comme l'un et l'autre sont conformes à la vertu, l'équitable mérite la préférence.

Mais ce qui fait la difficulté, c'est que l'équitable, bien qu'il soit juste, n'est pas exactement conforme à la loi, mais il est plutôt une modification avantageuse du juste qui est rigoureusement légal. Cela vient de ce que toute loi est générale (1), et qu'il y a des cas sur lesquels il n'est pas possible de prononcer généralement avec une parfaite justesse. Et, par conséquent, dans les choses sur lesquelles la loi est obligée de s'expliquer d'une manière gé-

---

(1) Voyez la *Politique* (l. 3, c. 10, § 4).

nérale, quoique ses décisions ne soient pas susceptibles d'une extrême précision, elle embrasse ce qui arrive le plus communément, sans se dissimuler l'erreur [qui peut résulter de ses décisions], et elle n'en est pas moins ce qu'elle doit être; car l'erreur ne vient ni de la loi, ni du législateur, mais de la nature même de la chose, puisque la matière des actions humaines est précisément telle.

Lors donc que la loi s'explique d'une manière générale, et qu'il se rencontre des circonstances auxquelles ces expressions générales ne peuvent pas s'appliquer, alors on a raison de suppléer ce que le législateur a omis, ou de rectifier l'erreur qui résulte de ses expressions trop générales, en interprétant ce qu'il dirait lui-même, s'il était présent, et ce qu'il aurait prescrit par sa loi, s'il avait eu connaissance du fait. Voilà pourquoi il y a une justice préférable à la justice rigoureuse dans tel cas particulier; non pas à la justice absolue, mais à celle qui prononce en des termes absolus, qui [dans ce cas] sont une cause d'erreur; et telle est précisément la nature de l'équité : elle remédie à l'inconvénient qui naît de la généralité de la loi. Car ce qui fait que tout n'est pas compris dans la loi, c'est qu'il y a des cas particuliers sur lesquels il est impossible qu'elle s'explique : en sorte qu'il faut avoir recours à une décision particulière (2); car la règle de ce qui est indéterminé doit être elle-même indéterminée. Comme ces règles de

---

(2) A un décret, ou *ordonnance* (ψήφισμα).

plomb, dont les Lesbiens font usage dans leurs constructions (3), et qui, s'adaptant à la forme de la pierre, ne conservent pas l'invariable direction de la ligne droite; ainsi les décisions particulières doivent s'accommoder aux cas qui se présentent.

On voit donc ce que c'est que l'équitable et le juste, et à quelle sorte de juste il est préférable; et l'on voit encore par là ce que c'est qu'un homme équitable : c'est celui qui, dans ses déterminations et dans ses actions, sait s'écarter de la justice rigoureuse quand elle peut avoir des inconvénients, et qui, s'appuyant toujours sur la loi, sait en adoucir la rigueur. Cette habitude, ou disposition d'esprit,

---

(3) Les Lesbiens n'employaient point, dans leurs constructions, des pierres taillées avec soin, et posées par assises régulières; mais, au contraire, ils les plaçaient de manière qu'elles formaient des saillies et des rentrées alternatives, dit un scholiaste (Michel d'Éphèse) cité par Mr Zell. Quant à la *règle lesbienne*, outre la mention qu'en fait l'auteur du *Voyage du jeune Anacharsis* (c. 3, p. 58), Mr Coray cite encore les réflexions suivantes, de Burlamaqui, dans son *Traité du Droit de la nature et des gens* (t. 3, p. 482, édit. de 1820) : « Les anciens « avaient imaginé deux règles, celle de Polictète (peut-être Po-« lyclète), et la lesbienne. La règle de Polictète était si ferme, « qu'aucun effort ne pouvait la plier; c'était sur elle qu'on ré-« glait celle des ouvriers : si on la compare à la justice, c'est « avec raison; mais si on la compare à la loi, c'est une erreur..... « La règle lesbienne, au contraire, était de plomb : elle se prêtait « à volonté. On n'ajustait pas l'ouvrage à la règle, mais la règle « à l'ouvrage; c'est le contraire de l'équité; la règle ne méritera « plus le nom de règle, si elle demeure une ligne courbe, si on « lui fait prendre toutes les formes. »

est précisément l'équité : c'est une sorte de justice, ou une habitude qui ne diffère réellement pas de la justice.

XI. Il est facile de voir, par tout ce qui a été dit précédemment, si l'on peut ou non commettre une injustice contre soi-même; car il faut mettre au nombre des choses justes tout ce que la loi prescrit de conforme à la vertu, en général. Par exemple, la loi n'ordonne à personne de s'ôter la vie : or, ce qu'elle n'ordonne pas, elle le défend. D'un autre côté, nuire à quelqu'un, en violant la loi, et sans avoir pour but de se venger d'une offense reçue, c'est commettre une injustice volontaire, c'est-à-dire, sachant à qui on nuit, par quel moyen, et de quelle manière. Quant à celui qui se tue dans un accès de colère, il fait, contre toute raison, une action que la loi ne permet pas. Il fait donc un acte injuste. Mais envers qui? est-ce envers la société, et non pas envers lui-même? Car enfin, ce qu'il éprouve, il l'a voulu; mais personne n'est volontairement l'objet d'une injustice. Voilà pourquoi la société inflige une peine à ce genre de crime (1); et, de plus, une sorte de déshonneur s'attache à celui qui s'est tué lui-même, comme étant coupable d'un délit envers la société.

---

(1) « On refuse la sépulture au coupable », dit l'auteur de la *Paraphrase*. Mais Eschine (*adv. Ctesiphont.* p. 636) dit seule-
« ment: « Si un homme se tue lui-même, nous enterrons sépa-
« rément du corps la main qui a fait l'action. »

D'ailleurs, en ce sens que celui qui ne fait que commettre un acte d'injustice, est injuste, à la vérité, mais non pas absolument pervers; il est impossible qu'on soit injuste envers soi-même : car ce cas est tout différent de l'autre. L'homme qui n'est injuste ou pervers que jusqu'à un certain point, est comme le lâche; il n'est pas absolument vicieux. De sorte que l'injustice qu'il commet n'a pas ce degré de perversité absolue; puisque [le lui imputer], ce serait attribuer et ôter en même temps une même chose à la même personne; ce qui est impossible. Au contraire, il faut toujours et nécessairement que le juste et l'injuste [pris dans un sens absolu] se trouvent dans des individus différents. Il faut même qu'un acte injuste soit volontaire, qu'il soit l'effet d'une détermination réfléchie et que rien n'a provoquée; car celui qui rend le mal qu'on lui a fait, n'est pas ordinairement considéré comme coupable d'injustice. Mais celui qui serait injuste envers lui-même souffrirait et ferait en même temps le même tort, et de plus, il faudrait qu'on pût être volontairement victime de l'injustice.

Ajoutons à cela que personne n'est coupable d'injustice sans qu'on puisse spécifier le délit particulier qui lui est imputé; or, assurément un homme n'est point coupable d'adultère avec sa propre femme, ni ne force sa propre maison pour y commettre un vol, ni ne dérobe ce qui lui appartient. En un mot, le crime d'injustice commise envers soi-même se résout toujours par la condition du consentement donné à l'injustice dont on est l'objet.

Au reste, il n'est pas douteux que ces deux choses, être l'auteur de l'injustice et en être l'objet, ne soient l'une et l'autre fâcheuses : car, dans le premier cas, c'est s'attribuer plus; et, dans le second, avoir moins que ne comporte l'équité, ou le juste milieu, qui, pour l'art de la médecine, est l'état de santé, comme il est la bonne disposition du corps, pour la gymnastique. Cependant, il y a plus de mal à commettre l'injustice; car c'est une chose blâmable, et qui suppose toujours ou le dernier degré de perversité, ou un degré qui en est très-voisin. En effet, tout ce qui est volontaire n'est pas accompagné d'injustice; mais être l'objet de l'injustice, ne suppose de notre part ni injustice ni perversité.

Considérée en soi, la condition de celui qui souffre l'injustice est donc moins mauvaise; mais il peut arriver par hasard qu'elle soit un plus grand mal. Cependant, ce n'est pas là ce dont l'art a à s'occuper; il déclare [par exemple] que la pleurésie est une maladie plus dangereuse qu'une chute; cependant, celle-ci pourrait, dans certains cas, être plus funeste, s'il arrivait qu'en tombant, ou après sa chute, un homme fût pris et tué par les ennemis.

Le juste est donc, par métaphore et par analogie, le rapport, non pas d'un homme avec lui-même, mais de certaines parties de son être avec d'autres parties; encore n'est-ce pas la justice tout entière, mais seulement celle qui régit les relations du maître, ou du dispensateur des biens de la famille [avec ses esclaves ou ses domestiques]; car, c'est sur cette espèce de rapports qu'est fondée la distinction entre la partie raisonnable et la partie irraisonnable de l'ame. En envisageant la chose sous ce point de vue, il semble que l'injustice envers soi-même est possible, parce qu'on peut souffrir, à cet égard, quelque chose qui contrarie nos propres désirs. Il y a donc, dans ce cas, un rapport de justice de l'homme envers lui-même, comme il en a un de celui qui exerce l'autorité à celui qui y est soumis.

Arrêtons-nous donc à ces définitions de la justice et des autres vertus morales.

LIVRE VI.

ARGUMENT.

I. On a distingué les vertus morales des vertus intellectuelles, on a examiné avec quelque détail en quoi consistent les premières, il convient à présent de considérer aussi les autres. On a également reconnu deux parties de l'ame; l'une, douée de raison, et l'autre qui en est privée : il faut encore considérer la partie raisonnable comme divisée en deux autres parties; l'une, capable de juger ou d'apprécier les choses *nécessaires*, et l'autre qui s'applique aux choses *contingentes*. — II. Entre les trois choses qui sont dans l'ame, le sens, l'intelligence et l'appétit, ou le désir, le sens n'est pas un principe d'action ; mais c'est le choix ou la préférence, déterminée par le désir et par l'intelligence. Rien de ce qui est passé ne peut être un objet de préférence, ni de délibération. La vérité est l'œuvre ou le produit des deux parties intelligentes de l'ame.—III. Les moyens à l'aide desquels elle connaît la vérité, sont au nombre de cinq : l'art, la science, la prudence, la sagesse et l'intelligence. La *science* est une habitude de croyance et de démonstration dont les objets sont nécessaires, éternels, ingénérables et incorruptibles. — IV. Il faut distinguer, dans les actions, celles dont le résultat est durable, et celles dont l'effet s'évanouit à mesure qu'il est produit. L'*art* ne s'applique qu'aux actions du premier genre : il est une habitude d'agir, à l'occasion des choses contingentes, en prenant pour guide la véritable raison. Il n'y a point d'art des choses nécessaires et naturelles. — V. La *prudence* consiste à être en état de prendre les résolutions les plus conformes à notre bonheur, en général. Elle se rapporte, comme l'art, aux choses contingentes, mais elle n'est ni un art, ni une science : elle est une habitude d'appliquer la raison aux actions dont le résultat s'évanouit à mesure qu'elles ont lieu; c'est-à-dire, aux affaires humaines, comme la politique, l'économie domestique, etc. Elle est une vertu de cette partie de l'ame où se trouve l'opinion. — VI. La connaissance des principes ne peut être ni le produit de la science (car la science se fonde sur cette connaissance), ni celui de l'art, qui n'a de rapport qu'aux choses contingentes. Elle ne peut pas être le produit de la prudence et de la sagesse, à peu près par la même raison. La connaissance des principes appartient donc proprement à l'esprit, ou à l'intelligence. — VII. La *sagesse* (ou l'habileté, c'est-à-dire, la supériorité dans quelque genre que ce soit) suppose à la fois l'intelligence et la science, portées à un très-haut degré de perfection. La sagesse s'applique plus aux choses ou aux vérités générales et nécessaires, au lieu que la prudence est plutôt relative aux choses particulières et contingentes. Voilà pourquoi la sagesse est supérieure à la politique; elle est ce qu'il y a naturellement de plus admirable et de plus précieux parmi les hommes. La prudence est une vertu éminemment pratique; elle est, dans la vie, comme un art qui en dirige plusieurs autres qui lui sont subordonnés. — VIII. La *prudence* qui dirige les ressorts généraux de la société civile, c'est la *législation;* celle qui dirige les détails de l'administration, est plus proprement la *politique*. Les jeunes gens peuvent devenir habiles dans les mathématiques, dans les sciences naturelles; les enfants même peuvent, jusqu'à un certain point, s'appliquer à ces connaissances; mais ni les uns ni les autres ne peuvent acquérir la sagesse ou la prudence. Celle-ci a pour objet une résolution définitive qu'il s'agit de prendre et d'exécuter : elle est l'effet d'une manière de sentir juste et conforme au vrai. — IX. Une *sage résolution* (effet de la prudence) n'est ni une science, ni une opinion, ni une heureuse rencontre; elle est le produit de la réflexion, et consiste dans une certaine rectitude d'esprit appliquée aux sujets sur lesquels on délibère; appliquée surtout à ce qui est utile et avantageux, et à la recherche des moyens de l'obtenir que la raison peut approuver, à la détermination du temps et de la manière la plus convenable pour cela. — X. Le *discernement* est relatif aux choses qui sont l'objet du doute ou de l'incertitude, et sur lesquelles on est dans le cas de délibérer, et par conséquent s'applique aux mêmes objets que la prudence ; mais il n'est pas tout-à-fait la même chose : sa fin est d'indiquer ce qu'il faut faire ou ne pas faire. Il se confond presque avec l'intelligence ou connaissance exacte des choses. — XI. Le *jugement* (le *sens commun* ou le *bon sens*) consiste dans un juste discernement de ce qui est équitable. L'indulgence est un jugement exact et juste de ce qui est bien, c'est-à-dire, de ce qui est conforme à la vérité. Sans doute aucun homme n'est naturellement sage, mais le jugement, l'esprit ou l'intelligence, et la sagacité, sont des facultés naturelles, qui se développent et se perfectionnent par le progrès des années. — XII. La sagesse ne se rapporte à rien de ce qui peut être créé ou produit par l'homme : la prudence a du moins cet avantage ; mais si les vertus ne sont que des habitudes ou des dispositions, il ne dépendra pas de nous de les posséder ; à quoi donc serviront la sagesse et la prudence ? D'ailleurs, si cette dernière faculté est inférieure à l'autre, n'est-il pas étrange que ce soit elle qui ait l'autorité, et qui décide de ce qu'il faut faire ? On répond qu'elles sont toutes deux désirables, parce que la vertu rend estimable le but qu'on se propose, et parce que la prudence donne aux moyens le même caractère de convenance et de bonté morale. Le *talent*, qui consiste à exécuter avec succès ce qu'on a en vue, n'est digne d'éloges et d'estime qu'autant que ce but est honorable, et c'est la vertu qui le rend tel. — XIII. La partie de l'ame qui conçoit et apprécie les opinions, comprend le talent et la prudence, et la partie morale comprend la vertu naturelle et la vertu absolue, laquelle est, pour ainsi dire, principale et directrice, et ne saurait exister sans la prudence. En effet, c'est la prudence qui donne à toutes nos dispositions la rectitude qui les rend conformes à la raison : celle-ci se rapporte à la fin, et celle-là aux moyens propres à nous y conduire. Mais ce n'est pas la prudence qui commande à la vertu, ou qui en dirige l'emploi; elle s'occupe des moyens de la produire et de la conserver.

I. Comme nous avons dit précédemment (1) qu'il faut préférer en tout un juste milieu, et non pas l'excès, ni le défaut, et que ce milieu est ce qu'indique la droite raison, faisons voir en quoi il consiste. Car, dans toutes les dispositions ou habitudes dont il a déja été question, aussi bien que dans toutes les autres, il y a toujours un but, par rapport auquel tout homme raisonnable s'applique à accroître les tendances qui peuvent l'en rapprocher, et à diminuer celles qui l'en éloignent : et il y a une limite en deça et au delà de laquelle se trouve le défaut ou l'excès que réprouve la droite raison. Mais cette proposition, toute véritable qu'elle est, n'offre pourtant rien de clair à l'esprit; car, dans toutes les autres choses auxquelles il s'applique, et qui sont l'objet de la science, on peut dire avec vérité qu'il ne faut prendre ni trop ni trop peu d'exercice, ni trop ni trop peu de repos, mais observer, à cet égard, le juste milieu que la raison prescrit. Cependant, celui qui n'aurait, pour se conduire, que cette règle générale, n'en serait pas plus avancé; c'est comme si, sur la question de savoir quels aliments sont bons pour la santé, on répondait que ce sont tous ceux que

---

(1) Livre II, chap. v.

prescrit la médecine, ou la personne qui possède cet art. Il ne faut donc pas seulement que ce que nous avons dit des habitudes de l'ame soit véritable, mais il faut encore qu'on détermine exactement ce que c'est que la droite raison : il faut en donner la définition.

Or, nous avons distingué deux sortes de vertus de l'ame, les unes morales, les autres intellectuelles, et nous avons considéré les vertus morales. Nous allons parler des autres, après avoir d'abord traité de l'ame. J'ai dit précédemment (2) qu'elle est composée de deux parties, l'une qui a la raison, et l'autre qui en est privée. Il faut maintenant diviser de la même manière la partie qui est douée de raison. Supposons donc aussi qu'elle ait deux parties: l'une, à l'aide de laquelle nous contemplons les choses qui sont telles qu'elles ne peuvent pas avoir d'autres principes que ceux qu'elles ont; et l'autre, au moyen de laquelle nous connaissons les choses qui pourraient être autrement qu'elles ne sont (3). En effet, il faut bien qu'il y ait, pour chaque genre de choses essentiellement différentes, une partie de l'ame essentiellement distincte, et appropriée par sa nature à ce genre, puisque l'ame en a connaissance à raison de sa ressemblance et de son aptitude par rapport à cette chose (4).

---

(2) Ci-dessus l. 1, c. 12; l. 2, c. 1. Voy. aussi *M. M.* l. 2, c. 35.
(3) C'est-à-dire, les choses *contingentes*, comme il l'explique plus au long dans le chapitre 5 de ce livre.
(4) On peut voir dans le traité *De anima* (l. 1, c. 2, et l. 3,

Appelons donc *scientifique* l'une de ces parties de l'ame, et donnons à l'autre le nom de *logistique*, puisque délibérer et calculer ne sont qu'une même chose, et que personne ne délibère sur ce qui ne saurait être autrement qu'il n'est; en sorte que la *logistique* sera une des parties de l'ame qui sont le siége de la raison. Par conséquent, il restera à déterminer quelle est, pour chacune de ces deux parties, la meilleure disposition ou habitude; car c'est dans l'habitude que consiste la vertu de chacune d'elles, et la vertu est l'aptitude au genre d'actions propres à chaque être, ou objet.

II. Il y a dans l'ame trois choses d'où dépendent l'action et la vérité : ce sont les sens, l'esprit et l'appétit. Entre ces trois choses, les sens ne sont le principe d'aucune action; et ce qui le prouve, c'est que les animaux ont la faculté de sentir, mais ils n'ont pas celle d'agir (1). Mais ce que l'affirmation et la négation sont par rapport à l'entendement, la poursuite et la fuite le sont à l'égard de l'appétit.

---

c. 4) quelques développements sur cette question de la manière dont l'ame connaît les divers objets, et sur la doctrine de Platon, que *rien ne peut être connu que par ce qui lui ressemble;* mais on ne tirera pas de tout cela une lumière satisfaisante, parce que la solution complète de la question est tout-à-fait au-dessus de l'intelligence humaine; si l'on prétend pénétrer au-delà de ce que donne l'exposition exacte et la description méthodique des phénomènes ou des faits.

(1) Parce qu'ils ne sont capables ni de délibérer, ni par conséquent d'une préférence réfléchie, comme il a été dit ailleurs. Voyez l. 3, c. 2.

Et puisque la vertu morale est une habitude, une disposition relative au choix ou à la préférence, et que la préférence est un désir réfléchi, il faut, pour qu'elle soit sensée et digne d'approbation, que le raisonnement soit conforme à la vérité, et le désir conforme à la vertu, et que l'un affirme les mêmes choses que l'autre poursuit ou recherche. C'est donc là ce qui constitue l'entendement et la vérité pratique.

Mais c'est à l'intelligence contemplative, qui n'est ni pratique ni active, qu'appartient le jugement de ce qui est bien ou mal, vrai ou faux; car telle est la fonction de tout ce qui est doué de pensée. La fonction de ce qui unit l'action à la pensée, c'est l'accord de la vérité avec des désirs conformes à la raison.

Le principe de l'action est donc la préférence, d'où naît, en quelque sorte, l'impulsion ou le mouvement, mais non pas le motif déterminant : et ce qui détermine la préférence, c'est le désir, et la raison sollicitée par un motif. Voilà pourquoi il n'y a point de préférence, sans intelligence et sans pensée, ni sans habitude morale; car il ne peut y avoir ni bonheur, ni malheur, sans la pensée et sans les mœurs. La pensée ou l'intelligence ne détermine, par elle-même, aucun mouvement; il faut qu'elle soit sollicitée par quelque motif, et accompagnée de tendance à l'action. C'est alors qu'elle commande, pour ainsi dire, à la faculté d'agir.

En effet, quiconque fait une chose, la fait par

quelque motif : non pas *motif* pris dans un sens absolu et indéterminé, mais de manière qu'il en résulte une action qui ait un résultat et un auteur, et qu'il ne soit pas une simple tendance à agir. Car la vertu, la bonne conduite, est une fin, un but, et le but est l'objet du désir.

De là vient que la préférence est ou intelligence excitée par le désir, ou désir déterminé par la réflexion : et un tel principe est l'homme lui-même.

Au reste, rien de ce qui est passé ne peut être un objet de préférence : ainsi personne ne préfère d'avoir contribué à la ruine de Troye; car on ne délibère pas sur ce qui a été fait, mais sur ce qui doit ou peut se faire; et ce qui a été fait ne peut pas ne l'avoir pas été; aussi le poète Agathon dit fort bien à ce sujet : « Le seul pouvoir qui manque « à la Divinité, c'est de faire que ce qui a été ac- « compli ne le soit pas. »

La vérité est donc l'œuvre ou le produit des deux parties intelligentes de l'ame; et les propriétés qui les caractérisent l'une et l'autre, sont les habitudes ou les dispositions en vertu desquelles chacune d'elles saisit le mieux la vérité.

III. Mais il faut revenir sur ces propriétés distinctes, et reprendre la question de plus haut. Admettons que les moyens à l'aide desquels l'ame saisit la vérité, par affirmation ou négation, soient au nombre de cinq : l'art, la science, la prudence, la sagesse, l'intelligence; car le préjugé et l'opinion peuvent induire à erreur. Or, si l'on veut parler un langage exact et précis, et ne pas s'attacher à de simples comparaisons (1), il est facile de voir ce que c'est que la science, en considérant que nous sommes tous portés à croire que ce que nous savons ne peut pas être autre que ce qu'il est; et, quant aux choses qui peuvent être autrement, nous ignorons si elles ont ou n'ont pas d'existence, indépendamment de notre contemplation. Ce qui est l'objet de la science existe donc nécessairement, et par conséquent est éternel; car tout ce qui a une existence nécessaire et absolue est éternel, et dès-lors, ingénérable et incorruptible.

D'un autre côté, toute science est regardée comme pouvant être un objet d'enseignement; et tout ce qui peut être su, peut être appris. Mais tout enseignement n'a lieu qu'à l'occasion de choses déja connues, comme je l'ai dit dans les *Analytiques* (2). On enseigne par le moyen de l'*induction*, ou par le *syllogisme* : mais l'induction est le principe des idées générales, et le syllogisme est composé de ces mêmes idées. Donc il y a des principes, d'où part le syllogisme, et auxquels il ne conduit pas, et qui sont, par conséquent, le résultat de

---

(1) Quelques commentateurs croient, avec assez de vraisemblance, que notre auteur fait ici allusion à la manière dont Platon traite le plus souvent les questions de métaphysique, et à la multitude de comparaisons et de métaphores dont il se sert; Voyez, entr'autres, le *Philebus* (p. 197). En général, Aristote censure, toutes les fois que l'occasion s'en présente, cette manière de traiter un pareil sujet. Voy. *Analyt. Poster.* l. 2, c. 13; *Metaphys.* l. 1, c. 7, et l. 11, c. 5, etc.

(2) Voyez *Analy. Poster.* (l. 1, c. 1).

l'induction. Il suit de là que la science est une habitude de démonstration, et qu'elle a tous les autres caractères particuliers que j'ai définis dans les *Analytiques* (3); car, quand on a une croyance quelle qu'elle soit, et que l'on connaît les principes qui lui servent de base, alors on sait : mais, si les principes ne sont pas plus évidents que la conclusion, on ne saura que par hasard. Telle est la notion qu'il faut se faire de la science.

IV. A l'égard des choses qui peuvent être autrement qu'elles ne sont, il y en a qui sont un résultat durable de l'action, et d'autres qui en sont un résultat, pour ainsi dire, fugitif (1); car c'est une différence dont il faut tenir compte; mais je m'en rapporte encore sur ce point à mes *Discours exotériques* (2); en sorte que la disposition, ou l'ha-

---

(3) Voyez *Analytic. Poster.* (l. 1, c. 2).

(1) Ici, et en d'autres endroits (Voy. *M. M.* l. 1, c. 35; *Politic.* l. 1, c. 2, § 6), notre philosophe établit une distinction qui lui paraît importante entre les mots ποίησις et πρᾶξις ; entendant par le premier (ποίησις, c'est-à-dire, *création* ou *production*,) l'acte d'où résulte un produit visible, matériel, permanent, comme dans les arts mécaniques; et exprimant par le second (πρᾶξις, *action*) tous les actes dont le résultat s'évanouit, pour ainsi dire, à mesure qu'ils ont lieu, comme dans la déclamation, la musique, la danse, etc. On peut voir à ce sujet les remarques de Mr Coray sur Isocrate (t. 2, p. 220).

(2) Voyez ci-dessus l. 1, c. 13, note 2. Il y a pourtant quelque apparence que l'expression dont se sert Aristote, pourrai signifier, dans certains cas, *les discours* ou le langage de la conversation ordinaire, ainsi que Mr Zell l'a soupçonné, mais ce ne peut pas être en ce sens qu'il faut l'entendre ici.

bitude de pure théorie, guidée par la raison, ne doit pas être confondue avec la disposition, ou l'*habitude d'exécution*, également guidée par la raison; elles ne sont pas comprises l'une dans l'autre; car ni la théorie n'est l'exécution, ni l'exécution n'est la théorie. Mais comme l'architecture est un art, et ce qu'on peut appeler une disposition ou habitude d'exécution, accompagnée de raison ; et comme il n'est aucun art qui ne soit pas une telle habitude, ni aucune habitude ou disposition de ce genre, qui ne soit un art, il faudrait en conclure qu'un art et une habitude d'exécution dirigée par la raison véritable, sont la même chose.

Au reste, tout art consiste à produire, à exécuter, et à combiner les moyens de donner l'existence à quelqu'une des choses qui peuvent être et ne pas être; et dont le principe est dans celui qui fait, et non dans la chose qui est faite. Car il n'y a point d'art des choses qui ont une existence nécessaire, ni de celles dont l'existence est le résultat des forces de la nature, puisqu'elles ont en elles-mêmes le principe de leur être. Mais comme l'exécution et la théorie sont deux choses différentes, il s'ensuit nécessairement que l'art se rapporte à l'exécution, et non à la théorie. Enfin, le hasard et l'art semblent, sous un certain rapport, s'appliquer aux mêmes objets, comme le dit Agathon : « L'art chérit « la fortune, et la fortune favorise l'art. » L'art est donc, comme je viens de le dire, une certaine habitude d'exécution dirigée par la véritable raison ; et le défaut d'art, au contraire, est une habitude d'exécution dirigée par un faux raisonnement, dans les choses qui peuvent être autrement qu'elles ne sont.

V. Quant à la prudence, on peut s'en faire l'idée, en considérant quels sont ceux que l'on appelle prudents : or, il semble que ce qui caractérise l'homme prudent, c'est la faculté de délibérer avec succès sur les choses qui lui sont bonnes et avantageuses, non pas sous quelques rapports particuliers, comme celui de la santé ou de la force, mais qui peuvent contribuer, en général, au bonheur de sa vie. Ce qui le prouve, c'est qu'on appelle prudents, ou avisés, dans tel ou tel genre, ceux qu'un raisonnement exact conduit à quelque fin estimable, dans les choses où l'art ne saurait s'appliquer; en sorte que l'homme prudent serait, en général, celui qui est capable de délibérer.

Or, personne ne délibère sur ce qui ne saurait être autrement, ni sur ce dont l'exécution n'est pas en son pouvoir. Par conséquent, si la science est toujours susceptible de démonstration, et si l'on ne démontre pas les choses dont les principes pourraient être autres qu'ils ne sont (et toutes choses pourraient être autrement); en un mot, s'il est impossible de délibérer sur les choses qui ont une existence nécessaire, il s'ensuit que la prudence n'est ni une science, ni un art. Elle n'est pas une science, parce que tout ce qui peut être fait ou exécuté, peut être autrement [c'est-à-dire, est contingent]; elle n'est pas un art, parce que ce dont les résultats n'ont rien de matériel est autre chose que ce qu'on appelle production, ou création (1). Il reste donc qu'il faut la considérer comme une habitude de théorie ou de contemplation, accompagnée de raison, dans les choses qui sont bonnes ou nuisibles à l'homme : car la fin de l'exécution est autre chose [que celle de la théorie]; mais celle de la théorie n'est pas toujours [autre chose que celle de l'exécution], puisque la pratique du bien [ou le bonheur] est elle-même une fin.

Voilà pourquoi nous regardons Périclès et ceux qui lui ressemblent, comme des hommes prudents, parce qu'ils sont en état de voir ce qui est bon et avantageux pour eux-mêmes et pour les autres; et nous les croyons capables de diriger avec succès les affaires d'une famille, et celles d'un état. De là vient que nous donnons à la tempérance le nom de σωφροσύνη, qui [par sa valeur étymologique] semble indiquer qu'elle conserve ou sauve la prudence. Elle conserve et maintient du moins cette manière particulière de voir [ou de juger de ce qui est bon et utile] : car les sentiments de peine et de plaisir n'altèrent pas et ne faussent pas tous nos jugements; par exemple, celui qui nous fait reconnaître qu'un triangle a, ou n'a pas, la somme de ses trois angles égale à celle de deux angles droits; mais ils altèrent et faussent nos jugements sur ce qu'il convient de faire.

En effet, les principes de notre conduite sont

---

(1) Voyez ci-dessus, la note 1 du chap. 3.

Tome I.

dans le motif qui la détermine : mais, une fois que le jugement sera altéré par des sentiments de plaisir ou de peine, le principe ne se manifestera pas immédiatement; on ne verra pas que ces sentiments ne doivent pas toujours être le motif de nos actions et de toutes nos préférences; car souvent le vice corrompt et dénature le principe [qui nous fait agir].

Il suit nécessairement de là que la prudence est une véritable habitude de contemplation, dirigée par la raison, dans les biens propres à la nature humaine. Au reste, dans les arts, on peut être habile ou inhabile; mais cette distinction n'a pas lieu pour la prudence : une faute volontaire, dans les arts, est préférable à une faute involontaire; elle ne l'est pas en fait de prudence, ni en fait de vertus (2). Il est donc évident que la prudence est une faculté, et non pas un art. Or, comme il y a deux parties de l'ame qui possèdent la raison, cette faculté peut appartenir à l'une d'elles, c'est-à-dire, à celle qui a l'opinion ou le jugement en partage; car l'opinion, comme la prudence, est relative à

---

(2) La même pensée, à peu près, se trouve dans Xénophon (*Memorab. Socrat.* l. 4, c. 20, § 12), et Sénèque (*Epist.* 15) lui donne, suivant sa manière accoutumée, plus de développement et d'étendue : *Vis scire*, dit-il, *quam dissimilis sit aliarum artium conditio, et hujus? in illis excusatius est voluntate peccare, quam casu : in hac maxime culpa est sponte delinquere. Quod dico, tale est. Grammaticus non erubescit si solœcismum sciens fecit, erubescit si nesciens. At in hac arte vivendi, turpior volentium culpa.*

ce qui pourrait être autrement. Toutefois, elle n'est pas uniquement une habitude accompagnée de raison ; et ce qui le prouve, c'est qu'une telle habitude peut se perdre par l'oubli, mais non pas la prudence.

VI. Puisque la science est la conception ou l'appréciation des choses générales, et qui ont une existence nécessaire ; et puisqu'il y a des principes de tout ce qui est susceptible de démonstration, et de toute science (car la science est inséparable du raisonnement), les principes de ce qu'il est possible de savoir ne peuvent appartenir ni à la science elle-même, ni à l'art, ni à la prudence (1). En effet, ce qu'on peut savoir peut être démontré ; mais l'art et la prudence ne se rapportent qu'à ce qui peut être autrement qu'il n'est. La sagesse ne se rapporte pas non plus à ce qui est de ce dernier genre, car il doit y avoir des choses que le sage soit en état de démontrer. Or, si les facultés à l'aide desquelles nous saisissons la vérité, et nous pouvons constamment nous garantir de l'erreur, tant par rapport aux choses qui ne sauraient être autrement, qu'à l'égard de celles qui peuvent être autrement, sont la science, la prudence, la sagesse et l'intel-

---

(1) Ailleurs (*M. M.* l. 1, c. 35) il dit : « L'esprit ou l'intelli-
« gence s'applique aux principes des choses intellectuelles, et
« des objets réellement existants : car la science n'est relative
« qu'à ce qui peut être démontré; mais les principes ne sont pas
« susceptibles de démonstration. » Voyez encore *Analyt. Poster.*
l. 2, c. 19, et *Problem.* xxx, sect. 5.

ligence; et si, entre ces facultés, il y en a trois, la science, la prudence, et la sagesse, dont aucune ne peut être celle que nous cherchons, il reste donc que c'est l'intelligence à qui appartient la conception des principes.

VII. Pour ce qui est de l'*habileté* (1), nous l'attribuons surtout à ceux qui pratiquent les arts avec le plus de perfection : c'est ainsi que nous appelons Phidias un habile sculpteur, et Polyclète un statuaire habile; et, dans ce cas, nous ne désignons, par le mot habileté, que la perfection ou le mérite de l'art. Cependant, il y a des hommes que nous regardons comme *habiles* dans un sens général et absolu, et non pas dans quelque genre en particulier; en un mot, que nous appelons simplement et généralement habiles, comme s'exprime Homère dans le *Margitès* (2) : « Les dieux n'en avaient fait « ni un cultivateur, ni un laboureur, ni un homme « *habile* en quoi que ce soit. » D'où il suit évidemment que l'habileté ou la *sagesse* (σοφία) pourrait

---

(1) Voy. *M. M.*, l. 1, c. 35, où l'on définit la sagesse, ou l'habileté, *l'union de l'intelligence et de la science*. Il faut remarquer ici que le mot σοφία, que je traduis tantôt par *habileté*, et tantôt par *sagesse*, a signifié généralement chez les Grecs, et dans les plus anciens temps, la supériorité de talent ou de mérite dans quelque espèce d'art, de science ou de connaissance que ce fût.

(2) Nom d'un personnage célèbre par sa sottise ridicule, sur lequel Homère composa un poëme, ou un drame, satirique ou comique, de même nom que le héros, mais que nous n'avons plus.

être regardée comme le plus haut point de précision ou de perfection dans les sciences.

Il faut donc que le sage [l'homme habile par excellence], non-seulement connaisse les conséquences qui dérivent des principes, mais aussi qu'il sache la vérité des principes. En sorte que la sagesse serait l'intelligence et la science, et que sa partie capitale ou fondamentale serait la connaissance de ce qu'il y a de plus noble et de plus sublime. En effet, il y aurait peu de raison à considérer la politique, ou la prudence, comme la plus importante des sciences, si l'homme n'était pas ce qu'il y a de plus excellent dans l'univers. Si donc ce qui est sain et avantageux pour les hommes diffère de ce qui l'est pour les poissons, tandis que ce qui est blanc ou droit est toujours blanc ou droit, tout le monde conviendra que ce qui est sage est toujours sage, au lieu que ce qui est prudent en de certains cas, ne l'est pas dans d'autres. Car on ne saurait nier que le propre de la prudence ne soit de bien juger de chaque objet par rapport à nous, et l'on accorde volontiers de la confiance aux hommes qui ont cet avantage. Voilà pourquoi l'on attribue la prudence à ceux d'entre les animaux qui manifestent quelque faculté de prévoyance dans tout ce qui intéresse leur vie.

Mais il est facile de voir que la sagesse n'est pas la même chose que la politique ; car si l'on veut appeler sagesse le discernement de ce qui nous est utile, il y aura bien des sortes de sagesse. En effet, discerner ce qui est avantageux à tous les animaux, n'est pas le résultat d'une seule et même prudence ou connaissance, mais celui d'un jugement différent pour chaque animal; autrement, il faudrait dire qu'il n'y a qu'une seule médecine pour tous les êtres animés. Et il ne sert de rien de dire que l'homme est le plus excellent de tous les animaux; car il y a bien d'autres êtres d'une nature plus divine que celle de l'homme : tels sont, par exemple, les corps les plus apparents dont le monde est composé (3). Il suit donc évidemment de tout ce que nous venons de dire, que la sagesse, la science et l'intelligence sont ce qu'il y a naturellement de plus précieux et de plus digne d'admiration.

Aussi a-t-on appelé sages un Anaxagoras, un Thalès, et ceux qui leur ressemblent; mais on ne les nommait pas prudents, lorsqu'on les voyait ignorants de tout ce qui leur était utile; et l'on dit qu'ils savaient un grand nombre de choses mystérieuses, merveilleuses, difficiles et divines, mais inutiles, parce qu'ils ne cherchaient pas les biens purement humains. Mais la prudence est relative

---

(3) Le passage suivant du traité *De Cœlo* (l. 2, c. 1), cité par Mʳ Zell, peut faire croire qu'Aristote a voulu parler ici des corps célestes. « C'est avec raison, dit notre philosophe, qu'on est
« persuadé de la vérité d'une opinion fort ancienne, et admise
« surtout par nos ancêtres, que le ciel est un être divin, et doué
« d'un mouvement éternel..... Les anciens ont même mis au
« nombre des dieux le ciel supérieur, comme étant seul immortel,
« et le présent discours prouve qu'il est incorruptible, ingéné-
« rable, et exempt de toutes les affections et les imperfections
« attachées à ce qui est mortel. »

aux choses humaines, et sur lesquelles il est possible de délibérer; car ce que nous regardons comme la tâche de l'homme prudent, c'est de délibérer comme il convient. Or, personne ne délibère sur des choses qui ne sauraient être autrement qu'elles ne sont, ni sur celles qui ne peuvent avoir un résultat, un but qu'on puisse atteindre et qui soit avantageux. En général, celui qui a le talent des bonnes résolutions est celui qui arrive, par le raisonnement, au résultat le plus avantageux à l'homme dans tout ce qui est exécutable. D'ailleurs, la prudence ne s'applique pas seulement aux choses générales : elle exige aussi une parfaite connaissance des détails ; car c'est une vertu pratique, et la pratique s'applique surtout aux détails. Aussi y a-t-il des gens qui, sans aucunes connaissances, sont plus propres à l'action que d'autres qui sont plus instruits qu'eux; et, parmi les autres hommes, ceux qui ont de l'expérience sont dans le même cas. En effet, on a beau savoir que les viandes légères sont saines et de facile digestion, si l'on ne sait pas quelles sont ces viandes légères, on ne guérira pas un malade; mais celui qui saura que c'est la chair des oiseaux qui est légère et saine, y réussira mieux. Or, la prudence est une qualité éminemment pratique, en sorte qu'il faut posséder les deux parties [connaissance des choses générales, et connaissance des détails], et plus particulièrement la dernière. Il semble donc que ce soit encore ici une sorte d'art *architectonique* [propre à diriger ceux qui lui sont subordonnés].

VIII. La prudence et la politique sont, à vrai dire, une même habitude ou disposition d'esprit; mais elles n'ont pas la même nature ou la même essence. Cependant, à l'égard de la société civile, la prudence qui en dirige les ressorts, comme science principale (architectonique), c'est la législation; et celle qui préside aux détails de l'administration, conserve le nom commun de politique. Elle est proprement pratique et délibérative; car un décret s'applique à ce qui doit s'exécuter immédiatement, comme chose définitivement résolue. Voilà pourquoi on dit que ceux qui rendent les décrets sont de fait ceux qui gouvernent; car ce sont eux qui exécutent, comme les ouvriers ou manouvriers. Il semble pourtant que la prudence est communément considérée comme relative à un seul et même individu; mais ce mot s'étend aussi à l'économie, à la législation, à la politique, laquelle se divise même en deux espèces, délibérative et judiciaire.

Ainsi, savoir ce qui est utile ou important à l'individu, est un genre de prudence, mais fort différent de la politique; et celui qui sait simplement ce qui le touche ou l'intéresse, et qui s'en occupe exclusivement, peut être regardé comme prudent; mais les hommes politiques sont occupés d'une infinité d'affaires et d'intérêts divers; ce qui a fait dire à Euripide : « Quelle a été mon impru-
« dence! moi qui pouvais, sans soins, sans soucis,
« confondu dans la foule des guerriers, partager
« le sort et la fortune des plus sages! car Jupiter

« déteste les hommes entreprenants, et ardents à
« se mêler de tout (1). C'est qu'au fond, ils cherchent ce qui leur est avantageux, ils s'imaginent devoir agir ainsi, et c'est cette façon de penser qui les fait regarder comme prudents. Il est possible, au reste, qu'on ait besoin de s'instruire de la science économique, et de s'occuper des intérêts publics, pour bien conduire ses propres affaires. Cependant, on ne voit pas encore bien ce qu'il faut faire pour cela, et c'est une chose à examiner.

Ce qui prouve la vérité de ce que nous disons, c'est que les jeunes gens peuvent devenir géomètres, mathématiciens, et même habiles dans ces sciences-là; mais on ne les croit pas susceptibles de devenir prudents, parce que la prudence est relative aux circonstances particulières, aux objets de détail, qu'on ne peut connaître qu'à l'aide de l'expérience : et un jeune homme est sans expérience; car il n'y a que le temps qui donne cet avantage.

On pourrait encore examiner pourquoi un enfant est capable d'apprendre les mathématiques, tandis qu'il ne l'est pas d'apprendre la sagesse ou la physique. Est-ce parce que la première de ces sciences ne consiste qu'en abstractions, au lieu que les

---

(1) Les vers cités ici par Aristote, sont du *Philoctète* d'Euripide, tragédie dont il ne nous reste que quelques fragments. Celui-ci est cité encore par notre auteur (*Eudem.* l. 5, c. 8); par Plutarque (to. 8, p. 152, ed. Reisk.), etc. On trouve les mêmes idées, à peu près, mais plus développées, dans le *Theœtetus* de Platon (p. 173).

principes des autres sont fondés sur l'expérience; et que, dans celles-ci, les jeunes gens n'ont pas la conviction des principes, mais se bornent à les énoncer, tandis que, pour les mathématiques, on voit avec évidence quel en est le fondement? D'ailleurs, quand on délibère [sur les objets des sciences physiques], l'erreur peut se rencontrer ou dans les propositions générales, ou dans les faits particuliers; car [on peut se tromper, par exemple, en affirmant] ou que toutes les eaux pesantes sont mauvaises et nuisibles à la santé, ou que telle eau [qu'on indique] est pesante. Il est donc évident que la prudence n'est pas la science : car elle s'applique surtout à une résolution définitive, ainsi que je l'ai dit; et c'est cette résolution qu'il s'agit d'exécuter.

D'un autre côté, elle est opposée à l'intelligence, en ce que celle-ci s'applique aux termes dont il est impossible de donner une définition : au lieu que la prudence a pour objet un dernier parti à prendre, qui n'est pas l'objet de la science, mais l'effet d'un sentiment (2), non pas tel que ceux qu'on éprouve à l'occasion des choses particulières, mais tel que celui qui nous fait reconnaître (par exemple) que le triangle est l'élément des figures mathématiques; car c'est là que s'arrête le sentiment en ce genre.

La prudence elle-même est donc plutôt un sen-

---

(2) C'est-à-dire, ce que nous appelons ordinairement *le bon sens* ou *le sens commun.*

timent; mais c'en est une espèce particulière, et différente du sentiment proprement dit (3).

IX. Il y a quelque différence entre chercher et délibérer; car délibérer, c'est chercher quelque chose. Il s'agit donc de marquer avec précision quels sont les caractères d'une sage résolution (1), de savoir si elle est une science, une opinion, une heureuse rencontre, ou quelque autre chose.

Et d'abord, elle n'est pas une science; car on ne fait point de recherches sur les choses que l'on sait : or, une sage résolution est l'effet d'une délibération; et celui qui délibère, cherche et raisonne, ou calcule en quelque sorte. Elle n'est pas non plus un hasard heureux, une heureuse rencontre : car il n'entre point de raisonnement dans ces sortes de choses; elles s'offrent tout-à-coup à l'esprit, au lieu que l'on délibère pendant un temps plus ou moins long [pour prendre un parti], et l'on dit communément qu'il faut exécuter avec prompti-

---

(3) Il semble que notre auteur veuille distinguer ce qu'il appelle la prudence (c'est-à-dire, le bon sens) de la faculté générale de sentir, ou d'avoir des sensations; mais, à vrai dire, on a peine à reconnaître clairement sa pensée, exprimée d'une manière beaucoup trop succincte, et qui peut-être est ici, comme dans plusieurs autres endroits de ce traité, plus subtile que vraie.

(1) Voy. *M. M.* l. 2, c. 3, où notre auteur en donne cette définition : « La sage résolution est une habitude, ou une dis-
« position, ou quelque chose de ce genre, qui s'occupe des
« mêmes objets que la prudence; qui conduit aux résultats les
« plus excellents et les plus utiles, dans tout ce qui peut s'exé-
« cuter. »

tude ce qu'on a résolu, mais délibérer à loisir [avant l'exécution]. La sagacité est encore autre chose qu'une sage résolution : elle est, à quelques égards, une heureuse rencontre. Enfin, une sage résolution n'est pas non plus une opinion.

Or, puisque celui qui ne prend pas une sage résolution s'expose à commettre des fautes, tandis que celui qui prend un bon parti, délibère comme il convient, il s'ensuit qu'une sage résolution est l'effet d'une certaine rectitude [de délibération], mais non celui de la science, ni de l'opinion. Car l'idée de rectitude ou de justesse ne s'applique point à la science [proprement dite, et en elle-même], pas plus que l'idée d'erreur; et, quant à l'opinion, c'est la vérité qui est sa rectitude ; et déja tout ce qui est l'objet de l'opinion a été déterminé d'une manière précise (2). Il ne peut y avoir de sage résolution sans raisonnement : reste donc qu'elle soit l'effet de la réflexion; car celle-ci n'est pas encore une énonciation, au lieu que l'opinion, qui ne suppose pas de recherche, est déja affirmation ou assertion. Mais celui qui délibère, bien ou mal, cherche

---

(2.) Voyez l. 3, c. 2. Tout cet endroit du texte, dit Mr Coray, est plein d'obscurité, et, entre les divers interprètes d'Aristote, les uns l'ont regardé comme singulièrement altéré par la négligence ou par l'ignorance des copistes, tandis que d'autres en donnent des explications fort diverses. On peut voir, dans le commentaire de Mr Zell, les opinions des plus célèbres critiques, dont on ne tirera, ce me semble, en effet aucun résultat satisfaisant.

quelque chose, et raisonne [ou calcule les probabilités des différents partis qui s'offrent à son esprit].

Nous avons dit que la sage résolution consiste dans une certaine rectitude de délibération; il faut donc chercher d'abord ce que c'est que la délibération, et à quoi elle s'applique. Mais, comme le mot rectitude a plusieurs acceptions diverses, il est facile de voir que toutes ne conviennent pas ici : car l'homme intempérant et vicieux pourra parvenir, par le raisonnement, à voir les choses comme il le désire, de sorte qu'après qu'il aura délibéré comme il faut, il se trouvera avoir reçu un grand dommage. Toutefois, il semble que l'effet d'une délibération sagement conduite doive être quelque chose d'avantageux : car le propre de cette rectitude de jugement, qui caractérise une sage résolution, est de procurer un bien ou un avantage.

Cependant, on peut obtenir ce résultat par un faux raisonnement : on peut atteindre le but qu'il fallait avoir en vue, mais ne pas y arriver par la route véritable; enfin, le moyen terme [du syllogisme] peut être faux, [quoique le syllogisme soit concluant.] Par conséquent, on n'est pas encore en droit d'appeler sage résolution celle qui atteint, à la vérité, le but convenable, mais non par des moyens convenables. De plus, l'un peut employer un temps fort considérable à délibérer, tandis qu'un autre saura, sur le champ, prendre son parti. Ce n'est donc pas encore là ce qui constitue la sage résolution; mais elle consiste dans une rectitude de jugement appliquée à ce qui est utile, l'obtenant, par les moyens convenables, dans le moment et de la manière qu'il faut.

Enfin, on peut avoir pris une sage résolution, dans le sens général et absolu, ou bonne pour une fin particulière et déterminée; l'une, par conséquent, propre à réussir généralement, et l'autre, dans quelque cas particulier : or, si délibérer sagement est le fait des hommes prudents, il s'ensuit que la sage résolution consistera dans une rectitude de jugement qui s'applique à ce qui est avantageux, pour une fin dont la prudence nous donne une conception ou une notion véritable.

X. Le discernement (1) et le manque de discernement, qui nous ont donné occasion d'appeler certaines personnes intelligentes, et d'autres stupides, n'est pas tout-à-fait la même chose que la science, ou l'opinion; car alors tous les hommes seraient intelligents (2). Ce n'est pas non plus une science à part, comme la médecine (car alors elle s'occuperait de ce qui est bon pour la santé), ou la géométrie, car celle-ci traite de la grandeur. D'ailleurs, le discernement n'est relatif ni aux

---

(1) Voy. *M. M.* l. 1, c. 35, où il est dit que le discernement est une partie de la prudence. Le mot σύνεσις, que je traduis par *discernement*, peut signifier aussi *coup-d'œil, sagacité, pénétration* ; mais ces deux dernières expressions me paraissent se rapprocher davantage du sens propre du mot grec ἀγχίνοια, que j'ai traduit par *sagacité*, dans le chapitre précédent.

(2) Car il n'y a point d'homme qui n'ait quelque degré de science ou de connaissance, et quelques opinions.

choses qui sont éternelles et immuables, ni à celles qui sont produites [par la nature] de quelque manière que ce soit; mais il se rapporte à celles qui sont l'objet du doute ou de l'incertitude, et sur lesquelles on est dans le cas de délibérer. Ainsi donc il s'applique aux mêmes objets que la prudence; mais il n'est pas la même chose que la prudence.

En effet, celle-ci ordonne et prescrit; sa fin est d'indiquer ce qu'il faut faire ou ne pas faire : la fonction du discernement est uniquement de juger; car discernement, ou intelligence exacte, sont la même chose; et on appelle intelligents, ceux qui ont un bon discernement.

Au reste, le discernement ne consiste ni à avoir de la prudence, ni à en acquérir; mais de même qu'on se sert quelquefois du mot *apprendre* dans le sens de *comprendre* (3), lorsqu'il est question d'une science [dont on entend énoncer quelque proposition], ainsi quand on fait usage de ses opinions acquises, pour juger des objets auxquels s'applique la prudence (lorsqu'un autre en parle),

---

(3) Le mot μανθάνειν (apprendre) est en effet quelquefois pris, en grec, dans le sens de συνιέναι ntendre ou comprendre), et il est facile de voir par quelle analogie l'esprit a été conduit à donner ce double sens au premier de ces mots : car il arrive souvent qu'en entendant dire une chose qu'on ne savait pas, on l'*apprend* et on la *comprend* au même instant. Souvent aussi, quand un homme ne s'exprime pas clairement, on n'apprend pas, parce qu'on ne comprend pas; et, dans ce cas-là, on disait, en grec, οὐ μανθάνω (littéralement : je *n'apprends pas*).

et pour en bien juger, [on montre du discernement.] De là est venu le mot grec σύνεσις (discernement ou coup-d'œil), d'où l'on a fait εὐσύνετος (intelligent), à cause de l'analogie de signification [entre συνιέναι, *comprendre*, et μανθάνειν *apprendre*]; car apprendre est souvent pris dans le sens de comprendre.

XI. Ce qu'on appelle *jugement* (1) est la faculté qui fait les hommes *judicieux* et de *bon sens*, et consiste dans un juste discernement de ce qui est équitable. La preuve, c'est que nous regardons l'homme équitable comme essentiellement *indulgent* (2), et nous reconnaissons la juste appréciation des choses à ce caractère d'indulgence. Or, l'indulgence est un jugement exact et juste de ce qui est bien; et ce jugement est juste, quand il est conforme à ce qui est vrai. Au reste, on ne saurait méconnaître, dans toutes ces habitudes ou dispositions, une même tendance; car le jugement est

---

(1) Voy. *M. M.*, I. 2, c. 2.

(2) On voit assez que je donne ici au mot *indulgent* un sens un peu différent de celui qu'il a communément dans notre langue. Le mot grec συγγνώμων, que je traduis ainsi, a bien plus d'analogie avec γνώμη (jugement, sentence, etc.) et semble mieux approprié à l'idée qu'il exprime. C'est celle d'un homme qui entre, en quelque manière, dans la pensée des autres, qui apprécie avec justice leurs motifs ou leurs sentiments, et qui, par cette raison, s'abstient de ce degré de sévérité qui cesserait d'être de la justice. Qu'on me permette donc de donner au mot *indulgent*, dans cette circonstance, la signification que je viens de dire, puisque notre langue ne me fournit pas de meilleure expression.

aussi appelé sagacité, prudence, intelligence, puisque l'on attribue l'intelligence aux mêmes personnes en qui l'on reconnaît un jugement sain, et qu'on les appelle des hommes prudents et entendus. C'est qu'en effet, toutes ces qualités s'appliquent ou se rapportent aux choses particulières et aux derniers termes [ou éléments, pour ainsi dire, de la délibération]. Aussi le discernement, dans les choses dont juge la prudence, distingue-t-il l'homme intelligent, et judicieux, ou indulgent; car l'équité est le trait caractéristique et commun de tout ce qu'il y a de bon et de bien dans les rapports d'homme à homme. D'un autre côté, tout ce qui peut s'exécuter est du nombre des choses particulières, ou compris dans les derniers termes (3), et ne doit pas être ignoré de l'homme prudent. Or, la sagacité et le jugement s'appliquent aux choses qui sont à exécuter, et qui sont [comme on vient de le dire] les derniers termes; mais l'esprit embrasse les deux sortes d'extrêmes, puisque les premiers [les principes, ou maximes générales], et les derniers [ou les résolutions définitives] sont également de son ressort, et non pas [également] du ressort du raisonnement ou de la raison. Celle-ci s'occupe des termes immuables et primitifs [ou généraux] dans le procédé de démonstration [qui lui est propre]; mais, quand il est question d'agir, c'est l'esprit qui intervient, parce que l'autre ex-

---

(3) C'est-à-dire dans ce qui est le produit d'une résolution définitive, et le dernier terme de la délibération.

trême, ou ce qu'il y a de contingent, de relatif à l'autre proposition, est de son ressort. Car les propositions elles-mêmes sont les principes des motifs [qui déterminent l'action], puisque le général se tire de la comparaison de tous les cas particuliers. Il faut donc qu'on ait le sentiment de ces cas-là; et l'esprit, ou l'entendement, est ce sentiment lui-même, ou le comprend en soi (4).

Voilà pourquoi le sentiment et l'entendement sont un produit ou une création immédiate de la nature; et sans doute aucun homme n'est sage par nature, mais c'est de la nature qu'on tient le jugement, la sagacité et l'esprit. La preuve de cela, c'est que nous croyons que ces facultés ou propriétés se développent avec l'âge; cet âge [disons-nous] est celui de l'entendement et du bon sens, parce que c'est la nature qui les donne.

Il suit de là que l'entendement est le principe et la fin; et ces deux choses sont, en effet, la source et le sujet des démonstrations. C'est pourquoi il faut faire autant d'attention aux assertions et aux opinions des personnes d'âge et d'expérience, même lorsqu'elles ne sont pas démontrées, que si c'étaient

---

(4) L'obscurité de tout ce passage tient à l'extrême indétermination des expressions *esprit, jugement,* etc., dans la doctrine d'Aristote, et à sa théorie de l'ame; qui n'a pas à beaucoup près la clarté et l'exactitude désirables; ces deux causes, auxquelles il faut joindre aussi la concision excessive, et peut être quelquefois affectée, de son langage, font qu'il est très-difficile, pour ne pas dire impossible, de saisir toujours sa pensée.

des démonstrations ; car le coup d'œil de l'expérience leur découvre les principes.

J'ai donc fait voir ce que c'est que la sagesse et la prudence, à quels objets l'une et l'autre s'appliquent, et que chacune d'elles appartient à différentes parties de l'ame.

XII. On pourrait demander, au sujet de ces deux facultés, à quoi elles sont utiles (1); car les spéculations de la sagesse, par exemple, ne peuvent contribuer en rien [d'une manière directe] au bonheur de l'homme, puisqu'elles ne se rapportent à rien de ce qui peut être créé ou produit. Quant à la prudence, elle a bien cet avantage : mais quel besoin a-t-on d'elle, s'il est vrai qu'elle s'applique à ce qui est juste, beau et avantageux pour l'homme, et que c'est là ce qu'il appartient à l'homme vertueux de mettre en pratique? Car, si les vertus ne sont que des habitudes, nous n'en serons pas plus en état d'agir pour savoir tout cela ; c'est comme tout ce qui, en fait de choses utiles à la santé et à la bonne disposition du corps, est reconnu pour dépendre, non pas de l'action, mais d'une disposition, ou manière d'être, particulière : on n'en sera pas plus en état de le produire, quand on posséderait la science de la médecine et celle de la gymnastique.

Or, si ce n'est pas la connaissance ou la science qui peuvent faire qu'un homme soit regardé comme

---

(1) On peut voir ce qui est dit ailleurs (*M. M.* l. 1, c. 35) sur le même sujet.

prudent, et si l'on ne doit le considérer comme tel que quand il l'est devenu, la prudence ne sera nullement utile à ceux qui sont vertueux. Elle ne servira pas même à ceux qui ne le sont pas : car, l'avoir eux-mêmes, ou se laisser conduire par ceux qui la possèdent, ce sera absolument la même chose; cela nous suffira, comme il nous suffit pour recouvrer la santé, de consulter le médecin, sans apprendre nous-mêmes la médecine. D'ailleurs, il semblerait étrange que cette qualité ou faculté, inférieure à la sagesse, eût cependant l'autorité sur elle; car c'est à la faculté active de commander et de prescrire, dans tous les cas, ce qu'il faut faire. Voilà donc des questions qu'il convient d'examiner maintenant, car jusqu'ici nous ne les avons proposées que comme des doutes.

Et d'abord, je dis que ce sont des qualités ou facultés préférables ou désirables en elles-mêmes, bien que ni l'une ni l'autre ne puisse rien produire, puisque ce sont des vertus qui appartiennent chacune à une partie distincte de l'ame (2). Ensuite,

---

(2) La sagesse appartient, suivant notre auteur, à la partie de l'ame qui est le siége de la science, et la prudence à celle où réside le raisonnement ou l'opinion, comme le remarque l'auteur d'une scholie manuscrite, citée par Mʳ Zell. Car Aristote regarde la sagesse et la prudence comme des vertus intellectuelles, ainsi qu'on l'a vu (l. 1, c. 13); et l'on a vu également (l. 6, c. 1) qu'il divise la partie de l'ame qui est le siége de la raison, en deux autres, dont l'une est appelée par lui *scientifique*, et l'autre *logistique*. Voyez aussi ce qu'il dit sur le mê sujet, dans la *Politique*, l. 7, c. 3, § 5.

elles ont pourtant un certain effet, non pas comme la médecine, pour produire la santé; mais la sagesse contribue au bonheur, comme la santé elle-même : car, étant une partie de la vertu en général, elle rend heureux par cela seul qu'on la possède, et par l'influence qu'elle exerce. De plus, la prudence concourt, avec la vertu morale, à l'accomplissement d'une œuvre, d'une action; car la vertu est ce qui rend le but estimable et convenable, et la prudence donne le même caractère aux moyens d'arriver à ce but. Mais la quatrième partie de l'ame, la partie nutritive, n'a point une telle propriété; car il ne dépend d'elle ni de faire, ni de ne pas faire quoi que ce soit.

Quant à l'objection que la prudence ne rend pas plus capable de pratiquer ce qui est juste et honorable, il faut [pour y répondre] reprendre les choses d'un peu plus haut, et rappeler le principe suivant :

Nous avons dit, en effet, que certaines personnes qui font des actes de justice, ne sont pas pourtant encore, pour cela, des hommes justes (3); par exemple, ceux qui font ce qui est prescrit par les lois, mais qui le font malgré eux, ou par ignorance, ou par quelque autre motif, et non en vue de la justice en elle-même : ils font pourtant ce qu'il faut, et tout ce que doit faire un homme de bien. Ainsi, l'on peut, ce me semble, faire toutes choses 'vec une disposition particulière, et à des condi-

---

) Voyez l. 5; 8.

tions telles qu'on soit réellement vertueux ; c'està-dire, par l'effet d'une détermination réfléchie, et en considérant la chose qu'on fait uniquement en elle-même.

C'est donc la vertu qui donne au choix ou à la préférence un caractère de bonté morale ; toutefois ce n'est pas à elle que se rapportent tous les moyens qui sont de nature à nous faire atteindre le but qu'elle prescrit ; c'est à une autre faculté. Mais il faut un peu plus d'attention pour éclaircir cette proposition.

Or, il y a une faculté qu'on désigne par le nom d'*adresse* (4), laquelle consiste à pratiquer et à exécuter avec succès tout ce qui peut conduire à un but qu'on s'est proposé. Si donc ce but est honorable, cette faculté est digne d'éloges et d'estime ; mais, s'il est mauvais ou répréhensible, elle prend le nom de fourberie ou de ruse ; et, par cette raison, nous appelons les hommes prudents des gens adroits, et non pas fourbes ou rusés. La prudence

---

(4) Je me sers ici du mot *adresse*, parce qu'il me semble être celui qui, dans ce cas, correspond le mieux au mot grec δεινότης ; il a aussi, dans sa signification, une analogie assez marquée avec le mot σοφία, pris dans le sens d'*habileté* (Voyez ci-dessus la note 1, du chap. VII). Mais σοφία se dirait plutôt de la supériorité intellectuelle qui constitue l'habileté, et δεινότης de l'habileté dans l'exécution, quoiqu'à dire le vrai, aucun des mots français *sagesse, habileté, adresse, finesse, talent*, ne comprenne exactement, comme on peut bien croire, toutes les nuances de signification comprises sous les mots grecs σοφία et δεινότης. Au reste, Aristote lui-même explique ailleurs la valeur de ce dernier mot. Voyez *M. M.* l. 1, c. 35.

n'est donc pas cette faculté-là même, mais ne peut exister sans elle. L'habitude que l'on appelle prudence, consiste dans ce coup-d'œil rapide de l'ame, qui ne saurait être séparé de la vertu, comme on l'a déja dit, et comme il est évident. Car les raisonnements [qui règlent notre conduite] comprennent le principe de ce qu'il faut faire, puisque ce principe est lui-même la fin ou le but qu'on doit se proposer, c'est-à-dire, le souverain bien quel qu'il soit (5). Supposons, en effet, que ce fût le hasard, ou que cette fin principale dépendît de la fortune, elle ne se manifesterait toujours qu'à l'homme de bien; car le vice pervertit [l'ame], et ne peut que lui donner de fausses notions sur les principes propres à diriger ses actions. Il est donc évident qu'on ne saurait être prudent, si l'on n'est pas vertueux.

XIII. Mais revenons encore une fois sur l'examen de la vertu; elle est à peu près comme la prudence à l'égard de l'adresse : on ne peut pas dire que ce soit la même chose, mais elle lui ressemble. Ces deux qualités ont, entre elles, même rapport que la vertu absolue ou proprement dite, et la vertu naturelle.

En effet, la nature semble avoir mis dans tous les individus le germe de chacune des vertus mo-

---

(5) Les interprètes et les critiques sont peu d'accord sur la manière dont il faut entendre cette phrase du texte, qui en effet est très-peu clair dans cet endroit; j'ai adopté à peu près le sens que lui donne l'auteur de la paraphrase.

rales; car nous apportons, pour ainsi dire, en naissant, quelque disposition à la justice, à la prudence, ou à la tempérance, au courage, et aux autres qualités de l'ame. Mais nous cherchons ici quelque chose de plus, c'est la bonté et la vertu proprement dites, c'est une autre manière d'être juste, courageux, tempérant, et le reste. Ces dispositions naturelles existent, en effet, dans les enfants et dans les animaux (1); mais elles semblent plutôt nuisibles qu'utiles, sans l'intelligence. C'est ce qu'on peut reconnaître en considérant que les mouvements du corps, de quelque vigueur qu'il soit doué, ne peuvent que l'exposer à des chocs très-funestes, quand il est privé de la vue. Or, il en est de même ici : notre manière d'agir est tout autre, quand elle est dirigée par l'intelligence. Et c'est précisément dans une habitude ou disposition semblable, que consiste la vertu proprement dite.

Concluons de là que, de même que la partie de l'ame qui conçoit et apprécie les opinions, comprend deux sortes de facultés, l'adresse et la prudence, ainsi la partie morale comprend deux sortes de vertus, la vertu naturelle, et la vertu en soi ou proprement dite; et celle-ci, qui est principale et directrice [s'il le faut ainsi dire], ne saurait exister sans la prudence.

C'est ce qui a fait dire à quelques-uns que toutes les vertus ne sont que la prudence [considérée sous différents points de vue]; et Socrate, dans ses

---

(1) Voyez *Aristot. Histor. Animal.* l. 8, c. 1.

recherches sur ce sujet (2), avait rencontré juste à certains égards, et, sous d'autres rapports, était dans l'erreur. Car il se trompait, en pensant que toutes les vertus ne sont que la prudence; mais il avait raison de dire qu'elles ne sauraient exister sans cette faculté. La preuve, c'est que tous ceux qui désormais entreprennent de définir la vertu, ne manquent guère de faire entrer dans leur définition, qu'elle est une disposition à tel ou tel genre de qualités ou d'actions, conforme à la droite raison : or, c'est la prudence qui donne à la raison cette rectitude dont ils parlent. Tous semblent donc, jusqu'à un certain point, avoir deviné que cette habitude ou manière d'être, telle qu'ils la conçoivent, est la vertu, quand elle est dirigée par la prudence.

Toutefois cette définition a besoin d'être un peu modifiée; car la vertu n'est pas seulement une disposition ou manière d'être, conforme à la raison, mais elle doit être unie à la raison : or, la raison, dans ce cas-là, c'est la prudence. Ainsi donc Socrate pensait que toutes les vertus sont la raison même, envisagée sous différents points de vue (car il croyait que toutes étaient des sciences); et nous croyons

---

(2) Voyez le dialogue de Platon, intitulé *Ménon* (p. 344 et 364 ed. Bip.), et le *Lachès* (p. 193), dans lesquels Socrate, ou plutôt Platon, s'attache à démontrer que toutes les vertus ne sont, pour ainsi dire, que des parties d'une seule et même connaissance ou science, d'où elles dérivent, et dans laquelle toutes se confondent, en quelque manière.

qu'elles sont unies à la raison. D'où il suit évidemment qu'il n'est pas possible d'être proprement vertueux, sans la prudence, ni d'être prudent, sans la vertu morale.

On pourrait aussi résoudre, par ce moyen, l'argument par lequel on prétend prouver que toutes les vertus sont séparées ou indépendantes les unes des autres, lorsqu'on dit que le même individu n'est pas naturellement disposé à toutes les vertus; en sorte qu'il y en aura telle qu'il aura déja acquise, et telle qu'il ne possèdera pas encore. Cela peut être vrai des vertus naturelles; mais cela ne saurait l'être de celles dont la possession fait qu'un homme est appelé vertueux dans un sens absolu; car, dès qu'on possède une seule sorte de prudence, on possède aussi toutes les autres.

D'ailleurs, il est évident que, lors même qu'elle ne servirait pas, quand il faut agir, elle serait toujours nécessaire, comme étant la vertu ou propriété d'une partie [de l'ame], et parce que nul bon choix, nulle préférence sensée, ne peut avoir lieu sans la prudence et sans la vertu; puisque l'une se rapporte à la fin, et l'autre aux moyens par lesquels on peut y arriver. Cependant elle n'a nulle autorité ou prédominance sur la sagesse, ni sur la partie de l'ame qui est d'un plus grand prix; de même que la médecine n'en a aucune sur la santé : car ce n'est pas elle qui en dirige l'emploi, mais qui s'occupe des moyens de la produire ou de la conserver. C'est donc à cause de celle-ci [c'est-à-dire, de la sagesse], que la prudence est autorisée à prescrire ou à ordonner quelque chose, mais ce n'est pas à elle qu'elle commande. Enfin, attribuer à la prudence cette autorité supérieure, c'est à peu près comme si l'on prétendait que la politique commande même aux Dieux, parce qu'elle règle et prescrit tout ce qui se fait dans la république ou dans l'état.

LIVRE VII.

ARGUMENT.

I. Il y a trois sortes d'écueils à éviter; le vice, l'intempérance, et la férocité; la vertu et la tempérance sont opposées au vice et à l'intempérance : mais l'extrême opposé à la férocité ne peut être qu'une vertu héroïque, presque au-dessus de l'humanité; ces deux extrêmes, au reste, se rencontrent très-rarement. Il faut d'abord examiner les opinions diverses les plus remarquables sur ce sujet. — II. On a prétendu que l'intempérance ne saurait avoir lieu pour ceux qui ont la science positive de ce qui est moralement bon ou mauvais. Telle était l'opinion de Socrate; mais elle est contraire aux faits. D'un autre côté, en convenant qu'il n'y a rien qui puisse avoir plus de force que la science, on a soutenu que l'homme intempérant peut se laisser séduire par ce qui n'est en lui qu'une simple opinion. Il résulte de la discussion de ces manières de voir diverses, que la force morale constitue essentiellement la tempérance, et que le défaut ou l'absence de cette force constitue l'intempérance absolue. — III. En examinant attentivement la question de savoir s'il est possible qu'on soit intempérant, quoiqu'on sache très-bien qu'on agit contre la raison, ou s'il est impossible, comme le prétendait Socrate, d'agir contre ce que l'on sait avec certitude, on reconnaît que, dans certains cas, les impressions produites sur ses sens par les objets extérieurs, peuvent déterminer l'homme à faire des actions contraires à ce que la raison lui prescrit. — IV. Est-on tempérant ou intempérant à l'égard des plaisirs ou des peines de tout genre ? A proprement parler, on ne se sert des mots tempérance et intempérance qu'à l'occasion des mêmes choses auxquelles se rapportent la sobriété et la débauche, et on n'applique les mots tempérant ou intempérant à d'autres choses que par métaphore, et par analogie. — V. Il y a en nous des vices qui n'excèdent pas la perversité humaine, et qu'on appelle simplement des vices; mais il y en a d'autres qu'on ne peut appeler ainsi, qu'en ajoutant qu'ils sont l'effet d'une nature brutale, ou d'une dépravation extraordinaire, ou d'une constitution maladive. Le nom d'intempérance ne s'applique donc, en effet, à ces habitudes de férocité stupide, que par extension de sa signification ordinaire, et comme exprimant, en général, le défaut d'empire sur soi-même. — VI. Il y a moins de honte à ne pas maîtriser sa colère, qu'à se laisser vaincre par les désirs : car la colère suit du moins la raison, jusqu'à un certain point, mais le désir ne la suit en rien. D'ailleurs, il y a plus de franchise dans la colère, et souvent on a recours à la perfidie pour satisfaire ses désirs. Enfin la colère est un sentiment pénible, et le désir est accompagné de plaisir. La brutalité est un moindre mal que le vice ou la méchanceté, car l'homme injuste peut faire infiniment plus de mal qu'une bête féroce. — VII. Le débauché est plus méprisable que l'intempérant, ou que celui qui ne cède à ses passions que par faiblesse de caractère. L'empire sur soi-même est une qualité plus précieuse que la patience ou la résignation. L'habitude du jeu et de la dissipation, est une sorte d'intempérance ou de faiblesse. En général, l'impétuosité des passions et la faiblesse de caractère, sont les causes de l'intempérance. Les hommes d'un esprit vif et pénétrant, et ceux qui ont un tempérament mélancolique, sont plus sujets à l'intempérance qui naît de la première cause, parce qu'ils se laissent surtout conduire par l'imagination. — VIII. L'intempérance, ou la faiblesse de caractère, n'est pas la même chose que le vice, au moins à plusieurs égards; l'une a lieu contre l'intention de celui qui s'y livre, l'autre semble être l'effet d'une préférence. Le propre de la vertu, c'est de conserver le principe qui la fait agir, ou les sentiments d'honneur et les habitudes de raison qui déterminent ses actions; le vice, au contraire, dégrade ou détruit ce principe. — IX. Appellera-t-on tempérance et intempérance, ou fermeté et faiblesse de caractère, la constance ou l'inconstance dans des résolutions quelles qu'elles soient, ou bien n'y aura-t-il de véritable fermeté que dans celui qui persiste dans de sages résolutions, et de faiblesse qu'à ne savoir pas être fidèle à la raison et à la vérité? il est facile de voir qu'il n'y a de véritable fermeté que dans celui qui suit constamment la raison et la vérité, et que l'entêtement ou l'opiniâtreté, tenant à des motifs tout-à-fait étrangers à la raison, ne constituent nullement le juste milieu que l'on désigne par le nom de tempérance. — X. L'intempérance, ou faiblesse de caractère, ne s'allie point avec la prudence; mais elle peut se trouver unie avec une sorte de finesse ou d'habileté. Quand cette faiblesse morale est le produit des mauvaises habitudes, elle peut plutôt se réformer que quand elle est l'effet du tempérament, parce que l'habitude est plus facile à changer que la nature. — XI. La volupté, ou le plaisir, étant ce qui influe le plus sur les déterminations de l'homme, par rapport à la tempérance, ou à l'intempérance, est un sujet important à considérer. Le plaisir est-il un bien? Plusieurs philosophes le nient, et soutiennent que bien et plaisir sont des choses entièrement différentes; et moins encore peut-on dire, suivant eux, que la volupté soit le souverain bien. — XII. On peut considérer le bien absolu, et le bien relatif à de certaines personnes, ou même relatif à ces personnes dans certains cas; et l'on peut établir les mêmes distinctions à l'égard du plaisir. Il y a des plaisirs toujours accompagnés de quelque peine, ce sont ceux du corps; ils sont le plus ordinairement recherchés par les ames vulgaires. Il y en a qui sont entièrement exempts de peines, ce sont ceux de l'intelligence et de la contemplation, exclusivement propres à l'homme sage et vertueux. — XIII. Il est possible qu'un certain plaisir soit ce qu'il y a de plus excellent, quoiqu'il y ait des plaisirs blâmables. Quand tous les actes de nos facultés s'exécutent sans obstacle, il est possible que cette activité soit ce qu'il y a de plus désirable, et peut-être est-ce là ce qu'il faut appeler proprement plaisir ou volupté, et c'est peut-être en ce sens qu'on pourrait dire que la volupté est le bonheur, ou le souverain bien. — XIV. Ce qui fait que le vulgaire donne la préférence aux plaisirs des sens, c'est qu'ils sont comme un remède aux douleurs et aux chagrins; c'est aussi que leur vivacité même les fait rechercher par ceux qui sont incapables d'en goûter d'autres. D'un autre côté, les mêmes choses ne peuvent pas toujours nous plaire, parce que notre nature n'est pas simple. Il n'y a qu'un être dont la nature serait entièrement simple, pour qui la même activité purement contemplative pût toujours être la source des plus vifs plaisirs.

I. Il nous reste à présent à faire voir, en reprenant de nouveau notre sujet tout entier, qu'il y a, dans les habitudes morales, trois sortes d'écueils à éviter, le vice, l'intempérance, la férocité (1). On voit assez, du premier coup d'œil, ce qui est opposé ou contraire aux deux premiers; car nous appelons l'un vertu, et l'autre tempérance : mais on ne peut opposer à la férocité qu'une vertu héroïque au-dessus de l'humanité, et qui a quelque chose de divin, comme s'exprime Homère, lorsqu'il fait dire à Priam, en parlant d'Hector, qu'il était d'une valeur excessive, et qu'il semblait plutôt « être le fils « d'un dieu, que celui d'un simple mortel (2). » Tellement que, si, comme on le prétend, les hommes

---

(1) Voyez *M. M.* l. 2, c. 4.
(2) Voyez l'*Iliade* d'Homère, ch. XXIV, vs. 255. Voyez aussi le chap. 1er du livre 1er de la *Politique* d'Aristote, où se trouve la même observation sur la nature humaine considérée comme intermédiaire, pour ainsi dire, entre celle des dieux et des animaux.

peuvent quelquefois s'élever au rang des die   par l'excès de la vertu, cette disposition doit app 'ement être en eux l'opposé de la férocité. C r de même qu'on ne saurait dire que la bête féro   soit susceptible de vice ou de vertu, de même n ne saurait le dire d'un dieu; mais sa vertu doi être quelque chose de plus auguste que ce qu l'on appelle communément de ce nom, comme l férocité est quelque autre chose que le vice. Mais comme c'est un être fort rare qu'un homme *divin* (comme parlent les Lacédémoniens (3), quand ils ont une grande admiration pour quelqu'un), c'est aussi une chose rare dans la nature qu'un homme féroce ; on ne le trouve guère que chez les barbares. Quelques-uns aussi le deviennent par l'effet des maladies, ou de quelque dégradation des facultés de l'ame, et c'est souvent une expression injurieuse qu'on applique aux hommes qui donnent dans quelque excès vicieux. Mais j'aurai occasion de revenir sur ce sujet (4), et j'ai déja parlé plus haut du vice. C'est de l'intempérance, de la mollesse et de la débauche que je dois parler à présent, et aussi de la tempérance et de la force morale. Car, on ne doit les considérer ni comme des dispositions qui soient absolument les mêmes que la vertu, ou que le vice, ni comme formant, pour ainsi dire, une espèce

---

(3) Voyez le *Ménon* de Platon (p. 389, ed. Bipont), où cette façon de s'exprimer est attribuée plus particulièrement aux femmes lacédémoniennes.

(4) Dans les chapitres 5e et 6e de ce livre.

différente. Il faut donc, comme nous l'avons fait pour les autres qualités ou défauts, commencer par exposer les faits (5), et, après avoir discuté les questions auxquelles ils donnent lieu, faire connaître les opinions communes sur ces passions, ou au moins le plus grand nombre et les principales; car, quand les difficultés auront été résolues, et qu'il ne restera que ce qui est probable, le sujet se trouvera suffisamment éclairci.

Or, la tempérance et la force morale sont généralement regardées comme des qualités dignes d'estime et de louange; au lieu que l'intempérance et la mollesse passent pour des habitudes vicieuses et blâmables. L'homme tempérant est en même temps docile à la raison, et l'intempérant en méconnaît l'autorité : entraîné par ses passions, il fait le mal avec connaissance de cause; au lieu que le tempérant, sachant que ses désirs sont vicieux, s'abstient, par raison, d'y céder. On donne à l'homme raisonnable le nom de tempérant, de ferme dans sa conduite, et celui-là est regardé par les uns comme parfaitement raisonnable, et non par les autres. Ceux-ci soutiennent que les termes d'intempérant

---

(5) Notre auteur dit pareillement, dans un autre endroit (*Physic.* l. 4, c. 6): « Il faut s'attacher, dans l'examen d'un sujet, « à bien déterminer d'abord ce qu'il est, de manière qu'on puisse « résoudre les questions auxquelles il donne lieu, et s'assurer « que ce qui paraît s'y trouver, y est en effet. Outre cela, on re- « connaîtra par ce moyen la cause des difficultés qu'il présente, « et des questions qu'il fait naître ; car c'est là la meilleure ma- « nière de l'exposer dans tous ses détails. »

et de débauché sont absolument identiques, ceux-là le nient. Il y en a qui prétendent que l'homme sensé ne peut jamais être intempérant, et d'autres croient que certains hommes, même très-sensés, sont quelquefois intempérants. Au reste, ce mot s'applique à ceux qui ne savent pas maîtriser la colère, l'ambition, et l'amour des richesses. Telles sont donc les opinions les plus communes.

II. Il semble difficile de comprendre comment un homme qui a des opinions justes, peut s'abandonner à l'intempérance ; et même il y a des personnes qui soutiennent que cela est impossible, quand l'esprit est véritablement éclairé. Car il serait étrange, suivant l'opinion de Socrate, que là où existe la véritable science, il y eût quelque chose de plus fort qu'elle, et qui fût capable de maîtriser l'homme comme un vil esclave. Ce philosophe rejetait ainsi entièrement cette manière de poser la question (1), comme si l'intempérance n'existait réellement pas, puisqu'il prétendait que personne n'agit sciemment contre la vertu, mais par ignorance. Cependant cette manière de raisonner est en opposition manifeste avec les faits ; et, en supposant que l'intempérant agisse par ignorance, il aurait fallu, du moins, chercher quelle sorte d'ignorance l'égare. Car il est évident que celui qui se livre à l'intempérance ne croit pas qu'il doive faire ce qu'il fait, au moins avant le moment où la passion s'empare de lui. D'un autre côté, il y a des personnes qui

---

(1) Voyez *Xenoph. Memor. Socrat.* l. 3, c. 9, § 4.

accordent une partie de la proposition, et non l'autre : ils conviennent qu'il n'y a rien qui ait plus de force que la science; mais ils n'accordent pas qu'aucun homme ne puisse avoir une conduite opposée à celle qui, dans son opinion, serait meilleure. Et, par cette raison, ils soutiennent que l'intempérant se laisse maîtriser par les voluptés, parce qu'il a, non pas la science, mais seulement l'opinion [de ce qu'il faut faire].

Cependant, si c'est, en effet, une simple opinion, et non une science certaine; si ce n'est pas une forte persuasion qui s'oppose [à l'action de l'intempérant], mais un faible soupçon, comme il arrive en cas de doute, on peut lui pardonner de ne s'y pas attacher, surtout quand il est entraîné par de violents désirs : mais on doit être sans indulgence pour la perversité, et en général pour tout ce qui est véritablement blâmable. [Si l'homme prudent se livre à l'intempérance,] ce sera donc en dépit de la prudence, qui est pourtant ce qui a le plus de force; mais cela est absurde : car [alors il faudra dire] que le même homme est à la fois prudent et intempérant; et assurément personne n'oserait soutenir qu'il soit d'un homme prudent de faire à dessein les actions les plus répréhensibles. D'ailleurs, il a été démontré précédemment que c'est surtout dans l'action que se manifeste la prudence, puisque cette vertu est une des plus importantes, et qu'elle comprend toutes les autres (2). De plus,

---

(2) « Elle se rapporte aux actions particulières, et comprend

si c'est contre la violence et contre la tendance méprisable des désirs que se montre la force morale, l'homme tempérant n'aura donc pas cette force, et celui qui aura la force morale ne sera pas tempérant; car l'excès n'est point dans son caractère, ni les passions méprisables, et pourtant il faudrait que cela fût ainsi; puisque, si ses passions sont nobles et généreuses, la disposition qui l'empêcherait de s'y livrer serait vile et méprisable. Il suivrait donc de là que toute force morale ne serait pas estimable. Et, si les passions sont faibles et sans tendance nuisible ou dangereuse, elles n'ont rien de fort grave; ou même si, quoique étant viles et méprisables, elles sont sans force, c'est peu de chose. Enfin, si la force morale rend inébranlable dans toute espèce d'opinion, ce n'est pas une qualité estimable; par exemple, quand on s'attache à une opinion fausse : et si le défaut de force morale consiste à se désister d'une opinion quelle qu'elle soit, il pourra y avoir, en ce genre, des faiblesses généreuses. C'est le cas de Néoptolème dans le *Philoctète de Sophocle* (3); car il est louable

---

« nécessairement les vertus que celles-ci supposent. » (*Paraphr.*) Voyez ci-dessus l. 6, c. 7 et 8.

(3) vs. 902. Allusion à ce que dit Néoptolème à Philoctète, particulièrement à cette noble pensée : « Tout est peine et em-
« barras, lorsque, démentant sa propre nature et son propre
« caractère, on consent à faire ce qui est répréhensible. » Et un peu après il ajoute : « Je paraîtrai méprisable; voilà ce qui cause
« mon tourment. O Jupiter, que faut-il que je fasse? car je vais
« me montrer encore une fois vil et lâche, en taisant ce qu'il

de ne pas persister dans la résolution qu'Ulysse lui avait fait prendre, [et d'y renoncer] par la peine que lui cause le mensonge.

Le raisonnement sophistique, * appelé *le menteur*, offre aussi un exemple de ce genre d'embarras, [où l'on ne sait s'il faut persister ou non dans une opinion]; car les sophistes, voulant prouver des propositions contradictoires, pour paraître habiles, si toutefois ils y réussissent, l'argument qu'ils emploient en pareil cas, devient embarrassant. La pensée s'y trouve comme arrêtée dans sa marche, ne pouvant consentir à accorder les prémisses, parce que la conclusion a quelque chose qui déplaît et qui choque, et se voyant dans l'impossibilité d'aller plus avant, faute de pouvoir résoudre la difficulté (4).

Il y a même telle combinaison d'où il peut ré-

« faudrait dire, et en disant des choses qui me couvrent de
« honte. »

(4) J'ai tâché de mettre dans les idées autant de liaison que pouvait le permettre l'obscurité du texte, dans cet endroit. Les deux astérisques entre lesquels se trouvent ces mots *le menteur*, indiquent l'opinion, que je partage avec quelques critiques, que ces mots doivent être supprimés, parce qu'il est peu probable qu'Aristote ait voulu parler ici plus particulièrement du sophisme désigné par ce nom, et au sujet duquel on peut voir ce qui est dit dans Aulu-Gelle (*Noct. Attic.* l. 18, c. 2), dans Plutarque (*De Commun. Notion. adv. Stoïc.* § 2) etc. Je me bornerai à rappeler ce que c'est que cet argument, si fameux parmi les subtilités puériles du même genre qui ont trop souvent dégradé la philosophie stoïcienne. Le voici dans les termes mêmes d'Aulu-Gelle : *Cum mentior, et me mentiri dico, mentior, an verum dico ?*

sulter que le défaut de force morale, joint au défaut de raison, devient une vertu : par exemple, un homme agit contre son opinion, par défaut de force morale; il est dans l'opinion que des choses bonnes en elles-mêmes, sont réellement mauvaises, et qu'il ne faut pas les faire, et pourtant il finira par faire ce qui est bien, et non ce qui est mal. Au reste, celui qui fait, par conviction et par choix, ce qui lui donne du plaisir, qui même le recherche avec ardeur, vaut peut-être mieux que celui qui agit ainsi sans raisonnement et uniquement par faiblesse: car il est plus susceptible de s'amender lorsqu'on l'aura fait changer d'opinion; au lieu que l'homme qui n'a aucune force morale est précisément dans le cas du proverbe qui dit : « Quand « l'eau vous étrangle, que faut-il boire pour la « faire passer (5)? » Car, si sa conduite était l'effet

---

(5) Plusieurs commentateurs ont paru ne pas comprendre clairement l'application que fait ici notre philosophe de ce proverbe, qui paraît, ce me semble, indiquer le défaut de force morale, comme ne laissant aucun espoir d'amendement ou de retour possible à la vertu. Il a dit précisément que lors même qu'on est prévenu d'une opinion fausse, la force morale peut vous déterminer à agir contre votre opinion, quoique vous ne soyez pas assez éclairé pour en reconnaître la fausseté. Mais si vous êtes susceptible de la reconnaître, il faut encore de la force morale pour vous déterminer à agir d'après une opinion plus juste. Si donc cette force manque, on ne pourra, dans aucun cas, agir comme on le devait. Il faut pourtant avouer que la pensée manque de justesse en ce sens, que l'on compare une chose négative, le défaut de force morale, avec une chose positive, l'eau qu'on boit pour faire passer ce qui étouffe ou gêne la respiration.

de la persuasion, il en changerait du moment où on l'aurait fait changer d'opinion; au lieu que c'est sans raison et sans motif qu'il se décide à agir d'une manière ou d'une autre. D'ailleurs, si la force et la faiblesse morales se rencontrent en tout, quel sera le caractère de la faiblesse absolue? Car il n'y a personne qui réunisse en soi tous les genres de faiblesse, et pourtant nous prétendons qu'il y a *une* (6) faiblesse morale absolue. Voilà quelques-unes des difficultés qui naissent de ce sujet : or, entre ces difficultés, il y en a qu'il faut résoudre, et d'autres à la solution desquelles il faut renoncer; car la solution d'une difficulté est une véritable découverte, ou une invention.

III. Premièrement donc il faut examiner si l'intempérant agit avec connaissance de cause, ou non, et comment il connaît ou sait ce qu'il fait; ensuite, par rapport à quelles choses on peut dire qu'un homme est tempérant ou intempérant : je veux dire, si c'est par rapport aux plaisirs et aux peines de tout genre, ou par rapport à quelque espèce déterminée de plaisirs ou de peines; enfin, si la tempérance, et la fermeté d'ame, qui fait tout endurer, sont, ou non, un même caractère, et quelques autres questions du même genre qui appartiennent naturellement à ce sujet. Et d'abord, se présente la question si la différence qu'il y a entre le tempérant et l'intempérant est dans les choses mêmes, ou dans la manière dont ils sont disposés à l'égard

---

(6) C'est le défaut de force morale.

de ces choses; c'est-à-dire, si on les appelle tempérant ou intempérant, uniquement à cause qu'ils sont portés, ou non, vers telles ou telles choses, ou à cause de la manière dont ils les envisagent; ou bien, si c'est à la fois à cause des choses, et à cause de la disposition où ils sont à leur égard. Ensuite, si l'intempérance et la tempérance ont lieu, ou non, à l'occasion de tous les objets : car celui qui est intempérant, en général, n'est pourtant pas entraîné vers toutes sortes de choses, mais seulement vers celles qui attirent le débauché ; et il n'est pas même porté vers celles-là d'une manière générale et absolue (car alors l'intempérance et la débauche seraient une même chose); mais il a sa manière d'être particulière, à leur sujet. Car le débauché se livre par choix au plaisir, persuadé qu'il faut le saisir partout où il se trouve ; tandis que l'intempérant ne laisse pas d'agir de la même manière, tout en croyant qu'il ne le faudrait pas.

Au reste, que ce ne soit pas une science, mais une opinion véritable, contre laquelle agissent ceux qui se livrent à l'intempérance, cela ne fait rien à la question ; car, quelquefois on n'a pas le moindre doute sur l'opinion que l'on adopte, et on la prend pour une science certaine. Si donc, parce que l'on n'a qu'une croyance assez faible à ce qui n'est qu'une opinion, on est plus porté à agir contre ce qu'on croit, que quand on a une science certaine, il n'y aura point de différence entre opinion et science; car il y a des gens qui ne sont pas moins convaincus de la vérité de leur opinion, que d'autres ne le sont de la certitude de leur science, comme le prouve l'exemple d'Héraclite (1). Mais, comme le mot savoir peut s'appliquer également à celui qui a la science sans en faire usage, et à celui qui s'en sert (2), il y aura de la différence entre faire des choses qu'on ne doit pas faire, ayant la science, mais n'y pensant pas actuellement, et les faire en y pensant; car, dans ce dernier cas, la faute semble avoir une gravité qu'elle n'a pas dans le premier. D'un autre côté, comme il y a deux sortes de propositions [les unes générales et les autres particulières], il est possible qu'en faisant usage de l'une, et non de l'autre, quoiqu'on les connaisse toutes deux, on agisse contre la science (3);

---

(1) Héraclite n'avait pas le moindre doute sur la vérité de ses systèmes, comme le remarque Aristote dans un autre endroit (*M. M.* l. 2, c. 6), et l'on peut dire la même chose de presque tous ceux qui font ou qui adoptent quelqu'une de ces théories plus ou moins séduisantes, à l'aide desquelles des hommes, d'ailleurs très-remarquables par l'étendue et la variété de leurs connaissances, ont entrepris d'expliquer des choses qui seront éternellement inexplicables, et inaccessibles à des facultés aussi bornées que celles de l'homme.

(2) Platon fait la même distinction, dans le *Theætetus* (p. 197). Voyez aussi *M. M.* l. 2, c. 6.

(3) C'est-à-dire en ne tenant compte que de la proposition générale, du syllogisme, sans avoir égard à la proposition particulière. Voici comment l'auteur lui-même développe ailleurs la même pensée (*M. M.* l. 2, c. 6): « Celui qui a la science peut « commettre une erreur dans ce cas. Par exemple, je sais guérir « la fièvre, en général, mais j'ignore si tel individu [qui est « devant moi] a la fièvre. Il en sera de même au sujet de l'in-

car toute action est dans la classe des choses particulières. Il y a même de la différence entre les propositions générales; car les unes peuvent être relatives à l'homme lui-même, et les autres à la chose : par exemple, [si l'on dit] que les aliments secs sont utiles à tous les hommes, et que tel individu est homme, ou que tel genre de substances est au nombre des aliments secs; mais que l'on ne sache pas si tel aliment particulier est de ce genre, ou qu'on n'y pense pas, il pourra, sans doute, y avoir une différence extrêmement considérable, eu égard à ces manières [de faire usage des diverses sortes de propositions]; en sorte que le raisonnement pourra ne point paraître absurde, si on les emploie sciemment de telle manière, et fort étrange, si on s'en sert autrement.

Enfin, on peut encore avoir la science d'une autre manière que celles que nous venons d'indiquer : car nous voyons qu'il y a une différence sensible dans la situation des gens qui l'ont, et qui en font, ou qui n'en font pas usage; en sorte qu'ils semblent, à certains égards, l'avoir et ne l'avoir pas : tel est le cas d'un homme endormi, dans un état de démence ou d'ivresse, ou qui est agité par quelque passion violente, ce qui produit un effet

---

« tempérant : il est possible qu'il sache avec certitude qu'en
« général tel genre d'actions est nuisible et répréhensible, et
« que pourtant il ignore que telle action, en particulier, est de
« ce genre, en sorte que, malgré la connaissance générale qu'il
« a, il pourra pécher contre la science. »

à peu près pareil. Car les accès de la colère, les désirs impétueux de l'amour, et autres passions semblables, produisent sur le corps des impressions manifestes qui ressemblent parfois à la folie; or, c'est évidemment le cas où se trouve l'intempérant. Et tenir, en pareil cas, des discours qui annoncent la science, n'est pas une preuve [qu'on soit dans son bon sens]; car il y a des gens qui, bien qu'en proie à de pareilles passions, récitent des démonstrations entières et des poëmes d'Empédocle. Les enfants aussi, quand ils commencent à apprendre la langue maternelle, prononcent des phrases régulières, sans savoir encore ce qu'elles signifient; car leur intelligence ne peut se développer qu'avec le temps. Ainsi, il faut croire que le langage des hommes intempérants ressemble à celui des acteurs sur le théâtre.

On peut encore considérer physiquement la cause de ce phénomène; car autre chose est une opinion générale, et une opinion relative à des choses particulières, dont le sentiment seul décide. Or, lorsque toutes deux viennent à coïncider, il faut nécessairement que, d'un côté, l'esprit prononce la conclusion, et que, dans le cas où il y a lieu d'agir, on agisse à l'instant même. Par exemple, s'il faut goûter de tout ce qui a une saveur douce, et si tel objet particulier a une pareille saveur, nécessairement celui que rien n'en empêche, agira sur-le-champ en conséquence de ce raisonnement. Au contraire, lorsque l'opinion générale, qui interdit de goûter des substances sucrées, se trouve établie, et qu'en même temps on peut dire que tout ce qui est doux est agréable, que telle substance, actuellement présente, est douce, et que cette opinion agit avec force : si par hasard le désir s'y trouve joint, [alors] l'opinion générale invite à s'éloigner de cet objet, mais le désir porte vers lui. Car chaque partie peut avoir sa force impulsive, ou son principe de mouvement; en sorte qu'on est dans le cas de se livrer à l'intempérance par l'effet de la raison, et par celui d'une opinion qui n'est pas précisément contradictoire en elle-même, mais par accident. En effet, c'est le désir, et non pas l'opinion, qui est contraire à la droite raison; et c'est pour cela que les animaux ne peuvent pas être intempérants : car ils n'ont point de conceptions générales; ils n'ont que la perception et la mémoire des choses particulières.

Mais, comment se dissipe cette ignorance, et comment l'intempérant recouvre-t-il, pour ainsi dire, la science? Cela s'explique de la même manière que dans le cas de l'homme endormi, ou dans un état d'ivresse; il n'y a rien là qui soit exclusivement propre à l'intempérance, et ce sont les naturalistes qu'il faut entendre sur ce sujet. Toutefois, comme la proposition particulière énonce le jugement de ce qui est senti, et détermine, en quelque sorte, les actions, celui qui est dans l'accès de la passion, ou ne l'aperçoit pas, ou l'aperçoit de telle manière qu'on ne saurait dire qu'il sache précisément ce qu'elle signifie, en sorte qu'il en parle comme un homme ivre récite les vers ou la doctrine d'Empédocle; et parce que cette proposition particulière, ou dernière, n'est ni générale, ni scientifique, et n'a pas les mêmes propriétés que la majeure du syllogisme, il en résulte le phénomène dont Socrate cherchait la cause (4). Car la passion n'a pas lieu lorsque la science véritable et proprement dite existe réellement, et ce n'est pas elle que la passion renverse et dont elle triomphe, mais c'est de la connaissance qui est uniquement dans les sens ou dans le sentiment. En voilà assez sur la question si souvent agitée quel est celui qui sait ou qui ne sait pas réellement, et comment il peut se faire qu'on s'abandonne sciemment à l'intempérance.

IV. Mais peut-on être intempérant en tout, ou ne l'est-on qu'en de certaines choses; et si on l'est

---

(4) C'est ainsi qu'on peut expliquer, suivant notre auteur, cette maxime de Socrate, ou plutôt de Platon, que ni l'intempérant, ni aucun homme, ne saurait agir contre ce qu'il sait avec certitude. Tout le raisonnement d'Aristote, dans ce chapitre, se réduit à ceci : 1° La science se compose exclusivement de propositions générales et universelles, dont on fait ordinairement la *majeure* des syllogismes. 2° Les causes déterminantes des actions, sont les impressions des objets extérieurs, sur nos sens, toujours exprimées par des propositions singulières ou particulières, et dont on fait la *mineure* des syllogismes. 3° Les actions sont conformes ou contraires à la raison, suivant qu'il y a ou qu'il n'y a pas accord entre la majeure et la mineure, c'est-à-dire suivant que l'impression sensible est ou n'est pas de nature à obscurcir la lumière de la science véritable, exprimée par les propositions universelles.

ainsi, quelles sont ces choses-là? C'est maintenant ce qu'il s'agit de faire connaître. Nul doute que c'est par rapport aux plaisirs et aux peines, qu'on se montre tempérant et ferme, intempérant et faible. Cependant, entre les causes propres à donner du plaisir, il y en a qui sont nécessaires, et d'autres qui sont préférables en elles-mêmes, mais qui peuvent nous porter dans des excès; or, je dis que les plaisirs du corps sont nécessaires, et j'appelle de ce nom ceux qui résultent de la nourriture, du commerce entre les sexes, et les autres circonstances de ce genre, à l'occasion desquelles nous avons remarqué que la tempérance et l'intempérance peuvent avoir lieu. J'ajoute qu'il y a des plaisirs qui, bien que n'étant pas nécessaires, sont néanmoins préférables en eux-mêmes; et j'appelle ainsi la victoire, l'estime ou la considération publique, la richesse, et les autres choses bonnes ou agréables de cette espèce. Or, nous n'appelons pas simplement et absolument intempérants les hommes que l'attrait de toutes ces choses fait sortir des bornes que prescrit la raison qui est leur partage: mais nous y ajoutons une désignation plus particulière; nous disons qu'ils sont intempérants en fait de richesses, de profits, d'honneur et de colère, mais non pas qu'ils sont avides simplement, parce que ce ne sont pas toujours les mêmes, bien qu'on indique aussi par le langage quelque ressemblance entre eux. C'est ainsi qu'au nom propre *Homme* (au sujet de l'individu qui portait ce nom), on ajoutait : Vainqueur dans les jeux olympiques (1); car la définition commune de l'espèce ne différait, pour lui, que très-peu du nom propre, et pourtant ce n'était pas la même. La preuve de ce qu'on avance ici, c'est que l'on blâme l'intempérance, non-seulement comme une erreur, ou comme une faute passagère, mais comme un vice, ou absolument parlant, ou relatif à quelque chose de particulier; mais aucun de ceux dont j'ai parlé ne peut être blâmé de la même manière.

A l'égard des plaisirs des sens, à l'occasion desquels on dit qu'un homme est tempérant ou intempérant, celui qui recherche avidement les choses agréables, et qui fuit les sensations pénibles, comme la faim, la soif, le chaud et le froid, et, en général, tout ce qui affecte les sens du toucher et du goût; celui, dis-je, qui les fuit ou les recherche, non pas par choix, mais contre son intention, est appelé simplement et absolument intempérant, sans qu'il soit besoin d'ajouter que c'est par rapport à

---

(1) L'auteur de la paraphrase ne suppose pas qu'Aristote ait voulu parler ici d'un individu appelé Ἄνθρωπος (*Homme*), mais d'un vainqueur aux jeux olympiques, quel qu'il soit, qu'on voudrait distinguer de tout autre homme. Le sens que j'ai adopté dans la traduction est autorisé par les scholies d'Aspasius, cité par Mʳ Zell; je ne suis pas persuadé que ce scholiaste ait parfaitement raison, et j'ignore sur quel fondement il donne comme positive, l'existence de ce prétendu vainqueur aux jeux olympiques, appelé Ἄνθρωπος (*Homme*), mais j'ai adopté cette interprétation comme étant plus propre à faire entendre la pensée d'Aristote.

telle ou telle chose, comme on le fait dans le cas de la colère. La preuve, c'est qu'on se sert aussi du mot débauche, pour exprimer cette sorte d'intempérance, et non pour celle qui se rapporte à quelqu'un des autres plaisirs (2). Et voilà pourquoi on peut dire d'un même homme, à l'occasion des plaisirs des sens, qu'il est débauché et intempérant, ou qu'il est sobre et tempérant; mais on ne se servira pas indifféremment de ces expressions dans l'autre cas, parce que, dans le premier, il est question de plaisirs et de peines du même genre.

Au reste, si l'on est occupé des mêmes sentiments, on ne l'est pas toujours de la même manière. Chez les uns, ils sont l'effet d'un choix, d'une préférence, et non chez les autres. C'est pourquoi nous regardons comme plus débauché celui qui, sans désirs, ou, au moins, n'ayant que des désirs modérés, se livre à des excès, ou fuit les peines médiocres, que celui qui y est excité par de violents désirs; car, que ne ferait pas le premier, si ses désirs avaient cette impétuosité, ou s'il était assiégé des plus pressants besoins?

Cependant, comme entre les désirs et les plaisirs il y en a qui sont naturellement honnêtes et vertueux (car on peut distinguer, dans les choses agréables, celles qui sont naturellement désirables de celles qui sont, au contraire, un juste sujet de mépris et d'aversion, et de celles qui sont, pour ainsi dire, intermédiaires entre les unes et les autres,

---

(2) C'est-à-dire de ceux que l'auteur a appelés *nécessaires*.

comme nous l'avons remarqué précédemment : tels sont la victoire, le profit, l'honneur). Or, on n'est pas blâmable pour aimer toutes ces choses, et celles qui ne sont ni désirables, ni odieuses, ni pour les désirer et y trouver quelque satisfaction; mais on l'est par la manière dont on en est touché, et pour les désirer à l'excès. Aussi blâme-t-on tous ceux qui, sans écouter la raison, recherchent avec une ardeur extrême quelqu'une de ces choses naturellement désirables et estimables, comme les honneurs, et qui y attachent plus d'importance qu'il ne faut. L'affection d'un père pour ses enfants, et la tendresse filiale sont même dans ce cas : car sans doute ce sont là des biens, et on loue ceux qui en sont touchés. Il peut, cependant, y avoir de l'excès dans de pareils sentiments, si, comme Niobé, on les porte jusqu'à manquer de respect pour les dieux, ou si, à l'exemple de Satyrus, qui fut surnommé Philopator, on porte jusqu'à l'extravagance (3) la tendresse pour un père. Il n'y a pourtant là

---

(3) L'auteur de la paraphrase, attribuée à Andronicus, a mal interprété cet endroit, en supposant que Satyrus avait donné à son père le surnom de *Dieu*. Un autre scholiaste, cité par Mr Zell, nous apprend, on ne sait sur quelle autorité, que la tendresse excessive de ce Satyrus pour son père, était fondée sur des motifs extrêmement peu honorables. Peut-être est-il question ici d'un tyran du Bosphore, ainsi nommé, et qui avait vécu peu de temps avant la naissance de notre philosophe. (Voyez *Diodore de Sicile*, l. 14, § 93.) Ce Satyrus était fils de Spartacus, et eut pour successeur et pour fils Leucon, dont Démosthène fait mention dans sa Harangue sur Leptine.

ni vice, ni perversité, par la raison que nous avons dite, parce que chacune de ces choses est en elle-même et naturellement un bien désirable; mais c'est l'excès qui y est répréhensible, et qu'il y faut éviter. Ce n'est pas non plus intempérance ou débauche : car non-seulement la débauche est une chose qu'on doit fuir, elle est même très-blâmable; mais on y applique le terme d'intempérance, en ajoutant en quoi, ou dans quel genre, à cause d'une certaine ressemblance dans la manière d'être affecté : comme on dit un méchant médecin, un méchant acteur, en parlant d'un homme qu'on n'appellerait pas simplement méchant. De même donc que, dans ce cas, on ne s'exprimerait pas ainsi, parce qu'en effet, il n'y a pas de méchanceté ou de perversité dans chacune de ces personnes, mais qu'on n'emploie le mot méchant que par analogie, et à cause d'une certaine ressemblance; ainsi, dans la question qui nous occupe, il est bien entendu qu'on ne se sert des mots tempérance et intempérance, qu'à l'occasion des mêmes choses auxquelles se rapportent la sobriété et la débauche; et qu'on ne les emploie, au sujet de la colère, que par analogie. Voilà pourquoi on y ajoute toujours quelque autre expression, en disant intempérant, [ou qui n'est pas maître] de sa colère, de sa passion pour les honneurs ou pour la richesse.

V. Comme il y a des choses agréables par leur nature, et que, parmi celles-ci, il y en a qui le sont absolument et en général, d'autres qui ne plaisent qu'à certaines races d'hommes et à de certaines espèces d'animaux; d'autres, enfin, qui ne plaisent pas en elles-mêmes, mais seulement par l'effet de quelque altération des organes, à cause de la coutume, ou par une dépravation des goûts naturels : on peut observer des dispositions, ou manières d'être, appropriées jusqu'à un certain point à ces différents genres de choses. Je veux parler des habitudes de férocité, comme on le dit de cette femme qui ouvre le ventre des femmes enceintes, et dévore les petits enfants avant qu'ils soient nés (1); ou de ces peuples voisins du Pont-Euxin (2), devenus tout-à-fait sauvages, dont les uns se plaisent à manger de la viande crue, les autres de la chair humaine, et d'autres ont coutume de se donner réciproquement leurs enfants pour en faire des festins; ou les atrocités qu'on raconte de

---

(1) Mr Zell cite ici un passage des scholies d'Aspasius, où il est dit qu'une femme des contrées qui bordent le Pont-Euxin, appelée Lamia, étant devenue furieuse de la perte de ses propres enfants, dévorait ceux des autres femmes. On trouve le même récit au sujet d'une femme aussi nommée *Lamia*, dans Diodore de Sicile (l. 20, § 41), excepté qu'il dit qu'elle vivait dans la Libye. Les anciens appelaient *Lamies* des êtres fantastiques du genre de ceux qu'on désigne aussi par le nom de *vampires*. Horace conseille aux poètes tragiques de ne point admettre ces sauvages et dégoûtantes fictions dans leurs drames.

Neu pranscæ Lamiæ vivum puerum extrahat alvo.
(Hor. A. P. vs. 340.)

(2) Aristote dit ailleurs (*Politic.* l. 8, c. 3, § 4) que ces peuples sauvages des bords de l'Euxin étaient appelés *Heniochi* et *Achæi*.

Phalaris (3) : telles sont les habitudes de férocité.

Mais il y a des gens chez qui elles sont l'effet de la maladie, et d'autres en qui elles sont produites par quelque démence : comme celui qui sacrifia sa mère, et la dévora (4), et celui qui mangea le cœur de son compagnon d'esclavage. Les actions de ce genre, qu'on peut attribuer à la maladie, ou à la coutume, sont, par exemple, de s'arracher les cheveux, de se ronger les ongles, de manger du charbon ou de la terre. Ajoutons à cela l'amour entre personnes d'un même sexe, qui naît chez les uns d'une perversité naturelle, et chez d'autres, d'habitudes vicieuses contractées dès l'enfance. Or, on ne peut pas appeler intempérants ceux en qui la cause de pareils égarements est naturelle, comme les goûts dépravés de certaines femmes; ou ceux à qui la coutume a fait contracter une disposition maladive. Cependant, s'abandonner à ces travers, sans aucun frein, est d'une perversité odieuse, comme la férocité même : mais les surmonter, ou s'en laisser vaincre, quand on les a, ne peut s'appeler tempérance ou intempérance que par analogie, et non dans un sens absolu, comme en

---

(3) Phalaris, né en Sicile et tyran d'Agrigente, fut célèbre dans l'antiquité par sa cruauté. Bentley a fait voir que les détails qu'on en raconte ne sont fondés que sur des traditions assez vagues, et presque fabuleuses, mais il n'est guère probable qu'un homme qui n'aurait pas été en effet un monstre eût laissé un nom aussi abhorré.

(4) Les scholies d'Aspasius attribuent, sans aucun fondement, cette monstruosité à Xerxès, roi de Perse.

parlant d'un homme qui est dans ce cas à l'égard de la colère, on peut dire qu'il est *intempérant de la colère* [c'est-à-dire, incapable de la surmonter], mais non pas simplement qu'il est intempérant. Car tout ce qui va dans l'excès en fait de vices, soit imprudence, soit lâcheté, soit débauche, soit dureté ou inhumanité, appartient ou à des affections brutales, ou à des affections maladives. En effet, celui qui est naturellement craintif, au point de s'effrayer du bruit que fait une souris, montre une lâcheté qui tient de la bête plus que de l'homme. Mais la crainte de cet homme qui (dit-on) avait peur des belettes, était en lui l'effet d'une maladie. Parmi les gens qui sont tout-à-fait déraisonnables, il y en a qui, par nature, sont incapables de suivre un raisonnement, et qui ne se dirigent que d'après les impressions faites sur leurs sens; ceux-là sont réduits à l'instinct purement animal, comme certains peuples qui habitent les pays lointains : mais chez d'autres, c'est l'effet des maladies, telles que l'épilepsie, ou la folie.

Cependant, il peut arriver que quelqu'un de ces êtres dégradés ait de tels vices, mais ne s'en laisse pas toujours dominer : par exemple, si un Phalaris résiste à la fureur qu'il a d'égorger un jeune enfant et de le manger, ou au désir d'en abuser pour ses infâmes voluptés. Enfin, il est possible qu'il ait de ces désirs forcenés, et qu'il y cède. De même donc qu'il y a des vices qui n'excèdent pas les limites de la dépravation humaine, et qu'on appelle simplement des vices; tandis qu'il y en a d'autres qu'on ne peut appeler ainsi qu'en y ajoutant qu'ils sont l'indice d'une nature brutale, ou d'une constitution maladive : ainsi l'on voit clairement qu'il y a une intempérance brutale, ou résultant de la maladie, et qu'on ne doit appeler simplement intempérance, que celle qui n'a rien de contraire à la nature humaine.

Il est donc évident que l'intempérance et la tempérance sont relatives aux mêmes objets que la débauche et la sobriété; et que, quand on applique ces mots à d'autres choses et à une autre espèce d'intempérance (5), on leur donne alors un sens métaphorique, et non pas simple ou absolu.

VI. Faisons voir maintenant qu'il y a moins de honte à céder à la colère qu'à ne pas maîtriser ses désirs. En effet, elle semble, jusqu'à un certain point, capable d'entendre la raison; mais elle l'entend mal : comme ces serviteurs empressés, qui se mettent à courir avant d'avoir entendu tout ce qu'on veut leur dire, et qui ensuite exécutent mal l'ordre qu'on leur donne; ou comme les chiens qui aboient au premier coup qu'on frappe à la porte, avant de reconnaître si celui qui frappe est un ami de la maison. Ainsi, l'homme colère, cédant à sa chaleur et à son impétuosité naturelles, avant d'avoir entendu l'ordre qu'il reçoit, court à la vengeance. Car sa raison, ou son imagination, lui fait

---

(5) Aristote examine encore ailleurs cette question de l'emploi métaphorique ou analogique du mot *intempérant* (ἀκρατής). Voyez *Problem.* XXVII, sect. 3 et 7.

reconnaître qu'il y a outrage, ou signe de mépris, et aussitôt, comme s'il avait conclu légitimement qu'il faut se battre contre l'auteur de l'outrage, le voilà plein de fureur. Mais le désir, pour peu que la raison ou les sens lui fassent connaître une chose comme propre à donner du plaisir, se précipite, en quelque sorte, vers la jouissance : de sorte que la colère suit au moins la raison jusqu'à un certain point, mais le désir ne la suit en rien. Il est donc plus méprisable : car celui qui cède à la colère reste, à quelques égards, au-dessous de la raison; mais celui qui cède à ses désirs ne la considère en rien. D'ailleurs, on est plus pardonnable de céder aux désirs naturels, ou, entre ceux-ci, à ceux qui sont plus généralement le partage de l'homme, et autant qu'ils sont communs à la nature humaine; or, la colère, même portée à un certain degré de violence, est plus naturelle que les désirs violents et qui ne sont pas des nécessités. C'est ce qu'alléguait, pour sa défense, cet homme à qui on reprochait de battre son père : « Lui-même, ré- « pondit-il, a aussi battu le sien, lequel en avait « agi de même avec son propre père »; et montrant son enfant en bas âge : « Celui-ci, ajouta-t-il, me « traitera de la même manière, quand il sera de- « venu homme; car c'est chez nous une habitude « de famille. » Et cet autre qui se voyait traîné par son fils, lui ordonna de s'arrêter quand il serait sur le seuil de la porte, attendu que lui-même n'avait traîné son père que jusque-là.

D'un autre côté, il y a plus d'injustice dans ceux

qui cachent plus leurs desseins. Or, l'homme violent et colère n'est pas dissimulé, sa passion se montre à découvert; au lieu qu'on peut dire du désir ce qu'un poète dit de Vénus, « de la déesse de Cypre, habile à ourdir des trames perfides (1) », et ce que dit Homère en décrivant « cette ceinture, « tissu merveilleux qui inspire un langage flatteur « et tendre, capable de séduire même l'homme d'une « prudence consommée (2). » Tellement que, si cette sorte d'intempérance est plus injuste et plus honteuse que celle qui se rapporte à la colère, ce sera celle-là qu'on devra appeler proprement intempérance, et, pour ainsi dire, vice, dans un sens absolu. Ajoutons, enfin, que personne n'éprouve un sentiment de peine, en se livrant à l'incontinence; mais tout homme qui agit avec colère est, par cela même, péniblement affecté, tandis que l'incontinence est accompagnée de volupté. Si donc les circonstances où la colère est le plus légitime, sont celles où l'injustice est plus grande, l'intempérance qui est l'effet du désir, doit être aussi plus injuste : car l'intention d'outrager n'est pas la cause de la colère (3). L'on voit donc clairement que l'intempérance dans les désirs est plus honteuse que l'intempérance dans la colère; et que la tempérance et l'intempérance proprement dites

---

(1) Expressions d'un poète inconnu.
(2) *Iliade*, ch. XIV, vs. 214—217.
(3) Au contraire, la colère est provoquée par un outrage qu'on a reçu, ou que du moins on croit avoir reçu.

sont relatives aux désirs et aux plaisirs des sens.

Mais il est bon de constater les différences qui s'y trouvent; car, comme on l'a dit en commençant, il y a de ces plaisirs qui, par leur espèce et leur degré, sont propres à la nature humaine : il y en a d'autres qui n'appartiennent qu'à la nature animale, ou qui n'ont lieu que par l'effet d'un désordre dans l'organisation, ou d'un état maladif. Or, c'est aux premiers que se rapportent la sobriété et l'intempérance. Voilà pourquoi nous ne disons point, en parlant des animaux, qu'ils sont tempérants ou intempérants, si ce n'est par métaphore, ou pour marquer quelque différence notable entre une espèce d'animaux et une autre, sous le rapport de l'incontinence, de la lasciveté, ou de la voracité : car il n'y a en eux ni délibération, ni raisonnement, mais quelquefois aberration de l'instinct naturel, comme chez les hommes en démence. Au reste, la brutalité est un moindre mal que le vice ou la méchanceté, quoiqu'elle semble plus effrayante; car elle n'est pas, comme dans l'homme, la dépravation de ce qu'il y a de plus excellent, elle en est l'absence. C'est donc comme si, en comparant l'être animé à l'être inanimé, on demandait qui des deux est plus méchant ou plus vicieux : car sans doute les mauvaises qualités sont moins nuisibles dans ce qui n'a pas en soi un principe qui le dirige; or, l'intelligence, ou la raison, est un tel principe. C'est donc à peu près comparer l'injustice avec l'homme injuste. Il est possible qu'à certains égards, l'un soit pire que l'autre; car l'homme injuste peut faire infiniment plus de mal qu'une bête féroce.

VII. Quant aux plaisirs et aux peines, aux désirs et aux aversions que font naître les sensations du toucher et du goût, auxquelles nous avons vu précédemment que se rapportent les idées de débauche et de sobriété, on peut être susceptible de se laisser entraîner à ceux dont la plupart des hommes savent triompher, et l'on peut résister à ceux qui séduisent le plus grand nombre. En ce genre, on appelle intempérant celui qui cède au plaisir, et tempérant celui qui y résiste; on dit de celui qui cède à la peine, qu'il est mou, sans énergie; on dit de celui qui ne s'en laisse point abattre, qu'il a de la force d'ame. La manière d'être qui tient le milieu entre ces deux genres de dispositions, est celle de la grande majorité des hommes, quoiqu'ils inclinent plus généralement du pire côté.

Cependant, comme il y a des plaisirs qui sont nécessaires, d'autres qui ne le sont pas, ou qui ne le sont que jusqu'à un certain point, et qu'assurément l'excès ou le défaut, en ce genre, ne sont pas des nécessités de la nature; comme il en est de même des désirs et des sentiments pénibles: celui qui recherche avec ardeur les sensations agréables, ou qui les veut éprouver au plus haut degré, par choix et pour elles-mêmes, sans avoir aucun autre but, est proprement un débauché; car il est impossible qu'il éprouve du regret ou du repentir, et dès-lors son vice est incurable. Celui qui est insensible à ces plaisirs, est dans l'extrême opposé : l'homme tempérant et sobre est dans le juste milieu. Il en faut dire autant de celui qui fuit toutes les sensations pénibles ou douloureuses, de dessein prémédité, et non faute de pouvoir les supporter.

Mais, parmi ceux dont la manière d'agir n'est pas le résultat d'un choix ou d'une préférence, l'un se laisse séduire par l'attrait du plaisir, l'autre cède à la peine que lui font éprouver ses désirs; en sorte qu'il y a quelque différence entre eux. Or, il n'est personne qui ne fasse moins de cas de l'homme qui, sans passion, ou du moins avec des désirs très-modérés, commet quelque action honteuse, que de celui qui la fait parce qu'il est emporté par un violent désir; de celui qui maltraite quelqu'un, sans être en colère, que de celui qui le fait dans un accès de fureur : car que ferait le premier s'il éprouvait une passion violente? Voilà pourquoi le débauché est plus méprisable que l'intempérant [qui n'est pas maître de lui]. Celui-là est donc, entre ceux dont nous venons de parler, comme le type de ce qu'on pourrait appeler mollesse ou faiblesse de caractère. Cependant, l'intempérant est opposé au tempérant, et l'homme faible à l'homme ferme ou capable d'endurer la peine; car c'est dans la résistance que consiste cette vertu, au lieu qu'il faut une force active pour la tempérance, qui consiste à se rendre maître de ses passions; ce qui est autre chose que de résister, comme vaincre et n'être pas vaincu sont des choses différentes. C'est pour cela que l'empire sur soi-même est une qualité plus précieuse que la patience ou la résignation.

Quant à celui qui pèche par faiblesse, dans les choses où la plupart des hommes résistent et peuvent résister, c'est un homme mou, et qui aime à vivre dans les délices; car ce penchant tient à une sorte de mollesse. Tel est, par exemple, celui qui laisse traîner son manteau pour ne pas prendre la peine de le soulever; ou celui qui, en se donnant l'air et la démarche d'un homme malade, ne se croit pas à plaindre, quoiqu'il ressemble à ceux qui le sont (1). Or, il en est de même dans tout ce qui tient à la tempérance et à l'intempérance : car, si l'on se laisse vaincre à des plaisirs ou à des peines portées au dernier degré de vivacité ou de violence, cela n'a rien de surprenant; on mérite, au contraire, quelque indulgence, si l'on s'efforce au moins d'y résister, comme Philoctète blessé par un reptile venimeux, tel que nous le représente Théodecte (2);

---

(1) Peut-être faut-il supprimer la négation, comme l'ont pensé plusieurs éditeurs, et traduire : « Se croit malheureux, « seulement parce qu'il imite ceux qui le sont. » C'est à peu près ce que raconte Athénée, en parlant des Sybarites (p. 518): « L'un deux (dit-il) prétendait que, pour avoir vu, en passant « dans un champ, des hommes qui creusaient un fossé, il s'était « rompu un vaisseau dans la poitrine : sur quoi un autre lui « répondit, que d'entendre seulement ce récit lui donnait des « maux de reins. »

(2) Théodecte de Phasélis, ville de la Pamphylie, fut disciple d'Isocrate, ami d'Aristote, orateur et poète tragique; c'est à lui que notre philosophe avait dédié un traité de rhétorique. Cicéron (*Tuscul.* l. 2, c. 7) parle également de Philoctète comme d'un homme dont le malheur et les plaintes pouvaient exciter l'indulgence et la compassion. *Adspice Philoctetem cui*

ou comme Cercyon dans l'Alopé de Carcinus (3); ou comme ceux qui, en faisant tous leurs efforts pour s'empêcher de rire, finissent par éclater avec bruit, ainsi qu'il arriva à Xenophantus (4). Mais ce qui peut étonner, c'est qu'un homme soit incapable de résister aux plaisirs ou aux peines dont presque tout le monde peut surmonter l'attrait ou l'inconvénient, sans avoir pour excuse ou la nature de son tempérament, ou l'altération de sa santé, comme les rois des Scythes chez lesquels la mollesse était héréditaire (5), ou comme les femmes dont la constitution diffère essentiellement de celle des hommes.

---

concedendum est gementi : ipsum enim Herculem viderat in OEta magnitudine dolorum ejulantem.

(3) Il y eut deux poètes tragiques de ce nom, l'un Athénien, et l'autre d'Agrigente : on ne sait quel est celui dont Aristote fait mention ici, et dans plusieurs endroits de sa Poétique. *Cercyon* était le père d'*Alopé*, dont la tragédie de Carcinus portait le nom.

(4) On ne sait rien de ce Xénophantus; quelques commentateurs ont pensé que c'était peut-être un des courtisans d'Alexandre, dont Sénèque fait mention dans son traité *De la Colère*. (l. 2, c. 2.)

(5) Quelques interprètes ont cru qu'il fallait substituer ici les *Perses* aux *Scyhtes*; d'autres rappellent, à ce sujet, un passage d'Hérodote (*Hist.* l. 1, § 105), où il est question d'une *maladie de femme* (θήλεια νοῦσος) dont les Scythes furent frappés, quoique l'historien ne dise pas qu'elle fût particulière aux rois de ce pays, mais seulement à ceux qui avaient pillé le temple d'Ascalon. Voyez les notes de Mr Coray sur le traité d'Hippocrate *Des Airs, des Eaux et des Lieux*, t. 2, p. 331.

L'habitude du jeu et de la dissipation semble aussi tenir de l'intempérance : c'est du moins une sorte de faiblesse. Car le jeu peut être regardé comme un délassement des occupations sérieuses, puisqu'il procure du repos; mais l'excès en ce genre, caractérise un joueur de profession. Au reste, les causes de l'intempérance sont d'une part l'impétuosité, et de l'autre la faiblesse. En effet, il y a des gens qui, après avoir pris une résolution, n'y sauraient demeurer fidèles, parce que la passion les emporte; et il y en a qui sont entraînés par elle, faute d'avoir songé à prendre une résolution. D'autres, au contraire (semblables à ceux qui, après avoir été vivement chatouillés, deviennent insensibles à ce genre de sensation), ayant pris soin de tout sentir et de tout prévoir, de se tenir sur leurs gardes et de fortifier leur raison, ne se laissent vaincre par aucune passion, soit agréable, soit pénible. Mais les hommes d'un esprit vif et pénétrant, et les mélancoliques, sont plus particulièrement sujets à l'intempérance qui naît de l'impétuosité des passions : les uns par la promptitude, et les autres par la violence des affections qu'ils éprouvent, sont incapables d'entendre le langage de la raison, parce qu'ils se laissent surtout conduire par l'imagination.

VIII. Le débauché, comme on l'a dit, n'est pas sujet à se repentir; car il persiste dans ses déterminations : mais l'intempérant [celui qui n'est pas maître de soi] est toujours susceptible d'éprouver quelque regret. Ces caractères ne sont donc pas entièrement tels que nous l'avions supposé d'abord ; mais l'un est perverti sans ressource, l'autre peut encore s'amender. Car le vice est comme l'hydropisie ou la phthisie, et l'intempérance comme l'épilepsie ; l'un est une maladie continue, l'autre est une maladie qui a ses intervalles de relâche ; et, en général, le vice est un genre d'habitudes autre que l'intempérance. L'homme vicieux ne se connaît pas lui-même comme tel ; l'intempérant s'aperçoit de son défaut ; et il vaut mieux, dans ce cas, être susceptible d'une sorte d'emportement momentané, qui vous fait sortir des règles du devoir, que d'être capable de consulter la raison, sans pouvoir persister à suivre ses conseils. On cède alors à des passions moins fortes, et l'on n'a pas le tort d'avoir cédé, pour ainsi dire, de dessein prémédité, comme fait l'homme décidément vicieux. Car l'intempérant est semblable à ces gens qui s'enivrent en ne buvant qu'une petite quantité de vin, et même moins considérable que celle qui produit ordinairement l'ivresse. Il est donc évident que l'intempérance n'est pas la même chose que le vice, si ce n'est peut-être à quelques égards : car l'une a lieu contre l'intention de celui qui s'y livre, l'autre est une affaire de préférence. Cependant les actions qui résultent de ces deux causes sont assez semblables, comme disait Démodocus (1) au sujet des habitants

---

(1) Poëte dont on ne sait rien d'ailleurs, sinon qu'il était de l'île de Léros. Voyez *Diog. Laert.* (l. 1, sect. 84), et la note de Ménage sur cet endroit.

de Milet : « Les Milésiens ne sont pas dépourvus « de sens ; mais ils agissent comme des gens qui « en seraient dépourvus. » Les intempérants aussi ne sont pas proprement des hommes vicieux ou dépravés, mais ils font des actions blâmables.

En effet, l'un étant disposé à rechercher les plaisirs des sens avec excès et contre toute raison, mais sans être convaincu qu'il faille agir ainsi; tandis que l'autre semble, au contraire, agir de la même manière par une conviction intime, le premier doit pouvoir facilement être amené à changer de conduite, et non pas le second. Car le propre de la vertu, c'est de conserver le principe qui la fait agir; le vice, au contraire, dégrade ou détruit ce principe. Or, le principe des actions, c'est le motif en vue duquel on agit; comme dans les mathématiques, ce sont les suppositions (2) qu'on a d'abord admises. Mais, ni dans ce cas, ni dans l'autre, ce n'est le raisonnement qui nous fait connaître les principes; en fait de conduite, c'est la vertu,

---

(2) C'est-à-dire les *axiômes*, ou propositions tellement évidentes par elles-mêmes, qu'il suffit de les énoncer pour qu'elles soient admises par tout homme qui connaît la valeur des mots; et qui, d'un autre côté, sont tellement simples, et fondées sur le résultat immédiat de notre faculté d'intuition, qu'on ne saurait les démontrer par aucune proposition aussi simple et aussi évidente. A quoi il faut ajouter les *définitions*, du point, de la ligne droite, de la surface, etc., comme l'observe Aspasius, cité par Mr Zell, auxquelles convient plus proprement le nom d'*hypothèses* (ou suppositions), dont se sert ici notre philosophe.

soit naturelle, soit acquise par de bonnes habitudes, qui nous donne des opinions saines sur le principe de nos actions; et celui qui en est à ce point est sobre et tempérant : le débauché est celui qui a les dispositions contraires. Mais il y a tel individu que la passion égare momentanément, et fait sortir de la route que prescrit la raison, sans pouvoir toutefois lui persuader qu'il est permis de s'abandonner sans réserve à la poursuite des plaisirs des sens; celui-là est intempérant, mais moins dépravé que le débauché. Il n'est pas absolument vicieux : car ce qu'il y a de plus précieux, je veux dire le principe, subsiste encore en lui; au lieu que, dans l'autre, ce n'est pas un simple égarement que la passion produit, mais c'est un système suivi de dépravation. On voit donc clairement par là qu'il y a d'un côté disposition vertueuse, et de l'autre habitude vicieuse.

IX. Cependant, faut-il appeler tempérant [ou plutôt maître de soi] celui qui persiste dans toute opinion ou résolution quelle qu'elle soit, ou seulement celui qui tient aux opinions et aux résolutions conformes à la raison? Faut-il appeler intempérant [ou faible] celui qui ne persiste point dans une opinion ou résolution quelconque, ou seulement celui qui ne persiste point dans celles qui sont fondées sur la vérité et sur la raison? questions qui se sont déja offertes à notre examen (1).

---

(1) Ci-dessus, c. 2 de ce livre.

Ou bien, dirons-nous que celui-là est un homme ferme qui persiste dans une opinion ou détermination quelconque, seulement par accident, mais qui adopte invariablement et pour elle-même celle qui est conforme à la raison; et que le caractère faible est celui qui persiste aussi par accident dans une détermination quelconque, mais qui ne sait pas demeurer fidèle à la raison et à la vérité? En effet, si quelqu'un préfère une chose en vue de quelque autre, c'est celle-ci qu'il recherche ou préfère en elle-même, et ce n'est que par accident, ou par circonstance, qu'il recherche la première. Car, par ces mots *en elle-même*, je veux dire: simplement et absolument; en sorte qu'il est possible que l'un persiste dans une opinion quelconque, et que l'autre s'en désiste, mais que ce soit, absolument et en définitif, l'opinion véritable que l'un adopte, et dont l'autre s'écarte.

Mais il y a des gens qui tiennent à une opinion, et qu'on appelle entêtés, c'est-à-dire, difficiles à persuader ou à ébranler dans leur conviction, et qui ressemblent, à certains égards, à celui que nous appelons tempérant ou ferme (comme le prodigue ressemble au libéral, et le téméraire à l'homme courageux), mais qui en diffèrent sous beaucoup d'autres rapports. Car ce n'est pas le désir ou la passion qui fait changer le tempérant, puisqu'au contraire, il changera volontiers d'opinion, quand il y aura lieu à le faire; au lieu que ceux-ci ne veulent nullement céder à la raison, parce qu'ils sont préoccupés de quelque désir, et que la plupart des hommes se laissent entraîner par les voluptés. Or, cet entêtement se rencontre chez les gens prévenus de quelque opinion qu'ils ont adoptée (2), et chez ceux qui sont ignorants et grossiers; et les sentiments de plaisir ou de peine sont assez ordinairement la cause de l'opiniâtreté. Car on a du plaisir à vaincre et à ne pas se laisser persuader autre chose que ce qu'on croit; on a de la peine, lorsque les résolutions qu'on a prises sont sans effet, comme des décrets qui n'ont pas été exécutés. Voilà pourquoi ce qui fait que chez les gens dont nous parlons, c'est plutôt intempérance ou faiblesse, que tempérance ou fermeté.

Il s'en trouve aussi qui ne persistent pas dans leurs résolutions par une toute autre cause que l'intempérance, comme Néoptolème dans le *Philoctète* de Sophocle (3). C'est bien le plaisir qui l'empêche de faire ce qu'il avait résolu, mais un plaisir généreux : car il trouvait honorable de dire la vérité; mais Ulysse lui persuada de faire un mensonge. C'est qu'on n'appelle ni méprisable, ni intempérant, ni débauché, tout homme qui agit par un motif de satisfaction ou de plaisir, mais seule-

---

(2) Littéralement : « Les *opiniâtres* (ἰδιογνώμονες) sont *entêtés* « (ἰσχυρογνώμονες). » Il y a à peu près entre les deux mots grecs la même nuance de signification qu'entre les mots français. L'*opiniâtre* tient à son opinion, parce qu'elle est sienne; l'*entêté* tient à celle qu'il a, parce qu'il l'a; c'est-à-dire que l'un et l'autre manquent de lumières et de raison.

(3) Voyez *Sophocl. Philoct.* cité plus haut, c. 2, note 3.

ment celui qui recherche des plaisirs honteux. D'un autre côté, comme il y a tel individu qui est moins sensible qu'il ne faut aux plaisirs du corps, et qui ne consulte pas en ceci la raison (4), on peut considérer le caractère du tempérant comme tenant le milieu entre celui-ci et celui de l'intempérant. Car ce dernier s'écarte de la raison par une tendance qui va dans l'excès en plus, et l'autre par une tendance contraire, tandis que ni l'une ni l'autre de ces deux dispositions ne peut influer sur le tempérant. Or, si la tempérance est une vertu, il faut que ces deux habitudes opposées soient vicieuses, comme elles le paraissent en effet. Mais, l'une d'elles (5) ne se montrant que rarement et chez un petit nombre de personnes, comme il n'y a que la sobriété que l'on oppose à la débauche, il n'y a aussi que l'intempérance que l'on oppose à la tempérance. Enfin, comme, dans bien des cas, on se sert des mots par analogie, le mot tempérance ou fermeté s'est dit de la sobriété, à cause de la ressemblance de ces deux manières d'être. Car le tempérant [ou plutôt l'homme qui a de l'empire sur lui-même] est, comme

---

(4) La paraphrase semble indiquer qu'ici il y a quelques mots omis, ou au moins le mot ἀνώνυμος, en sorte qu'il faudrait ajouter que ce caractère d'insensibilité, dont parle l'auteur, n'a pas reçu de nom particulier, comme il l'a déja dit l. 2, c. 7, et l. 3, c. 11. Voyez, sur cet endroit, les remarques de Mr Coray, p. 293.

(5) Celle dont il est question dans la note précédente, et à laquelle Aristote a donné le nom d'*insensibilité*, dans les chapitres II, VII, et VIII du second livre de ce traité.

l'homme sobre, incapable de se laisser entraîner par les plaisirs des sens, à rien faire contre la raison; mais l'un a des désirs répréhensibles, et l'autre n'en a pas : celui-ci ne saurait trouver du plaisir dans ce qui est contraire à la raison; celui-là peut y trouver du plaisir, mais ne s'en laisse pas séduire. L'intempérant [ou l'homme d'un caractère faible] et le débauché se ressemblent aussi, à quelques égards, quoiqu'ils diffèrent sous d'autres rapports : car tous deux recherchent avec ardeur les plaisirs des sens; mais l'un s'est persuadé qu'on doit en agir ainsi, et l'autre n'a pas cette conviction.

X. Il n'est pas possible que le même homme soit à la fois prudent et intempérant; car nous avons fait voir (1) qu'on ne saurait guère être prudent sans être vertueux. D'ailleurs, ce n'est pas seulement la science qui rend véritablement prudent, c'est aussi l'habitude pratique des actes de prudence : or, l'intempérant n'est pas propre à faire de ces actes. Mais il peut arriver qu'un homme qui a de la finesse ou de l'habileté, soit intempérant; et c'est pour cela que quelques personnes qui passent pour avoir de la prudence, se livrent pourtant à l'intempérance, parce que l'adresse ou l'habileté, et la prudence diffèrent de la manière qui a été expliquée précédemment (2), et parce que, bien que se rapprochant l'une de l'autre, si l'on y considère la raison, elles diffèrent quant au motif qui les détermine.

---

(1) Ci-dessus, l. 6, c. 5 et 12.
(2) Dans le livre VI, chap. 12.

L'habileté n'est donc pas toujours l'effet de la science et d'une mûre réflexion; elle peut être quelquefois aussi peu réfléchie qu'elle le serait dans un homme ivre ou endormi (3). Elle est pourtant volontaire; car, en pareil cas, on sait ce qu'on fait, et pourquoi. Elle n'est pas non plus un vice; car le motif n'est pas blâmable: de sorte que l'homme habile, mais intempérant, est, pour ainsi dire, à moitié vicieux, et n'est pas injuste, car il ne veut ni tromper, ni surprendre (4). En effet, parmi les hommes de ce caractère, les uns sont incapables de persister dans les résolutions qu'ils ont prises; et les autres sont des mélancoliques, incapables de prendre aucune résolution. En un mot, l'intempérant ressemble, à quelques égards, à une cité où l'on décrète tout ce qui est convenable et utile, qui a de bonnes lois, mais qui n'en observe aucune, comme le remarque plaisamment Anaxandride (5): « Telle est la réso-

---

(3) Voyez ci-dessus, chap. 3 de ce livre.

(4) Les commentateurs ont cru apercevoir ici quelque contradiction: mais il paraît assez que notre auteur veut dire qu'un homme de talent, ou habile, peut manquer de fermeté (car c'est ce que signifie ici le mot *intempérant*), comme il le dit expressément (*M. M.* l. 2, c. 6), et comme l'a entendu l'auteur de la paraphrase.

(5) De Rhodes, poète comique. Le vers que cite Aristote était peut-être tiré de sa comédie intitulée *Les Cités* (ou les Républiques). « Lorsque ses pièces n'avaient pas remporté le « prix, dit Athénée (p. 299 et 374), au lieu de les retoucher, « il les donnait [aux marchands de parfums] pour les dé- « chirer, et s'en servir à envelopper l'encens. C'est ainsi que,

« lution de cette république, où l'on ne se soucie
« nullement des lois. » L'homme vicieux, au contraire, ressemble à une cité où l'on observe les lois, mais où l'on en a de mauvaises.

Enfin, l'intempérance et la tempérance sont relatives à ce qui sort des limites communes, en fait d'habitudes ; ainsi l'un persiste plus dans le bien, et l'autre moins que ne le peuvent faire la plupart des hommes. L'intempérance des caractères mélancoliques est plus susceptible de s'amender que celle des hommes qui, après avoir pris une résolution, ne savent pas y tenir ; et les hommes devenus intempérants par suite de mauvaises habitudes, peuvent plutôt se réformer que ceux qui le sont par tempérament : car l'habitude est plus facile à changer que la nature ; et même c'est parce qu'elle ressemble à la nature qu'elle est quelquefois si difficile à changer, comme dit aussi Evénus (6) : « N'en
« doute point, ami, un exercice constant, l'appli-
« cation et l'étude ont des résultats durables : c'est
« là ce qui, chez les hommes, finit par être comme
« la nature elle-même. »

Ainsi, nous avons dit ce que c'est que tempérance, intempérance, fermeté ou force, et mollesse

---

« dans sa vieillesse, irrité de l'injustice des spectateurs, il dé-
« truisit plusieurs de ses comédies, qui étaient fort ingénieuses,
« et écrites avec beaucoup de talent. »

(6) Poëte élégiaque : il était de Paros. Voyez les notes sur l'*Apologie de Socrate*, p. 72, édit. de 1806, chez Mr Firmin Didot.

ou faiblesse, et dans quels rapports ces diverses manières d'être sont à l'égard les unes des autres.

XI. Mais considérer aussi les sentiments de plaisir et de peine (1), est un devoir pour celui qui veut écrire en philosophe sur la politique; car c'est lui qui est, s'il le faut ainsi dire, l'architecte de la fin [ou qui connaît le but] que nous envisageons, quand

---

(1) Parmi les commentateurs d'Aristote, les uns ont pensé que ce chapitre et les trois suivants, jusqu'à le fin de ce livre, avaient été placés ici mal à propos, et qu'ils auraient dû être réunis aux cinq premiers chapitres du dixième livre, où l'auteur traite le même sujet : d'autres reprochent aux copistes d'avoir, à tort, détaché et transposé les chapitres 11, 12, 13 et 14 du sixième livre de *la Morale à Eudemius*, pour les placer en cet endroit. Car, si dans ce traité, comme dans celui qui est intitulé *Grande Morale* (l. 2, c. 7) les considérations sur la volupté viennent immédiatement après les observations sur la tempérance et l'intempérance, au moins le même sujet n'est traité qu'une fois dans chacun de ces ouvrages, et non pas en deux endroits différents, comme dans celui-ci. D'autres, enfin, prétendent que c'est à dessein que notre philosophe est revenu deux fois sur cette matière : d'abord, dans ce septième livre, parce que le plaisir est proprement le sujet auquel se rapportent la tempérance et l'intempérance; et ensuite, dans le dixième livre, parce que le même sujet appartenait proprement aux considérations générales sur le bonheur. Au reste, comme, dans plusieurs endroits de cet examen, Aristote a évidemment eu pour but de combattre la doctrine de Platon sur le plaisir, il sera utile, pour bien comprendre ses raisonnements, de relire le *Protagoras* (p. 351), la *République* (l. 9, p. 580—592), et le *Philebus* tout entier. On peut consulter aussi Xénophon (*Memorab.* l. 2, c. 1); Cicéron (*De Finib.* l. 1 et 2; *Tusculan. Quæst.* l. 3).

nous disons qu'une chose est bonne ou mauvaise absolument. Il est même nécessaire d'entrer dans ces considérations, puisque nous avons regardé le plaisir et la peine comme les fondements du vice et de la vertu morale, et puisque la plupart des hommes prétendent que le bonheur est toujours accompagné de plaisir, et que c'est de cette circonstance qu'il tire le nom par lequel on le désigne dans la langue grecque (2).

Or, suivant les uns, il n'y a point de plaisir qui soit un bien, ni par lui-même, ni par circonstance : car ils prétendent que bien et plaisir ne sont pas la même chose. Suivant d'autres, quelques plaisirs sont des biens ; mais la plupart des plaisirs sont nuisibles. Enfin, il y a une troisième opinion, suivant laquelle, en supposant que tous les plaisirs fussent des biens, il est néanmoins impossible que le plaisir soit le bien suprême, ou le souverain bien. Et d'abord, le plaisir, en général, n'est pas un bien, parce que tout plaisir est une *généra-*

---

(2) Μακάριος (heureux) est composé, suivant Aristote, des deux mots μάλα χαίρειν, en latin *valde gaudere* « avoir beaucoup de « joie ». L'auteur de l'ancien lexique grec intitulé *Etymologicum magnum*, voit dans le même mot μακάριος les mots μὴ κηρὶ (sousent. ὑποκείμενος), c'est-à-dire, « qui n'est pas sujet à la mort, ou « à la destruction ». Mr Coray suppose que ce mot n'est pas d'origine grecque. En général, les anciens écrivains, comme Platon, Euripide, Aristote, etc., et, chez les Romains, Varron et Cicéron lui-même, ont hasardé plusieurs étymologies fort douteuses, ou même tout-à-fait ridicules : ce genre de critique n'avait fait, de leur temps, que très-peu de progrès.

tion (3) *selon la nature*, qui est perceptible par les sens; or, aucune génération n'a dans son principe rien qui soit commun avec la fin : par exemple, l'action de bâtir une maison n'a rien de commun avec la maison elle-même. De plus, l'homme sobre et tempérant fuit les plaisirs; l'homme sensé recherche ce qui ne cause point de peine (4), mais non pas ce qui donne du plaisir. Ajoutons que les voluptés offusquent et troublent la raison, et la troublent d'autant plus, qu'on éprouve plus de joie, comme on le voit par les plaisirs de l'amour; car nul homme, au moment où il s'y livre, n'est capable de penser. Ensuite, il n'y a point d'art qui ait le plaisir pour objet, et pourtant tout ce qui

---

(3) « Puisque la génération des plantes, [ou leur production] « dans la nature n'est pas sensible, elle n'est pas un plaisir: « or, si la génération est quelque chose d'imparfait, et si ce « qui est imparfait n'est pas un bien, le plaisir n'est donc pas « un bien. Car le bien est ce qui a déjà une existence com- « plète, et non ce qui est [pour ainsi dire] *en train d'exister*, « etc. » *Paraphr. Génération* signifie donc ici commencement d'existence, par opposition à existence complète. Voyez le *Philèbus* de Platon (p. 53). Tout ce raisonnement est fondé sur la distinction des anciens philosophes entre les choses qui ont une existence complète et absolue (les idées), et celles qui n'ont qu'une existence continuellement variable, c'est-à-dire, toutes les choses individuelles, distinction qui, appliquée à la question présente, peut être mise au nombre des subtilités oiseuses.

(4) C'est ce qu'Épicure appelle *exemption*, ou *absence* de la douleur, ou plaisir stable, permanent ($\varkappa\alpha\tau\alpha\varsigma\eta\mu\alpha\tau\iota\varkappa\grave{\eta}$ $\dot{\eta}\delta o\nu\grave{\eta}$), par opposition à celui qui consiste dans le mouvement. Voyez *Diog. Laert.* l. 10, § 136—139.

est bon est le produit de quelque art. Outre cela, les enfants et les animaux recherchent le plaisir avec ardeur. Mais la preuve que tous les plaisirs ne sont pas honnêtes, c'est qu'il y en a de honteux, et qui sont un légitime sujet de reproche, et qu'il y en a aussi qui sont nuisibles ; car certaines choses qui donnent du plaisir peuvent rendre malade. Enfin, le plaisir n'est pas ce qu'il y a de plus excellent, puisqu'il n'est pas une fin, mais une génération. Voilà à peu près ce qu'on allègue contre le plaisir.

XII. On verra néanmoins, par ce que nous allons dire, qu'il ne s'ensuit pas de tout ceci que la volupté ne soit pas un bien, ni même qu'elle ne soit pas le souverain bien (1). Et d'abord, on peut considérer le bien sous deux points de vue : comme bien, en soi ou en général, et comme bien, relativement à telle ou telle personne ; et cette différence en déterminera une de même genre dans la nature, dans l'habitude, dans l'impulsion, dans l'origine ou la

---

(1) Il serait trop long de discuter les opinions des divers commentateurs ou traducteurs sur plusieurs endroits de ce chapitre, dont le texte est assez obscur, parce que les pensées de l'auteur n'avaient peut-être pas toute la clarté désirable. J'ai tâché de le suivre autant et d'aussi près qu'il m'a été possible, renvoyant les lecteurs qui sont capables de faire un choix entre les diverses interprétations, et que ce genre de discussions intéresse, aux remarques de Mr Coray, et à celles de Mr Zell, qui a recueilli soigneusement tous les matériaux, mais sans en tirer, à mon avis, aucune solution complètement satisfaisante, ce qui, au reste, est peut-être impossible.

cause productive du plaisir envisagé sous ces deux aspects. Par exemple, entre ceux qui paraîtront nuisibles, les uns le seront en général, et les autres ne le seront pas pour quelques personnes; au contraire, ils seront désirables pour tel individu. D'autres ne seront pas même absolument désirables pour cet individu, mais seulement pour un temps et dans certaines circonstances. On peut même dire que tout plaisir accompagné de peine n'est pas un véritable plaisir, mais n'en a que l'apparence, comme cela se voit, à l'égard des malades, dans les remèdes qu'on emploie pour leur guérison.

D'un autre côté, comme, dans le bien, il faut distinguer l'acte, de l'habitude ou manière d'être, les plaisirs qui servent à rétablir l'habitude, ou manière d'être, naturelle, ne sont agréables que par accident ou par circonstance, tandis que l'acte, ou l'énergie, se manifeste dans les désirs qui naissent d'une manière d'être accompagnée de quelque souffrance, quoique d'ailleurs il y ait des plaisirs dans lesquels ni la peine ni le désir n'entrent pour rien, comme sont ceux de la méditation, qui ont lieu sans que la nature souffre aucun besoin, éprouve aucune privation. Ce qui le prouve, c'est que les sentiments de plaisir ne sont pas les mêmes quand la nature se répare, et quand elle est dans un état d'équilibre ou de repos. Mais, dans cet état, elle jouit des choses qui sont simplement et absolument agréables; au lieu que, quand elle se répare, elle trouve du plaisir dans des choses contraires: elle aime alors les saveurs acides ou amères, qui naturellement et en elles-mêmes ne sont point agréables, en sorte qu'elles ne sont pas des plaisirs. Car les choses agréables sont entre elles dans le même rapport que les plaisirs dont elles sont la cause, ou ont entre elles la même opposition.

De plus, il n'est pas nécessaire qu'il y ait quelque autre chose plus excellente que le plaisir, parce que, comme le prétendent certaines personnes, la fin est plus excellente que la génération : car le plaisir n'est pas génération, ni toujours accompagné de génération, mais il est action et fin ; et il n'est pas le résultat de ce qui se produit ou s'engendre ; mais il provient de l'emploi et de l'usage que l'on fait des choses. D'ailleurs, la fin n'est pas toujours autre chose que l'action ; mais cela n'a lieu que pour celles qui tendent à la perfection de la nature. Voilà pourquoi on a tort de dire que le plaisir est une génération sensible ; il aurait mieux valu le définir l'énergie, ou l'acte, d'une manière d'être, ou disposition, conforme à la nature, et l'appeler incoërcible au lieu de sensible. Mais il semble être une génération, parce qu'il est proprement un bien, et que l'on s'imagine que l'énergie, ou l'action, est génération, mais c'est autre chose.

Quant à ce qu'on dit que les plaisirs sont nuisibles, parce que certaines choses qui font plaisir peuvent altérer la santé, on pourrait dire de même que certaines choses qui sont utiles à la santé, sont nuisibles à la fortune. Les unes et les autres sont donc mauvaises sous ce rapport, mais non pas en tant qu'agréables ou donnant du plaisir; car, enfin, la méditation est aussi quelquefois nuisible à la santé. Mais certes le plaisir qui résulte naturellement et immédiatement de chaque chose ne nuit ni à la saine raison, ni à aucune habitude ou disposition; ce sont les plaisirs qui ne sont ni naturels, ni immédiats, qui peuvent nuire. Et, en effet, le plaisir que nous prenons à penser et à nous instruire, augmente en nous le goût de la méditation et de l'instruction. Mais [dit-on] il n'y a point de plaisir qui soit l'effet ou le produit de quelque art : cela devrait être ainsi; car il n'y a d'art pour aucune autre espèce d'actes ou d'actions; il n'y en a que pour les puissances ou facultés. Cependant, l'art du parfumeur et celui du cuisinier semblent destinés à procurer des plaisirs.

Enfin, l'objection fondée sur ce que l'homme sobre fuit un genre de vie exempt de toute peine, tandis que l'homme prudent le cherche (2), et que les animaux et les enfants le cherchent également, se résout par le même principe. Car, comme nous avons déjà fait voir comment il y a des plaisirs qui sont bons ou désirables, absolument et en général, et comment toutes les sortes de plaisirs ne sont pas désirables, ce sont ces derniers que cherchent les animaux et les enfants; et c'est l'exemption des peines relatives à ces plaisirs que cherche aussi l'homme prudent, c'est-à-dire, qu'il fuit les plaisirs

---

(2) C'était l'opinion de Platon, comme on peut le voir par ce qui est dit sur ce sujet dans le *Philèbus* (p. 55).

qui sont toujours accompagnés de désir et de soucis, en un mot, les plaisirs du corps, car telle est leur condition. Et il évite les excès qui font proprement l'intempérant ou le débauché. Voilà pourquoi le sage fuit cette sorte de plaisirs; car il y en a aussi qui lui sont propres.

XIII. Cependant, on convient généralement que la douleur est un mal, et qu'il faut la fuir. Mais il y a telle peine qui est un mal, en général et absolument; telle autre qui n'est un mal qu'à certains égards, et comme obstacle au bonheur [plutôt que comme cause de malheur]. Or, le contraire de ce qu'il faut fuir, en ce sens que c'est une chose qu'on doit fuir, et qui est mauvaise ou nuisible, ne peut être qu'un bien; d'où il suit nécessairement que le plaisir est un bien. Car la manière dont Speusippus argumentait sur cette question, n'en donne point une véritable solution. De même (disait-il) qu'être plus grand est le contraire d'être plus petit et d'être égal, etc. (1) : car on ne saurait dire que le plaisir soit un certain mal.

---

(1) Aristote ne fait qu'indiquer ici l'argument de Speusippus; voici comment l'auteur de la paraphrase l'expose : « Car (disait « Speusippus) de même que plus grand et plus petit sont opposés « ou contraires à égal, et de même qu'en fait de vertus, les ma- « nières d'être qui s'en écartent en plus ou en moins sont con- « traires; ainsi le plaisir et la peine sont opposés, ou contraires, « par rapport à l'absence de toute peine, l'un comme plus grand, « et l'autre comme moindre; et l'absence de toute peine est un « bien, mais le plaisir et la douleur sont des maux. Mais ce « raisonnement n'a rien de concluant, car il n'y a personne à

D'ailleurs, rien n'empêche qu'un certain plaisir ne soit ce qu'il y a de plus excellent, bien que certains plaisirs soient blâmables : de même qu'il y a telle science [qui peut être très-utile], quoiqu'il y en ait d'autres qui sont dangereuses. Peut-être même, quand les actes de toutes nos facultés s'exécutent sans obstacle (soit que cette activité de toutes constitue le bonheur, soit qu'il suffise pour cela de l'activité complète de quelqu'une d'entre elles); peut-être, dis-je, cette activité est-elle nécessairement ce qu'il y a de plus désirable, et peut-être que c'est là proprement la volupté, ou le plaisir; en sorte qu'on pourrait dire qu'une certaine volupté est ce qu'il y a de plus excellent, quand même la plupart des plaisirs seraient absolument blâmables. Voilà pourquoi tout le monde s'imagine qu'une vie heureuse est en même temps agréable, et c'est avec raison qu'on joint ordinairement ensemble les idées de plaisir et de bonheur. Car on ne saurait admettre que l'activité parfaite soit arrêtée par des obstacles; or, le bonheur est au nombre des choses parfaites. Aussi a-t-on besoin, pour être heureux, des biens du corps, des biens extérieurs, et des faveurs de la fortune ou du sort, afin de pouvoir

---

« qui le plaisir semble un mal, ou qui puisse dire que ce qui « s'appelle proprement plaisir, semble un mal. » (*Paraphr.*) Ajoutons à la citation de la note 2 du chapitre précédent, ces paroles d'Aulu-Gelle (l. 8, c. 7): *Speusippus, vetusque omnis academia, voluptatem et dolorem duo mala esse dicunt opposita inter se : bonum autem esse, quod medium utriusque foret.*

jouir des autres biens sans obstacle. Quant à ceux qui prétendent qu'un homme étendu sur la roue (2), et plongé dans la plus cruelle infortune, est encore heureux, s'il est vertueux, soit qu'ils parlent ainsi sérieusement, ou simplement pour avancer un paradoxe, ce qu'ils disent n'a aucun sens.

D'un autre côté, parce que le bonheur a besoin d'être secondé par la fortune, il y a des gens qui s'imaginent que bonheur et bonne fortune sont une même chose, tandis que cela n'est pas. L'excès de la bonne fortune peut même devenir un obstacle au bonheur; et peut-être ne mériterait-elle plus alors le nom qu'on lui donne, car elle doit s'arrêter dans les limites qui conviennent pour le bonheur. D'ailleurs, ce qui prouve que la volupté, ou le plaisir, est, à certains égards, le bien par excellence, c'est que tous les hommes, et même tous les animaux, le recherchent avec ardeur. [Et l'on peut lui appliquer ces paroles (3) d'Hésiode :]
« Certes, ce qui est l'objet des discours et des récits
« de tous les mortels ne saurait être un pur néant. »

Cependant, comme ni la nature la plus accomplie, ni l'habitude la plus parfaite, ne sont les mêmes

---

(2) Ce n'était pas, chez les anciens, un genre de supplice, mais un genre de torture. Voy. les scholiastes d'Aristophane (*In Pac.* vs. 454).

(3) Dans le poëme intitulé *Les OEuvres et les Jours.* (vs. 763.)

Tome I.

dans tous les êtres, tous ne recherchent pas aussi la même volupté, quoique tous aspirent à jouir de la volupté; et peut-être aussi qu'ils poursuivent celle qu'ils ne croient pas poursuivre, et qu'ils ne sauraient nommer [ou définir], quoique ce soit véritablement la même : car il y a, dans la nature de tous les êtres, quelque chose de divin. Mais les plaisirs du corps, parce qu'on s'y attache le plus souvent, et qu'ils sont le partage de tout ce qui est animé, ont, pour ainsi dire, usurpé l'héritage du nom; et l'on croit qu'ils sont les seuls, parce que ce sont les seuls que l'on connaisse.

Au reste, il est facile de voir que, si le plaisir n'est pas un bien, ni l'activité non plus, il sera impossible que l'homme heureux vive agréablement : car à quoi lui servirait-elle, puisqu'elle ne serait pas un bien, et qu'il pourrait encore vivre accablé de peines? Car la peine ne sera aussi ni un mal, ni un bien, si le plaisir n'en est pas un; et alors, pourquoi la fuir? La vie de l'homme vertueux ne serait donc pas plus agréable, si les actes qu'il produit, ou l'exercice de son activité, ne lui procurent pas plus d'agrément.

XIV. Mais, à l'occasion des plaisirs corporels, il faut encore examiner comment on dit qu'il y a des plaisirs très-désirables (et tels sont tous ceux qui sont honnêtes), mais que ce ne sont pas ceux du corps, et, en général, ceux que recherche le débauché. Pourquoi donc les peines contraires à ces plaisirs sont-elles des maux? car le contraire du mal, c'est le bien. Dira-t-on que les plaisirs nécessaires sont des biens, en ce sens que ce qui n'est pas un mal est un bien ; ou dira-t-on qu'ils ne sont bons que jusqu'à un certain point ? En effet, en tout genre d'habitudes et de tendances, où il n'y a pas excès dans le bien, il ne saurait y avoir excès de plaisir ; et, au contraire, il y aura excès de plaisir partout où se trouvera l'excès du bien ; et l'on est vicieux, quand on recherche l'excès dans le plaisir, et non pas quand on se contente de ce qui est nécessaire: car tous les hommes sont plus ou moins sensibles aux plaisirs de la table et à ceux de l'amour; mais tous ne le sont pas seulement autant qu'il faudrait l'être. Cependant, c'est tout le contraire, quand il s'agit des peines ; on n'y fuit pas l'excès, on les évite absolument, parce que la douleur n'est le contraire de l'excès du plaisir que pour celui qui cherche cet excès (1). Mais il ne suffit pas de dire la vérité ; il faut encore faire connaître la cause de l'erreur. Cette connaissance sert à confirmer notre croyance à ce qui est véritable : car, lorsqu'une chose qui ne l'est pas, semble pourtant avoir quelque apparence de raison, on y croit quelquefois plus qu'à la vérité elle-même. Il faut donc dire

---

(1) « Les peines opposées aux plaisirs excessifs, auxquels se « livre le débauché, ne sont pas excessives : elles sont même « médiocres, et telles qu'un homme sage ne s'en inquièterait « guère, parce que ce ne sont pas proprement des peines. Mais « celui qui ne cherche que l'excès dans les plaisirs, trouve « réellement pénible de n'en avoir que de modérés, et de conformes à la raison. » (*Paraphr.*)

pourquoi les plaisirs du corps semblent ordinairement devoir être préférés.

Premièrement, c'est qu'ils bannissent le chagrin; et, dans les peines portées à l'excès, on cherche quelquefois des plaisirs aussi excessifs, surtout ceux des sens, comme un remède à sa souffrance. Mais ce sont des remèdes violents; et ce qui fait qu'on les recherche, c'est que la violence de l'état contraire en suggère, en quelque sorte, l'idée. Cependant, le goût de la volupté est regardé comme une habitude vicieuse, par les deux raisons que nous avons déja dites, parce qu'il porte à des actions qui n'appartiennent qu'à une nature perverse ou dégradée, soit par le fait de la naissance, comme la bête sauvage, soit par la coutume, comme cela a lieu pour les hommes vicieux. Quant aux plaisirs envisagés comme des remèdes [ils ne sont pourtant pas estimables], parce qu'ils sont un signe de besoin, et qu'il vaut mieux être exempt de besoins que d'avoir à les satisfaire, et que cette espèce de plaisirs sont le partage d'hommes occupés à s'affranchir d'un besoin. Ce n'est donc que par accident [ou d'une manière indirecte] qu'ils peuvent être estimables.

D'ailleurs, leur vivacité même les fait rechercher par ceux qui sont incapables d'en goûter d'autres; aussi voit-on qu'ils en excitent en eux-mêmes la soif, s'il le faut ainsi dire : cependant, lorsqu'ils n'ont point de conséquences nuisibles, on ne saurait les blâmer; mais, lorsqu'ils peuvent nuire, ils sont un mal : car on ne peut pas leur en substituer d'autres, et naturellement l'état de langueur et d'indifférence est pénible à la plupart des hommes. Car tout animal est incessamment assiégé de sensations pénibles, comme le témoignent les traités d'histoire naturelle, où l'on remarque que les impressions de la vue et celles de l'ouïe sont toujours accompagnées de quelque sentiment douloureux, mais que bientôt l'habitude, comme on dit, nous empêche de nous en apercevoir. La nécessité de prendre de l'accroissement et de la force produit le même effet sur les jeunes gens, qui sont dans un état, à quelques égards, semblable à celui de l'ivresse : aussi la jeunesse est-elle une époque de plaisir et de jouissances. Mais les hommes d'un tempérament mélancolique sont comme dans un état de maladie, qui exige, pour ainsi dire, des remèdes; car la nature et l'âcreté de leurs humeurs entretiennent dans leur corps une irritation continuelle, et ils sont toujours en proie à des désirs violents. Or, le plaisir dissipe leurs peines, s'il y est contraire, et même quel qu'il soit, pourvu qu'il soit très-vif; et voilà pourquoi ils deviennent souvent débauchés et vicieux.

Au contraire, les plaisirs qui ne sont accompagnés d'aucun sentiment pénible, ne sont pas susceptibles d'excès; ils tiennent leur charme de la nature même, et non pas des circonstances ou de l'effet qu'ils produisent. Or, j'entends par charme ou agrément dû aux circonstances, le plaisir qui résulte, par exemple, de ce qui contribue à la guérison; car, de ce qu'elle est le résultat d'une certaine activité imprimée à la partie de notre organisation qui est demeurée saine, cette activité même semble, en effet, accompagnée d'un sentiment agréable. Et, d'un autre côté, nous sommes portés à trouver un charme puissant à tout ce qui donne à une nature telle que la nôtre, occasion d'exercer cette sorte d'activité.

Cependant, les mêmes choses ne peuvent pas toujours nous plaire, parce que notre nature n'est pas simple, et qu'il y entre des éléments en vertu desquels nous sommes corruptibles et périssables; de sorte que, quand l'une [des parties qui la composent] exerce son activité naturelle de la manière qui lui est propre, ce qu'elle fait est, pour ainsi dire, contraire à la nature [par rapport à l'autre partie]; et lorsqu'il y a équilibre [entre leurs actions], il semble que ce que nous faisons ne nous cause ni peine, ni plaisir. C'est qu'en effet, s'il y avait quelque être dont la nature fût entièrement simple, la même activité, purement contemplative, serait toujours pour lui la source des plus vifs plaisirs. Voilà pourquoi Dieu jouit éternellement d'une volupté simple et pure : car son activité ne s'exerce pas seulement dans le mouvement, elle subsiste également dans la plus parfaite immobilité, et la volupté est plutôt dans le repos [dans une sorte de quiétude] que dans le mouvement. Mais notre imperfection est cause qu'*en tout, le changement a des charmes*, comme dit le poète (2); car, comme

---

(2) Voyez l'*Oreste* d'Euripide. (vs. 234). Aristote cite encore

l'homme vicieux est inconstant, la nature elle-même a besoin de changement, parce qu'elle n'est pas simple, ni vertueuse.

Nous avons donc traité de la tempérance et de l'intempérance, du plaisir et de la douleur; nous avons dit ce qu'est chacune des ces affections, ou manières d'être, et comment les unes sont des biens, et les autres des maux. A présent nous parlerons aussi de l'amitié.

---

la même pensée dans sa *Rhétorique* (l. 1, c. 11). Voyez aussi *Eudem.* l. 7, c. 1.

LIVRE VIII.

ARGUMENT.

I. L'amitié (en prenant ce mot dans le sens le plus étendu) est le lien universel qui unit, ou au moins rapproche tous les êtres animés : elle est, pour l'homme, le bien le plus précieux, puisqu'elle est le principal fondement de la société. L'amitié n'est pas seulement un sentiment nécessaire à l'existence des sociétés, elle est aussi un de ceux qui embellissent et honorent le plus la vie de l'homme. Quant à l'origine ou à la cause de ce sentiment, les uns la voient dans la ressemblance des êtres entre eux, les autres dans le contraste, d'autres en cherchent l'origine jusque dans la nature inanimée; on ne considère ici l'amitié que relativement aux mœurs et aux passions de l'homme. — II. Il y a trois qualités ou conditions qui font naître l'amitié; ce sont la bonté, l'agrément, et l'utilité. Il faut, pour être amis, qu'au sentiment d'une bienveillance réciproque, fondée sur l'une de ces trois qualités, se joigne la connaissance du bien qu'on se veut mutuellement. — III. Les espèces d'amitiés diffèrent, comme les motifs sur lesquels elles se fondent. L'amitié qui n'a pour cause que l'utilité ou l'agrément, ne dure ordinairement qu'autant que la cause qui l'a fait naître. Les vieillards sont plus portés à rechercher des amis utiles, et les jeunes gens des amis agréables; mais l'amitié la plus parfaite et la plus durable est celle des hommes vertueux, parce qu'elle réunit à la fois les trois conditions qui rendent véritablement digne d'être aimé. — IV. L'amitié fondée sur l'agrément (particulièrement celle que l'on désigne par le nom d'amour) est sujette à s'évanouir, quand les qualités qui l'avaient fait naître ne se trouvent plus dans l'objet aimé. Cependant, l'habitude donne quelquefois plus de durée à cet attachement, et il est plus durable que celui qui n'a pour cause que l'utilité. Ces deux causes peuvent unir entre eux des hommes plus ou moins estimables ou méprisables : mais les hommes vertueux ne s'unissent qu'entre eux, et s'aiment uniquement pour eux-mêmes. — V. Un des caractères de l'amitié, c'est le besoin de vivre avec ceux qu'on aime. L'absence, ou l'éloignement, ne détruit pas toujours ce sentiment, mais il semble au moins le faire oublier. Ce qu'on appelle un simple goût, n'est guère qu'une affection fugitive ; l'amitié est une disposition ou une manière d'être constante. L'égalité en est une des conditions essentielles. — VI. Ni l'amitié parfaite, ni l'amour, ne peuvent exister entre plusieurs personnes à la fois. Mais l'amitié fondée sur des qualités agréables, ou sur l'utilité, est moins exclusive. Les riches ne recherchent guère que l'agrément dans les relations de ce genre : les hommes puissants et élevés en dignités recherchent aussi l'utilité, mais ils ne se soucient pas de trouver ces deux qualités réunies dans les mêmes personnes : il y faudrait alors de l'égalité, ce qui ferait rentrer ces sortes d'amitiés dans l'amitié véritable et parfaite dont elles n'ont que l'apparence. — VII. L'affection d'un père pour ses enfants, celle d'un mari pour sa femme, d'un magistrat pour ceux sur qui il a autorité, etc., sont encore, pour ainsi dire, des espèces d'amitiés différentes, et qui se règlent sur les notions de justice et de proportionalité. Il est difficile de marquer la limite où s'arrête le sentiment de l'amitié ; une trop grande inégalité la détruit ou l'empêche de naître. De là la question de savoir jusqu'à quel point il faut souhaiter du bien à ses amis. — VIII. En général, on se plaît plus à être aimé, qu'à aimer soi-même, et c'est pour cela qu'on accueille volontiers les flatteurs, espèce d'amis subalternes. Cependant l'amitié consiste plutôt à aimer qu'à être aimé, comme le prouve la tendresse des mères pour leurs enfants. La ressemblance et l'égalité étant des conditions nécessaires à l'amitié, celle des hommes vertueux est durable, parce qu'ils ont de la constance dans toutes leurs déterminations; celle des hommes vicieux ne l'est pas, par la raison contraire. — IX. Tout ce qui est occasion de rapprochement, et d'une sorte de commerce entre les hommes, peut être compris sous le nom d'amitié, et les notions du juste et de l'injuste y interviendront à différents degrés, comme les sentiments d'affection. Les associations de tout genre ressemblent à la société politique, et lui sont subordonnées. Celle-ci n'a pour but et pour garant de sa durée que l'intérêt commun de tous les membres qui la composent. Les solennités même de la religion, et l'institution d'un culte public, n'ont pas d'autre fondement et d'autre origine. — X. Il y a trois formes générales de gouvernement : la *royauté*, qui devient *tyrannie* quand le monarque substitue son intérêt personnel à l'intérêt public. L'*aristocratie*, qui devient *oligarchie*, quand le petit nombre de ceux qui ont le pouvoir, sacrifient l'intérêt public à leur intérêt privé. La *timocratie*, ou république, qui devient *démocratie*, quand le plus grand nombre des citoyens abuse des pouvoirs dont il dispose. On peut trouver des images de ces formes diverses de gouvernement, et de leurs altérations ou dégénérations, dans les rapports de différents genres qui se trouvent entre les membres d'une même famille. — XI. L'amitié ou l'affection réciproque entre les sujets et le gouvernement, se trouve dans chacune de ces formes diverses, en même proportion que la justice. La même chose s'observe, à peu près, dans les relations de famille. — XII. Toute amitié est fondée sur une communauté de sentiments ou d'intérêts. L'affection qui unit les membres de la famille, tient essentiellement à celle qui unit les pères et les enfants. La tendresse conjugale est un effet direct des dispositions propres à la nature humaine. Elle peut être fondée sur la vertu; et c'est alors qu'elle contribue le plus au bonheur. Les enfants en sont le lien le plus précieux, et lui donnent plus de stabilité. — XIII. Entre les trois sortes d'amitiés (c. II), celle qui est fondée sur l'utilité donne plus occasion aux plaintes réciproques, et celle qui a la vertu pour base est exempte de cet inconvénient. Il y a une sorte d'amitié qu'on pourrait appeler *morale*, et une autre qu'on pourrait appeler *légale*, ou fondée sur des conventions. On doit généralement regarder les bienfaits, comme le résultat d'une amitié de ce genre, et rendre, autant qu'il est possible, plus qu'on n'a reçu. — XIV. Il faut, en cas d'inégalité ou de disproportion entre les amis, que chacun d'eux trouve pourtant quelque avantage dans l'amitié, et, par conséquent, qu'il s'y établisse une juste compensation, comme dans les états bien ordonnés, où l'on n'accorde des récompenses pécuniaires ou honorifiques qu'à ceux qui rendent des services à la chose publique. Il en est autrement par rapport aux liens de famille : un fils ne peut jamais se regarder comme complètement acquitté envers son père.

I. L'AMITIÉ est une vertu, ou du moins toujours unie à la vertu (1). Elle est ce qu'il y a de plus nécessaire à la vie; car il n'est personne qui consentît à vivre privé d'amis, dût-il posséder tous les autres biens. En effet, c'est quand on possède des richesses considérables, des dignités, et même la puissance souveraine, que l'on sent principalement le besoin d'amis; car à quoi servirait cette surabondance de biens et de pouvoir, si l'on n'y joignait la bienfaisance, qui s'exerce ou se pratique principalement à l'égard de nos amis, et qui mérite alors les plus justes louanges? Comment entretenir même et conserver tous ces biens, puisque si l'on

---

(1) Le même sujet est traité dans la *Morale à Eudemius* (l. 7, c. 1-15), dans la *Grande Morale* (l. 2, c. 11-17), dans le *Banquet* et le *Lysis* de Platon. Voyez aussi, dans Plutarque, les traités *Comment on peut discerner le flatteur d'un ami.— De la pluralité des amis.*— Cicéron, *Lælius s. De Amicitia*, etc.

est privé d'amis, plus on possède de biens, moins on peut en jouir avec sécurité?

D'un autre côté, si l'on est dans l'indigence, ou dans l'infortune de quelque espèce que ce soit, on ne croit avoir de refuge que le sein de l'amitié. Jeune, elle vous garantit des fautes où l'inexpérience peut vous faire tomber; vieux, elle vous prodigue ses soins, et vous offre son secours pour l'accomplissement des actions ou des desseins que les infirmités de l'âge vous rendraient impossibles : enfin, s'agit-il de méditer et d'exécuter les actions d'éclat qui n'appartiennent qu'à la force et à la vigueur de l'âge mûr, *deux hommes qui marchent unis* [comme dit Homère], en sont plus capables (2).

La nature elle-même semble avoir mis ce sentiment dans le cœur du père, pour l'être auquel il a donné la vie; on l'observe non-seulement dans l'homme, mais dans les oiseaux et dans la plupart des animaux, dans les êtres qui appartiennent aux mêmes espèces, à l'égard les uns des autres, et surtout dans les individus de l'espèce humaine; et c'est pour cela que nous louons ceux qui méritent le nom de *philanthropes*. Quiconque a voyagé, a pu s'en convaincre, et reconnaître combien l'homme est ami de l'homme, combien la société de son semblable lui convient et le charme.

L'amitié semble être le lien qui unit les cités, et les législateurs semblent y avoir attaché plus d'im-

---

(2) Voy. l'*Iliade*, ch. x, vs. 224.

portance qu'à la justice même (3) : car la concorde a déjà quelque chose qui ressemble à l'amitié ; et c'est elle qu'ils aspirent à établir, tandis qu'ils s'efforcent de bannir la discorde, comme étant le plus redoutable fléau des états. D'ailleurs, supposez les hommes unis par l'amitié, ils n'auraient pas besoin de la justice ; mais, en les supposant justes, ils auront encore besoin de l'amitié ; et certes, ce qu'il y a de plus juste au monde, c'est la justice qui peut se concilier avec la bienveillance (4).

Mais l'amitié n'est pas seulement nécessaire, elle est aussi ce qu'il y a de plus noble et de plus beau : car nous louons ceux qui ont la passion de l'amitié ; et le grand nombre d'amis est considéré comme une des choses les plus honorables. Il y a même des gens qui pensent que ceux qui savent être amis, ne peuvent manquer d'être vertueux.

Cependant, il s'élève, au sujet de l'amitié, bien des questions à résoudre : les uns la font consister dans une certaine ressemblance (5), et soutiennent que ceux qui se ressemblent s'aiment ; d'où ces façons de parler proverbiales : Le semblable cherche son semblable ; Le geai vole auprès du geai, et autres pareilles. Il y en a qui prétendent, au contraire, que tous ceux qui sont dans ce cas, sont

---

(3) Voyez la *Politique* d'Aristote, l. 2, c. 1, § 16.

(4) Aristote entend probablement ici *l'équité*, telle qu'il l'a définie dans le chap. x du 5ᵉ livre.

(5) Voyez le *Lysis* de Platon, p. 214 b.

les uns pour les autres de véritables ennemis (6). D'autres essaient de remonter plus haut dans la recherche de ce sentiment dont ils trouvent l'origine dans le monde matériel même. Euripide (7), par exemple, qui dit : « La terre desséchée est amou-
« reuse de la pluie, et le majestueux Uranus lui-
« même, quand il est chargé de pluie, brûle du
« désir de se précipiter dans le sein de la terre. »
De même Héraclite (8), veut que l'utile naisse des contraires, que la plus belle de toutes les harmonies soit le produit de la diversité des êtres, et qu'enfin toutes choses soient nées de la discorde. Tandis qu'au contraire, plusieurs autres philoso-

---

(6) Littéralement : des *potiers*; allusion à deux vers d'Hésiode, dont le sens est : « Le potier porte envie au potier, le charpen-
« tier au charpentier, etc. », et qui étaient devenus proverbe. Voyez *Hesiod. Op. et Dies.* vs. 25.

(7) Ce sont des vers de l'*OEdipe* d'Euripide, tragédie qui s'est perdue, et dont ce fragment a été conservé par Athénée (p. 600), et par Stobée (*Eclog. Phys.* p. 21-22). Voy. *Valckenaer. Diatrib. Euripid.* c. 4, p. 51. Il semble que Virgile ait eu en vue cette pensée d'Euripide, lorsqu'il dit dans ses *Géorgiques* (lib. II, vs. 325) :

Tum pater omnipotens fœcundis imbribus æther
Conjugis in gremium descendit.

(8) Ailleurs (*Eudem.* l. 7, c. 1), Aristote dit : « Héraclite
« blâme le poète qui a dit, *Périsse la discorde ! Puisse-t-elle*
« *être bannie d'entre les dieux et les hommes !* Car sans le grave
« et l'aigu, il n'y aurait pas d'harmonie; s'il n'y avait pas op-
« position entre le mâle et la femelle, les animaux n'existe-
« raient pas. »

phes, et parmi eux Empédocle (9), affirment que le semblable est attiré par ce qui lui ressemble, et aspire à s'unir à lui. Mais laissons de côté toutes ces questions relatives à la nature physique ; car elles n'ont rien de commun avec l'objet actuel de notre examen.

Considérons seulement tout ce qui, dans les choses humaines ou dans la nature humaine, se rattache aux mœurs et aux passions : par exemple, si tous les hommes sont capables de ce sentiment, ou s'il est impossible que des hommes vicieux soient amis ; s'il n'y a qu'une seule espèce d'amitié, ou s'il y en a plusieurs. Car il y a des philosophes qui croient qu'elle admet des degrés en plus et en moins ; mais ils fondent cette opinion sur une preuve peu convaincante, puisqu'il y a des choses spécifiquement différentes qui admettent de pareils degrés, et nous en avons parlé précédemment (10).

II. Peut-être, au reste, le moyen d'éclaircir ces questions est-il de faire connaître [par quels caractères on distingue] ce qui est digne d'être aimé. Car il semble qu'on n'aime, en général, que ce qui est aimable, c'est-à-dire, ce qui est bon, ou agréable, ou utile. Or, on pourrait regarder comme utile ce qui procure quelque bien, ou quelque plaisir ; en

---

(9) Voyez *M. M.* l. 2, c. 11 ; et *Eudem.* l. 7, c. 1. Cicéron (*De Amicit.* c. 7), rappelle aussi cette doctrine d'Empédocle.

(10) Cette dernière phrase, qui n'est pas très-claire, dit Mr Coray, est expliquée dans la paraphrase, par une phrase qui l'est encore moins.

sorte que le bon et l'agréable, considérés comme fins, seraient dignes d'amour.

Mais ce qu'on aime, est-ce le bon en soi, ou ce qui n'est bon que pour nous? Car ces deux sortes de bonté ne s'accordent pas toujours; et l'on peut faire la même question au sujet de ce qui est agréable. Au reste, il semble que chacun aime ce qui lui est bon, et que le bon, dans un sens absolu, est aimable en général; au lieu qu'il n'y a d'aimable pour chacun que ce qui est bon pour chacun. D'un autre côté, chaque homme n'aime pas précisément ce qui est bon pour lui, mais ce qui lui semble tel : mais cela reviendra au même; car alors ce sera seulement ce qui lui paraît aimable [que chaque homme aimera].

Toutefois, comme il y a trois conditions qui font que l'on aime, on ne se servira pas du mot amitié pour exprimer le goût que l'on a pour des choses inanimées; car elles n'ont pas, à leur tour, du goût pour nous, et nous ne faisons point de vœux pour leur avantage. Et certes il serait ridicule de vouloir du bien au vin (par exemple), excepté le cas où l'on désire qu'il se conserve, pour en faire usage; au lieu qu'on dit qu'il faut vouloir du bien à un ami, uniquement pour lui-même. Ceux qui éprouvent ce sentiment, sont appellés bienveillants, quand même ils ne seraient pas payés de retour par celui dont ils désirent le bien. Car la bienveillance entre personnes qui se portent réciproquement le même sentiment, est de l'amitié, à moins qu'on ne croie devoir y ajouter la condition que cette bienveillance soit connue et avouée des deux parts. Car beaucoup de gens ont de la bienveillance pour des personnes qu'ils n'ont jamais vues, mais qu'ils supposent dignes d'estime ou capables d'être utiles; et il est possible que quelqu'un de ceux-ci ait les mêmes sentiments que celui qui est ainsi disposé à son égard. Dans ce cas donc, ce seront des personnes qui ont les unes pour les autres de la bienveillance; mais comment pourrait-on dire qu'ils sont amis, puisqu'ils ne connaissent pas leurs sentiments réciproques? Il faut donc (pour être amis) qu'aux sentiments d'une bienveillance réciproque, fondés au moins sur une des trois qualités dont nous avons parlé, on joigne la connaissance du bien qu'on se veut mutuellement.

III. Mais ces motifs [ou ces conditions de l'amitié] diffèrent d'espèce; et par conséquent, il y a aussi différentes espèces d'attachements et d'amitiés, c'est-à-dire trois, ou autant qu'il y a de sortes de qualités aimables. Car il peut y avoir, dans chaque espèce, réciprocité de sentiment, connue de ceux qui l'éprouvent. Au reste, ceux qui ont un attachement mutuel se veulent réciproquement du bien, dans le sens du motif qui détermine leur attachement. Ainsi ceux qui ont de l'affection l'un pour l'autre, à cause de l'utilité qu'ils trouvent dans ce commerce, ne s'aiment pas pour eux-mêmes, mais à raison du bien qui peut revenir à chacun d'eux de la part de l'autre. Il en est de même de ceux dont l'affection est fondée sur le plaisir; car ce n'est pas pour ce qu'ils sont en eux-mêmes qu'ils aiment es gens d'un commerce facile et gai, mais uniquement à cause de l'agrément qu'ils leur procurent. D'où il suit que ceux qui aiment en vue de l'utilité, aiment à cause du bien qui leur en revient; et ceux qui aiment en vue du plaisir, le font à cause de l'agrément qu'ils y trouvent. [Leur ami leur est cher,] non pour ses qualités [personnelles], mais à cause de l'utilité ou de l'agrément que son commerce leur procure. Ces sortes d'amitiés sont donc souvent l'effet des circonstances, puisque la cause qui les détermine n'est pas dans le caractère propre et particulier de ceux qu'on aime, mais dans le bien que les uns, et dans le plaisir que les autres peuvent faire. Elles sont, par conséquent, faciles à dissoudre, quand ceux qui les inspirent ne demeurent pas les mêmes; car, du moment où ils cessent d'être utiles ou agréables, on cesse de les aimer. Or, l'utilité n'est pas durable; mais telle chose est utile dans un temps, telle autre l'est dans un autre. La cause qui avait donné lieu à l'amitié venant donc à cesser, l'amitié elle-même s'évanouit, puisqu'elle n'avait pas d'autre fondement que celui-là.

Cette espèce d'attachement semble surtout se rencontrer chez les vieillards (1) : car ce n'est pas l'agréable, mais l'utile, que recherchent les hommes de cet âge, aussi-bien que ceux d'un âge mûr, et ceux qui, jeunes encore, sont très-occupés de leur intérêt

---

(1) Voyez dans la *Rhétorique* d'Aristote (l. 2, c. 13) les mêmes idées sur ce sujet, exposées avec plus d'étendue.

personnel. Les hommes de ce caractère sont aussi assez peu disposés à vivre les uns avec les autres dans un commerce habituel; car ils y portent quelquefois peu d'agrément : aussi ne se soucient-ils guère d'un tel commerce, quand l'utilité ne s'y joint pas; car ils ne sont agréables qu'autant qu'ils conservent quelque espoir d'en tirer de l'avantage. On range ordinairement dans cette classe les liaisons d'hospitalité.

Quant à l'amitié des jeunes gens, c'est communément le plaisir qui en est le lien; car ils vivent, en général, sous l'empire des passions, et ils recherchent surtout le plaisir du moment. Mais, lorsqu'ensuite vient l'âge mûr, d'autres objets leur plaisent : aussi deviennent-ils promptement amis et cessent-ils de l'être avec la même promptitude; car l'amitié décline en eux avec le sentiment agréable qui l'avait fait naître, et rien de si rapide que le changement dans les plaisirs de cette espèce. Les jeunes gens sont aussi fort portés à se lier d'amitié avec ceux de leur âge (2); car cette espèce d'attachement est une passion fondée, la plupart du temps, sur le plaisir. Aussi la voit-on naître et finir très-promptement, et quelquefois dans la même journée. Cependant, ils aiment à vivre, à passer les jours entiers avec les objets de leur attachement; car c'est en-

---

(2) J'ai adopté ici la conjecture de Mr Coray, qui consiste à lire ἑταιρικοί, au lieu de ἐρωτικοί, et qui est confirmée par divers passages de notre auteur. (Voyez l. 8, c. 5, et l. 9, c. 10 de ce traité, et notamment le c. 12 du livre 2e de la *Rhétorique*.)

core là un des caractères de l'amitié propre à cet âge.

Mais l'amitié parfaite est celle des hommes vertueux, et qui se ressemblent par la vertu; car ceux-là ont les uns pour les autres une bienveillance fondée sur le mérite propre et personnel de chacun d'eux, et ils sont bons par eux-mêmes. Or, ceux qui veulent du bien à leurs amis pour eux-mêmes, sont les amis par excellence; car c'est par leur nature qu'ils sont tels, et non par l'effet des circonstances. Leur amitié dure donc tout le temps qu'ils restent vertueux; et le propre de la vertu, c'est d'être durable. Chacun d'eux a la bonté absolue et celle qui convient à son ami; car les hommes vertueux et qui ont la bonté absolue, sont utiles les uns aux autres. Ils sont aussi d'un commerce agréable; car les gens de bien ont l'amabilité absolue, et le don de se plaire les uns aux autres. En effet, chacun d'eux trouve du plaisir dans les actions qui lui sont propres [qui conviennent à sa nature], et dans celles qui leur ressemblent : or, les actions des gens de bien sont les mêmes, ou au moins sont semblables.

Une telle amitié doit donc être durable, puisqu'elle réunit toutes les conditions qui doivent se trouver entre amis. Car toute amitié se fonde sur l'avantage ou sur le plaisir, soit dans un sens absolu, soit relativement à celui qui aime, et a lieu en vertu d'une certaine ressemblance : or, tout cela se trouve dans l'amitié dont nous parlons, et ceux qui l'éprouvent réunissent par eux-mêmes toutes ces conditions; car tout le reste y est semblable, * et la bonté absolue, et l'amabilité absolue*(3). C'est donc ce qu'il y a de plus propre à se faire aimer; l'amitié et le tendre attachement se trouvent donc dans les personnes de ce caractère, au plus haut degré d'excellence et de perfection.

Toutefois ces sortes d'amitiés doivent naturellement être fort rares; car de tels hommes sont en bien petit nombre : d'ailleurs, il y faut du temps et de l'habitude. En effet, on ne peut guère se connaître les uns les autres, avant que d'avoir consommé ensemble, comme dit le proverbe, plus d'un boisseau de sel (4). Avant que de s'adopter l'un l'autre, avant que de se lier d'une amitié réciproque, il faut que chacun se soit assuré des qualités aimables qui se trouvent dans l'autre, et qu'il ait pu y prendre confiance. Ceux qui s'empressent de faire toutes les avances propres à fonder une pareille liaison, veulent sans doute être amis; mais ils ne le sont pas encore, à moins qu'ils ne soient dignes d'être aimés, et ils le savent bien. Le désir de l'amitié vient donc assez promptement, mais non pas l'amitié. Elle ne peut acquérir toute sa

---

(3) Les mots dont j'ai compris ici la traduction entre deux astérisques, n'offrent pas un sens satisfaisant, et aucun des commentateurs n'a réussi à leur en trouver un; peut-être faut-il, comme le pense Mr Coray, les supprimer tout-à-fait, comme une glose marginale insérée mal à propos dans le texte.

(4) Cicéron (*De Amicit.* c. 19) rappelle ce même proverbe : *Verumque illud est quod dicitur, multos modios salis simul edendos esse, ut amicitiæ munus expletum sit.* Voyez aussi *Erasm. Adag.* chil. II, cent. I, prov. 14.

perfection qu'à l'aide du temps et des autres conditions dont la réunion peut la faire naître, des qualités semblables des deux côtés, et qui doivent se trouver dans les amis.

IV. L'amitié fondée sur l'agrément, a quelque ressemblance avec cette amitié parfaite : car les gens de bien sont agréables les uns aux autres ; et il en est de même de celle qui est fondée sur l'utilité, puisque les hommes de ce caractère sont également utiles et bons les uns aux autres. Ces deux sortes d'amitiés sont même durables, surtout lorsqu'il y a égalité dans le plaisir, par exemple, que les amis se procurent réciproquement ; ce qui a lieu non-seulement dans ce cas, mais par l'effet des mêmes qualités, comme on le voit entre personnes d'un caractère complaisant et gai. Mais c'est autre chose entre l'amant et l'objet aimé ; car l'un et l'autre ne sont pas séduits par les mêmes motifs : mais l'un trouve son bonheur à voir la personne qu'il aime, l'autre trouve le sien dans les soins assidus qu'on lui rend. Cependant, quand la beauté vient à se flétrir, l'attachement s'évanouit quelquefois avec elle : la vue de la personne aimée ne charme plus celui qui l'aimait; elle ne trouve plus en lui les mêmes soins empressés. Souvent, au reste, l'habitude, ayant produit en eux une certaine ressemblance de mœurs et de goûts, devient la source d'un attachement tendre et durable (1). L'utilité réciproque, entre

---

(1) Voyez dans le *Banquet* de Platon (p. 183.) la juste et sage distinction qu'il établit, à cet égard, entre l'amour fondé

ceux qui l'ont recherchée dans l'amour plutôt que le plaisir et l'agrément, ne donne pas autant de constance à ce sentiment, en même temps qu'il a moins de vivacité. Aussi l'amitié qui n'est fondée que sur l'utilité, est-elle plus communément sujette à se dissoudre, quand cette utilité a cessé d'exister: car les amis ne s'aiment pas proprement l'un l'autre; dans ce cas, ils n'aiment que ce qui leur est avantageux ou profitable.

Le plaisir et l'utilité peuvent donc unir entre eux, par une sorte d'amitié, des hommes vils et méprisables, et des hommes estimables avec ceux qui ne méritent aucune estime, et tel qui ne mérite ni mépris ni estime, avec un homme d'un caractère ou méprisable, ou estimable, ou indifférent; mais il n'y a que les hommes vertueux qui s'unissent les uns aux autres, à cause de leur valeur personnelle; car les caractères vicieux ne voient dans l'amitié que l'utilité qui peut en résulter.

Aussi n'y a-t-il que l'amitié des gens de bien qui soit à l'abri de la calomnie (2): car il ne leur est pas facile d'en croire qui que ce soit sur le compte d'un ami long-temps éprouvé; au contraire, ils sont unis par la plus entière confiance; ils sont inca-

---

sur les qualités morales, et celui qui ne l'est que sur les avantages extérieurs.

(2) Cicéron (*De Amicit.* c. 18) dit aussi : *Addendum eodem est, ut ne criminibus, aut inferendis delectetur, aut credat oblatis..... est enim boni viri..... non solum ab aliquo allatas criminationes refellere, sed ne ipsum quidem esse suspiciosum, semper aliquid existimantem ab amico esse violatum.*

pables d'avoir jamais un tort les uns à l'égard des autres; en un mot, toutes les conditions dont la réunion compose une solide et véritable amitié se trouvent en eux. Au lieu que rien ne garantit les autres liaisons de ces sortes d'atteintes.

En effet, comme on se sert du nom d'amitié pour exprimer les liaisons formées par l'utilité entre les hommes, ou entre les cités (car c'est aussi l'intérêt qui donne lieu aux alliances entre états), on appelle aussi amis ceux qui s'aiment les uns les autres par le goût du plaisir, comme il arrive aux enfants (3). Et peut-être faut-il avouer que l'amitié entre les hommes a quelque ressemblance avec celle-là; mais on doit ajouter qu'il y en a plusieurs espèces. Et d'abord, il faut mettre au premier rang et au premier degré d'importance celle qui a lieu entre les hommes vertueux, et y subordonner les autres, suivant leur degré de ressemblance. Car ce qui fait surtout les amis, c'est de rencontrer quelque bien et quelque ressemblance; et ce qui est agréable est un bien aux yeux de ceux qui sont plus particulièrement sensibles à cette qualité. D'ailleurs, les deux sortes d'avantages ne se trouvent pas communément ensemble, et les mêmes personnes ne s'attachent guère l'une à l'autre par

---

(3) Ailleurs (*Eudem.* l. 7, c. 2) notre auteur dit aussi qu'à parler rigoureusement, on ne devrait donner le nom d'amitié qu'à celle qui est fondée sur la vertu, etc. Et la même pensée se trouve dans le dialogue intitulé *Clitophon* (p. 409), que l'on attribue à Platon. (Voy. to. XI, p. 283, ed. Bip.)

le double motif de l'utilité et de l'agrément, parce que les choses qui dépendent du hasard des circonstances, ne se trouvent pas aisément ainsi unies deux à la fois.

D'après la distinction que nous venons d'établir entre les espèces d'amitiés, les hommes de peu de valeur seront unis par des motifs d'utilité ou d'intérêt, attendu qu'ils se ressemblent sous ce rapport : mais les hommes vertueux s'aimeront pour eux-mêmes, car c'est en cela qu'ils sont vertueux. Ceux-là seront donc amis dans un sens absolu; [et unis par une amitié parfaite ;] au lieu que les autres ne le seront que par l'effet des circonstances et par l'espèce de ressemblance qu'ils ont avec les vrais amis.

V. On dit qu'entre les hommes, en les considérant par rapport à la vertu, les uns sont vertueux par habitude, parce que telle est leur disposition naturelle ou leur manière d'être ; tandis que d'autres se montrent tels par leurs actes ou par leur manière d'agir. Or, il en est de même au sujet de l'amitié. Car les uns mettent leur bonheur à vivre avec leurs amis et à leur faire du bien : d'autres sont disposés à agir ainsi, quoiqu'ils ne le fassent pas; mais telle est leur inclination habituelle, même pendant leur sommeil, même quand ils sont séparés de leurs amis par l'éloignement des lieux; car cet éloignement ne rompt pas absolument l'amitié, mais il en interrompt les effets et les actes. Cependant, une longue absence semble au moins la faire oublier; d'où est venu le proverbe : « S....

« le défaut d'entretien rompt et détruit l'amitié. »

Au reste, les vieillards et les hommes d'un caractère dur et farouche sont peu susceptibles de ce sentiment, parce que le plaisir a peu de prise sur eux; et personne ne se soucie de passer ses jours avec ce qui est incommode et désagréable. La tendance ou le penchant le plus naturel, au contraire, est de fuir ce qui nous cause un sentiment pénible, et de rechercher ce qui fait plaisir. Quant à ceux qui ont les uns pour les autres de l'estime et des égards, mais qui ne vivent point entre eux dans un commerce habituel, on les regardera plutôt comme des hommes unis par une bienveillance réciproque, que comme des amis; car il n'y a rien qui caractérise autant l'amitié que de vivre ensemble. Et d'abord, ceux qui sont dans l'indigence désirent qu'on les secoure; mais, au sein même de l'opulence, on aime à passer ses jours avec des amis, et rien n'est plus pénible que la solitude, même pour ceux qui possèdent des trésors. Or, on ne peut vivre les uns avec les autres, quand on ne se plaît pas réciproquement, et qu'on n'a pas les mêmes goûts; c'est là précisément le caractère de la liaison qui existe entre ceux qu'on appelle compagnons ou camarades.

Toutefois, c'est surtout entre les hommes vertueux qu'existe l'amitié, comme on l'a déja dit bien des fois : car ce qui semble essentiellement aimable et désirable, c'est le bien en soi, ou l'agréable; et chacun aime et désire ce qui est tel pour lui, et l'homme de bien est tel aux yeux de l'homme de bien sous ce double rapport [c'est-à-dire, comme bon en soi, et comme agréable à son ami].

D'ailleurs, ce qu'on appelle *un simple goût* semble être plutôt un sentiment [ou une affection fugitive], et l'amitié une disposition, ou manière d'être, constante. En effet, le simple goût peut se manifester aussi pour des choses inanimées; au lieu que la réciprocité d'attachement suppose un choix, une préférence, et la préférence réfléchie vient de l'habitude. Et ce n'est pas par l'effet d'une affection momentanée qu'on peut vouloir du bien à ses amis pour eux-mêmes, mais par habitude. D'ailleurs, aimer son ami, c'est aimer ce qui nous est bon; car l'homme vertueux, quand il est devenu ami, est un bien véritable pour celui qu'il aime. Chacun d'eux aime donc ce qui est un bien pour lui-même, et rend la pareille à son ami, en bienveillance et en agrément. Car l'amitié s'appelle aussi égalité (1); mais c'est surtout dans celle des hommes vertueux que cela peut se rencontrer.

VI. L'amitié est d'autant plus rare chez les personnes d'un caractère dur et austère, et chez les vieillards, qu'ils sont d'une humeur plus difficile, et moins disposés à goûter le charme d'un commerce réciproque; car c'est là ce qui caractérise et forme surtout un pareil lien. C'est pour cela que les jeunes gens deviennent promptement amis, et non pas les hommes avancés en âge; car ceux-ci

---

(1) C'était une des maximes de Pythagore. Voy. *Diog. Laert.* l. 8, § 10.

ne peuvent prendre de l'attachement pour les personnes qui n'ont aucun agrément à leurs yeux, et il en est de même des hommes d'une humeur chagrine et austère.

Les gens de ce caractère peuvent pourtant être bienveillants les uns pour les autres : car ils se veulent réciproquement du bien, et ils savent s'unir et se rapprocher dans les circonstances difficiles ; mais ils ne sont pas véritablement amis, parce qu'ils ne trouvent point de plaisir dans un commerce assidu, ce qui semble être surtout propre à cimenter une véritable amitié.

Au reste, il n'est guère plus possible d'être uni avec plusieurs personnes à la fois, par les liens d'une amitié parfaite, qu'il ne l'est d'avoir de l'amour pour plusieurs personnes en même temps. Car il y a toujours, dans ce genre d'attachement, une sorte d'excès, qui naturellement ne peut exister qu'à l'égard d'une seule personne. Il est même difficile que plusieurs plaisent en même temps et avec excès à la même personne ; et peut-être l'est-il que plusieurs soient [également] vertueux. D'ailleurs, il faut que l'expérience justifie un pareil sentiment, que l'habitude le confirme ; ce qui peut fort difficilement avoir lieu [entre plusieurs] : au lieu que, sous le rapport de l'agrément et de l'utilité, il est très-possible de se concilier la bienveillance d'un nombre assez considérable de gens ; car ceux qui peuvent réunir ces conditions sont nombreux, et il ne faut pas toujours beaucoup de temps pour obliger, ou pour rendre des services.

Mais c'est surtout l'amitié fondée sur l'agrément, qui est commune, et propre à unir plusieurs personnes, lorsque les mêmes qualités agréables se trouvent de part et d'autre, et que l'on se plaît réciproquement, ou qu'on a les mêmes goûts. Telles sont les amitiés des jeunes gens : elles ont, en effet, communément un caractère de libéralité; au lieu que l'amitié fondée sur l'utilité a plus généralement lieu entre personnes intéressées, et qui ont, en quelque sorte, un esprit mercantile.

Quant aux gens riches, et qui vivent au sein de l'opulence, ce n'est pas des amis utiles qu'il leur faut, mais des amis agréables : aussi y a-t-il ordinairement quelques personnes avec lesquelles ils vivent dans un commerce habituel. Mais, quoiqu'ils puissent supporter, pour quelque temps, ce qui est pénible (et, dans le fait, il n'y a personne qui supportât constamment le bien même, s'il était accompagné d'un sentiment de peine), ils recherchent de préférence ceux qui leur procurent de l'agrément. Peut-être néanmoins feraient-ils mieux de rechercher des hommes vertueux, qui eussent cette qualité, et qui l'eussent à leurs yeux; car ce serait le moyen de réunir toutes les conditions qu'exige la parfaite amitié.

Mais les hommes constitués en dignité, ou qui exercent de grands emplois, ont ordinairement deux sortes d'amis : les uns qui leur sont utiles, et les autres qui leur sont agréables. Car il est rare que les mêmes personnes réunissent ces deux avantages : aussi ne recherchent-ils guère ceux en qui l'agrément serait joint à la vertu (1), ni ceux qu'il serait utile d'employer à de nobles et grandes entreprises. Mais, pour l'agrément, qu'ils désirent principalement, ils préfèrent ceux qui sont complaisants et officieux; et ils ne cherchent [dans ceux qui sont utiles] que le talent d'exécuter les ordres qu'on leur donne; et ces deux qualités ne se trouvent guère dans la même personne. Celui qui les réunit est, comme on l'a déja dit, un homme vertueux; mais l'homme élevé au pouvoir n'a pas ordinairement de tels amis, à moins qu'il ne consente à se voir surpassé en vertu. Car, s'il ne consent pas à cette supériorité proportionnelle, il n'admet pas ou ne rétablit pas l'égalité. Mais il est bien rare de rencontrer de tels hommes.

C'est donc l'égalité qui est le lien principal des différentes espèces d'amitiés que nous venons de décrire; car alors les amis trouvent l'un dans l'autre les mêmes qualités ou les mêmes avantages; ils ont les mêmes sentiments de bienveillance l'un pour l'autre, ou au moins il se fait entre eux un échange de divers avantages, par exemple, d'agrément ou de plaisir, en retour de l'utilité. Mais j'ai déja dit aussi que ces sortes d'amitiés ont moins de force et de constance.

---

(1) « Non-seulement la fortune elle-même est aveugle (dit « Cicéron), mais elle rend ordinairement aveugles ceux qu'elle « a comblés de ses faveurs. » *Non enim solum ipsa fortuna cæca est, sed eos etiam plerumque efficit cæcos, quos complexa est.* (Cic. *De Amicit.* c. 15.)

On pourrait ajouter qu'à raison de la ressemblance et de la différence qui s'y trouvent par rapport à une même qualité, elles sont et ne sont pas des amitiés. Elles ont, en effet, l'apparence de l'amitié, à cause de leur ressemblance avec ce lien, quand il est fondé sur la vertu, puisque l'une comprend ce qui est agréable, et l'autre ce qui est utile, et que l'amitié vertueuse réunit ces deux avantages. Mais elles diffèrent de celle-ci, et ne sauraient être confondues avec elle, en ce qu'elles sont susceptibles de promptes et nombreuses vicissitudes, tandis que l'amitié vertueuse est durable et inaccessible à tous les traits de la médisance ou de la calomnie; et, sous bien d'autres rapports encore, elles ne sauraient lui ressembler.

VII. Il y a une autre espèce d'amitié, qui s'observe entre supérieurs [et inférieurs]: par exemple, celle d'un père pour son fils, et, en général, des hommes avancés en âge pour les jeunes gens; d'un mari pour sa femme, ou d'un magistrat, d'un homme qui a l'autorité, à l'égard de ceux qui sont soumis à cette autorité. Mais ces amitiés diffèrent encore les unes des autres; car la tendresse d'un père pour ses enfants ne ressemble pas à l'affection d'un magistrat pour ceux sur qui il a autorité; l'amour d'un père pour son fils ne ressemble pas même à celui d'un fils pour son père, ni celui d'un mari pour sa femme, à celui d'une femme pour son mari; car chacun de ces individus a des qualités différentes, a une tâche différente à remplir, et aime par des motifs différents. Ce sont donc des attachements et des amitiés d'espèces différentes, et, par conséquent, elles ne produisent pas les mêmes effets sur chacune des parties de la part de l'autre, et on ne doit pas les y exiger.

Néanmoins, lorsque les enfants rendent aux auteurs de leurs jours ce qui leur est dû, et lorsque les parents remplissent leurs devoirs à l'égard de leurs enfants, la tendresse qui les unit est durable et digne d'estime. Mais il faut que la proportion soit observée dans toutes les affections qui ont lieu entre personnes de différente condition : par exemple, il faut que celui qui mérite davantage soit aimé plus qu'il n'aime, de même que celui qui est plus utile, et il doit en être ainsi de toutes les autres qualités. Car il n'y a une sorte d'égalité que lorsque l'attachement est proportionné au mérite, et cette égalité est le caractère propre de l'amitié.

Cependant, l'égalité dans l'amitié ne semble pas devoir être la même que dans la justice ; car la première condition à exiger dans les choses justes est qu'on y observe, en premier lieu, la proportion relative au mérite, et, en second lieu, la proportion sous le rapport de la quantité ; au lieu que, dans l'amitié, la première condition de l'égalité est qu'on y observe la proportion relative à la quantité, et la seconde, qu'on y observe la proportion relative au mérite (1). C'est ce qu'on voit avec évi-

---

(1) L'auteur fait ici allusion à la doctrine qu'il a exposée précédemment sur la justice distributive (l. 5, c. 3–5), et il veut dire, ce semble, que quand il est question de récompenser le

dence, lorsqu'il y a une différence très-considérable entre les individus, en fait de vertus, ou de vices, ou d'opulence, ou sous tout autre rapport; car alors ils ne sont plus amis, et même ils n'y prétendent pas. Cela se voit plus manifestement encore à l'égard des dieux; car ce sont eux qui ont la supériorité la plus grande, en biens et en avantages de toute espèce. Enfin, cela se voit encore à l'égard des rois; car les hommes qui sont fort au-dessous d'eux, ne songent pas à être comptés au rang de leurs amis; et ceux qui n'ont aucun talent, aucun mérite, n'ont point la même prétention, par rapport aux hommes d'un mérite supérieur ou d'une éminente vertu.

Il n'est donc pas facile de marquer avec précision la limite en deçà ou au delà de laquelle l'amitié peut exister; car elle subsiste encore, quand on en a retranché beaucoup [des conditions qui semblaient la constituer]. Il n'en est pas de même lorsqu'il y a trop de distance entre les individus; l'amitié ne

---

mérite ou la vertu, et d'y proportionner les récompenses, c'est leur degré qu'il faut d'abord considérer, puis la qualité de la récompense. Mais quand il s'agit de l'affection ou de l'amour qu'on peut accorder, en retour du mérite, de la dignité ou de la vertu, il faut d'abord considérer la quantité d'affection (si l'on peut s'exprimer ainsi) que l'ami peut offrir; puis le degré de mérite de celui qu'il aime. On doit avouer, au reste, que cette distinction est plus subtile que juste, ce qui ne pouvait manquer de répandre quelque obscurité sur le langage dans lequel elle est exprimée.

Tome I.

peut plus exister, comme on le voit pour la Divinité [par rapport eux hommes].

C'est ce qui a donné lieu à la question si les amis doivent souhaiter les plus grands de tous les biens à leurs amis, comme de devenir des dieux; car dès lors ils ne seront plus pour eux des amis, ni, par conséquent, des biens, puisque les amis sont des biens véritables (2). Si donc on a eu raison de dire qu'un ami veut du bien à son ami, uniquement pour lui-même, il faudrait qu'alors celui-ci, quel qu'il fût d'ailleurs, continuât toujours d'être le même (3). Quoi qu'il en soit, on souhaitera à son ami les plus grands biens que puisse comporter la condition humaine, mais peut-être pas tous; car chacun souhaite, surtout pour soi-même, les biens [proprement dits et dans un sens absolu (4)].

VIII. La plupart des hommes, par un sentiment d'ambition, semblent désirer qu'on les aime

---

(2) J'ai cru pouvoir adopter ici le sens suivi par les traducteurs latins, quoique un peu différent de l'interprétation de l'auteur de la paraphrase, adoptée par Mr Coray, qui est, à quelques égards, plus conforme au texte, mais qui me semble l'être moins à la liaison des idées.

(3) C'est-à-dire, d'être l'ami de celui qui a fait de tels vœux en sa faveur.

(4) Les souhaits et les vœux ne peuvent contribuer en rien, soit pour nous-mêmes, soit pour les autres, ni à la vertu, ni au bonheur qui en dépend. L'examen de ce genre de questions ne saurait donc conduire qu'à des subtilités ridicules ou puériles, et à des conclusions qui choquent à la fois le sentiment et la raison.

plutôt qu'ils ne veulent aimer les autres. Aussi accueille-t-on généralement les flatteurs; car un flatteur est, pour ainsi dire, un ami subalterne, ou du moins il affecte l'infériorité; il semble se contenter d'aimer plutôt qu'aspirer à être aimé : or, l'amitié qu'on inspire ressemble assez à l'estime et à la considération, sentiments dont la plupart des hommes sont avides. Au reste, ce n'est qu'à canse des accessoires, et par occasion, que l'on paraît ambitionner la considération, ce n'est pas directement et pour elle-même : car la plupart des hommes aiment à être considérés par ceux qui sont élevés en dignité, dans l'espoir qu'ils en obtiendront, au besoin, faveur et protection. C'est donc parce qu'elles sont les signes de cette faveur que l'on est communément flatté des marques d'honneur ou de considération qu'on obtient.

Quant à ceux qui désirent d'obtenir l'estime des gens de bien et des justes appréciateurs du mérite, c'est surtout le désir de voir confirmer par là l'opinion qu'ils ont d'eux-mêmes, qui leur inspire ce sentiment. Ils sont donc flattés de se reconnaître pour des gens vertueux, se fondant, en cela, sur le jugement de ceux qui leur rendent ce témoignage; et ce qui les charme surtout, c'est le plaisir d'être aimés. D'où l'on pourrait conclure que l'amitié est préférable même à la considération, et que, quand elle est fondée sur la vertu, elle est désirable pour elle-même.

Au reste, il semble qu'elle consiste à aimer plutôt qu'à être aimé; et ce qui le prouve, c'est la satisfaction que les mères trouvent à chérir leurs enfants. En effet, il y en a qui les donnent à nourrir à d'autres femmes, et qui les aiment sans chercher à en être aimées à leur tour, tant qu'il n'est pas possible qu'elles le soient encore ; mais il leur suffit apparemment de voir leurs enfants heureux et contents, et elles les aiment même dans cet état où l'ignorance les empêche de rendre à une mère les devoirs et les sentiments qui lui sont dus. D'ailleurs, comme l'amitié consiste plus spécialement dans un sentiment de tendresse et d'amour, et que l'on applaudit surtout à ceux qui aiment leurs amis, il s'ensuit que le mérite propre de l'amitié consiste surtout à aimer. En sorte que chez ceux qui éprouvent ce sentiment, en proportion du mérite, se trouve la constante et durable amitié. C'est ainsi qu'elle peut exister même entre des individus d'ailleurs inégaux ; car c'est par ce moyen que l'égalité peut s'établir entre eux. Or, l'égalité et la ressemblance sont des conditions de l'amitié, surtout dans ceux qui se ressemblent sous le rapport de la vertu ; car de tels hommes, ayant par eux-mêmes ce caractère de constance, le conservent aussi à l'égard les uns des autres. Ils n'ont aucun besoin de recourir à des actions viles ou méprisables ; et non-seulement ils ne se prêtent à rien de tel, mais ils empêchent, en quelque sorte, que leurs amis ne s'y laissent entraîner. Car le propre des hommes vertueux est de ne commettre eux-mêmes aucune faute grave, et de ne pas souffrir que leurs amis en commettent de telles.

Quant aux gens vicieux, ils n'ont ni constance ni fermeté dans leurs résolutions, puisqu'ils ne sauraient demeurer semblables à eux-mêmes; et leurs attachements ne durent que très-peu de temps, n'étant fondés que sur le plaisir qu'ils trouvent dans la perversité les uns des autres. Les attachements fondés sur l'utilité ou l'agrément, ont plus de durée; ils subsistent au moins tout le temps que les amis peuvent réciproquement se procurer des plaisirs, ou se rendre des services. Mais l'amitié fondée sur l'utilité, naît plutôt de l'opposition ou du contraste, par exemple, entre un homme pauvre et un homme riche, entre le savant et l'ignorant. Car celui qui reconnaît qu'une chose lui manque, est porté à la désirer, et à donner quelque autre chose en échange. On pourrait ranger dans cette classe, l'amant et l'aimé, le beau et le laid; et c'est ce qui fait quelquefois paraître les amoureux ridicules, quand ils ont la prétention d'être aimés comme ils aiment; prétention peut-être assez fondée chez les personnes qui sont également aimables, mais ridicule dans celles qui n'ont rien de propre à justifier un pareil sentiment.

Peut-être, au reste, les contraires ne sont-ils attirés l'un vers l'autre que par accident, et non pas en vertu de leur nature; peut-être la tendance la plus naturelle est-elle celle qui porte les êtres vers un certain milieu, puisque c'est là qu'est le bien ou le bon proprement dit. Par exemple, le sec ne tend pas à devenir humide, mais à un état intermédiaire; il en est de même du chaud, et des autres qualités physiques. Mais ne nous arrêtons pas à ces considérations, qui sont trop étrangères au sujet qui nous occupe.

IX. L'amitié et la justice semblent, comme on l'a dit au commencement (1), se rapporter aux mêmes objets, et avoir des caractères communs; car l'une et l'autre se retrouvent dans tout ce qui établit quelque communication entre les hommes. Aussi appelle-t-on quelquefois amis ceux avec qui l'on navigue dans le même vaisseau, avec qui l'on fait la guerre dans la même armée, et pareillement avec qui l'on a des intérêts et des circonstances communes et propres à rapprocher les hommes entre eux. L'amitié même se mesure sur la quantité des rapports communs; car la justice y intervient aussi dans la même proportion. Et le proverbe « Entre amis, tout est commun (2), » est, à cet égard, d'une parfaite justesse. Tout est commun, par exemple, entre frères et entre compagnons de plaisir; mais, dans les autres rapports, cette communauté a des limites : il y a plus de choses communes dans certains cas, et moins dans d'autres; car l'amitié est susceptible de différents degrés. Le juste [ou le droit] diffère également; car il n'est pas le même entre les parents et leurs enfants, et entre les frères, les uns à l'égard des autres, ni

---

(1) Dans le 1er chapitre de ce livre.

(2) C'était (dit-on) aussi une maxime de Pythagore, devenue proverbe chez les Grecs. Voy. *Diog. Laert.* l. 8, § 10; Cic. *De Off.* l. 1, c. 16.

entre les citoyens, en général, et entre les membres d'une association particulière. Il en est ainsi des autres espèces d'amitiés.

L'injustice ne sera pas non plus la même dans chacune de ces circonstances; elle sera plus grande à l'égard de ceux qui sont plus amis. Par exemple, on sera plus coupable de faire éprouver une perte d'argent à un ami de plaisir, qu'à un autre citoyen; de ne pas secourir un frère, plutôt qu'un étranger; la violence envers un père sera plus criminelle qu'envers un autre individu. Et la justice a naturellement des droits plus étendus, à mesure que l'amitié est plus intime, parce qu'on vit au milieu des mêmes objets, et qu'il y a égalité sous tous les rapports. D'ailleurs, toutes les associations ressemblent à la société politique; elles tendent à la satisfaction de quelque intérêt, et à procurer quelque avantage pour la vie. Aussi, la société civile semble-t-elle n'avoir été établie dans le principe, et ne se maintenir, qu'en vue de l'intérêt commun; il est le but que se proposent les législateurs, et ils déclarent juste ce qui y est conforme (3).

Or, les autres associations tendent également à quelque partie de cet intérêt commun : ainsi, ceux qui s'embarquent ont pour but l'intérêt résultant de la navigation, qui est de se procurer des richesses, ou quelque autre chose avantageuse; les soldats ont en vue l'intérêt qui résulte de la guerre, soit l'acquisition des richesses, soit la gloire de

---

(3) Voyez la *Politique*, l. 3, c. 4, § 2.

la victoire, ou le désir des conquêtes. Il en est ainsi des membres d'une même tribu, ou des citoyens d'un même bourg.

Quelques-unes de ces associations semblent même n'avoir pour but que le plaisir, comme les repas où l'on célèbre quelque solennité (4), et ceux où chacun contribue pour sa part; car on ne veut alors que faire des sacrifices en commun, ou même on ne cherche que l'agrément d'être ensemble. Mais toutes ces espèces de sociétés sont, pour ainsi dire, subordonnées à la société politique; car ce n'est pas seulement l'intérêt du moment que celle-ci s'applique à protéger, mais celui de toute la vie; et c'est pour cela qu'on fait des sacrifices, qu'on ordonne des réunions solennelles, en l'honneur des dieux, et qui offrent aux citoyens des occasions de délassements agréables. Car anciennement ces sacrifices et ces solennités se célébraient à l'époque qui suivait la récolte des fruits (5); c'étaient comme des prémices qu'on offrait à la divinité, parce qu'alors on jouissait de plus de loisir.

Ainsi donc toutes les associations semblent n'être

---

(4) Un repas, ou une réunion de ce genre était appelée θίασος. Sur quoi l'on peut voir, entr'autres, *Xenoph. Memor. Socrat.* l. 2, c. 1, § 31. Un repas où chacun contribuait pour sa part s'appelait ἔρανος. Voy. ci-dessus, l. 4, c. 2, note 8.

(5) Voyez, sur ce sujet, Strabon (l. 9, p. 419, to. 2, p. 192 de l'édition de Mr Coray. Paris, 1817); Virgile (*Georg.* l. 2, vs. 527 *seq.*); Horace (*Epist.* l. 2, *ep.* 1, vs. 139, *sq.*), etc.

que des parties de la société politique, et, par conséquent, le caractère de chacune d'elles se reproduira dans autant d'espèces d'amitiés différentes.

X. Or, il y a trois espèces de gouvernements (1), et autant de manières de dévier de la forme propre à chacune d'elles, et qui en sont comme des corruptions ou des dégénérations. Ces formes principales sont, la Royauté, l'Aristocratie, et le Pouvoir accordé à ceux qui ont une certaine quotité de revenu, forme que l'on pourrait désigner par le nom de *Timocratie* (2), mais à laquelle on donne la plupart du temps celui de République. Cette dernière est la pire de toutes; la meilleure est la royauté. La déviation ou dégénération de la royauté est la tyrannie : car l'une et l'autre sont *monarchies*; mais elles diffèrent prodigieusement, le tyran n'ayant en vue que son intérêt personnel, au lieu que le roi n'a pour but que l'intérêt de ceux qui sont soumis à son autorité (3). En effet, il n'y a de vé-

---

(1) Voyez *Eudem.* l. 7, c. 9; et la *Politique*, l. 3., c. 5.

(2) C'est proprement la *République*. (Voy. *Polit.* l. 2, c. 3, § 11; l. 3, c. 5, § 2; l. 4, c. 7, § 1 - 6.) Mr Coray avertit ici que ce n'est pas Aristote, comme il l'avait dit dans ses remarques sur Isocrate (p. 196), mais Platon, dans sa *République* (l. 8, p. 545 - 550), qui donne le nom de *timocratie*, ou *timarchie*, à l'oligarchie, ou au moins à une certaine forme de l'oligarchie, que Xénophon (*Memor. Socrat.* l. 4, c. 6, § 12) a appelée *Ploutocratie*, c'est-à-dire, domination des riches.

(3) Voyez, dans la *Politique* (l. 3, c. 5, § 2 et 4.) la même doctrine exposée avec plus de développement. Telle avait été aussi l'opinion de Socrate : « Il appelait *Royauté* l'autorité établie

ritable roi que celui qui sait se suffire à lui-même, et qui surpasse les autres hommes en tout genre de biens et d'avantages : or, un tel être n'a besoin de rien de plus, et, par conséquent, il ne saurait être fort occupé de ce qui lui est utile; mais il ne s'intéressera qu'au bien de ceux sur qui il a autorité. Celui qui ne sera pas tel, ne peut devoir son autorité qu'à la faveur du sort, à l'effet du hasard (4).

Le tyran, au contraire, n'envisage jamais que son propre avantage. Et dès lors, il est évident que la tyrannie est le pire de tous les gouvernements, puisque c'est le contraire du plus parfait. Mais les états passent ordinairement de l'une de ces formes à l'autre; car la tyrannie est la corruption ou la dégénération de la monarchie, et un mauvais roi devient tyran.

Les états sont aussi sujets à passer de l'aristocratie à l'oligarchie, par l'effet des vices ou de la

---

« sur les citoyens, d'après leur consentement, et exercée con-
« formément au vœu de la loi : mais celle qui n'avait d'autre
« règle que la volonté arbitraire du chef, qui n'était pas con-
« forme aux lois, ni consentie par les citoyens, il l'appelait
« *tyrannie*. » (XENOPH. *Mem. Socrat.* l. 4, c. 6, § 12.)

(4) Littéralement : « Ne saurait être qu'un *roi tiré au sort*, ou, comme nous dirions dans le langage familier, un *roi de la fève*, ce qui, au reste, s'applique d'autant plus aux mœurs des Athéniens que c'était en effet avec des fèves de différentes couleurs qu'ils votaient dans les élections, et que le premier des neuf archontes, ainsi élus, s'appelait *Roi*, ou l'*archonte-roi*.

perversité de ceux qui ont le pouvoir, et qui, disposant de la fortune publique, sans aucun égard au mérite, s'emparent de tous les biens, ou au moins de la plus considérable partie, et ne donnent les magistratures qu'aux mêmes personnes; ne faisant cas que des richesses. Par conséquent, l'autorité, au lieu d'être exercée par les citoyens les plus vertueux, tombe dans les mains d'un petit nombre d'hommes dépravés.

Enfin, le passage de la timocratie à la démocratie [est encore fort naturel]; car ces deux formes de gouvernement sont, s'il le faut ainsi dire, limitrophes; la timocratie étant le mode de gouvernement que la multitude adopte le plus volontiers, et tous ceux qui ont un même revenu étant naturellement portés à se regarder comme égaux. Au reste, entre les corruptions ou dégénérations de ces formes diverses, la moins mauvaise est la démocratie, parce que la république ne s'écarte pas beaucoup [de cette forme principale dont elle est une corruption]. Tels sont les changements que subissent le plus communément les principales espèces de gouvernement, parce qu'ils en sont la transition la plus facile et la forme la plus voisine.

On pourrait trouver des images et comme des exemples de ces formes dans le mode d'existence des familles : car les relations d'un père avec ses enfants offrent, en quelque sorte, une image de la royauté ; c'est pour cela qu'Homère donne à Jupiter le nom de *père :* et l'autorité paternelle ressemble, en effet, à la puissance royale (5). Mais, chez les Perses, cette autorité du père est tyrannique (6); car ils disposent de leurs enfants comme d'esclaves. Le pouvoir d'un maître sur ses esclaves est également tyrannique; car l'intérêt du maître est tout ce que l'on considère. Dans ce cas, néanmoins, l'autorité est ce qu'elle doit être (7); mais l'autorité paternelle, en Perse, est vicieuse et dépravée; car le pouvoir doit différer comme les personnes qui l'exercent.

Mais les rapports du mari avec la femme constituent une sorte de gouvernement aristocratique: car le mari y exerce une autorité proportionnée au mérite ou à la dignité, dans les choses où il convient que l'homme commande; mais il abandonne à la femme tous les soins qui conviennent à son sexe. Au contraire, s'il veut décider de tout en maître, l'aristocratie alors dégénère en oligarchie; car ce n'est plus en vertu de sa supériorité réelle et naturelle qu'il agit, mais il usurpe un pouvoir supérieur à son mérite. Quelquefois, cependant, les femmes exercent l'autorité, quand ce sont de riches héritières (8). Dans ce cas encore,

---

(5) Voyez la *Politique*, l. 1, c. 5, § 2.

(6) Voyez la *Politique*, l. 1, c. 2, § 2.

(7) Et elle produit aussi tous les déplorables effets qu'elle doit produire; c'est-à-dire, que plus le maître est maître, et plus l'esclave est esclave, plus l'un et l'autre deviennent étrangers à tous les sentiments de justice et de raison, plus ils descendent du rang et de la dignité d'homme.

(8) Cela arrivait assez fréquemment à Lacédémone. Voyez la

l'autorité n'est pas donnée à la vertu, mais au crédit et à la richesse, comme cela arrive dans les gouvernements oligarchiques.

L'administration d'une famille régie par des frères a quelque ressemblance avec le gouvernement timocratique ; car l'égalité a lieu entre les membres de la famille, du moins autant que la différence d'âge peut le permettre : aussi, quand cette différence est très-considérable, l'amitié fraternelle ne peut-elle plus avoir lieu.

Enfin, la forme démocratique semble se retrouver surtout dans les familles qui n'ont pas de chef ; car alors tous les membres y sont égaux ; et, lorsque celui qui a l'autorité est sans force [pour la faire respecter], chacun y vit dans la licence et au gré de son caprice.

XI. Dans chacune de ces formes de gouvernement, l'amitié règne en même proportion que la justice. Elle règne dans le cœur du monarque, suivant qu'il est disposé à la bonté et à la bienfaisance : car, s'il est vertueux, il veille au bien de ses sujets, et s'occupe sans cesse de les rendre heureux ; il est comme un pasteur attentif au soin

---

Politique, l. 2, c. 6, § 8-11. Les poètes comiques ont souvent fait mention des caprices et de l'orgueil de ces *héritières*, qui faisaient payer cher à leurs maris la dot qu'elles leur avaient apportée. On peut citer, à ce sujet, un fragment de Ménandre, dont le sens est : « Celui qui désire d'avoir pour femme une riche « héritière, ou expie quelque faute qui lui a attiré la colère des « dieux, ou est bien aise de passer pour un mortel fortuné, « tandis qu'au fond il sera très à plaindre . »

de son troupeau; et c'est pour cela qu'Homère appelle Agamemnon *le pasteur des peuples* (1). Telle est encore la tendresse paternelle; mais elle l'emporte par la grandeur des bienfaits : car le père est l'auteur de l'existence, c'est-à-dire, du plus grand des biens, pour ses enfants; il pourvoit à leur nourriture et à leur éducation. On rend même un hommage semblable aux ancêtres; car il y a une sorte d'autorité naturelle du père sur ses enfants, des ancêtres sur leurs descendants, du roi sur ses sujets. De ces relations naissent des sentiments de respect et de dévouement, portés au plus haut degré d'exaltation; ils sont la source des honneurs que nous rendons à nos ancêtres. Il y a donc aussi de la justice dans ces sentiments, non pas la même sans doute, mais une justice proportionnée au mérite; car c'est là un des caractères de l'amitié.

La tendresse d'un mari pour sa femme est un sentiment analogue à celui qui règne dans le gouvernement aristocratique; car la supériorité des avantages y est, pour la vertu, en proportion du

---

(1) Dans l'*Iliade* (ch. II, vs. 254, 772, etc.) Homère appelle, au contraire, les mauvais princes, des *rois dévorateurs du peuple* (δημοβόρους). Suétone nous apprend que Tibère écrivit à des préfets des provinces, qui lui conseillaient d'augmenter les impôts : « Que le devoir d'un bon pasteur était de tondre le « troupeau, et non de l'écorcher. » *Boni pastoris esse tondere pecus, non deglubere.* (*Sueton. in Tiber.* c. 32.) Quel langage, dans la bouche d'un pareil monstre! Était-ce retour momentané à quelques sentiments de justice, ou une insolente dérision, jointe à la plus détestable hypocrisie?

mérite et de ce qui convient à chacun ; et c'est là ce qui caractérise aussi la justice.

Quant à l'affection des frères, elle ressemble à celle qui unit les hommes qui s'associent pour le plaisir et la joie ; car ils sont doux et à peu près de même âge, et l'on trouve en eux la plupart du temps similitude dans les mœurs et dans l'éducation ou dans l'instruction. La forme de gouvernement que j'ai appelée timocratique, ressemble assez à cette espèce d'affection, puisque les citoyens y aiment l'égalité, et sont animés du désir de l'estime; que l'autorité y est exercée tour à tour et avec un droit égal, ce qui est encore le caractère de l'amitié.

Mais, dans les altérations que subissent ces formes diverses, la justice va toujours en s'affaiblissant, de manière que la plus mauvaise est celle où elle paraît le moins; et il en est de même de l'amitié. En effet, la tyrannie ne renferme aucun sentiment de ce genre, ou du moins n'en conserve que bien peu ; car, du moment où il n'y a rien de commun entre le maître et le sujet, il n'y a non plus aucune affection réciproque : et il n'y a pas plus de justice; mais le seul rapport qui existe entre eux est celui de l'ouvrier à l'égard de l'outil, du corps à l'égard de l'ame, du maître à l'égard de l'esclave; car il y a aussi une sorte de soin et d'attention que l'on donne à ces objets quand on s'en sert. Mais on n'a point de sentiments d'affection ni de justice pour les choses inanimées, pas plus qu'on en a pour un cheval, ou un bœuf, ou même pour un esclave, en tant qu'esclave : car l'esclave est un instrument animé, et l'outil ou l'instrument est un esclave inanimé (2). Il ne peut donc pas être l'objet de l'amitié en tant qu'esclave, mais il peut l'être en sa qualité d'homme; et il semble, en effet, que tout homme est obligé à quelque devoir de justice envers tout être capable de se soumettre à une loi commune, ou de participer à une convention, et, par conséquent, est un objet convenable d'amitié, en tant qu'il est homme.

Les sentiments d'affection et de justice n'existent donc que bien peu sous un gouvernement tyrannique; ils ont, au contraire, le plus haut degré d'énergie dans la démocratie, parce que les citoyens, y étant égaux, ont entre eux une infinité de rapports communs.

XII. Toute amitié, sans doute, consiste dans une sorte de communauté [de goûts, d'intérêts, d'opi-

---

(2) Voyez la *Politique*, l. 1, c. 2, où cette doctrine aussi absurde qu'inhumaine, mais malheureusement fondée sur un ordre de choses qui tenait encore à la barbarie de l'état sauvage, est exposée avec plus de développement. Voyez aussi *Eudem.* l. 7, c. 9. Il faut pourtant savoir quelque gré aux anciens jurisconsultes, en admettant un principe confirmé par l'usage universel de leur temps, d'avoir toujours pris soin d'observer qu'il est contraire au droit naturel. *Quod attinet ad jus civile, servi pro nullis habentur, non tamen jure naturali: quia, quod ad jus naturale pertinet, omnes homines sunt æquales.* « Quant « au droit civil, les esclaves sont comptés pour rien; mais il « n'en est pourtant pas ainsi dans le droit naturel; parce que, « suivant le droit naturel, tous les hommes sont égaux, » dit le jurisconsulte Ulpien, cité par l'un des commentateurs d'Aristote, sur cet endroit de sa *Morale*.

nions, de sentiments], comme on l'a déja dit; mais peut-être faut-il distinguer celle qui est produite par la parenté, des liaisons qui n'ont que le plaisir ou l'amusement pour objet. Quant au lien qui unit les membres d'une même société politique, d'une même tribu, ou les hommes qui naviguent ensemble, et autres rapports de ce genre, ils ressemblent plus à ceux qui se fondent sur une communauté d'intérêts; car on y remarque comme un consentement tacite : l'on pourrait y joindre encore les liaisons d'hospitalité.

Mais l'affection de famille se présente sous un assez grand nombre de formes diverses, et semble dépendre presque entièrement du lien qui unit les pères et les enfants (1). En effet, les parents aiment leurs enfants, comme étant une partie d'eux-mêmes, et ceux-ci aiment leurs parents, comme tenant d'eux une partie de ce qu'ils sont. Mais les parents connaissent mieux ce qui vient, en quelque sorte, d'eux, que les enfants ne savent ce qu'ils tiennent de leurs parents; et il y a un rapprochement naturel plus intime de la part de l'être qui a donné la vie à celui qui l'a reçue, qu'il n'y en a de ce dernier à l'auteur de son existence. Car ce qui est de notre propre substance nous appartient, en quelque manière, comme les dents, les cheveux, et, en général, tout ce qui tient à nous; au lieu que l'être

---

(1) Voyez ce que notre auteur dit ailleurs sur le même sujet (*M. M.* l. 2, c. 12; et *Eudem.* l. 7, c. 9 et 10).

d'où proviennent ces choses, n'est propre à aucune d'elles, ou leur appartient moins.

La différence du temps est encore à considérer ici : car ceux qui ont donné la vie à d'autres êtres, les chérissent dès l'instant même de leur naissance; mais ce n'est que lorsqu'ils sont un peu avancés dans la vie, lorsque leur intelligence et leur sensibilité ont acquis un certain développement, que les enfants chérissent les auteurs de leurs jours. Ceci même fait voir pourquoi la tendresse des mères est plus vive. Les parents aiment donc leurs enfants comme eux-mêmes ; car leur existence, détachée [s'il le faut ainsi dire] de celle des parents, en fait comme d'autres êtres [en qui ils se retrouvent] : mais les enfants n'aiment leurs parents que comme la source ou la cause de leur existence.

La cause de l'affection réciproque des frères est la naissance qu'ils doivent aux mêmes parents; car cette communauté de naissance leur inspire les uns pour les autres un même sentiment. Aussi dit-on qu'ils sont un même sang (2), qu'ils appartiennent à la même souche (3), et autres expressions de ce genre; ils sont donc, s'il le faut ainsi dire, une même substance dans des individus distincts. La nourriture commune et le peu de différence

---

(2) Voyez l'*Iliade* d'Homère (ch. VI, vs. 211), et l'*Odyssée* (ch. XVI, vs. 300).

(3) Expression employée par les poètes tragiques. Voyez l'*Ion* d'Euripide (vs. 1576), et les paroles de Théodecte, que cite Aristote dans sa *Politique* (l. I, c. 2, § 19).

d'âge sont encore un puissant motif d'amitié ; car tout homme se sent plus naturellement porté vers ceux qui sont de son âge, et la ressemblance dans les mœurs est un lien qui unit ceux qui s'associent pour le plaisir ou l'amusement : aussi l'amitié fraternelle ressemble-t-elle beaucoup à cette sorte de liaisons. Quant aux enfants des frères ou sœurs, et à ceux qui sont dans un degré inférieur de parenté, leur attachement remonte à la même cause, c'est-à-dire, à l'origine commune. Le plus ou le moins de proximité à l'égard du chef de la race, ou de la famille, établit ordinairement entre eux une intimité plus ou moins grande.

Au reste, la tendresse des enfants pour leurs parents, et le respect des hommes pour les dieux, sont l'effet de la bienfaisance et de la supériorité ; car on doit de tels sentiments à ceux de qui on a reçu les plus grands bienfaits, puisqu'ils sont la cause d'abord de notre existence, et ensuite de l'éducation et de l'instruction que nous avons reçues. Mais il y a d'autant plus d'utilité ou d'agrément dans de tels liens, en comparaison de ceux qui sont moins directs, qu'on a des rapports plus fréquents et plus intimes avec les êtres qui sont l'objet de notre attachement. On trouve aussi, dans l'amitié fraternelle, ce qui se remarque dans les liaisons d'agrément et de plaisir, et d'autant plus dans les liaisons entre des individus estimables, et qui se ressemblent, en général, sous beaucoup de rapports, qu'elles sont plus intimement unies, et par une affection qui a, pour ainsi dire, commencé avec la vie ; parce que ceux qui sont nés des mêmes parents, et qui ont été nourris et élevés ensemble, ont des mœurs plus semblables, et qu'enfin, l'épreuve du temps est à la fois la plus sûre et la plus constante. Il y a des motifs analogues d'attachement dans les autres degrés de parenté.

Quant à l'affection conjugale, il semble qu'elle soit un effet direct et immédiat de la nature humaine (4) : car l'homme est porté par sa nature à vivre avec la femme, plus encore qu'à vivre en société politique; d'autant plus (dis-je) que nécessairement l'existence de la famille est antérieure à celle de la cité, et que la propagation des espèces est une loi commune à tous les êtres animés. Mais

---

(4) Voyez la *Politique*, l. 2, § 1—2; *Eudem.* l. 7, c. 10. — Voyez aussi Cicéron (*De Offic.* l. 1, c. 17), où, après avoir parcouru les divers degrés d'affection qui peuvent unir les hommes entre eux, et en avoir indiqué les causes, cet illustre et grand citoyen ajoute ces paroles mémorables : *Sed cum omnia ratione animoque lustraris, omnium societatum nulla est gravior, nulla carior, quam ea quæ cum republica est unicuique nostrum : cari sunt parentes, cari liberi, propinqui, familiares : sed omnes omnium caritates patria una complexa est : pro qua quis bonus dubitet mortem oppetere, si ei sit profecturus ?* « Mais,
« toutes choses considérées par raison et par sentiment, aucune
« espèce de lien n'est plus cher et plus sacré que celui qui unit
« chacun de nous à la république. Nos parents, nos enfants, nos
« proches, nos amis, nous sont chers; mais la patrie comprend
« à elle seule, toutes les affections de tout genre : hé quel hom-
« me de bien pourrait hésiter à lui sacrifier sa vie, si elle a
« besoin d'un pareil sacrifice ? » Voyez ci-dessus, chap. IX, vers la fin.

cette union se borne uniquement à cela dans les autres espèces ; au lieu que, chez l'homme, elle a encore pour but de se procurer toutes les choses nécessaires à la vie : car bientôt la tâche se trouve partagée entre les deux membres de l'association, et celle de l'homme est autre que celle de la femme. Aussi se prêtent-ils de mutuels secours, mettant en commun les moyens propres à chacun d'eux (5). C'est pour cette raison que l'utile et l'agréable semblent plus spécialement unis dans cette espèce d'amitié. Elle peut même être fondée sur la vertu, si le mari et la femme sont dignes d'estime, puisque chacun d'eux a son mérite propre ; et ils peuvent trouver la plus douce satisfaction dans un pareil lien. Les enfants contribuent ordinairement à le resserrer encore davantage ; et c'est pour cela que les époux qui sont privés de ce bonheur, se désunissent plus promptement : car les enfants sont un bien commun à l'un et à l'autre, et tout ce qui est commun est un moyen d'union.

Mais demander comment un mari doit vivre avec sa femme, et, en général, un ami avec son ami, c'est demander comment ils devront observer les règles de la justice ; car elles ne sont pas les mêmes à l'égard d'un ami et à l'égard d'un étranger, ou d'un condisciple, ou d'une personne avec qui l'on n'a que des relations de plaisir et d'amusement.

XIII. Puisqu'il y a trois sortes d'amitiés, ainsi

---

(5) Voyez *Aristotel. OEconomic.* l. 1, c. 3.

qu'on l'a dit au commencement (1), et puisqu'il peut toujours y avoir entre les amis ou égalité ou supériorité relative : car ou les amis sont égaux en vertu, ou l'un est plus vertueux que l'autre, et il en est de même des qualités agréables ; et, en fait d'utilité, ils peuvent ou se procurer réciproquement des avantages égaux, ou l'emporter l'un sur l'autre. Il faut donc, lorsqu'il y a égalité, qu'elle se manifeste dans l'attachement réciproque et dans toutes les autres circonstances ; et, entre personnes inégales, il faut que l'inférieur trouve quelque compensation proportionnée à la supériorité de l'autre. Au reste, ce n'est pas sans raison que l'amitié fondée sur l'utilité est la seule qui donne lieu à des plaintes et à des réclamations, ou au moins celle où elles sont le plus fréquentes. Car ceux dont la vertu forme le lien, sont empressés à se faire réciproquement du bien, puisque c'est le propre de la vertu et de l'amitié; or, une pareille émulation ne produit ni plaintes ni contestations : car personne n'est fâché que son ami lui fasse du bien ; mais, quand on est reconnaissant, on se venge par d'autres bienfaits. Celui même qui a la supériorité en ce genre, ne faisant que ce qu'il a voulu faire, ne saurait se plaindre de son ami, puisque chacun d'eux désire ce qui est bien.

Les amitiés, fondées sur le plaisir, ne sont guère plus sujettes à cette espèce d'inconvénient : car les deux amis trouvent, en pareil cas, ce qui peut les

---

(1) Au commencement du chapitre III de ce livre.

satisfaire, s'ils aiment à vivre ensemble; et celui qui se plaindrait que l'autre ne trouve pas de plaisir dans cette liaison, serait ridicule, puisqu'il ne tiendrait qu'à lui de ne pas consacrer ses jours entiers à une pareille amitié.

Mais les liaisons fondées sur l'utilité, sont exposées à ce genre d'inconvénient: car, comme on ne s'attache l'un à l'autre qu'en vue des avantages qu'on espère, on en désire toujours de plus grands, on croit toujours en trouver moins qu'on avait droit d'en attendre, on se plaint de ne pas obtenir tout ce qu'on aurait dû trouver et qu'on méritait: et le bienfaiteur se voit dans l'impossibilité de satisfaire à tous les besoins de l'obligé.

On pourrait dire que de même qu'il y a deux sortes de droit, l'un [naturel] et non écrit, et l'autre déterminé par la loi, de même l'amitié fondée sur l'utilité, est de deux sortes, l'une morale, et l'autre *légale*. Or, les plaintes et les réclamations ont lieu surtout lorsque les engagements réciproques ne se sont pas formés d'après la même espèce d'amitié qui existe au moment de la rupture (2). L'amitié que j'appelle *légale* a pour base des conventions expresses; elle est tout-à-fait mercantile, et, comme on dit communément, de la main à la main. Elle

---

(2) C'est-à-dire, lorsque l'amitié qui était fondée sur des convenances morales réciproques, vient à se rompre par suite d'arrangements où la loi peut ou doit intervenir, comme l'auteur le donne à entendre, dans un autre endroit. (*Eudem.* l. 7, c. 10).

peut aussi être plus libérale; elle admet un engagement à temps, mais sur parole, de se donner une chose pour une autre : il est évident qu'il y a là une dette qui ne peut pas être contestée, mais pour l'acquittement de laquelle un sentiment d'affection pourra accorder du délai. Aussi, entre ceux qui ont contracté de ces sortes d'engagements, il arrive quelquefois qu'on ne voit point de procès; mais ils se croient obligés à une sorte d'attachement pour des personnes qui ont consenti à des engagements de pure confiance.

Au contraire, dans l'amitié *morale*, on ne s'engage pas par des conventions expresses, mais de la même manière et dans la même disposition d'esprit que l'on fait un don à un ami, ou qu'on oblige, en quoi que ce soit, toute autre personne. Cependant, on s'attend à recevoir en retour ou la valeur de ce qu'on a donné, ou même une valeur plus grande; car c'est un prêt qu'on a fait, et non pas un pur don : mais les plaintes auxquelles la rupture donne lieu, ne seront pas les mêmes [que dans le cas d'un contrat violé], parce que l'engagement n'était pas de même nature. Cela vient, au reste, de ce que tous les hommes, ou au moins la plupart, veulent sans doute ce qui est beau et généreux, mais préfèrent ce qui est utile : or, il est beau de faire du bien, sans avoir pour but qu'on nous en fasse à notre tour; mais il est utile d'éprouver des bienfaits.

Il faut donc rendre la valeur du bienfait à celui qui peut vous obliger et qui y consent; car on ne doit point rechercher un ami qui le serait malgré lui. [Il faut agir] comme si l'on avait été dans l'erreur au commencement, et obligé par une personne dont on ne devait pas accepter ou attendre des bienfaits, puisqu'on ne les a pas reçus comme venant d'un ami qui n'avait en vue que le plaisir d'obliger. En un mot, il faut se libérer comme si l'on avait reçu le bienfait à des conditions expresses ; comme si l'on n'avait consenti à l'accepter que parce qu'on pouvait le rendre, mais [persuadé que] si l'on n'avait pas été en état de le faire, celui qui vous a obligé ne s'y serait pas prêté (3). Ainsi, l'on doit rendre ce qu'on a reçu, quand on le peut ; mais il convient de considérer d'abord par qui on est obligé, et à quelles conditions, afin de savoir si l'on doit, ou non, s'engager à ce prix.

Il y a encore à examiner la question de savoir si la reconnaissance et la dette contractée doit se mesurer sur l'utilité de celui qui a été obligé, ou sur l'étendue du bienfait, et, par conséquent, être envisagée par rapport au bienfaiteur. En effet, l'obligé prétendra n'avoir reçu de celui-ci que des services qui étaient peu de chose pour lui, qu'il aurait pu recevoir également de tout autre ; cherchant ainsi à déprécier le mérite du bienfaiteur. Celui-ci,

---

(3) C'est encore ici un de ces passages où tous les commentateurs avouent leur embarras, et où le texte a évidemment souffert quelque altération importante. Le traducteur ne peut donc se flatter d'avoir saisi la pensée de son auteur ; il ne peut que la suivre d'aussi près que le permet l'obscurité du texte.

de son côté, soutiendra que l'autre lui a les plus grandes obligations, et qu'il n'aurait pu recevoir de personne un pareil service, surtout dans le danger et dans le besoin où il se trouvait. Dans une amitié ainsi fondée sur l'utilité, n'est-ce donc pas l'utilité de celui qui a reçu le bienfait qui doit en être la mesure? Car, enfin, c'est lui qui était dans le besoin, son ami l'a secouru, dans l'espoir qu'il pourrait lui rendre un service égal ; l'étendue ou la valeur de ce service doit donc être appréciée sur l'utilité que celui-ci en a retirée. Par conséquent, il est tenu de rendre à son ami tout le bien et toute l'utilité qu'il a trouvée en lui, ou même plus encore, car cela serait plus noble et plus généreux.

Mais ces sortes de plaintes ou de réclamations n'ont point lieu dans les amitiés fondées sur la vertu ; la mesure naturelle du bienfait est ici l'intention du bienfaiteur : car, en fait de mœurs et de vertu, c'est l'intention qui est le principal.

XIV. Il s'élève surtout des différends dans les amitiés entre personnes d'un mérite inégal : car chacun prétend obtenir sur l'autre quelque avantage; mais, lorsque cela arrive, l'amitié ne tarde pas à se dissoudre. En effet, celui qui a plus de mérite croit qu'il est juste que l'avantage soit de son côté, et que la part de l'homme vertueux soit plus considérable. Celui qui est plus utile a la même prétention. Il ne faut pas, disent-ils, que celui qui n'est bon à rien partage également; car, si les avantages de l'amitié ne sont pas en proportion du mérite, ce n'est plus amitié, c'est une véritable charge comme celle qu'on impose aux citoyens pour les besoins de l'état (1). C'est pourquoi l'on croit communément qu'il doit en être de l'amitié comme d'une société de commerce, où ceux qui ont fourni le plus de fonds, ont une part plus considérable dans les bénéfices. Mais l'opinion de l'homme qui est dans le besoin, et qui a moins de mérite, est fort différente : il croit, au contraire, que le devoir d'un ami vertueux est de venir au secours de ses amis dans l'indigence; car, à quoi bon, dit-il, être l'ami d'un homme vertueux ou puissant, si l'on n'en doit retirer aucun avantage? Tous deux néanmoins peuvent avoir raison, à certains égards, en prétendant tirer chacun des avantages réels de l'amitié : mais ce ne seront pas des avantages du même genre; celui qui a la supériorité [du rang et de la fortune] doit y trouver plus d'honneur; et celui qui est dans l'indigence, plus de profit. Car l'honneur est la récompense de la bienfaisance et de la vertu, le gain est la ressource de l'indigence.

Il semble, en effet, que c'est ainsi que les choses

---

(1) Dans un passage de la *Morale à Eudémus*, qui correspond à celui-ci, l'auteur dit pareillement : « De cette manière, celui « qui a la supériorité semblerait perdre de ses avantages, et « l'amitié ou la société entre deux personnes deviendrait [pour « le premier] une *fonction à titre onéreux* (λειτουργία). Il faut « donc établir la proportion convenable, en lui accordant quel-« que chose en compensation; et ce sera [par exemple] l'hon-« neur. » Voyez *Eudem.* l. 7, c. 10.

se passent dans le gouvernement des états : car on n'y accorde point de considération à ceux qui ne contribuent en rien à l'utilité publique, puisqu'on ne donne ce qui appartient à tous qu'à celui qui a rendu des services à la communauté; or, la considération est le bien de tous. Il n'est pas possible, en effet, de s'enrichir aux dépens du public, et d'en être en même temps honoré; car personne ne consent à perdre en tout ses avantages : aussi accorde-t-on des honneurs à celui qui sacrifie ses richesses; et l'on donne de l'argent à celui qui est plus sensible à cette sorte de récompenses. Car c'est, comme on l'a déja dit, la proportion relative au mérite et à la dignité, qui rétablit l'égalité et conserve l'amitié. Telle est donc l'espèce de commerce et de relation qui doit exister entre hommes qui ne sont pas égaux; et il faut rendre en honneurs le prix des services qu'on a reçus, soit par des sacrifices d'argent, soit par des actes de vertu, c'est-à-dire, s'acquitter comme on le peut; puisque l'amitié est obligée de chercher ce qui est possible, et non ce qui est en proportion du mérite.

Car on ne peut s'acquitter envers tout le monde par des honneurs et par des respects, comme on le fait pour les dieux et pour les auteurs de sa naissance. Dans ce cas, sans doute, il n'y a personne qui puisse s'acquitter dignement; mais celui qui montre, autant qu'il peut, son respect, passe pour un homme estimable et vertueux. Voilà pourquoi l'on pense communément qu'un fils ne peut jamais renoncer son père, tandis que le père peut fort bien renoncer son fils (2). Car on est obligé de rendre ce qu'on a reçu, et il n'a jamais rien pu faire pour son père qui fût capable d'acquitter sa dette, en sorte qu'elle subsiste toujours : or, celui à qui l'on doit est toujours en droit de renoncer son débiteur ; par conséquent, le père a ce droit là. Peut-être, au reste, n'y a-t-il pas de père qui en voulût user, si ce n'est à l'égard d'un fils extrêmement coupable : car, outre l'affection naturelle, il n'est pas dans le cœur de l'homme de se priver de ses ressources et d'un appui précieux. Mais un fils vicieux et pervers cherche à s'affranchir, ou au moins ne s'inquiète guère du soin de pourvoir aux besoins de son père. La plupart des hommes ne demandent même pas mieux que de se voir prévenus par des bienfaits, et ils se dispensent volontiers, au contraire, d'être bienfaisants, parce qu'il n'y a en cela aucune utilité pour eux.

Mais en voilà assez sur ce sujet.

---

(2) Chez les Grecs, la loi autorisait un père à renoncer son fils d'une manière solennelle, lorsqu'il avait pour cela des motifs qu'il pouvait faire admettre par les juges. Cette action s'appelait ἀποκήρυξις. Il y a un traité de Lucien, ou plutôt une *Déclamation*, sous ce titre. M\ Zell cite le passage suivant de Valère-Maxime (l. v, c. 8), qui paraît contenir la formule usitée chez les Romains dans des circonstances pareilles. Torquatus renonçant son fils, pour s'être laissé corrompre par argent, et avoir ainsi déshonoré sa famille, s'exprime en ces termes: *Cum Sylvanum filium meum pecunias a sociis accepisse probatum sit, et republica et domo mea indignum judico, protinusque e conspectu meo abire jubeo.*

LIVRE IX.

ARGUMENT.

I. La différence des motifs sur lesquels se fonde l'attachement de deux personnes, est une cause naturelle de leur peu de durée; l'un ne cherchant, par exemple, que l'utilité, et l'autre que le plaisir, tous deux ne tardent pas à être trompés dans leur attente. Un service rendu spontanément, ne peut être apprécié justement que par celui qui l'a reçu; c'est à lui d'y mettre le prix. On doit toute sorte d'affection et de respect à ceux qui ont concouru à notre instruction, et à former notre raison. — II. Les engagements contractés, et la reconnaissance, imposent des devoirs qu'on ne saurait méconnaître : ce principe n'admet d'exception que dans un petit nombre de cas. On ne peut pas avoir les mêmes égards pour toutes sortes de personnes, ni déférer en tout à celles qui ont le plus de droits à notre affection ou à nos respects. Ces sentiments se modifient à raison des personnes, et des rapports naturels ou de circonstance que l'on a avec elles. — III. Lorsque les causes qui avaient fait naître l'amitié n'existent plus, de quelque manière que ce soit, faut-il rompre entièrement tout lien d'affection? On doit, ce semble, accorder toujours quelque chose au souvenir d'une ancienne amitié, quand ce n'est pas une excessive perversité qui nous a mis dans la nécessité de rompre avec celui que nous aimions. — IV. L'amour de soi peut être regardé comme le fondement ou le principe de la véritable et solide amitié, en ce sens que l'homme vertueux est toujours d'accord avec lui-même, toujours en paix avec sa conscience, et ne peut trouver ces mêmes caractères que dans ceux qui sont vertueux comme lui. Le méchant, au contraire, ne saurait sympathiser ni avec ses propres plaisirs, ni avec ses affections. Son ame est, pour ainsi dire, un théâtre de perpétuelles dissensions. Il est incapable de constance dans ses sentiments, et ne peut aimer personne, parce qu'il lui est impossible de s'aimer lui-même. — V. La bienveillance, qui fait qu'on souhaite du bien à de certaines personnes, pourrait s'appeler, par métaphore, une *amitié inerte*. Transformée en habitude, elle peut devenir, avec le temps, une véritable amitié. Une rencontre fortuite, l'opinion qu'on a de la vertu, de l'honnêteté d'un homme, peuvent inspirer de la bienveillance pour lui. En un mot, il n'est pas possible d'être ami, sans être d'abord bienveillant; mais la bienveillance ne fait pas que l'on soit ami. — VI. La conformité des sentiments produit l'amitié; mais la conformité dans les opinions n'a pas le même effet. L'union entre les citoyens d'une république naît de l'accord des sentiments. La justice, l'intérêt général ou le bien public, voilà l'objet commun de leurs désirs. Il n'est pas possible que les méchants soient unis de sentiments, du moins pour long-temps, et voilà pourquoi il ne saurait y avoir de véritable amitié entre des hommes avides et ambitieux. — VII. Pourquoi le bienfaiteur a-t-il ordinairement plus d'affection pour l'obligé que celui-ci n'en a pour son bienfaiteur? C'est qu'en général on aime son ouvrage, c'est qu'on chérit l'existence, et qu'elle se manifeste surtout par l'exercice de l'activité; c'est qu'il y a quelque chose de plus louable à être l'auteur du bienfait, qu'à en être l'objet; enfin, c'est qu'on s'attache plus à ce qui nous a coûté plus de peine, et qu'il en coûte plus pour obliger les autres, que pour en recevoir des services. — VIII. Doit-on s'aimer soi-même avant tout, ou porter plutôt son affection sur les autres? Si l'on entend par amour de soi, l'avidité pour les richesses, pour les honneurs, le soin continuel de satisfaire ses passions, ou son penchant pour le plaisir, rien n'est plus condamnable qu'un pareil égoïsme. Mais si, en faisant tout pour ses amis et pour sa patrie, en leur sacrifiant richesses, honneurs, et jusqu'à sa vie, on s'assure en effet la plus délicieuse des jouissances, on se réserve la plus belle et la plus noble part des biens véritables. Qui pourrait blâmer l'amour de soi, considéré sous ce point de vue? —IX. L'homme véritablement heureux a-t-il besoin d'avoir des amis? En accordant à l'homme parfaitement heureux la jouissance de tous les biens, il semblerait étrange qu'on voulût lui refuser des amis. Car si le bonheur consiste dans l'activité de nos facultés, quelles occasions plus favorables à l'exercice de cette activité que celles que peut offrir le commerce de l'amitié? D'un autre côté, l'isolement absolu est la source de bien des peines, par le seul obstacle qu'il met au développement de nos plus nobles facultés. Enfin, si l'existence est désirable en soi, pour celui qui est au comble de la félicité, il n'en jouira complètement qu'autant qu'il aura des amis vertueux. — XI. Faut-il s'appliquer à avoir le plus grand nombre possible d'amis? L'amitié fondée sur l'utilité réciproque, n'en saurait admettre un grand nombre; celle qui est fondée sur l'agrément ou le plaisir, n'en admet qu'autant qu'il peut y avoir de personnes avec lesquelles il est possible de vivre dans un commerce habituel. L'amitié véritable, et fondée sur la vertu, ne peut avoir, comme l'amour, qu'un objet unique. En fait de liaisons fondées sur des qualités estimables, et sur des sentiments bienveillants, on doit s'estimer heureux de rencontrer quelques amis de cette espèce. — XI. A-t-on plus besoin d'amis, dans la prospérité, que dans l'adversité? Dans tous les cas, la présence d'un ami est une chose précieuse et désirable. Mais c'est à celui qui est dans la prospérité de prévenir et de rechercher ses amis; celui qui est dans l'infortune doit craindre de leur faire partager ses peines : c'est à eux de le prévenir et de le rechercher. — XII. Vivre habituellement avec ses amis, est-il, en effet, ce qu'il y a de plus désirable? Il est certain que tous les hommes aiment à s'occuper, avec leurs amis, de toutes les choses qu'ils regardent comme les plus grands plaisirs. C'est pour cela que l'amitié, entre gens vicieux et méchants, devient criminelle, tandis que les hommes vertueux s'améliorent, et se perfectionnent par un commerce assidu avec des amis qui leur ressemblent.

I. Dans toutes les amitiés où il n'y a pas une sorte d'égalité ou de parité, c'est la réciprocité proportionnelle, comme on l'a dit (1), qui peut établir la compensation. C'est ainsi que, dans les transactions de commerce, l'échange s'opère par des valeurs proportionnelles entre le cordonnier, par exemple, et le tisserand, et de même entre les autres [artisans ou fabricants]. Ici, néanmoins, on a, dans la monnaie, une mesure commune, à laquelle on rapporte tous les objets, et qui sert à leur évaluation (2). Mais, dans un commerce d'amour (3), il arrive quelquefois que l'amant, n'ayant peut-être rien de propre à séduire, reproche à la personne aimée de ne pas répondre à l'excès de son affection; et que celle-ci, de son côté, peut se plaindre qu'on ne tient aucune des magnifiques promesses qu'on lui avait faites. Et cela a lieu lorsque l'un n'ayant en vue que le plaisir dans un pareil lien, et l'autre que l'utilité, tous deux sont trompés dans leur attente. Car un attachement, fondé sur de pareils motifs, se relâche bientôt, quand on n'y trouve pas ce qui avait fait naître la passion, parce qu'aucun des deux amants n'aimait l'autre pour lui-même, mais seulement pour des avantages extérieurs ou accessoires qui sont sujets à s'évanouir. Or, il en est de même des amitiés; au lieu que les attache-

---

(1) Ci-dessus, l. 8, c. 13.
(2) Voyez le livre v, et 5.
(3) Voyez le livre précédent, c. 8.

ments qui sont fondés sur les mœurs, subsistant par eux-mêmes, sont plus durables, comme on l'a déja dit (4).

C'est encore une cause de mésintelligence, lorsque l'on trouve, dans un tel commerce, autre chose que ce qu'on avait désiré ; car ne pas obtenir ce qu'on espère, ou ne rien obtenir, c'est à peu près la même chose. Comme il arriva à ce musicien à qui l'on avait promis une récompense d'autant plus magnifique, qu'il aurait chanté avec plus de talent ; mais le lendemain, comme il réclamait la récompense promise, celui à qui il s'adressait s'excusa, sous prétexte qu'il lui avait donné [par ses éloges] plaisir pour plaisir (5). Sans doute, cela suffisait, si

---

(4) Ci-dessus, l. 8, c. 3.

(5) Aristote, rappelant ailleurs le même trait (*Eudem.* l. 3, c. 10), dit que c'était un *roi* qui fit cette réponse ; mais Plutarque (*De Fortun. Alexandr.* c. 1) nous apprend que ce roi était Denys, tyran de Syracuse. On lit dans Macrobe (*Saturn.* l. 2, c. 4), une anecdote assez semblable, au sujet d'Auguste. Souvent, lorsqu'il sortait du palais, un pauvre Grec, qui avait soin de se trouver sur son passage, lui présentait, en forme de placet, quelque petite pièce de vers à sa louange. Un jour, l'empereur, qui voulait apparemment faire cesser cette espèce d'importunité, s'étant arrêté, traça à la hâte quelques vers grecs à la louange de cet homme, et les lui fit donner. Celui-ci s'avance aussitôt vers le prince, et, tirant du fond de sa bourse quelques pièces de monnaie : « Soyez sûr, César, lui dit-il, « que je vous offrirais une plus digne récompense, si cela était « en mon pouvoir. » Auguste, ajoute le narrateur, ne put s'empêcher de rire de cette saillie, et il fit donner au Grec une somme d'argent assez considérable.

c'eût été ce à quoi chacun s'était attendu ; mais, si l'un veut de l'amusement, et l'autre du profit, et si le premier a ce qu'il désire, tandis que le second ne l'a pas, ce n'est plus un commerce où il y ait une juste réciprocité. Car toutes les fois qu'on éprouve quelque besoin, on en est continuellement occupé, et l'on est disposé à donner ce qu'on possède pour le satisfaire.

Mais à qui appartient-il de fixer le prix d'un service ? Est-ce à celui qui a commencé par le rendre, ou à celui qui a commencé par le recevoir ? Le premier semble s'en rapporter, sur ce point, à la générosité de l'autre : et c'est, dit-on, ce que faisait Protagoras. Car, lorsqu'il avait donné des leçons de son art (quel qu'il fût), il invitait son disciple à mettre lui-même un prix à la science qu'il croyait avoir acquise, et il se contentait de ce qu'on lui donnait (6). En pareil cas, quelques personnes s'en tiennent au proverbe, *Avec un ami engagez-vous à un juste salaire* (7). Quant à ceux qui commencent par recevoir l'argent, et qui ensuite ne tiennent aucun de leurs engagements pour

---

(6) C'est ce que fait dire Platon à Protagoras lui-même, dans le dialogue auquel il a donné pour titre le nom de ce sophiste. (Voy. *Platon. Protag.* p. 328.)

(7) C'est le sens du vers 370 du poème d'Hésiode, intitulé *Les OEuvres et les jours*. Aristote en cite seulement les premières paroles, parce qu'il était devenu proverbe, pour faire entendre que, dans un marché, il est bon de faire ses conventions à l'avance, afin de prévenir tout débat. C'est aussi le sens du proverbe italien : *Patto chiaro, amicizia lunga.*

26.

en avoir pris de trop excessifs, ils s'exposent à des reproches mérités, ne tenant point ce qu'ils avaient promis. C'est peut-être ce que les sophistes sont obligés de faire, parce que personne ne consentirait à payer la science qu'ils possèdent; et, comme ils n'exécutent pas ce dont ils ont reçu le salaire, on les en blâme avec raison (8).

Mais, quand il n'y a point de convention expresse pour un service à rendre, ceux qui prodiguent tout ce qu'ils ont pour servir leurs amis avec un entier désintéressement, sont, comme on l'a déja dit, tout-à-fait exempts de reproche. C'est qu'une telle amitié n'est fondée que sur la vertu; et l'on doit en montrer sa reconnaissance comme il convient dans ce genre d'affections, car tel est le caractère de l'ami et de la vertu. C'est ainsi qu'il en faut agir envers ceux qui nous ont communiqué les préceptes de la philosophie. Car ce n'est pas l'argent qui peut en payer le prix; le respect ou la considération n'en serait pas même l'équivalent : mais, peut-être qu'en faisant, dans ce cas, tout ce qui nous est possible, cela suffira, comme cela suffit à l'égard des Dieux et des auteurs de nos jours. Au reste, lorsque le service n'est pas rendu ainsi [spontanément], mais dans la vue d'obtenir quelque avantage, c'est peut-

---

(8) Voyez, sur ce sujet, Isocrate (*Adv. Sophist.* § 3, to. 1, p. 291 de l'édit. de Mr Coray), Xénophon (*Cyneget.* § 13), et Aristote (*De Sophist. Elench.* c. 1, § 2), qui définit le sophiste : « un homme qui fait argent d'une prétendue sagesse qu'il n'a « réellement pas. »

être alors surtout qu'il faut qu'il y ait retour, ou compensation équivalente, et qui convienne aux deux parties. Dans le cas ou cela n'aurait pas lieu, il semble non-seulement nécessaire, mais juste, que ce soit le premier obligé qui détermine la compensation. Car, si celui qui lui a rendu service obtient à son tour les mêmes avantages, ou le même plaisir qu'il aurait voulu se procurer à ce prix, il en aura reçu le dédommagement; et c'est, en effet, de cette manière que les choses se passent dans toute espèce de vente ou d'achat.

Il y a des pays où les lois ne donnent pas d'action juridique pour les transactions de pure confiance, parce qu'il faut, dans ces cas-là, que la décision de l'affaire reste soumise à celui à qui l'on s'est confié, comme on s'en est rapporté à lui pour lui rendre service. On regarde celui qui a obtenu cette première marque de confiance, comme plus capable de décider suivant la justice, que celui qui s'en est rapporté à lui. Car la plupart des choses n'ont pas la même valeur aux yeux de ceux qui les possèdent et de ceux qui les désirent, puisqu'on attache communément un grand prix à ce qu'on possède et à ce qu'on donne; aussi est-ce à celui qui reçoit de régler le taux de l'échange. Mais peut-être faut-il que ce taux soit réglé non pas sur la valeur qu'on assigne aux choses après qu'on les a reçues, mais sur celle qu'on leur donnait avant de les avoir.

II. Mais voici encore des questions qui se présentent sur ce sujet; par exemple : Doit-on obéissance et déférence en tout à un père ; ou bien, faut-il, quand on est malade, suivre plutôt les ordonnances du médecin ? ou, quand il est question de nommer un général, donner plutôt son suffrage à un homme qui a le caractère et les talents propres à la guerre ? Pareillement, faut-il se dévouer au service de son ami, plutôt qu'à celui d'un homme vertueux ; ou bien, rendre à un bienfaiteur les bons offices qu'on en a reçus, plutôt que de se montrer généreux envers un ami de plaisir, s'il n'est pas possible de les obliger tous les deux ? Ce sont là des questions qu'il n'est pas facile de résoudre d'une manière précise : car elles présentent un grand nombre d'aspects divers, par leur importance ou par leur délicatesse, sous le rapport de l'honnête et sous celui de la nécessité.

Toutefois il est assez évident qu'il ne faut pas tout faire pour la même personne ; qu'on doit, au moins ordinairement, rendre les bienfaits qu'on a reçus, plutôt que d'obliger ses amis ; et regarder le bienfait comme une dette qu'on a contractée, plutôt que de faire des présents à quelqu'un qu'on affectionne. Mais peut-être cela n'est-il pas toujours ainsi : par exemple, celui qui aurait été racheté des mains des brigands, devrait-il racheter, à son tour, son libérateur, quel qu'il fût d'ailleurs ? Ou bien, supposé que celui-ci ne soit pas prisonnier, mais qu'il redemande le prix de la rançon qu'il a payée, devra-t-on le lui rendre, plutôt que de racheter son propre père ? Car il semble qu'on soit plus obligé à délivrer son père qu'à se racheter soi-même. Au reste, comme je viens de le dire, on est, en général, dans l'obligation de payer ses dettes; mais, s'il y a des motifs d'honneur et de nécessité plus puissants pour donner, c'est vers ce dernier parti qu'il faut pencher. Car, dans certains cas, il peut n'y avoir pas une obligation égale à rendre le service qu'on a reçu, lorsque l'un a obligé un homme dont il connaissait la probité, tandis que l'autre rendrait le bienfait à un homme qu'il regarderait comme vicieux et méchant. Un homme peut encore refuser quelquefois de prêter à celui qui lui a prêté : car celui-ci l'a fait dans la persuasion qu'il serait remboursé, ayant affaire à un homme d'honneur; au lieu que celui-là n'espère pas que son argent lui puisse être rendu par un débiteur sans probité. Si donc la circonstance est réellement telle qu'il la suppose, il n'y a pas égalité de considération [de part et d'autre]; et, s'il n'en est pas ainsi, mais que celui qui refuse le croie, il semble au moins qu'il y ait quelque raison dans son procédé.

Ainsi donc la manière de raisonner à l'égard des affections et des actions, se modifie, comme on l'a déja dit bien des fois, suivant les circonstances qui y donnent lieu (1). Toujours est-il évident qu'il

---

(1) Le sens que j'adopte ici me semble plus conforme au texte et à la liaison des idées, et même à celui de la paraphrase, dans cet endroit, quoiqu'un passage correspondant de la *Morale à Eudemus* (l. 7, c. 11) semble indiquer un sens un peu différent de celui-là. « Les définitions qu'on donne de l'amitié, dans

ne faut pas avoir les mêmes égards pour toutes sortes de personnes, ni tout accorder à son père, comme on n'immole pas toutes sortes de victimes à Jupiter (2). En effet, on doit avoir pour ses parents, pour des frères, des amis, des bienfaiteurs, les procédés qui sont convenables à chacune de ces diverses relations ; et c'est aussi ce qu'on fait assez ordinairement : car les parents sont ceux qu'on invite à la solennité des mariages, à raison de la communauté des liens de famille ; et l'on croit aussi devoir les convoquer, surtout à l'occasion des cérémonies funèbres, par le même motif. Il semble encore que l'on soit obligé, par dessus tout, à procurer la subsistance à ses père et mère ; c'est comme une dette qu'on a contractée, et il est plus beau de l'acquitter envers

---

« les conversations ordinaires, se rapportent bien, en effet, à
« ce sentiment ; mais ce n'est pas toujours la même espèce
« d'amitié. » Voyez, au reste, les remarques de Mr Coray, p. 317
de l'édition grecque de ce traité.

(2) Au même endroit, cité dans la note précédente (*Eudem.*
l. 7, c. 11), notre philosophe ajoute : « Ce n'est pas sans raison
« qu'Euripide a dit : *Des paroles équitables sont récompensées*
« *par d'autres paroles également justes ; mais celui qui fait des*
« *actions* [*de justice, doit attendre pour récompense*] *d'autres*
« *actions pareilles à celles qu'il a faites.* Car on ne doit pas
« tout faire pour son père ; il y a aussi des choses que l'on doit
« faire pour une mère, bien que le père ait des droits supérieurs.
« En effet, on n'immole pas toutes les victimes à Jupiter, tous
« les honneurs ne sont pas pour ce Dieu, mais il y en a qui lui
« sont réservés, etc. » J'ai suivi, dans la traduction du passage
d'Euripide, les corrections proposées par Mr Coray p. 317.

ceux à qui l'on doit la vie que de pourvoir à sa propre existence. On leur doit aussi le respect, comme aux Dieux ; mais on ne leur doit pas toutes sortes d'honneurs, ni les mêmes à un père et à une mère, ni ceux que l'on rend à un sage ou à un général d'armée, mais ceux qui sont exclusivement propres à ce degré de parenté. On doit, en général, à tout homme d'un âge avancé les égards qu'exige sa vieillesse, comme de se lever en sa présence, de lui céder la place de distinction dans un repas, et autres choses semblables.

Quant à nos frères et à nos amis, ils ont droit de nous parler avec franchise et de partager avec nous les avantages dont nous jouissons : enfin, il faut s'appliquer à rendre à ses proches, à ses concitoyens, à ceux de la même tribu, ce qui convient à ce genre de relations, et discerner ce qu'exigent pour chaque individu les qualités qui le distinguent, sa vertu, ou l'utilité qu'on peut en attendre. Au reste, il est facile de juger ce qu'exigent de nous tous ceux qui nous sont unis par la parenté ; mais cela est plus difficile, quand il s'agit de relations d'un autre genre. Toutefois ce n'est pas une raison pour se dispenser d'observer les convenances ; mais on doit s'en faire des idées aussi exactes qu'il est possible.

III. Il s'élève encore une question sur la convenance de rompre, ou non, les relations d'amitié avec ceux qui ne demeurent pas tels qu'ils étaient. Par exemple, avec ceux qu'on aimait à cause de l'utilité ou de l'agrément qu'on trouvait en eux, est-il étrange que cette union vienne à se rompre lorsqu'elle n'offre plus les mêmes avantages? Car on aimait des choses dont l'absence ou la privation fait naturellement cesser cette amitié. Cependant, on aurait droit de se plaindre, si celui dont l'amitié n'était fondée que sur l'utilité ou l'agrément, feignait un attachement fondé sur les mœurs. Car, comme nous l'avons dit précédemment (1), lorsque des amis n'ont pas une façon de penser semblable, il en résulte nécessairement des débats qui troublent leur union. Lors donc qu'un homme s'est fait illusion, et qu'il s'est imaginé être aimé pour ses qualités morales, tandis que son ami ne faisait rien qui pût lui donner cette pensée, il ne peut s'en prendre qu'à lui-même. Mais, si celui-ci l'a trompé, en feignant des sentiments qu'il n'avait pas, c'est le trompeur qu'on a droit d'accuser et de blâmer, plus même qu'on ne blâme ceux qui altèrent la monnaie (2), d'autant que son délit attaque une chose d'un plus grand prix.

---

(1) Ci-dessus, dans le premier chapitre de ce livre.
(2) La même pensée est exprimée dans de très-beaux vers de Théognis (*Sentent.* vs. 121—126), auxquels Aristote semble avoir voulu faire allusion. Les commentateurs citent aussi, à cette occasion, un passage de Démosthène (*Adv. Leptin.* extr.), qui n'a de rapport avec la pensée de notre auteur, qu'à cause de la comparaison de la fausse monnaie. « Je suis surpris, disait « l'orateur athénien, de voir que la peine de mort soit décernée, « chez vous, contre ceux qui altèrent la monnaie, tandis que « vous accordez la parole à ceux qui altèrent la pureté des lois, « etc. » C'est une pure déclamation ; les hommes qui abusent du

Mais, si l'on s'est attaché à son ami, le croyant vertueux, et qu'ensuite il devienne vicieux, ou le paraisse, doit-on continuer de l'aimer, ou plutôt, n'est-ce pas une chose impossible, puisqu'il n'y a de véritablement digne d'amour que ce qui est bon? Il ne faut donc pas aimer un méchant; car on doit bien se garder d'un penchant aussi dépravé, et de devenir semblable à l'homme vil ou méprisable : et, comme dit le proverbe déja cité, *On recherche toujours qui nous ressemble* (3). Mais faut-il rompre sans délai, ou bien, n'y est-on pas obligé dans tous les cas, mais seulement dans celui d'une perversité incurable? S'il y a, en effet, moyen d'amender un ami, on doit tâcher de réformer ses mœurs, encore plus qu'on ne doit l'aider à réparer sa fortune, parce que c'est un procédé plus généreux et plus digne de l'amitié. Cependant, celui qui romprait ne ferait rien d'étrange; car, enfin, ce n'était pas comme tel qu'il avait choisi son ami, et se voyant dans l'impuissance de le retirer du vice, il s'éloigne de lui.

D'un autre côté, si l'un restait le même, tandis que l'autre deviendrait plus estimable, et ferait de

---

pouvoir sont bien assez disposés à empêcher qu'on ne parle, et surtout qu'on ne dise ce qu'ils font; mais assurément ce qu'il y a de plus injuste à la fois et de plus absurde, c'est de prétendre interdire la parole à ceux que l'on accuse.

(3) Voyez les *Caractères* de Théophraste (c. 29, p. 155 et 335 de l'édit. de Mr Coray). Ce proverbe a été rappelé ci-dessus (l. 8, c. 1.)

grands progrès dans la vertu, celui-ci demeurera-t-il l'ami du premier, ou bien, est-ce une chose impossible? Cela se voit surtout après un intervalle de temps considérable, comme dans les amitiés contractées dès l'enfance : car, si l'un reste enfant sous le rapport de la raison, lorsque l'autre sera devenu un homme accompli, comment pourraient-ils être amis, n'ayant point les mêmes objets d'intérêt, n'étant susceptibles ni des mêmes plaisirs, ni des mêmes peines? Il n'y aura entre eux aucune de ces causes d'attachement réciproque, sans lesquelles il est impossible qu'on soit amis, sans lesquelles nous avons déja dit (4) qu'on ne saurait vivre ensemble. Mais faut-il être, envers celui qui fut votre ami, dans les mêmes termes que s'il ne l'avait jamais été, ou conserver quelque souvenir de la liaison qui a existé précédemment? De même que nous nous croyons obligés de nous montrer plus empressés avec nos amis qu'avec les étrangers, ainsi nous devons accorder quelque chose au souvenir d'une amitié qui n'est plus, à moins que ce ne soit une excessive perversité qui nous a mis dans le cas de rompre.

IV. Les sentiments de bienveillance, et qui constituent les liaisons d'amitié, semblent avoir leur principe dans ceux qu'on a pour soi-même : car on appelle ami celui qui veut ou qui fait du bien, ou, au moins, ce [qu'il croit tel] et qui en a l'ap-

---

(4) Voyez livre VIII, c. 7.

parence, uniquement à cause de la personne qu'il aime, ou qui veut que son ami vive et se conserve pour son seul avantage ; et c'est précisément ce ce que les mères éprouvent pour leurs enfants, ou bien, ce qu'on ressent pour ses amis, lors même qu'on a eu avec eux quelque sujet de brouillerie. Se plaire à vivre avec celui qu'on aime, partager ses goûts, ses peines, ses plaisirs, c'est encore ce qu'éprouvent surtout les mères, et c'est également ce qui caractérise l'amitié.

Or, c'est aussi ce que ressent pour soi-même tout homme digne d'estime, et ce que les autres pensent et sentent, en tant qu'ils se regardent eux-mêmes comme tels ; car la vertu et l'honnête homme semblent être, sous ce rapport, la mesure d'après laquelle on apprécie chaque individu, comme nous l'avons déjà dit (1). C'est ainsi, en effet, qu'on est toujours d'accord avec soi-même; que l'ame tout entière (2) affectionne toujours les mêmes objets; et que, par conséquent, on désire et l'on pratique pour soi-même le bien, ou ce qui paraît tel. Car le devoir de l'honnête homme est de s'appliquer avec ardeur à son propre bien, c'est-à-dire, pour l'avantage de cette partie de lui-même qui est capable de raison, et qui semble être l'essence de chaque individu : aussi aspire-t-il à vivre, à se conserver lui-même, et surtout cette partie de son

---

(1) Voyez l. 3, c. 4.
(2) C'est-à-dire, les deux parties (raisonnable et irraisonnable) dont l'ame est composée, suivant notre philosophe.

être par laquelle il juge et pense ; car vivre est déja un bien pour celui qui est sage et appliqué.

Au reste, chacun désire pour soi-même ce qui est bon ; et, en supposant qu'un homme pût devenir autre qu'il n'est, personne ne souhaiterait à cette créature, devenue ainsi [autre que lui-même], les mêmes avantages qu'il possède. Dieu possède actuellement le bien dont il a la jouissance éternelle, quelle que soit d'ailleurs la nature de cet être si différent [de l'homme] (3) ; et c'est l'intelligence surtout qui constitue essentiellement la nature de chaque individu. Or, un être doué d'intelligence veut vivre avec lui-même, et y trouve du plaisir ; les souvenirs de ce qu'il a fait ont des charmes pour lui ; l'avenir ne lui offre que de flatteuses espérances ; sa pensée est féconde en sujets de contemplation ; et c'est surtout avec ses propres plaisirs, avec ses propres peines qu'il se plaît à sympathiser : car il trouve toujours plaisir ou peine dans les mêmes objets, et jamais ses sentiments ne varient (4). Aussi est-il, s'il le faut ainsi dire, inca-

---

(3) Cet endroit du texte est fort obscur, et a embarrassé tous les commentateurs. Mr Coray, après avoir discuté avec soin les variétés de lecture des diverses éditions, et les interprétations des critiques grecs et latins, etc., s'arrête au sens que j'ai donné ici, comme étant le plus probable, ou au moins comme assez analogue à la suite des idées de l'auteur.

(4) « Nous sympathisons surtout avec nous-mêmes (dit ailleurs « Aristote)..... Or, ces caractères de sympathie avec nous-mêmes, « de désir d'une vie heureuse, et autres conditions semblables, « nous les appliquons ou à l'amour de soi, ou à l'amitié par-

pable de repentir; et, puisque tels sont les caractères qui se rencontrent dans l'homme de bien, et qu'il est envers un ami dans les mêmes dispositions où il est pour lui-même (car un ami est un autre nous-même), il s'ensuit que l'amitié est quelqu'une des choses que nous venons de dire, et qu'elles se trouvent dans les amis. Mais laissons, quant à présent, la question de savoir s'il y a, ou s'il n'y a pas véritablement un amour de soi : toujours est-il que l'amitié pourrait se reconnaître à deux ou plusieurs des caractères que nous avons indiqués (5), et que, quand elle est portée à l'excès, elle ressemble à l'amour de soi.

Toutefois ces mêmes caractères semblent se rencontrer dans un grand nombre d'individus, qui, d'ailleurs, sont peu dignes d'estime ; serait-ce donc qu'ils y participent, en effet, par les qualités qui font qu'ils se plaisent à eux-mêmes, et qu'ils se croient des hommes estimables? puisque, d'ailleurs, jamais ces marques ne se trouvent en ceux qui sont tout-à-fait dépravés ou criminels, et qu'il n'y en a pas même l'apparence. Que dis-je? c'est à peine si on les reconnaît dans les hommes sans probité;

« faite, et en effet, ils se trouvent dans ces deux manières de « sentir ou d'être affecté, etc. » (*M. M.* l. 2, c. 11.

(5) C'est-à-dire, le bien qu'on veut à son ami, le plaisir qu'on trouve à vivre avec lui, et à sympathiser avec tous les sentiments qu'il éprouve, etc. Il me semble que cela ne peut guère s'entendre autrement; bien que quelques commentateurs aient cru qu'il s'agissait ici des différentes parties de l'ame.

car ils sont peu d'accord avec eux-mêmes, ils désirent certaines choses, et ils en veulent d'autres, comme les intempérants; préférant les plaisirs qui leur sont nuisibles, aux biens véritables, et qu'ils jugent tels. D'autres, par faiblesse ou par indolence, négligent de faire ce qu'ils croient être le plus avantageux pour eux; d'autres, après avoir commis un grand nombre d'actions criminelles, victimes de leur propre perversité, finissent par prendre la vie en horreur, et par se donner la mort.

Les méchants aussi s'empressent à chercher avec qui passer leur temps; car ils se fuient eux-mêmes. C'est que leur mémoire leur rappelle incessamment des choses fâcheuses, et ce supplice se renouvelle pour eux tant qu'ils sont seuls; au lieu que, quand ils sont avec d'autres, ces images funestes se dissipent. En un mot, ils n'ont rien d'aimable, rien qui les porte à s'aimer eux-mêmes : aussi ne sympathisent-ils nullement avec leurs propres plaisirs, ni avec leurs propres afflictions; leur ame est, pour ainsi dire, un théâtre de dissensions : d'un côté, en proie à des sentiments de tristesse, parce que [malgré leurs coupables désirs] ils se voient forcés de s'abstenir de certaines choses; et, de l'autre, éprouvant de la joie : déchirée et comme tiraillée, tantôt par ici, et tantôt par là, parce qu'en effet, il est impossible d'avoir à la fois du plaisir et de la peine; que bientôt elle s'afflige de ce qui lui avait causé de l'enivrement, et qu'elle voudrait que ces sujets de joie n'eussent jamais existé pour elle. Car les méchants sont sans cesse en proie au repentir.

L'homme de ce caractère semble donc bien peu disposé à s'aimer lui-même, parce qu'il n'a rien qui soit propre à inspirer un pareil sentiment; et, si cet état est ce qu'il y a de plus misérable, il s'ensuit qu'on doit fuir de toutes ses forces le vice et la perversité, et s'appliquer à être homme de bien; car c'est ainsi qu'on parviendra à pouvoir s'aimer véritablement soi-même, et qu'on se rendra digne d'avoir un ami.

V. Quant à la bienveillance (1), elle ressemble sans doute à l'amitié, mais ce n'est pas tout-à-fait l'amitié : car on éprouve de la bienveillance, même pour des inconnus, et sans presque s'en apercevoir; ce qui n'a pas lieu pour l'amitié, comme on l'a déja remarqué. Elle n'est pas même de l'attachement; car elle n'est accompagnée ni de désir, ni d'une sorte d'empressement et d'inclination, caractères ordinaires de l'attachement. Celui-ci suppose quelques habitudes d'une liaison antérieure; au lieu que la bienveillance naît d'une rencontre fortuite, comme il arrive au sujet de ceux qu'on voit combattre dans l'arène : car les spectateurs prennent quelquefois de la bienveillance pour eux; ils s'associent à leurs vœux, quoiqu'ils ne voulussent nullement se joindre à leurs efforts, parce

---

(1) Sur le même sujet, voyez *M. M.* l. 2, c. 12; et *Eudem.* l. 7, c. 7.

que, comme on vient de le dire, c'est un sentiment subit, instantané, et une affection d'ailleurs très-légère.

Au reste, le principe de l'amitié, comme celui de l'amour, paraît être le plaisir qui nous vient de la vue de la personne aimée; car on n'aime pas ordinairement une personne, si l'on n'a trouvé d'abord quelque satisfaction à contempler ses traits. Mais cette circonstance même ne fait pas qu'on aime, ce sentiment n'existe que lorsque l'absence cause des regrets, lorsqu'on désire la présence de celui qui en est l'objet. Ainsi donc il n'est pas possible d'être ami, sans être d'abord bienveillant: mais la bienveillance ne fait pas que l'on soit ami; seulement elle fait qu'on souhaite du bien à ceux pour qui on l'éprouve, quoiqu'on ne soit encore disposé à rien faire, ni à prendre aucune peine pour eux. On pourrait donc l'appeler, par métaphore, une amitié inerte, mais qui, transformée avec le temps en habitude, peut devenir une véritable amitié, laquelle n'a d'ailleurs pour motif ni l'utilité ni l'agrément; car ce ne sont pas là les fondements de la bienveillance. En effet, celui à qui on a rendu d'importants services, et qui y répond par de la bienveillance, ne remplit qu'un devoir de justice : et, d'un autre côté, souhaiter qu'un homme réussisse dans son entreprise, parce qu'on espère qu'il vous enrichira, ce n'est pas, à ce qu'il semble, avoir de la bienveillance pour lui, mais plutôt pour soi-même; comme on n'est pas l'ami d'un homme, si on ne lui prodigue des soins ou des attentions que par un motif d'utilité personnelle.

En général, c'est la vertu et quelques qualités estimables qui font naître la bienveillance, lorsqu'un homme nous semble beau, ou courageux, ou posséder quelque avantage de ce genre, comme nous avons dit qu'on s'intéresse aux athlètes qui disputent le prix dans l'arène.

VI. La conformité des sentiments est aussi un des caractères de l'amitié, mais non pas la conformité des opinions; car celle-ci pourrait exister entre des personnes qui ne se connaîtraient pas les unes les autres. On ne dit pas de ceux qui ont des opinions semblables sur un sujet (par exemple, à l'égard des mouvements des corps célestes), qu'il y a entre eux accord de pensées et de sentiments; car être d'accord sur ces choses-là n'est pas une cause d'amitié réciproque. Mais on dit qu'il y a conformité de sentiments, dans les cités ou dans les sociétés politiques, lorsque les citoyens y pensent de la même manière sur des objets d'intérêt général; lorsqu'ils préfèrent les mêmes institutions, et qu'on y exécute les résolutions qu'on a prises en commun. Ce n'est donc que lorsqu'il est question d'entreprendre quelque action, et même une action de quelque importance, que cette conformité de sentiments a lieu; et elle peut se rencontrer ou entre deux amis, ou entre tous les citoyens; par exemple, dans une république, quand tout le monde est d'avis que les magistratures soient électives, ou que l'on fasse un traité d'alliance avec les Lacédémoniens, ou quand tout le monde, à Mitylène, consentait que l'on déférât l'autorité suprême à Pittacus (1), lorsque lui-même voulait l'exercer. Mais, si chacun de son côté prétend s'en emparer, comme les deux princes thébains dans les *Phéniciennes* d'Euripide (2), alors il y a dissension. Car ce n'est pas être unis de sentiments que de prétendre, chacun de son côté, à une même chose, quelle qu'elle soit; mais il faut être d'accord sur un même objet. C'est ce qui a lieu, par exemple, lorsque le peuple et les notables, dans un état, consentent à laisser l'autorité entre les mains des meilleurs citoyens; car, de cette manière, tous obtiennent ce qu'ils désirent.

L'accord des sentiments entre citoyens, semble être, et s'appelle, en effet, amitié civile ou politique; car elle a lieu au sujet des intérêts communs, et des choses qui se rapportent aux besoins de la vie. Au reste, un pareil accord existe ordinairement entre les gens de bien; car ceux-là surtout s'accordent avec eux-mêmes, et les uns avec les autres, ayant, pour ainsi dire, les mêmes objets en vue. Leurs volontés sont constantes et fermes, et ne sont pas agitées par un continuel flux et reflux : la justice,

---

(1) Les Mityléniens remirent, d'un commun accord, l'autorité suprême à Pittacus de Lesbos, lequel, après l'avoir gardée pendant dix ans, et lorsqu'il eut établi l'ordre dans le gouvernement, abdiqua son pouvoir. Voy. *Diog. Laert.* l. 1, § 72.

(2) Le sujet de cette tragédie d'Euripide, est la querelle d'Étéocle et de Polynice, fils d'OEdipe, se disputant le trône de Thèbes.

l'intérêt général, voilà l'objet commun de leurs désirs. Au lieu qu'il n'est pas possible que les méchants soient unis de sentiments, du moins pour long-temps. Ainsi, il ne saurait y avoir amitié entre des hommes ambitieux et avides de tous les emplois lucratifs, et toujours prêts à se refuser à ceux qui exposent à des fatigues, ou qui obligent à de grandes dépenses. Dans l'empressement où est chacun d'obtenir ce qui lui est avantageux, il épie son concurrent, et cherche à lui susciter des obstacles. L'intérêt général, dont personne ne s'occupe, est ainsi sacrifié ; et il en résulte des dissensions continuelles, parce que chacun veut forcer les autres à observer la justice, et ne saurait se résoudre à l'observer lui-même.

VII. Il semble que les bienfaiteurs ont plus d'affection pour ceux qu'ils ont obligés, que ceux-ci n'en ont pour les auteurs des bienfaits qu'ils ont reçus ; et comme ce fait paraît étrange [et, pour ainsi dire, contre nature], on en cherche la cause. La plupart donc s'imaginent que cela vient de ce que les uns sont, en quelque sorte, des débiteurs, tandis que les autres sont comme des créanciers. Or, de même que, dans le cas des dettes contractées, les débiteurs souhaiteraient que leurs créanciers n'existassent point, au lieu que ceux qui ont prêté s'intéressent à la conservation de leurs débiteurs ; ainsi [dit-on] ceux qui ont rendu à d'autres d'importants services, désirent la conservation de leurs obligés, comme pouvant un jour leur en témoigner de la reconnaissance ; tandis que ceux-ci ne mettent pas autant d'intérêt à rendre le bien qu'on leur a fait.

Cependant, c'est peut-être d'une telle opinion qu'Épicharme aurait dit que c'est là le langage de gens *qui sont mal placés pour voir la chose* (1). Elle semble tenir simplement à une faiblesse de l'humanité; car la plupart des hommes sont sujets à oublier, et désirent plus communément qu'on leur fasse du bien, que d'en faire eux-mêmes. La cause du fait que nous examinons paraît pouvoir s'expliquer plus naturellement, et la comparaison des créanciers n'est pas exacte. Car ceux-ci n'ont pas de l'attachement pour leurs débiteurs; mais ils souhaitent leur conservation, pour pouvoir en être payés. Au contraire, ceux qui ont rendu un bon office aiment et chérissent les personnes à qui ils ont fait du bien, quand même ceux-ci ne pourraient leur être d'aucune utilité, ni actuellement ni à l'avenir. C'est aussi le sentiment qu'éprouvent les artistes; car il n'y en a aucun qui n'aime l'ouvrage sorti de ses mains, plus qu'il n'en serait aimé lui-même, en supposant que ce produit de l'art vînt à recevoir le sentiment et la vie. C'est peut-être chez

---

(1) Comme Aristote ne cite ici que quelques mots d'un seul vers d'Épicharme, et qu'il n'en est question que dans ce seul endroit, on ne peut que présumer qu'il faisait allusion à la situation des spectateurs dans le théâtre, où il y avait des endroits disposés de manière qu'on ne pouvait que voir fort mal ce qui se passait sur la scène. Cette interprétation de Mr Coray est, sans contredit, préférable à celles qu'ont données de ce passage tous les autres interprètes ou traducteurs.

les poètes que cela se remarque plus particulièrement; car ils ont communément pour leurs poëmes la tendresse passionnée qu'un père a pour ses enfants (2). Or, c'est à peu près là le cas des bienfaiteurs; car l'obligé est, pour ainsi dire, leur ouvrage, et ils le chérissent plus que l'ouvrage ne chérit celui à qui il doit l'existence.

La cause de cela, c'est que l'existence est ce qu'on aime, ce qu'on préfère à tout : or, nous existons surtout par l'exercice de notre activité, c'est-à-dire, par la vie et par l'action. Celui qui a produit une œuvre existe donc, en quelque manière, par l'exercice de son activité : aussi aime-t-il son ouvrage par la même raison qui lui fait aimer l'existence. C'est là l'impulsion de la nature : car ce qui existe en puissance, l'œuvre le manifeste, ou l'exprime, par le développement de l'activité.

Il y a encore dans l'action du bienfaiteur quelque chose d'honorable, en sorte qu'il se plaît dans ce qui lui procure ce sentiment, tandis qu'il n'y a, dans l'auteur du bienfait, rien d'honorable aux yeux de celui qui l'a reçu; il n'y voit que son avantage, qui est une chose moins agréable et moins digne d'amour. D'ailleurs, on trouve un certain charme à exercer actuellement son activité; on en trouve même dans l'espoir de l'exercer à l'avenir, et le souvenir des actions passées a aussi quelque chose de doux;

---

(2) C'est la même pensée que l'auteur a déjà exprimée ailleurs. Voy. l. 4, c. 1, note 7.

mais ce qui charme le plus, et ce qu'il y a de plus aimable, c'est l'acte lui-même.

L'œuvre subsiste donc pour celui qui en est l'auteur, car ce qui est honorable et beau est aussi durable; mais pour l'obligé, dès qu'il a reçu le bienfait, il cesse d'en sentir l'utilité. La mémoire des choses belles et honorables est délicieuse; celle des choses utiles ne l'est pas, ou l'est beaucoup moins; et, quant à l'attente de ces deux sortes de choses, il semble qu'on en soit affecté d'une manière toute contraire. En un mot, l'attachement que l'on a pour d'autres a quelque ressemblance avec l'action ou production; au lieu que celui des autres pour nous, nous place, pour ainsi dire, dans une situation passive : or, la supériorité des facultés actives est toujours accompagnée d'une disposition à aimer et de qualités aimables (3).

Enfin, on s'attache toujours bien plus à ce qui a coûté beaucoup de peine, et c'est ainsi que ceux qui ont acquis eux-mêmes de la richesse, y tiennent plus que ceux qui l'ont reçue de leurs parents. Or, recevoir un bienfait ne semble pas coûter beaucoup de peine, tandis qu'il en coûte pour obliger; et c'est pour cela que les mères ont plus de tendresse pour leurs enfants. Car leur naissance a été plus pénible pour elles, et elles savent mieux qu'ils sont nés d'elles. C'est aussi une circonstance qui semble caractériser plus particulièrement les bienfaiteurs.

---

(3) Voyez ce qui a été dit ailleurs sur ce sujet, l. 4, c. 3.

VIII. On demande, s'il faut s'aimer soi-même plus que tout, ou porter son affection sur un autre (1)? Car ceux qui s'aiment eux-mêmes de préférence à tout, sont généralement blâmés, et on les flétrit, en quelque manière, en leur donnant le nom d'égoïstes. Il est bien vrai que le méchant ne voit, pour ainsi dire, que lui-même dans tout ce qu'il fait, et qu'il se considère d'autant plus exclusivement qu'il est plus vicieux. Aussi lui reproche-t-on [d'être incapable de faire une action noble et généreuse (2)].

Au lieu que l'homme de bien n'agit qu'en vue de ce qui est honnête ou de ce qui est utile à ses amis; et plus il est vertueux, plus il observe cette règle de conduite, et néglige ses propres intérêts.

Cependant ce langage n'est d'accord ni avec les faits, ni avec la raison : car on dit, que celui qu'il faut le plus aimer est celui qui est le plus notre ami : et certes, notre ami le plus sincère, est celui qui ne nous veut du bien que pour nous-mêmes, quand tout le monde devrait l'ignorer. Or, c'est là précisément le caractère des sentiments que chacun a pour soi-même; à quoi il faut joindre toutes les autres conditions qui entrent dans la définition de

---

(1) Question discutée aussi dans les deux autres traités. Voy. *M. M.* l. 2, c. 13—14; et *Eudem.* l. 7, c. 6.

(2) J'ai suivi ici la liaison des idées, plutôt que je n'ai traduit le texte, qui est évidemment altéré dans ce petit nombre de mots : οἷον ὅτι οὐδὲν ἀφ' αὑτοῦ πράττει, dont on ne saurait tirer un sens satisfaisant. Voyez les remarques de Mr Coray, p. 324.

l'amitié. D'ailleurs les causes de cette affection sont prises en nous-mêmes, comme on l'a déjà dit (3), et se répandent, pour ainsi dire, de là sur les autres hommes. Tous les proverbes même confirment cette opinion; ainsi lorsqu'on dit: *Une seule ame* (4); et, *entre amis tout est commun;* et, *égalité, amitié;* et, *le genou est plus près que la jambe* (5); toutes ces façons de parler s'appliquent plus exactement à l'individu lui-même, puisqu'il est nécessairement son meilleur ami, et par conséquent c'est lui-même surtout qu'il doit aimer. On doute néanmoins encore, avec quelque apparence de raison, à laquelle de ces deux opinions il faut donner son assentiment, chacune ayant quelque probabilité en sa faveur..

Peut-être donc faudrait-il analyser ou discuter les raisons sur lesquelles on s'appuie de part et d'autre, et déterminer jusqu'à quel point, et par où chacun des deux systèmes est véritable. Or, en observant quelle signification l'un et l'autre attachent à l'expression *amour de soi*, peut-être parviendrait-on à éclaircir la question. Par exemple,

---

(3) Ci-dessus, dans le chapitre 4e de ce livre.

(4) « Quelqu'un demandant à Aristote ce que c'est qu'un ami : « *Une seule ame en deux corps*, répondit-il, » *Diog. Laert.* 1. 5, § 20.

(5) Ce proverbe s'appliquait aussi, en général, aux circonstances où l'on voulait faire entendre qu'une chose était plus utile ou plus importante qu'une autre. Voy. *Cicer. Famil.* l. 16, *Epist.* 23. Les Romains disaient, dans le même sens, *Tunica pallio propior.* Voy. Plaut. *Trinum.* act. 5, sc. 2, vs. 30.

ceux qui en font un terme de reproche ou d'outrage, appellent hommes personnels, ou égoïstes, les gens avides de richesses, ou d'honneurs, ou qui se livrent avec excès aux plaisirs des sens; car tel est le penchant de la plupart des hommes; tels sont les objets constants de leurs désirs et de leurs efforts, et ceux qu'ils estiment le plus; aussi sont-ce ceux qu'on se dispute avec le plus de violence. Or, quand on est possédé de ces sortes de désirs, on s'occupe sans cesse à les satisfaire, et à satisfaire en général ses passions, et par conséquent la partie de l'ame qui est dépourvue de raison. C'est donc avec justice qu'on verse le blâme et le mépris sur ceux qui s'aiment de cette manière, et personne n'ignore qu'en effet l'on appelle vulgairement égoïstes et personnels ceux qui cherchent à se procurer ces sortes de jouissances. Car personne ne s'avisera d'appeler égoïste l'homme qui s'applique à pratiquer, plus qu'aucun autre, la justice, ou la tempérance, ou toute autre vertu, et qui, en général, se montrera sans cesse empressé à faire des actions nobles et généreuses; personne ne le blâmera.

C'est pourtant celui-là qui semblerait plutôt être égoïste, cherchant à s'assurer les biens réels et les plus précieux, à contenter en tout la plus noble et la principale partie de lui-même, et se montrant de tout point docile aux impulsions qu'il en reçoit. Mais, de même qu'une cité semble exister essentiellement dans ce qui en fait la partie la plus importante (ce qui est vrai également de toute corporation ou assemblage de parties); ainsi en est-il de l'homme. Par conséquent, celui-là est surtout ami de soi-même, qui aime par-dessus tout cette partie essentielle (6), et qui cherche à la satisfaire : et l'on dit de l'homme qu'il est tempérant, ou intempérant, [qu'il a de l'empire sur lui-même, ou qu'il n'en a pas] suivant que l'esprit, [l'intelligence ou la raison] domine ou ne domine pas en lui, attendu que c'est là ce qui constitue proprement l'individu. Aussi les actions qui ont été dictées par la raison, et faites volontairement, semblent-elles spécialement appartenir à cette partie. On voit donc clairement qu'elle est l'individu lui-même, que l'honnête homme la chérit par-dessus tout, et qu'enfin c'est lui qu'on pourrait regarder comme ayant essentiellement l'amour de soi, mais dans un sens tout différent de l'égoïsme qu'on blâme. Il en diffère, en effet, autant qu'une vie conforme à la raison diffère d'une vie assujettie à l'empire des passions, et que l'amour constant de tout ce qui est beau et honorable, diffère de l'attachement à tout ce qui offre l'apparence de l'utilité.

Aussi tout le monde approuve et loue ceux qui se distinguent par leur empressement à faire des actions vertueuses ; et si tous les hommes rivalisaient en amour pour le beau, et s'efforçaient sans cesse à faire les actions les plus généreuses,

---

(6) C'est-à-dire, son ame, ou (suivant Aristote) la partie de son ame qui est le siége de la raison.

on n'éprouverait, en général, ni privations ni besoins; chacun jouirait du bien le plus précieux, puisque la vertu est ce bien. D'où il faut conclure que l'homme vertueux doit nécessairement s'aimer soi-même; car, en faisant de nobles actions, il ne saurait manquer d'en retirer de grands avantages, et d'en procurer aux autres. Le méchant, au contraire, ne doit pas s'aimer lui-même; car, en s'abandonnant à de viles passions, il nuira infailliblement à ses propres intérêts, et à ceux des personnes qui auront quelques rapports avec lui. D'ailleurs, dans la conduite du méchant, il n'y a aucun accord entre ce qu'il fait et ce qu'il doit faire; tandis que l'honnête homme fait précisément ce qu'il doit: car la raison choisit toujours ce qui lui est le plus avantageux; et c'est à la raison que l'honnête homme obéit.

Il est donc vrai de dire de lui qu'il est prêt à tout faire pour ses amis, et pour sa patrie, fallût-il mourir pour elle; car il sacrifiera richesses, honneurs, et, en général, tous les biens qu'on se dispute d'ordinaire avec tant de fureur, pour s'assurer ce qu'il y a de véritablement beau et honorable: préférant la plus délicieuse des jouissances, ne durât-elle que quelques instants, à des siècles de langueur; une seule année d'une vie honorable et glorieuse, à la plus longue existence consacrée à des actions vulgaires (7); enfin, une seule ac-

---

(7) Cicéron, dans l'éloquente prière qu'il adresse à la philosophie, au commencement du 5ᵉ livre de ses *Tusculanes* (c. 2),

tion grande et généreuse, à une multitude d'actions communes et petites.

Et c'est peut-être ce qui arrive aux hommes qui font à la vertu le sacrifice de leur vie : ils réservent pour eux la plus belle et la plus noble part. Ils prodigueront aussi sans peine leurs richesses, dans la vue d'en procurer de plus grandes à leurs amis ; et c'est, en effet, l'avantage que ceux-ci retireront de cette générosité, mais l'honneur en restera à celui qui l'a faite, et ainsi il s'est réservé à lui-même un bien plus précieux. Il en sera de même des honneurs et des dignités : l'homme vertueux en fera volontiers le sacrifice à son ami ; car ce sera une chose honorable pour lui et digne de louanges. C'est donc à juste titre qu'il passe pour vertueux, préférant l'honnête à tout le reste. Enfin, il est possible que l'on cède à son ami l'occasion de faire de belles actions, et qu'il y ait plus de grandeur d'ame à être cause de celles qu'il fera, qu'à les avoir faites soi-même.

On voit donc que, dans tout ce qui est louable, l'homme vertueux se réserve une meilleure part de l'honneur et de la solide gloire, et c'est ainsi qu'il faut être ami de soi-même, ou égoïste (8), comme

---

dit aussi : *Est autem unus dies, bene et ex præceptis tuis actus, peccanti immortalitati anteponendus.*

(8) Il est assez probable, comme le remarque Mr Zell, qu'Aristote a voulu combattre et réfuter, dans ce chapitre, la doctrine de Platon, sur le même sujet, et qu'il a cru devoir opposer une distinction fondée sur l'observation exacte de la nature

nous l'avons dit; mais l'être comme le sont la plupart des hommes, voilà ce qu'il ne faut pas.

IX. On demande encore, au sujet de l'homme heureux, s'il a besoin, ou non, d'avoir des amis (1)? Car, dit-on, quand on jouit d'une félicité parfaite, et qu'on n'a rien à désirer, on n'a nullement besoin d'amis, puisqu'on jouit de tous les biens; et, par conséquent, ayant tout en abondance, on ne saurait rien souhaiter de plus; puisque l'ami, qui est un autre vous-même, vous procure ce que vous ne pourriez obtenir par vos ressources personnelles. De là cette pensée d'un poète: « Lorsque la Divinité vous comble de biens, qu'a-t-on besoin d'amis (2)? »

Cependant, en accordant à l'homme parfaitement heureux la jouissance de tous les biens, il semble étrange qu'on veuille lui refuser des amis; c'est-à-dire, ce qu'on regarde communément comme le plus précieux des biens extérieurs. Mais, si le mérite de l'ami consiste plutôt à rendre des services qu'à en recevoir, si la bienfaisance est le caractère popre de l'homme vertueux et de la vertu, et enfin s'il est plus beau de faire du bien à ses amis qu'à des étrangers, il faut donc que l'homme vertueux ait sur qui répandre ses bienfaits. Voilà pourquoi on

---

humaine, à la condamnation trop absolue portée par son maître contre l'amour de soi. Voy. *Plat. de Legib.* l. 5, p. 731.

(1) Voyez, sur le même sujet, *M. M.* l. 2, c. 15; et *Eudem.* l. 7, c. 12.

(2) Voyez l'*Oreste* d'Euripide (vs. 667).

demande encore : si c'est dans l'infortune ou dans la prospérité qu'on a plus besoin d'amis ? Car, dans le premier cas, on a besoin de trouver des personnes disposées à rendre service, et, dans le second, il en faut trouver à qui l'on puisse faire du bien.

D'ailleurs, il est peut-être absurde de vouloir faire de l'homme parfaitement heureux un être tout-à-fait isolé : car il n'y a personne qui voulût posséder tous les biens uniquement pour lui seul. En effet, l'homme est destiné par la nature à vivre en société avec ses semblables : l'homme heureux a donc aussi le même penchant, puisqu'il possède tous les biens qui sont conformes à notre nature. Or, il lui est évidemment plus avantageux de vivre avec des amis, qui soient honnêtes et vertueux, que de passer ses jours avec des étrangers sans mérite et sans vertu : l'homme vertueux a donc besoin d'amis.

Que veulent donc dire les auteurs de l'opinion que nous avons exposée tout-à-l'heure, et jusqu'à quel point peuvent-ils avoir raison ? Serait-ce que le vulgaire ne regardant comme amis que ceux de qui l'on tire quelque utilité, il s'imagine que l'homme parfaitement heureux n'aura aucun besoin de ceux-là, puisqu'il possède tous les biens ? Ou que, si l'on considère l'agrément, des amis ne lui seront pas plus nécessaires, ou du moins le seront très-peu, parce que, sa vie étant remplie de satisfactions, il n'a pas besoin de plaisirs empruntés ? Et qu'enfin, puisque de tels amis ne lui sont bons à rien, il n'a absolument aucun besoin d'en avoir?

Mais peut-être que cela n'est pas exactement vrai: car nous avons dit au commencement de ce traité (3), que le bonheur consiste dans une certaine activité; et il est facile de voir que l'activité n'est pas une chose dont on jouisse comme des choses matérielles qu'on possède, mais seulement à mesure qu'on l'exerce. Or, si le bonheur consiste dans une vie active, l'activité de l'homme de bien est vertueuse et remplie de charmes par elle-même: car il y a aussi de la douceur dans le sentiment de ce qu'on possède. D'ailleurs, nous sommes plus capables d'observer ceux avec qui nous vivons, que de nous observer nous-mêmes, d'apprécier leurs actions, que de juger nos propres actions; or, les actes de vertu, quand ils viennent de ceux qu'il aime, touchent vivement le cœur d'un homme vertueux, puisqu'alors les deux amis jouissent de la satisfaction la plus naturelle. Ce seront donc de tels amis qui seront nécessaires à celui qui est parfaitement heureux, s'il se plait surtout à contempler des actions vertueuses, et qui lui soient propres, car tel sera le caractère de celles que fera un ami vertueux.

D'un autre côté, on est persuadé que la vie de l'homme heureux doit être pleine de satisfaction; or, l'isolement absolu est la source de bien des peines: car il n'est pas facile d'être, par soi-même,

---

(3) Voyez le chapitre VIII du premier livre.

dans une continuelle activité, au lieu que cela est plus facile quand on s'associe à quelques autres personnes, et qu'on agit pour les autres. L'activité, qui a déjà des charmes par elle-même, sera donc plus continue, comme elle doit l'être pour le parfait bonheur. Car l'homme de bien, par cela seul qu'il est vertueux, se plait aux actes conformes à la vertu, et s'indigne de ceux qui y sont contraires : comme le musicien trouve du plaisir à entendre une belle mélodie, et souffre une peine réelle, quand il en entend une mauvaise. D'ailleurs, vivre avec des gens vertueux est une occasion de s'exercer à la vertu, comme dit Théognis (4); et, à considérer la chose sous le point de vue le plus naturel, il semble que l'honnête homme est naturellement celui que préfère un homme également vertueux. Car ce qui est bon par sa nature est, comme on l'a déjà dit (5), bon à l'homme vertueux, et est agréable par soi-même.

D'un autre côté, la faculté de sentir constitue à elle seule la vie des animaux, au lieu que celle des hommes se compose du sentiment et de la pensée : or, la faculté se réduit en actes; l'activité est donc essentielle [à l'homme], et par conséquent

---

(4) Allusion à deux vers de Théognis (*Sentent.* vs. 55, 56) dont le sens est : « Tu apprendras des gens de bien ce qui est « honnête et vertueux; mais si tu entres dans la société des « méchants, tu perdras tout sens et toute raison. » Cette maxime était, pour ainsi dire, devenue proverbe chez les anciens; Xénophon, Platon et Aristote la citent plusieurs fois.

(5) Dans le premier livre, chapitre VIII.

[pour lui] vivre, c'est sentir ou penser. Enfin, vivre est bon et agréable en soi; car c'est quelque chose de fini : or, le nombre fini est le symbole de la nature du bien ; mais ce qui est bon par sa nature, l'est nécessairement pour l'homme de bien, d'où il suit qu'il doit l'être aussi à tous les hommes. Mais il n'y faut pas comprendre ceux qui sont vicieux et corrompus, ou accablés de peines et d'afflictions : car ce serait quelque chose d'infini (6), comme [le vice, la corruption, et la peine elle-même] qui se trouvent dans une pareille vie, ainsi qu'on le fera bientôt voir (7) plus clairement, en parlant [des plaisirs et] des peines.

Au reste, si la vie est un bien, elle doit être, par cela même, une chose agréable. C'est ce qu'on voit par le charme qu'y trouvent tous les hommes, et surtout ceux qui sont vertueux et heureux : car ce sont eux qui attachent le plus de prix à la vie, et à qui elle offre la félicité la plus accomplie. Cependant, tout homme qui voit, ou entend, ou marche, sent qu'il voit, qu'il entend, qu'il marche; il en est ainsi de toutes les autres actions ; il y a en nous quelque chose qui sent que nous agissons. Nous pouvons donc sentir que nous sentons, et

---

(6) Les Pythagoriciens, à la doctrine desquels Aristote fait allusion, regardaient le nombre fini, comme le symbole du bien, et le nombre infini, comme celui du mal. Voyez, ci-dessus, l. 1, c. 6, note 2.

(7) Dans le dixième livre.

penser que nous pensons; or, sentir que l'on sent et qu'on pense, c'est être; car être, c'est sentir ou penser. Mais sentir que l'on vit, est en soi une chose agréable, puisque, par sa nature, la vie est un bien. C'est aussi une chose agréable que de sentir le bien que l'on possède en soi-même. Vivre est donc une chose désirable, surtout pour les hommes vertueux, parce que c'est pour eux un bien et une jouissance que d'être, et parce que la conscience qu'ils ont de posséder ce qui est un bien en soi, les comble de joie.

L'homme vertueux est à l'égard de son ami, dans la même disposition où il est par rapport à lui-même : car un ami est un autre nous-mêmes. Autant donc que chacun souhaite d'exister, autant, ou peu s'en faut, il souhaite que son ami existe. Mais on ne désire d'être qu'autant que l'on se sent vertueux, et un pareil sentiment est par lui-même rempli de charmes; il faut donc aussi sentir que notre ami existe, ce qui ne peut avoir lieu, qu'autant qu'on vit avec lui, qu'on est avec lui en commerce de paroles et de pensées; car c'est là ce qui s'appelle, pour les hommes, vivre ensemble, et non pas comme pour les animaux, pour qui c'est seulement paître dans le même lieu. Si donc l'existence est désirable en soi, pour l'homme au comble de la félicité, attendu que naturellement la vie est un bien et une jouissance, l'existence d'un ami est à peu près au même degré désirable, et l'ami sera au nombre des choses qu'on doit souhaiter. Mais ce qu'on doit souhaiter pour soi-même, il faut qu'on le possède; autrement, le bonheur sera incomplet en ce point. Donc, pour qu'un homme puisse jouir d'une félicité parfaite, il faudra qu'il ait des amis vertueux.

X. Mais faut-il s'attacher le plus grand nombre possible d'amis (1)? Ou bien, peut-on appliquer aussi à l'amitié, ce qui a été dit par un poète, des liaisons d'hospitalité : « N'en point avoir beaucoup, « n'en être pas entièrement dépourvu (2), » et dira-t-on pareillement cela des amis? C'est sans doute aux amitiés fondées sur l'utilité, que ce qu'on vient de dire paraît plus applicable. Car rendre service pour service à un grand nombre de personnes, est une tâche très pénible, et la vie toute entière n'y suffirait pas. Par conséquent, les amis de cette espèce, au-delà du nombre qu'exigent les circonstances particulières où l'on se trouve, sont une superfluité embarrassante, et un véritable obstacle au bonheur et à l'agrément de la vie. Il ne faut donc pas [beaucoup] de ceux-là; et quant à ceux qui ne peuvent servir qu'au plaisir, il en faut bien peu, comme il faut peu d'assaisonnement dans les aliments.

Mais, des amis vertueux, faut-il s'efforcer d'en avoir le plus grand nombre possible, ou bien y a-t-il, en ce genre, une limite qu'on ne doive pas

---

(1) Question examinée aussi dans les deux autres traités. Voy. *M. M.* l. 2, c. 16; et *Eudem.* l. 7, c. 12.

(2) Voyez le poème d'Hésiode, intitulé : *Les OEuvres et les Jours* (vs. 715).

dépasser, comme il y en a une pour le nombre des citoyens d'une république ? Car dix hommes ne font pas une cité, et dix myriades n'en font plus une. Toutefois, ce n'est peut-être pas un nombre précis, mais seulement renfermé entre des limites déterminées (3). De même, en fait d'amis, il y a une limite qu'il ne faut pas excéder, et peut-être est-ce le plus grand nombre de ceux avec qui l'on peut vivre dans un commerce habituel : car c'est là ce qui nous a semblé plus propre à entretenir ce sentiment. Or, il est facile de voir qu'on ne saurait vivre ainsi avec beaucoup de personnes, et se partager, pour ainsi dire, entre elles. D'un autre côté, l'on voit facilement que, pour qu'elles puissent passer ainsi leur vie dans une union intime, il faut qu'elles puissent aussi s'aimer les unes les autres, condition qui se trouve difficilement dans un grand nombre de personnes. Il est même difficile qu'on puisse s'associer aux plaisirs et aux peines de beaucoup de gens : puisqu'alors il faudra probablement se réjouir avec l'un, dans le même temps qu'on devra s'affliger avec l'autre. Peut-être donc vaut-il mieux ne pas chercher à avoir le plus grand nombre d'amis ; mais n'en désirer qu'autant qu'il est possible d'en avoir, quand on vit habituellement ensemble. Il semble, en effet, qu'on ne

---

(3) Aristote croyait qu'il y avait dans le nombre des citoyens une limite, en deçà et au-delà de laquelle il était impossible qu'un état pût être sagement administré. Voyez la *Politique*, l. 3, c. 1; et l. 7, c. 4.

peut guère avoir un attachement bien vif pour un grand nombre de personnes; et c'est pour cela que l'amour ne saurait exister entre plus de deux; car cette passion est l'amitié même, portée au plus haut degré d'énergie, et, par conséquent, ne peut avoir qu'un objet unique: d'où il suit qu'on ne peut avoir une affection très-vive que pour un petit nombre de personnes.

Les faits eux-mêmes viennent à l'appui de cette observation: car il n'y a jamais d'amitié entière et parfaite entre plusieurs individus, et celles qui ont eu le plus de célébrité dans le monde, n'ont existé, comme on sait, qu'entre deux personnes (4); au lieu que ceux qui ont de nombreux amis, et qui font à tout le monde un accueil amical et familier, passent pour n'être amis de personne; on les appelle affables, complaisants (5), quand cette manière d'être est en eux l'effet d'un caractère sociable. Cependant, on peut, par le seul effet de ce caractère, avoir de nombreux amis, sans être proprement officieux ou complaisant, mais parce qu'on est réellement homme de bien. Au reste, il n'y a pas beaucoup de personnes qu'on puisse aimer pour elles-mêmes, et à cause de leur vertu; mais

---

(4) On voit que l'auteur fait ici allusion à ces couples d'amis célèbres dans l'histoire des temps héroïques chez les Grecs, comme Thésée et Pirithoüs, Achille et Patrocle, Pylade et Oreste.

(5) Caractère dont il a été question précédemment. Voyez l. 4, c. 6.

on doit s'estimer heureux de rencontrer quelques amis de cette espèce (6).

XI. Mais a-t-on plus besoin d'amis dans la prospérité que dans l'adversité ? On en cherche au moins dans l'une et l'autre situation; car les infortunés ont besoin d'assistance, et les gens heureux ont besoin de trouver des personnes avec qui ils puissent vivre, et à qui ils puissent faire du bien, ce qui est en eux un désir général. Il est donc plus nécessaire d'avoir des amis dans l'infortune : aussi est-ce alors qu'on a besoin de ceux qui sont utiles; mais il est plus beau d'en avoir dans la prospérité, et c'est pour cela qu'on en recherche qui soient vertueux : car c'est à ceux-là qu'on doit préférer de faire du bien, et c'est avec eux qu'il est doux de vivre. En effet, la seule présence des amis est

---

(6) L'un des commentateurs de ce traité, Victorius, fait ici une observation qui mérite d'être rapportée. Il serait étrange, après tout ce qu'Aristote a écrit sur l'amitié, qu'il eût coutume de dire, comme le raconte Diogène de Laërce (1. 5, § 21) : « O mes amis, il n'y a point d'amis ! » Le peu que l'on sait de l'histoire de ce philosophe, dément même formellement le langage qu'on lui attribue. Or, il paraît, d'après un passage du 7ᵉ livre de la *Morale à Eudemus* (c. 12), qu'Aristote disait du grand nombre d'amis, ce que Diogène ou Favorinus, sur le témoignage duquel il s'appuie, lui font dire des amis en général. Voici donc comment Aristote s'exprime dans le passage que je viens d'indiquer : Καὶ τὸ ζητεῖν ἡμῖν, καὶ εὔχεσθαι πολλοὺς φίλους· ἅμα δὲ λέγειν ὡς οὐθεὶς φίλος, ᾧ πολλοὶ φίλοι. « Chercher et sou-
« haiter d'avoir de nombreux amis, mais se dire, en même
« temps, que personne n'est véritablement ami de celui qui a
« beaucoup d'amis. »

un charme, aussi-bien dans la bonne que dans la mauvaise fortune : car ils allégent nos chagrins, en les partageant; et c'est pour cela qu'on ne saurait dire si c'est comme un fardeau dont ils nous allégent, en le supportant en partie avec nous, ou bien, si le plaisir que nous fait leur présence, et la pensée qu'ils s'affligent avec nous, rendent nos peines moins vives. Nous ne chercherons point, quant à présent, à expliquer la cause du soulagement qu'on éprouve en pareil cas, et s'il y en a quelque autre que celles que nous venons d'indiquer (1) : toujours l'effet que nous avons dit semble-t-il avoir ordinairement lieu. La présence d'un ami paraît même réunir en soi ces causes diverses; sa seule vue a d'abord quelque chose de doux, surtout pour l'infortuné (2); elle est, en quelque manière, une assistance contre l'affliction : car un ami, pour peu qu'il ait d'adresse et de délicatesse, trouve l'art de consoler par son seul aspect et par ses discours, ayant la connaissance du caractère de

---

(1) Peut-être Aristote avait-il en vue l'opinion de Socrate, qui nous est rapportée par Xénophon (*Memorab. Socrat.* l. 2, c. 7, § 1) dans des termes à peu près pareils, et où l'amitié est représentée comme propre à soulager un infortuné du *poids* de sa douleur, et en *alléger le fardeau*, en le partageant.

(2) Il semble qu'Aristote eût présents à la pensée des vers de l'*Ion* d'Euripide (vs. 730), dont le sens est : « Il est doux de « goûter le bonheur avec ses amis : mais s'il nous survient quel- « que infortune (ce qu'aux dieux ne plaise!) quel charme ne « trouve-t-on pas à attacher ses regards sur ceux d'un être « bienveillant ? »

celui qui souffre et de ce qui est propre à lui causer du plaisir ou de la peine.

Cependant, on s'afflige de sentir que nos malheurs puissent attrister ceux qu'on aime; car il n'est personne qui n'évite d'être une cause d'affliction pour ses amis. Voilà pourquoi les hommes qui ont naturellement un caractère ferme et courageux, craignent de voir leurs amis s'affliger avec eux; et, à moins qu'on ne soit d'une insensibilité peu ordinaire (3), on ne supporte pas l'idée de la peine qu'on peut leur faire. En général, l'homme courageux, peu disposé à s'abandonner lui-même aux plaintes et aux gémissements, a de l'éloignement pour ceux qui sont toujours prêts à pleurer sur les malheurs des autres; au lieu que les femmelettes, et les hommes qui leur ressemblent, sont flattés qu'on gémisse avec eux, et ne regardent comme amis que ceux qui souffrent de leurs douleurs. Or, en tout genre, ce sont toujours les meilleurs modèles qu'il faut suivre.

La prospérité fait que l'on trouve beaucoup de charme dans la présence, dans le commerce habituel de ceux qu'on aime, et aussi dans la pensée qu'ils sont heureux du bonheur dont on jouit. Par

---

(3) Cet endroit a été diversement interprété par les différents commentateurs, et le texte n'est pas, en effet, assez clair pour ne pas laisser un peu de doute dans l'esprit, quelque sens qu'on adopte. Celui auquel je me suis arrêté me semble plus conforme aux expressions mêmes d'Aristote; mais la pensée n'a pas, à mon avis, toute la justesse désirable.

cette raison, on doit naturellement s'empresser à les appeler auprès de soi, lorsqu'il arrive quelque événement heureux; car il est beau de se plaire à faire du bien aux autres. Dans l'infortune, au contraire, on ne doit consentir qu'avec peine à voir ses amis; car il faut, le moins qu'on peut, leur faire partager sa souffrance. C'est pour cela qu'un poète a dit : « C'est bien assez que je sois malheu- « reux..... » (4). Mais il faut surtout les appeler lorsqu'ils peuvent, sans prendre beaucoup de peine, nous être d'une grande utilité. D'un autre côté, peut-être aussi doit-on s'empresser de rechercher un ami dans l'infortune, sans attendre qu'il vous appelle; car le devoir de l'amitié est de faire du bien, surtout à celui qui est dans la détresse, et qui n'a pas exigé d'assistance : c'est des deux parts un procédé plus touchant et plus honorable. Il faut se porter avec ardeur à seconder la bonne fortune de ses amis, parce qu'ils peuvent même avoir besoin d'assistance en pareil cas : mais on doit marquer peu d'empressement à en recevoir des services; car rien ne fait moins d'honneur que de s'occuper sans cesse de son intérêt personnel. Au reste, peut-être faut-il prendre garde de déplaire à ses amis, en s'obstinant à refuser leurs services, comme il arrive quelquefois. Dans tous les cas donc, la pré-

---

(4) Paroles prises, peut-être, de quelque tragédie d'Euripide, que nous n'avons plus, ou même de l'*Oreste* de ce poète (vs. 240), mais dont un mot peut avoir été mal lu par les copistes des œuvres d'Aristote.

sence des amis paraît une chose précieuse et désirable.

XII. Mais de même que ce qui charme le plus dans l'amour, c'est de contempler la personne qu'on aime, et comme il n'y a aucune sensation qu'on préfère à celle-là, (puisque c'est celle qui donne naissance à cette passion et qui l'entretient,) en est-il ainsi de l'amitié? Vivre avec ses amis est-il, en effet, ce qu'il y a de plus désirable, puisque l'amitié est un commerce assidu, et qu'on a ordinairement pour un ami les mêmes sentiments qu'on a pour soi-même? Or, ce qu'on aime en soi, c'est le sentiment de l'existence, et, par conséquent, c'est aussi ce qu'on aime dans son ami; mais l'activité de ce sentiment s'exerce principalement dans un commerce assidu; c'est donc avec fondement que les amis s'y portent avec empressement. Et ce qui constitue principalement l'existence pour chacun d'eux, ce qui leur fait aimer la vie, est précisément ce qu'ils se plaisent à faire avec leurs amis. Voilà pourquoi les uns passent leurs jours à boire ensemble, ou à jouer aux dés; d'autres, à s'exercer dans les gymnases; d'autres, à la chasse, ou à traiter ensemble des questions de philosophie; tous consacrant leurs jours à s'occuper en commun des choses qu'ils regardent comme les plus grands plaisirs de la vie. Car, voulant vivre sans cesse avec leurs amis, ils s'associent à eux pour faire ce qui leur semble pouvoir entretenir ce commerce continuel, objet de leurs désirs.

Ainsi donc l'amitié entre gens vicieux ou méchants devient criminelle; car ils font en commun des actions coupables, étant pervers et sans vertu, et ils deviennent vicieux, se prenant les uns les autres pour modèles. Mais l'amitié des gens de bien, accrue par une continuelle fréquentation, devient vertueuse; et il est naturel qu'ils s'améliorent à mesure qu'ils continuent de vivre ensemble, et qu'ils se perfectionnent par une influence réciproque; car ceux qui sont unis par une affection mutuelle, se modèlent, pour ainsi dire, les uns sur les autres. Ce qui a fait dire à Théognis : « L'homme de bien « t'apprendra la vertu…… » (1).

Mais en voilà assez sur ce sujet; il nous reste maintenant à traiter du plaisir.

---

(1) Voyez, ci-dessus, chap. IX, note 4.

LIVRE X.

ARGUMENT.

I. Les sentiments de plaisir et de peine influent sur toutes nos déterminations. Le plaisir est-il un bien ou un mal ? Quelques philosophes ont soutenu qu'il est un mal, moins peut-être par conviction, que dans la persuasion qu'il y aurait quelque utilité à le faire envisager ainsi. Mais une assertion ne peut obtenir l'assentiment des hommes, que lorsqu'elle est d'accord avec les faits. — II. Eudoxe regardait le plaisir comme le souverain bien, ou le bien absolu, parce que tous les êtres animés le cherchent avec ardeur, et fuient avec non moins d'ardeur ce qui lui est contraire, c'est-à-dire, la peine ou la douleur. Platon essaya de combattre l'opinion d'Eudoxe par des arguments qui ne sont pas tout-à-fait décisifs. — III. On objecte, par exemple, contre la volupté, qu'elle n'est pas une qualité, qu'elle est *génération*, (c'est-à-dire, sans cesse aspirant à une existence complète, et n'y arrivant jamais); qu'elle est *mouvement*, et, par conséquent, toujours imparfaite. On fait, contre la volupté, d'autres objections, qui prouvent qu'on n'a considéré que les plaisirs des sens, et qu'on a négligé de tenir compte de ceux de l'intelligence. Peut-être, au reste, est-on autorisé à penser seulement qu'il y a des plaisirs désirables en eux-mêmes, mais qui diffèrent d'espèce, ou à raison des causes qui les produisent. — IV. On a tort de dire que le plaisir soit mouvement, ou génération : car cela ne saurait se dire que des choses qui sont divisibles et qui ne composent point un tout; au lieu que le plaisir existe indépendamment de la condition du temps : celui qu'on éprouve, dans un moment indivisible, est quelque chose de complet et d'entier. Pourquoi n'y a-t-il point de plaisir constant? c'est que la faiblesse naturelle de l'homme ne lui permet pas de supporter un état de continuelle activité. D'ailleurs, c'est le plaisir qui donne à tous nos actes leur degré de perfection. — V. Nos actes sont de différentes espèces, et par conséquent aussi les plaisirs qui les perfectionnent. C'est pourquoi on ne fait avec succès que ce qu'on aime à faire, et l'on a bien de la peine à exécuter les actes d'une espèce, quand on est vivement touché des plaisirs d'une espèce différente. Il y a donc des plaisirs vertueux, puisqu'il y a des actions vertueuses : il y a aussi des plaisirs coupables, et dont on doit s'abstenir. Il suit de là que les plaisirs propres à l'homme de bien, au sage, sont les plaisirs véritables; les autres ne méritent ce nom que d'une manière secondaire ou relative, et non absolue. — VI. Une connaissance plus exacte de la nature du plaisir, nous met à même de mieux apprécier celle du bonheur. Il est incontestablement du nombre des choses qu'on doit préférer pour elles-mêmes. En fait d'actions, par exemple, on pourra ranger dans cette classe celles où l'on ne cherche rien de plus que l'action ou l'activité elle-même. Celles qui n'ont pour but qu'un amusement frivole et passager, ne peuvent évidemment pas contribuer au bonheur : il faut donc préférer celles qui sont agréables à l'homme vertueux, c'est-à-dire, celles qui sont conformes à la vertu. — VII. L'activité purement spéculative, ou contemplative, est ce qu'il y a de plus éminemment propre à la nature d'un être doué de raison et d'intelligence : c'est donc dans l'exercice d'une telle activité qu'un tel être doit trouver le bonheur, puisque c'est par elle qu'il peut jouir des plaisirs les plus délicieux et les plus purs, de ceux qui méritent incontestablement la préférence, par la constance et la sécurité qui les accompagnent. Joignez à ces avantages d'une vie consacrée tout entière à l'activité purement contemplative, celui de se suffire complètement à elle-même. Mais une telle vie semble au-dessus de la condition humaine, et appartient peut-être exclusivement à la nature divine. Nous devons donc cultiver avec soin le principe sublime et divin qui fait partie de notre être, et nous appliquer, autant qu'il est possible, à nous rendre dignes de l'immortalité. — VIII. Si les vertus intellectuelles, qui ont un principe divin, sont au premier rang, les vertus morales, qui sont purement humaines, doivent être placées au second rang. Aussi le bonheur propre à la vie contemplative a-t-il moins besoin des biens extérieurs, que celui qui résulte de l'exercice des vertus morales. Dans celles-ci, il faut que les actes manifestent l'intention ou la volonté, ce qui n'est pas nécessaire dans la vie contemplative. Voilà pourquoi nous ne pouvons attribuer aux dieux les vertus morales, ni imaginer quels seraient en eux les actes de pareilles vertus, sans tomber dans des fictions absurdes ou ridicules. L'homme est donc une nature intermédiaire entre les dieux, qui ont l'activité contemplative dans toute sa pureté et dans toute sa plénitude, et entre les animaux, qui sont entièrement privés d'une pareille activité. Si les dieux prennent quelque soin des choses humaines, comme on doit le croire, sans doute ils voient avec faveur et ils récompenseront les hommes qui savent apprécier et qui s'appliquent à cultiver le principe qui leur est commun avec la nature divine. — IX. Il ne suffit pas de savoir ce que c'est que la vertu, il faut la pratiquer. Il y a des hommes qui naissent avec d'heureuses dispositions pour la vertu; mais chez le plus grand nombre, elle peut être l'effet de l'instruction et des bonnes habitudes. Une surveillance commune, un bon système d'éducation publique, sont les moyens les plus propres à préparer la jeunesse aux habitudes vertueuses. Car l'autorité paternelle n'a pas communément la force nécessaire pour cela; il n'y a que la loi, qui n'excite aucun sentiment de haine en prescrivant ce qui est honnête et sage. La science de la législation est donc une de celles qu'il est le plus important de cultiver. Les sophistes, qui promettaient de l'enseigner, ont montré qu'ils n'en avaient aucune véritable notion. Ceux qui jusqu'à présent ont traité de la morale, ont entièrement négligé ce qui a rapport à la législation. Il convient donc de s'en occuper, si l'on veut perfectionner, autant qu'il est possible, la philosophie de l'humanité.

Ce sera l'objet du traité qui suit immédiatement celui-ci [la *Politique*].

I. Il est peut-être à propos de traiter à présent du plaisir; car c'est une affection qui semble tout-à-fait appropriée à notre espèce. Voilà pourquoi le plaisir et la peine sont les moyens dont on se sert, dans l'éducation de la jeunesse, pour la gouverner (1). Le point le plus important, par rapport à la vertu morale, est, ce semble, qu'on aime ce qui doit plaire, et qu'on haïsse ce qui est digne d'aversion; car ces sentiments s'étendent sur l'existence toute entière, et ont une grande influence sur la vertu et sur le bonheur de la vie, puisqu'on préfère ce qui donne du plaisir, et qu'on fuit ce qui cause de la peine. Or, on doit d'autant moins passer ce sujet sous silence, qu'il présente plusieurs difficultés à résoudre.

En effet, les uns prétendent que la volupté est le bien par excellence; les autres soutiennent, au contraire, qu'elle est de tout point funeste et méprisable; soit que ceux-là croient qu'elle est réellement un bien, soit que ceux-ci aient pensé qu'il y avait plus d'avantage, pour la vie humaine, à ranger la volupté parmi les maux, quand même elle n'en serait pas un. Car, comme la plupart des hommes penchent de ce côté, et se rendent esclaves des vo-

---

(1) Il a dit précédemment (l. 2, c. 3) que c'était la doctrine de Platon. Voyez *Plat. De Legib.* l. 1 et 2, p. 643 et 653.

luptés, ils ont cru qu'il fallait les pousser en sens contraire, et que c'était le moyen de les faire arriver au juste milieu.

Mais peut-être qu'on a tort de tenir ce langage : car, en fait de passions et d'actions, les discours sont moins croyables que les faits; et, lorsqu'ils sont en contradiction avec la manière de sentir universelle, le discrédit où ils tombent entraîne dans leur ruine la vérité elle-même.

En effet, quand on a vu celui qui affectait de blâmer les plaisirs, en rechercher quelques-uns, on est porté à croire qu'il est entraîné vers eux, parce que tous sont réellement désirables : car il n'appartient pas à tout le monde de discerner avec justesse [ceux qui le sont de ceux qui ne le sont pas].

La vérité, dans le langage, est donc très-utile, non-seulement pour la science, mais même pour la conduite de la vie : car les discours inspirent de la confiance, quand ils sont d'accord avec les faits; et, par cette raison, ils déterminent ceux qui les ont bien compris, à vivre d'une manière conforme à ce qu'ils expriment.

Mais en voilà assez sur cet article; examinons maintenant ce qui a été dit [par les philosophes] au sujet de la volupté.

II. Eudoxe (1) donc la considérait comme le bien

---

(1) Eudoxe, de Cnide, disciple de Platon, fut également célèbre par l'étendue et la variété de ses connaissances en géométrie, en astronomie, en médecine et en philosophie. Il donna

absolu, parce qu'il voyait que tous les êtres cherchent avec ardeur le plaisir, tant ceux qui ont la raison en partage, que ceux qui en sont dépourvus; parce qu'en tout on préfère ce qui est bon, et que [par conséquent] ce qu'on désire le plus doit être ce qu'il y a de plus excellent; parce que l'entraînement universel, qui porte tous les êtres vers le plaisir, lui semblait être un indice de l'excellence de sa nature, puisque chaque être trouve toujours ce qui lui est bon [dans tout le reste], comme en fait d'aliments; enfin, parce que ce qui est bon pour tous, et que tous désirent avec ardeur, est le bien par excellence.

On avait confiance dans ces discours, plutôt à cause des vertus morales de leur auteur, qu'à cause de leur vérité propre; car il passait pour un personnage d'une éminente sagesse. Ce n'était donc pas comme ami de la volupté qu'il semblait tenir un pareil langage, mais parce qu'il le croyait véritable.

La chose ne lui semblait pas moins évidente, en la considérant sous le point de vue opposé. Car la douleur est par elle-même ce que tout être doit fuir; et le contraire, ce qu'on doit préférer : or, ce qu'on préfère surtout, c'est ce qu'on ne recherche jamais en vue d'autre chose; et telle est, d'a-

---

des lois à sa patrie, et le témoignage que rend ici Aristote à son caractère moral, prouve qu'il était digne de la confiance de ses concitoyens. Voyez *Diog. Laert.* l. 8, § 86—91, et les notes de Ménage.

près le sentiment universel, la volupté. Car personne ne demande pourquoi on a du plaisir, attendu qu'on recherche le plaisir pour lui-même. Ajouté à quelque autre bien que ce soit, par exemple, aux actes de justice et de sagesse, il leur donne plus d'attrait; en un mot, le bien s'accroît, en quelque sorte, par lui-même.

Toutefois ce raisonnement peut prouver que le plaisir est au nombre des biens, mais non pas qu'il soit plus excellent qu'un autre; car tout bien, ajouté à un autre, aura plus de prix que s'il était seul. Platon même prouve, par de semblables raisons, que la volupté n'est pas le souverain bien (2), puisqu'une vie agréable, lorsque la prudence s'y joint, doit être préférée à une vie dépourvue de raison. Or, si le mélange de ces deux choses a plus de prix, il s'ensuit que la volupté n'est pas le bien suprême: car rien de ce qu'on pourrait ajouter à un tel bien, ne pourrait lui donner plus de prix; et il est évident que toute autre chose, qui, ajoutée à quelqu'une de celles qui sont des biens par elles-mêmes, la rendrait préférable, ne saurait être le bien par excellence. Quelle est donc la chose de ce genre qui puisse être notre partage? Car voilà ce que l'on cherche.

Objecter, comme on l'a fait, que le bien par excellence n'est pas l'objet des désirs de tous les êtres, c'est presque ne rien dire: car on doit croire à la

---

(2) Platon revient sur cette assertion, en divers endroits du dialogue intitulé *Philebus*.

réalité de ce qui est attesté par l'assentiment universel; et celui qui renverse une telle croyance ne dira rien qui puisse mériter plus de confiance. En effet, s'il n'y avait que les êtres dépourvus de raison qui recherchassent la volupté, peut-être l'objection aurait-elle quelque force; mais, si les créatures raisonnables éprouvent le même attrait, alors que signifie-t-elle? Il se peut, au reste, qu'il y ait, dans les êtres les plus abjects, un don naturel et supérieur à eux-mêmes, qui les porte vers le bien qui leur est propre.

D'ailleurs, on ne réfute pas victorieusement l'argument en sens contraire : car on nie que, si la douleur est un mal, le plaisir doive être un bien, attendu, dit-on, qu'il peut se faire qu'un mal soit le contraire d'un autre mal, et que l'un et l'autre ne soient le contraire d'aucun des deux; en quoi on peut avoir raison : mais on n'objecte rien de solide et de vrai contre ce qu'a dit Eudoxe. Car, si le plaisir et la douleur sont des maux, il faut les fuir l'un et l'autre; si ni l'un ni l'autre ne sont des maux, il ne faut fuir ni l'un ni l'autre, ou les fuir également tous deux. Mais ici il semble bien évident qu'on évite l'un comme un mal, et qu'on préfère l'autre comme étant un bien; et, de cette manière, ils sont évidemment opposés l'un à l'autre.

III. Au reste, si la volupté n'est pas au rang des qualités, ce n'est pas à dire pour cela qu'on ne puisse la mettre au nombre des biens (1); car les

---

(1) Notre auteur continue de réfuter les raisonnements des

actes de vertu ne sont pas des qualités, ni le bonheur non plus. Mais, dit-on, le bien est quelque chose de fini; au lieu que la volupté est quelque chose d'indéfini (2), parce qu'elle est susceptible de plus et de moins. Si l'on en juge ainsi par les sentiments de joie que l'homme peut éprouver, il faudra dire la même chose de la justice et des autres vertus, ou qualités qui peuvent évidemment se trouver chez les hommes à divers degrés. Car ils peuvent être plus ou moins justes ou courageux, et l'on peut aussi être plus ou moins porté à faire des actes de justice et de raison. Et si l'objection s'applique aux plaisirs mêmes, peut-être ne touche-t-elle pas la véritable cause [de la difficulté], s'il est vrai qu'il y ait des plaisirs purs, et d'autres qu'on pourrait appeler mixtes (3).

Platoniciens contre la volupté. Voyez ce qui a été dit, sur le même sujet, ci-dessus, l. 8, c. 12.

(2) Allusion au tableau comparatif que les Pythagoriciens avaient formé des qualités opposées, et dont il a déjà été question. Voyez l. 1, c. 6, note 2.

(3) Il paraît qu'Aristote entend ici par *plaisirs purs* (au sens de Platon), les idées ou conceptions générales exprimées par le mot plaisir; et qu'il entend par plaisirs *mixtes*, les sentiments particuliers et individuels de plaisir. C'est au moins la manière dont les commentateurs grecs ont compris ce passage, qui est assez obscur. Il semble donc qu'Aristote a voulu dire qu'il ne servirait de rien aux Platoniciens de dire qu'ils ne veulent parler que de la pure notion intellectuelle, ou de l'*idée* du plaisir, parce qu'il faut toujours finir par le considérer comme éprouvé par quelque individu, et par l'effet de quelque cause particulière.

Mais pourquoi le plaisir n'admettrait-il pas des degrés en plus et en moins, comme la santé, qui pourtant est bien quelque chose de fini et de déterminé? Car elle ne conserve pas le même équilibre dans tous les individus, ni chez le même homme, dans tous les moments; mais, quand elle a subi quelque diminution, elle continue ainsi pendant un certain temps, et elle est susceptible de degrés en plus et en moins : il est donc possible qu'il en soit à peu près de même de la volupté.

D'un autre côté, après avoir établi que le bien [en soi] est quelque chose de parfait, et que tout ce qui est génération et mouvement est imparfait, on s'efforce de faire regarder la volupté comme un mouvement. Cependant, on a tort encore de dire que la volupté soit un mouvement; car la vitesse et la lenteur sont propres à toute espèce de mouvement, sinon au mouvement absolu, tel que celui de l'univers, au moins au mouvement relatif : or, ni l'un ni l'autre ne se trouvent dans la volupté. Car on peut bien éprouver un accès de joie ou de colère subite; mais on ne peut pas éprouver une volupté rapide, ni dont la vitesse soit comparable à une autre vitesse. On peut marcher avec vitesse, et prendre un accroissement rapide; mais produire les actes du plaisir, ou avoir du plaisir avec vitesse, cela est impossible.

Ensuite, comment la volupté pourrait-elle être génération? Car une existence quelconque n'est pas le produit d'un être quel qu'il soit; mais tout être produit se résout dans les éléments dont il a été formé, et le chagrin, ou la peine, est la corruption de ce dont le plaisir a été la génération.

On dit aussi que la peine est une privation de ce qui est conforme à la nature, et que le plaisir en est une satisfaction complète (4); mais ce sont là des affections du corps. D'ailleurs, si le plaisir est la satisfaction complète d'un besoin naturel, il faudra donc que ce qui reçoit cette satisfaction ressente aussi le plaisir; et, dans ce cas, ce sera le corps : cela ne semble pas probable. La volupté n'est donc pas une telle satisfaction; mais il serait possible qu'on éprouvât de la joie, quand cette satisfaction se produit ou s'opère, et qu'on ressentît de la peine, quand elle devient un besoin (5). D'ailleurs, cette opinion vient, selon toute apparence, des sensations agréables ou pénibles que nous donne le besoin de nourriture, parce que, lorsque ce besoin se fait sentir, et que nous le satisfaisons, une joie vive succède à la peine que nous avions éprouvée d'abord. Mais cela n'a pas lieu à l'occasion de tous les plaisirs : car ceux que nous procure l'instruction ne sont

---

(4) Littéralement « une *plénitude* », ou plutôt l'acte par lequel s'opère cette plénitude (ἀναπλήρωσις).

(5) Littéralement : « Et qu'un homme qui se coupe, ou à qui « on fait une amputation (τεμνόμενος), ressentît de la peine, » ce qui ne semble avoir aucun rapport avec le sens général de la phrase. On peut voir, au reste, la note de Mr Zell sur cet endroit. Mr Coray pense qu'on pourrait substituer δεόμενος à τεμνόμενος, et c'est cette correction que j'ai adoptée dans la traduction.

mêlés d'aucune peine, et, entre ceux qui nous viennent des sens, le plaisir que nous font les odeurs (6) est dans ce cas, de même que ceux que nous donnent la vue et l'ouïe, et aussi un grand nombre de souvenirs et d'espérances. De quoi donc tous ces plaisirs seront-ils des générations? car il n'y a là aucun vide à remplir, aucun besoin dont ils soient la satisfaction.

Quant à ceux qui font valoir comme une objection [contre la doctrine d'Eudoxe] les voluptés infâmes, on pourrait leur répondre qu'elles ne sont pas réellement des plaisirs. Car, de ce qu'elles plaisent aux hommes qui ont des dispositions vicieuses, il n'en faut pas conclure qu'elles soient absolument des plaisirs (excepté pour ceux-là) comme les aliments qui semblent sains, ou sucrés, ou amers, à des gens malades, et les couleurs qui paraissent blanches à ceux qui ont une maladie d'yeux, ne le sont pas réellement. On pourrait répondre encore que les plaisirs sont désirables, mais

---

(6) Voyez ce que dit, sur ce sujet, Aristote, dans un autre endroit (*Auscult. Physic.* l. 7, c. 3 et 4), et Platon (*Phileb.* p. 51—52, et *De Repub.* l. 9, p. 583—584). Toute cette doctrine métaphysique de Platon, sur la nature du plaisir, qui est réfutée par Aristote, malgré l'air de profondeur et l'apparente subtilité avec laquelle elle est exposée, notamment dans le *Philebus*, paraît néanmoins, comme tant d'autres doctrines anciennes et modernes, sur les questions de ce genre, n'avoir pour fondement qu'une fausse analogie entre l'esprit et la matière, comme l'observe, avec beaucoup de raison, notre philosophe.

non pas quand ils viennent d'une telle cause; comme il est agréable de posséder des richesses, mais non quand on les a acquises par la trahison, et d'avoir de la santé, mais non pas quand on mange tout ce qui se présente. Enfin, on pourrait dire qu'il y a des plaisirs d'espèces différentes; qu'il y en a qui viennent d'une cause honorable et belle, et d'autres d'une cause infame et honteuse, et que celui qui n'est pas juste ne saurait goûter la volupté de l'homme juste; ni celui qui n'est pas musicien, la volupté du musicien habile, et ainsi des autres.

La différence qu'il y a entre l'ami et le flatteur semble même montrer plus sensiblement que la volupté n'est pas le bien, ou du moins qu'elle n'est pas de la même espèce, puisque l'un n'envisage, dans le commerce de l'amitié, que le bien véritable, tandis que l'autre ne songe qu'au plaisir, et qu'on blâme l'un, tandis qu'on loue l'autre, comme cultivant l'amitié dans des vues entièrement différentes. Il n'y a même personne qui consentît à n'avoir toute sa vie que la raison et l'intelligence d'un enfant, se livrant aux jouissances que l'on croit être le plus agréables à cet âge; ou qui voulût se plaire à faire des choses infames, quand même il ne devrait jamais en résulter de peine pour lui. Un grand nombre de choses pourraient même encore nous intéresser, dussent-elles ne nous procurer aucun plaisir, comme voir, se ressouvenir, avoir de la science, des vertus. Et il n'importe pas que le plaisir accompagne toujours nécessairement ces divers actes de nos facultés; car nous les préférerions encore, s'il n'en devait résulter aucun plaisir (7).

Il paraît donc évident que ni la volupté n'est le bien par excellence, ni toute volupté n'est désirable, et qu'il y a des plaisirs préférables en eux-mêmes, mais qui diffèrent d'espèce, ou à raison des causes qui les produisent. Mais en voilà assez sur la peine et le plaisir.

IV. Nous parviendrons, au reste, à connaître plus clairement quelle en est l'essence et le caractère distinctif, en reprenant tout-à-fait la question. Car le sens de la vue remplit ses fonctions dans un temps quel qu'il soit; il n'a besoin de rien de plus pour le mettre ultérieurement à même de rendre complète l'espèce de sensation qu'il est destiné à avoir. Or, il semble que le plaisir est quelque chose de pareil : car il est toujours entier et complet; et, dans aucun moment, on ne saurait ressentir un plaisir, qui, prolongé plus long-temps, devînt complet dans son espèce.

Voilà pourquoi il n'est pas un mouvement; car tout mouvement s'accomplit dans un temps donné, et a une fin déterminée : tel est, par exemple, le

---

(7) Il est difficile de concevoir comment on pourrait *préférer* quelque chose que ce fût à une autre chose, s'il n'en résultait pas un sentiment de plaisir plus grand, ou de moindre peine, soit aperçu, c'est-à-dire, senti immédiatement et directement, soit inaperçu, mais toujours existant. Cette assertion d'Aristote est même contradictoire avec ce qu'il dit sur le même sujet en plusieurs autres endroits.

mouvement employé à construire une maison, lorsque ce qu'on voulait faire a été exécuté. [Tout mouvement s'exécute donc] dans un intervalle de temps tout entier, ou dans un moment déterminé; mais ceux qui se font dans des parties [de cet intervalle] sont tous imparfaits, et diffèrent en espèce, soit du tout, soit les uns des autres. Car, par exemple, la pose des pierres et le travail nécessaire pour les cannelures des colonnes, exigent des mouvements d'espèces différentes, et qui ne sont pas les mêmes que la construction entière du temple; car son exécution complète est quelque chose de définitif et de parfait, puisqu'il ne faut rien de plus pour le but qu'on s'était proposé. Au contraire, les travaux des fondations, ceux de l'exécution des triglyphes, donnent lieu à des mouvements imparfaits; car ils ne sont relatifs qu'à des parties, et, par conséquent, ils diffèrent d'espèce. En un mot, dans un temps quel qu'il soit, il ne se trouve pas de mouvement parfait dans son espèce, à moins qu'on ne considère comme tel l'ensemble de ceux qui ont contribué à l'exécution d'un tout.

Il en sera ainsi du mouvement progressif (1), et de tous les autres. En effet, le transport est un mouvement, soit qu'on parte d'un lieu, ou qu'on aille dans un lieu, et ainsi des autres espèces dans ce genre, comme le vol, la marche, le saut, et les autres [sortes de mouvements progressifs]. Et non-

---

(1) Voyez la *Physique* d'Aristote, l. 7, c. 3, et son traité *De Incessu animalium*, c. 3.

seulement cela est vrai, en général ; mais cela l'est même pour la marche en particulier. Car, si l'on considère le point de départ et le terme vers lequel on tend, le mouvement ne sera pas le même dans le stade et dans une partie du stade, ou dans telle ou telle autre partie. Il ne sera pas le même pour décrire une ligne ou une autre : car non-seulement on parcourt cette ligne, mais on la parcourt dans un lieu où elle n'est plus la même que dans un autre. Mais nous avons traité ailleurs ce sujet avec beaucoup de détail (2).

On voit donc que le mouvement n'est pas complet et parfait dans tout intervalle de temps quel qu'il soit, mais que la plupart des mouvements sont imparfaits et d'espèces diverses, si la considération du point de départ et de la direction constituent des espèces différentes. Au contraire, l'espèce du plaisir est parfaite et complète dans quelque intervalle de temps que ce soit. La volupté et le mouvement sont donc des choses essentiellement différentes l'une de l'autre ; la volupté est du genre de celles qui sont entières et parfaites. C'est ce dont on peut se convaincre, en considérant qu'il n'est pas possible que le mouvement s'exécute sans la condition du temps ; au lieu que le plaisir existe indépendamment de cette condition ; car celui qu'on éprouve dans le moment actuel est quelque chose de complet et d'entier. Ce qui prouve aussi que l'on a tort de dire que le plaisir soit mouvement

---

(2) Voyez *Auscultat. Physic.* l. 3, c. 5, etc.

ou génération ; car cela ne saurait se dire que des choses qui sont divisibles, et qui ne composent point un tout. Ainsi l'on ne peut pas dire de la vue qu'elle soit génération ; on ne peut le dire ni d'un point, ni d'une monade [unité] : aucune de ces choses n'est donc ni génération ni mouvement, et, par conséquent, la volupté ou le plaisir ; car il est un tout indivisible.

Comme chacun de nos sens agit sur l'objet propre à l'affecter, et comme un sens bien disposé agit d'une manière parfaite, quand il est affecté par le plus beau des objets propres à faire impression sur lui (car c'est là surtout ce qui semble constituer la perfection de l'action, et peu importe qu'on attribue cette action au sens lui-même, ou à l'objet dont il est affecté), on peut conclure de là qu'en chaque genre, l'action la plus excellente est celle du sens le mieux disposé sur le plus admirable des objets soumis à son action. Elle sera donc aussi la plus parfaite et la plus agréable ; car chacun de nos sens est susceptible d'éprouver du plaisir, et l'on peut en dire autant de nos facultés de réflexion et de contemplation. L'action des sens la plus agréable est donc la plus parfaite, et la plus parfaite est celle du sens le mieux disposé par rapport à ce qu'il y a de plus accompli parmi les objets dont il reçoit les impressions. Cependant, c'est le plaisir qui rend l'action parfaite, mais non pas de la même manière que l'objet sensible rend le sens parfait, quand l'un et l'autre sont dans une condition ou situation convenables ; de même que la santé et le médecin ne sont pas des causes qui contribuent, en même manière, à la guérison.

Au reste, il est évident que le plaisir nous arrive par tous les sens, puisque nous appelons agréables certaines sensations de la vue et de l'ouïe; et il n'est pas moins évident qu'il sera d'autant plus vif que la sensation elle-même aura plus de vivacité, et qu'elle sera excitée par un objet de ce genre; et tant que l'objet sensible et l'être capable de sentir seront dans une telle condition, le plaisir ne saurait manquer de naître, puisque la cause propre à le produire et l'être capable de l'éprouver seront en présence. Cependant, le plaisir ne rend pas l'action complète, comme le ferait une disposition innée, mais comme une fin, un complément qui survient [s'il le faut ainsi dire] comme la beauté chez ceux qui sont dans la fleur de l'âge (3); et tant que l'objet des sens ou celui de l'intelligence d'une part, et de l'autre la faculté de juger, ou la faculté de contemplation, seront ce qu'ils doivent être, l'activité sera une source de plaisirs. Car l'être destiné à recevoir l'impression, et l'objet destiné à la

---

(3) L'auteur veut parler ici de ce degré de maturité, s'il le faut ainsi dire, dans le développement des formes, et dans l'effet résultant de l'ensemble des traits qui constituent la beauté, et qui ne se manifeste qu'à cette époque de la vie qu'on désigne chez nous par l'expression de *fleur de l'âge*, expression que nous avons empruntée de la langue latine. Par exemple, Velleius Paterculus (*Hist.* l. 2, c. 29) dit, en parlant de Pompée: *Fuit huic formā excellens, non ea qua flos commendatur ætatis, sed ex dignitate constanti.*

produire, étant semblables, et disposés de la même manière, à l'égard l'un de l'autre, il en doit naturellement résulter le même effet.

Comment donc n'y a-t-il personne qui jouisse d'un plaisir constant? C'est que l'homme est faible, et que tout ce qui tient à l'humanité ne saurait être dans un état d'activité continuelle. Il n'y a donc point de plaisir [continuel] : car le plaisir suit l'action; certains objets nous plaisent, quand ils sont nouveaux; mais ensuite ils ne nous plaisent plus autant, par la même cause. En effet, d'abord l'esprit s'y arrête, et y applique avec ardeur toute son activité, comme on applique sa vue quand on regarde avec attention : bientôt il n'y a plus une aussi grande énergie d'action; mais on se relâche, et le plaisir a aussi moins de vivacité.

On pourrait croire que tous les hommes désirent le plaisir, parce que tous aiment la vie; car elle est un genre particulier d'activité, et chacun en montre davantage pour les choses qu'il aime, et par l'espèce particulière de facultés qui peuvent s'y appliquer, comme le musicien, par l'ouïe, pour les chants et la mélodie; l'homme avide d'instruction, par l'esprit, pour les contemplations ou les propositions générales, et ainsi du reste pour chaque genre. Mais le plaisir qu'ils trouvent à exercer leurs facultés en perfectionne les actes; et c'est lui, par conséquent, qui rend plus parfaite la vie dont nous venons de voir que tous les hommes sont avides. C'est donc avec raison qu'ils sont aussi avides du plaisir; car c'est lui qui rend plus parfaite, pour chaque individu, cette vie que la nature lui rend si désirable. Mais est-ce le plaisir qui fait aimer la vie, ou la vie qui fait aimer le plaisir? Nou n'examinerons point cette question, quant à présent; car ces deux choses semblent unies par un lien indissoluble, puisqu'il n'y a point de plaisir sans action, et que c'est le plaisir qui donne à tous nos actes leur degré de perfection.

V. C'est pour cela qu'il semble y avoir différentes sortes de plaisirs, parce que nous croyons que les actes d'espèces diverses ne peuvent être exécutés que par des moyens différents, ainsi qu'on le voit dans les objets de la nature et dans ceux de l'art, comme animaux, arbres, tableaux, statues, palais, vases ou meubles. De même, il semble que les diverses espèces d'actions ne peuvent s'exécuter avec perfection que par des facultés d'espèce différente. Or, les actes de l'intelligence diffèrent de ceux des sens, et [dans chaque genre] ils diffèrent d'espèce, les uns à l'égard des autres, et, par conséquent aussi, les plaisirs qui les rendent parfaits. C'est ce qu'on peut voir par l'union intime qui existe entre les divers plaisirs et chacun des actes à la perfection desquels ils contribuent, puisque le plaisir qui se joint à un acte lui donne un nouveau degré d'énergie. Car on juge mieux des choses, et on les exécute avec plus de précision et de succès, quand on y trouve du plaisir. Ainsi, ceux qui trouvent du plaisir à l'étude de la géométrie, deviennent plus habiles géomètres; ils saisissent et comprennent mieux les détails [d'une démonstration]. Il en est de même de ceux qui aiment la poésie, l'architecture, ou tout autre genre de travaux et d'occupations; chacun d'eux fait des progrès, ou obtient des succès, dans le genre auquel il s'applique, parce qu'il y trouve du plaisir. Ce plaisir s'accroît donc en même temps [que le talent qu'il perfectionne]: or, les choses qui ont un progrès commun, ont entre elles une union naturelle; et si les unes diffèrent d'espèce, les autres en différeront également.

Ceci paraîtra plus évident encore par la difficulté qu'on trouve à exécuter les actes d'une espèce, quand on est vivement touché des plaisirs d'une espèce différente. Car ceux qui aiment à entendre jouer de la flûte, ne peuvent être attentifs à la conversation, pendant que quelqu'un joue de cet instrument, prenant plus de plaisir à ce dernier genre d'action qu'à celle qu'ils font actuellement. Le plaisir que leur donne l'art du joueur de flûte dégrade donc et corrompt, pour ainsi dire, en eux l'action de la conversation. La même chose a lieu, dans d'autres circonstances, lorsqu'on s'occupe de deux choses à la fois : car celle qui plaît davantage détourne notre attention de l'autre, et cela d'autant plus que le plaisir que nous donne la première est plus grand; de sorte que nous sommes tout-à-fait inertes, s'il le faut ainsi dire, par rapport à l'autre. Voilà pourquoi, quand une chose nous cause un plaisir très-vif, nous ne pouvons nous décider à en faire une autre; et quand nous ne sommes que médiocrement intéressés par certains objets, nous faisons volontiers autre chose, comme il arrive à ceux qui ont coutume de manger des friandises dans le théâtre ; car ils prennent, pour cela, le moment où la scène est occupée par de mauvais acteurs.

Puis donc que le plaisir propre à certains actes leur donne de la précision, les rend plus parfaits et plus habituels, tandis que les plaisirs qui y sont étrangers, les rendent, au contraire, plus imparfaits, il est évident qu'ils diffèrent beaucoup les uns des autres. Car les plaisirs étrangers à la nature des actes, font presque le même effet que des peines qui seraient propres à ces mêmes actes, et dont l'effet est également de les détériorer ou de les dégrader. Par exemple, si un homme trouve de la peine à écrire, et un autre à suivre un calcul, ou un raisonnement, ou si cette occupation leur est désagréable, l'un ne voudra pas écrire, ni l'autre calculer ou raisonner, parce que ces actions leur sont pénibles. Les plaisirs et les peines propres à une nature d'actions ont donc, pour ces actions, des résultats tout-à-fait opposés. Or, j'appelle propres, les plaisirs ou les peines qui résultent immédiatement et nécessairement des actes eux-mêmes : mais les plaisirs étrangers à la nature des actes, produisent, comme je viens de le dire, à peu près le même effet que la peine ; car ils détériorent ces actes, mais non pas de la même manière [que la peine proprement dite].

Mais, puisque les actions diffèrent, selon qu'elles sont bonnes ou mauvaises, et puisqu'il faut préférer les unes et fuir les autres, tandis qu'il y en a qui sont indifférentes, il en doit être de même des plaisirs, car il y a un plaisir propre à chaque action; et, par conséquent, celui qui est propre à une action vertueuse, est un plaisir vertueux, et celui qui est propre à une mauvaise action, est vicieux. En effet, le désir de ce qui est honnête est toujours louable, tandis qu'on mérite le blâme, quand on désire ce qui est honteux et vil. Au reste, les plaisirs qui se joignent aux actes leur appartiennent plus proprement que les désirs. Car ceux-ci sont déterminés par le temps et par leur nature, au lieu que les autres accompagnent les actes, et sont tellement impossibles à distinguer ou à définir, qu'on ne saurait dire si l'acte et le plaisir ne sont pas une seule et même chose.

Toutefois il ne paraît pas que le plaisir soit une pensée ni une sensation; car cela serait absurde: mais, comme il est inséparable de l'une et de l'autre, quelques personnes croient qu'il est la même chose. Cependant, les plaisirs sont différents comme les actes. La vue diffère du toucher par la pureté et la netteté [des impressions], l'ouïe et l'odorat diffèrent du goût, et, par conséquent aussi, les plaisirs [que donnent ces sensations diverses] ne sont pas les mêmes; et ceux que produit la pensée, diffèrent également de ceux des sens, et les uns et les autres sont distingués entre eux.

Il semble aussi que chaque animal ait des plaisirs, comme des fonctions, qui lui sont exclusivement propres; car le plaisir tient à la nature des actes. C'est ce dont on peut se convaincre en observant chaque animal en particulier : car le plaisir du cheval n'est pas le même que celui du chien, ou de l'homme, comme le remarque Héraclite, lorsqu'il dit que « L'âne préfère l'herbe rude et gros-« sière à l'or », parce qu'en effet, le foin [ou les chardons] plaisent plus à cet animal que l'or. Ainsi donc il y a différence spécifique de plaisirs pour les animaux d'espèces différentes, et l'on a tout lieu de croire que, pour les mêmes espèces d'animaux, les plaisirs sont aussi les mêmes.

Mais il n'en est pas ainsi, à beaucoup près, pour l'espèce humaine : les mêmes objets y plaisent aux uns, et y déplaisent aux autres; ils sont odieux et insupportables à ceux-ci, aimables et pleins de charmes pour ceux-là. Cela a lieu même pour les saveurs sucrées; car elles ne produisent pas la même impression sur l'homme malade et sur celui qui est en bonne santé; une température chaude, pour un homme faible et débile, ne l'est pas également pour celui qui est fort et vigoureux; et l'on peut appliquer la même observation à beaucoup d'autres choses.

Mais le vrai, le réel, semble devoir être, en général, ce qui paraît tel à l'homme sage et vertueux; et, si cette assertion est fondée (comme elle le semble, et comme elle l'est en effet), la vertu et l'homme de bien, en tant qu'il est tel, devront être comme la mesure de la réalité en tout genre (1).

---

(1) Voyez plus haut (l. 9, c. 4, et l. 3, c. 4). C'était (mais

Les plaisirs [véritables] seront ceux qui lui paraîtront des plaisirs ; les objets véritablement agréables, ceux qui lui plairont. Mais, si ceux qui lui déplaisent, paraissent faire plaisir à quelqu'un, il ne faut pas en être surpris : car l'homme est sujet à la dépravation ou à la corruption de bien des manières (2); et il n'y a que des êtres ainsi corrompus ou dépravés à qui de tels objets puissent paraître agréables.

Il ne faut donc pas hésiter à déclarer que ce qui est reconnu pour infame ne saurait être un plaisir que pour des hommes dépravés. Mais, entre les plaisirs qui semblent conformes à la vertu, quel est celui qu'il faut déclarer propre à l'homme ? Ne le doit-on pas reconnaître aux actions ? car les plaisirs en sont un accessoire indispensable. Soit donc qu'il n'y ait qu'une action unique, soit qu'il y en ait plusieurs qui appartiennent à l'homme vertueux et parfaitement heureux, les plaisirs propres à donner à de telles actions leur degré de perfection, pourront proprement être appelés les plaisirs de l'homme ; les autres ne mériteront ce nom que

---

dans un sens plus absolu, ou plus général,) la maxime du sophiste Protagoras : « L'homme est la mesure de tout. » Par où il entendait que les choses sont toujours et réellement, pour chaque homme, ce qu'elles lui semblent être. Doctrine que Platon a discutée avec beaucoup d'étendue dans le *Cratylus*, et surtout dans le *Theætetus*.

(2) Voyez, sur ce sujet, les sages et éloquentes réflexions de Cicéron, au commencement du troisième livre des *Tusculanes*.

d'une manière secondaire, ou relative, et non absolue, comme les actions auxquelles ils se joignent.

VI. Après avoir parlé des vertus, des amitiés et des plaisirs, il nous reste à traiter sommairement du bonheur, puisque nous admettons qu'il est la fin de toutes les choses humaines. Reprenant donc ce qui a été dit précédemment sur ce sujet, nous pouvons en donner une description ou définition plus abrégée. Or, nous avons dit qu'il n'est pas une habitude, ou une disposition; car alors il pourrait être le partage d'un homme enseveli toute sa vie dans un profond sommeil, et n'ayant qu'une existence purement végétative, ou de celui qui serait plongé dans les plus grandes infortunes. Si donc on ne saurait se contenter de cette définition, s'il faut plutôt faire consister le bonheur dans une certaine activité, comme on l'a dit précédemment, et si, entre les actions ou opérations, il y en a qui sont comme des moyens indispensables, et qu'on ne peut préférer que comme conduisant à quelque but ultérieur, et d'autres que l'on doit préférer pour elles-mêmes, il est évident qu'il faut ranger le bonheur dans cette dernière classe, et non pas dans celle des choses que l'on préfère pour une autre fin : car le bonheur n'a besoin de rien, mais se suffit à lui-même.

On peut regarder comme préférables par elles-mêmes, les actions dans lesquelles on ne cherche rien de plus que l'activité même : et telles sont, à ce qu'il semble, celles qui sont conformes à la vertu (car faire des choses honnêtes et vertueuses, est du nombre des actions préférables en elles-mêmes). [On peut aussi ranger dans cette classe] les divertissements ou les jeux agréables ; car on ne les préfère pas comme moyens d'arriver à d'autres choses : au contraire, ils sont plutôt nuisibles qu'utiles, nous faisant négliger le soin de notre santé et celui de notre fortune. Cependant, la plupart de ceux dont on vante la félicité ont recours à de tels amusements, et c'est ce qui fait que les hommes qui s'y montrent ingénieux, et qui savent s'y prêter, jouissent d'une grande considération auprès des tyrans. Car ceux-ci se montrent favorables et bienveillants dans les choses qui sont l'objet de leurs désirs ; ils ont besoin de pareilles distractions, et elles passent pour des moyens de bonheur, parce qu'on voit que les hommes élevés au pouvoir en sont incessamment occupés.

Mais peut-être n'est-ce pas là une preuve [en faveur de cette opinion] ; car ni la vertu ni l'esprit ou l'intelligence, d'où procèdent les actions honorables et dignes d'estime, ne se trouvent dans l'exercice d'une grande puissance : et, parce que ceux qui la possèdent, faute d'avoir jamais connu le charme d'une volupté pure et digne d'un homme libre, ont recours aux plaisirs des sens, ce n'est pas un motif pour croire qu'ils méritent, en effet, la préférence. Car, enfin, les enfants aussi s'imaginent que les choses qui les intéressent ont réellement une grande importance. Il est donc raisonnable et juste, puisque les choses qui méritent l'estime des hommes d'un âge mûr, sont tout autres que celles qui intéressent l'enfance, qu'il y ait également quelque différence entre les goûts des gens de mérite ou de vertu, et ceux des hommes vils ou méprisables. Or, comme on l'a déja dit bien des fois (1), il n'y a de réellement important et agréable que ce qui l'est aux yeux de l'homme de bien : mais les actions que chacun préfère à toutes les autres, sont celles qui sont le plus conformes à sa nature et à ses dispositions propres ; et, par conséquent, celles qui obtiennent la préférence de l'homme vertueux, sont les actions conformes à la vertu.

Le bonheur ne se trouve donc pas dans de frivoles amusements : car il serait absurde d'en faire le but de toute sa vie, de ne s'occuper et de ne prendre de la peine que dans la vue de s'amuser. Il n'y a rien, pour ainsi dire, que nous ne recherchions en vue de quelque autre chose, excepté le bonheur, parce qu'il est la fin, ou le but, par excellence. Ce serait donc une sorte de stupidité, et une puérilité excessive, que de ne se proposer, dans ses travaux et dans ses occupations les plus sérieuses, d'autre objet que l'amusement. « Jouer, afin d'être « capable des occupations sérieuses, » comme dit Anacharsis, est, ce semble, une maxime fort sage ;

---

(1) Voyez l. 1, c. 8 ; l. 3, c. 4 ; l. 9, c. 6.

car le jeu est une sorte de délassement, et l'on en a besoin, parce qu'on ne peut pas travailler sans cesse. Mais le délassement n'est pas un but, puisqu'au contraire, il est une préparation à l'action. D'ailleurs, on regarde ordinairement comme heureuse une vie conforme à la vertu; or, une telle vie est accompagnée de travail et d'étude, et ne se compose pas toute de divertissements ou de frivoles jeux. L'on dit encore, en général, que les choses sérieuses valent mieux que celles qui ne sont que plaisantes ou amusantes; et l'on regarde les actes de la partie de notre être la plus précieuse (2), ou ceux de l'homme le plus estimable, comme des actes plus sérieux; or, ce qui appartient à un être plus digne d'estime et meilleur, est dès-lors plus précieux et plus propre à nous rendre heureux. Enfin, tout individu, quel qu'il soit d'ailleurs, même un esclave, est aussi capable de jouir des plaisirs des sens que l'homme le plus vertueux. Mais nul homme ne peut faire entrer un esclave en partage du bonheur (3), s'il ne lui fait adopter aussi le genre de vie qui le donne; car ce n'est pas dans de tels

---

(2) Celle qui, suivant notre philosophe, est le siége de la raison. Voyez l. 1, c. 13; l. 6, c. 1 et 5; et la *Politique*, l. 7, c. 13.

(3) Aristote explique, dans la *Politique* (l. 7, c. 13), pourquoi un esclave ne peut jamais être heureux, et très-rarement être vertueux: c'est qu'il ne s'appartient pas à lui-même, et que, suivant un proverbe grec qu'il cite à cette occasion, « IL « N'Y A POINT DE LOISIR POUR UN ESCLAVE. »

passe-temps que consiste le bonheur, mais dans les actes qui sont conformes à la vertu, comme on l'a déja dit.

VII. Mais, si le bonheur est une manière d'agir toujours conforme à la vertu, il est naturel de penser que ce doit être à la vertu la plus parfaite, c'est-à-dire, à celle de l'homme le plus excellent. Que ce soit donc l'esprit, ou quelque autre principe auquel appartient naturellement l'empire et la prééminence, et qui semble comprendre en soi l'intelligence de tout ce qu'il y a de sublime et de divin; que ce soit même un principe divin, ou au moins ce qu'il y a en nous de plus divin, le parfait bonheur ne saurait être que l'action de ce principe dirigée par la vertu qui lui est propre; et nous avons déja dit qu'elle est purement spéculative, ou contemplative (1). Au reste, cela semble s'accorder entièrement avec ce que nous avons dit sur ce sujet, et avec la vérité : car cette action est, en effet, la plus puissante, puisque l'entendement est ce qu'il y a en nous de plus merveilleux, et qu'entre les choses qui peuvent être connues, celles qu'il peut connaître sont les plus importantes. Son action est aussi la plus continue; car il nous est plus possible de nous livrer, sans interruption, à la contemplation, que de faire sans cesse quelque chose que ce soit. Nous pensons aussi qu'il faut que le bonheur

---

(1) Ci-dessus, l. 1, c. 5, 12 et 13; l. 6, c. 12. A quoi l'on peut ajouter ce qui concerne le même sujet, dans la *Politique* (l. 7, c. 2—3), et dans la *Métaphysique* (l. 1, c. 1—2).

soit accompagné et, pour ainsi dire, mêlé de quelque plaisir : or, entre les actes conformes à la vertu, ceux qui sont dirigés par la sagesse sont incontestablement ceux qui nous causent le plus de joie; et, par conséquent, la sagesse semble comprendre en soi les plaisirs les plus ravissants par leur pureté et par la sécurité (2) qui les accompagne; et il n'y a pas de doute que les hommes instruits passent leur temps d'une manière plus agréable que ceux qui cherchent et qui ignorent.

D'un autre côté, ce qu'on a appelé la condition de se suffire à soi-même se trouve surtout dans la vie contemplative : car l'homme juste et sage a besoin, comme tous les autres hommes, de se procurer les choses nécessaires à l'existence; mais, entre ceux qui en sont suffisamment pourvus, l'homme juste a encore besoin de trouver des personnes envers qui et avec qui il puisse pratiquer la justice, et il en sera de même de celui qui est tempérant ou courageux, ou qui possède telle ou telle autre vertu particulière; au lieu que le sage, même dans l'isolement le plus absolu, peut encore se livrer à la contemplation, et le peut d'autant plus qu'il a plus de sagesse. Peut-être néanmoins le pourrait-il mieux s'il associait d'autres personnes à ses travaux; mais il est pourtant de tous les hommes celui qui peut le plus se suffire à lui-même. D'ailleurs,

---

(2) « *Pureté*, parce qu'elle est entièrement détachée de la « matière; *sécurité* ou *solidité*, parce qu'elle s'applique à des « objets constants et immuables. » (*Paraphr.*)

la vie contemplative seule semble pouvoir nous charmer par elle-même, puisqu'elle n'a point d'autre résultat que la contemplation, tandis que, dans la vie active, il y a toujours, outre l'action, quelque produit dont on est plus ou moins obligé de s'occuper.

Il semble aussi que le bonheur consiste dans le loisir; car nous ne travaillons que pour nous procurer du loisir, et nous faisons la guerre pour obtenir la paix. Aussi est-ce dans les travaux de la guerre et de l'administration que se manifeste l'activité des vertus pratiques; et les actions de cette espèce ne laissent aucun moment de loisir, surtout les actions militaires. Car il n'y a personne qui veuille se préparer à la guerre, et la faire uniquement pour le plaisir de la faire; ce serait une horrible scélératesse que de semer la haine et la discorde entre des amis, afin de susciter entre eux des combats et des meurtres. Mais le bonheur de l'homme chargé de la conduite des affaires publiques lui laisse bien peu de loisirs, et, outre les soins de l'administration, il est sans cesse occupé à acquérir de la puissance et des honneurs, ou à se procurer à lui-même et à ses concitoyens un bonheur tout différent de celui que donne la vie purement contemplative (3), et que nous cherchons:

---

(3) J'ai adopté ici la leçon que donnent les scholies d'Eustratius, citées par Mr Zell, et qui me semble bien plus conforme à la suite des idées de l'auteur, dans tout ce chapitre, que la leçon des éditions ordinaires. Voyez les *Remarques* de Mr Coray, p. 334 de l'édition grecque de ce traité.

il est évident que c'est une tout autre espèce de bonheur.

Si donc, entre les actions qui sont conformes à la vertu, celles d'un homme livré aux travaux de l'administration et de la guerre, l'emportent par leur éclat et par leur importance, mais ne laissent aucun moment de loisir, tendent toujours à quelque but, et ne sont nullement préférables par elles-mêmes, tandis que l'activité de l'esprit, qui semble être d'une nature plus noble, étant purement contemplative, n'ayant d'autre fin qu'elle-même, et portant avec soi une volupté qui lui est propre, donne plus d'énergie [à nos facultés]; si la condition de se suffire à soi-même, un loisir exempt de toute fatigue corporelle (autant que le comporte la nature de l'homme), et tous les autres avantages qui caractérisent la félicité parfaite, sont le partage de ce genre d'activité : il s'ensuit que c'est elle qui est réellement le bonheur de l'homme, quand elle a rempli toute la durée de sa vie; car rien d'imparfait ne peut être compté parmi les éléments ou conditions du bonheur.

Cependant, une telle vie serait au-dessus de la condition humaine; car ce n'est pas comme homme qu'on pourrait vivre ainsi, mais comme ayant en soi quelque chose de divin; et autant ce principe est supérieur à ce qui est composé [d'un corps et d'une ame], autant l'opération [qui lui appartient exclusivement] est au-dessus de celles qui dépendent des facultés d'un autre ordre. Or, si l'esprit est quelque chose de divin par rapport à l'homme, de même une telle vie est divine par rapport à la vie de l'homme. Il ne faut donc pas suivre le conseil de ceux qui veulent qu'on n'ait que des sentiments conformes à l'humanité, parce qu'on est homme, et qu'on n'aspire qu'à la destinée d'une créature mortelle, puisqu'on est mortel (4); mais nous devons nous appliquer, autant qu'il est possible, à nous rendre dignes de l'immortalité, et faire tous nos efforts pour conformer notre vie à ce qu'il y a en nous de plus sublime. Car, si ce principe divin est petit par l'espace qu'il occupe, il est, par sa puissance et par sa dignité, au-dessus de tout. On est même autorisé à croire que c'est lui qui constitue proprement chaque individu (5), puisque ce qui commande est aussi d'un plus grand prix; par conséquent, il y aurait de l'absurdité à ne le pas prendre pour guide de sa vie, et à lui préférer quelque autre principe. Et ceci s'accorde tout-à-fait avec ce que nous avons dit précédemment; car ce qu'il y a de propre à la nature de chaque être [avons-nous dit], est aussi ce qu'il y a de plus agréable pour lui, et ce qu'il y a de plus précieux : or, c'est ce que doit être pour l'homme une vie dirigée par l'intelligence ou par l'esprit, s'il est vrai que lui-même soit essentiellement esprit ou

---

(4) Aristote répète cette sentence dans sa *Rhétorique* (1. 2, c. 21). Mais elle y est plus explicitement énoncée, et comme une citation de quelque poète. On croit que c'est un vers d'Épicharme.

(5) Voyez ci-dessus, l. 9, c. 8.

intelligence. Une telle vie (6) est donc, en effet, la plus complètement heureuse.

VIII. On peut placer au second rang la vie conforme aux autres vertus [ou aux vertus morales] : car les actions auxquelles elles donnent lieu sont purement humaines, puisque la justice, le courage et les autres vertus que nous pratiquons dans les transactions mutuelles, dans les affaires, et dans les circonstances de tout genre où nos passions interviennent, observant, à l'égard de chaque personne, ce qui est convenable, sont toutes choses qui composent la vie humaine. Il semble aussi que, dans bien des cas, les affections ou impressions purement corporelles exercent quelque influence, et que souvent la vertu morale a une affinité très-grande avec les passions; la prudence s'associe également à cette même vertu morale, et celle-ci à la prudence (1), s'il est vrai que les principes de cette faculté ou habitude sont conformes à ce genre de vertus; d'un autre côté, ce que celles-ci ont de régulier, l'est à la prudence : or, ces choses étant indissolublement unies, ne peuvent se trouver que dans un sujet complexe; elles sont donc les vertus ou propriétés d'un être composé, elles sont donc purement humaines; et, par conséquent, il en faut dire autant de la vie qui y est conforme, et aussi

---

(6) Conforme à la raison, ou aux *vertus intellectuelles*, selon l'expression d'Aristote.

(1) Voyez ci-dessus ce que notre auteur dit de la prudence, l. 6, c. 5.

du bonheur, tandis que celui de l'esprit ou de l'intelligence existe, pour ainsi dire, à part. Mais c'en est assez sur cet article; car une discussion plus exacte et plus étendue n'appartient point au sujet que nous traitons.

Au reste, [le bonheur de la vie contemplative] ne semble exiger que peu des biens extérieurs, ou paraît en exiger moins que le bonheur qui résulte de la vertu morale. Supposons, en effet, dans l'un et l'autre genre de vie, un égal besoin des biens nécessaires : car, quoique l'homme appelé à des fonctions publiques ait à supporter plus de fatigues corporelles, et d'autres choses de cette espèce, il n'y aura pas au fond une grande différence; mais il y en aura une très-grande par rapport aux actions. En effet, il faudra beaucoup d'argent au libéral pour exercer sa libéralité, à l'homme juste pour fournir aux compensations [qui peuvent rétablir l'égalité]; car la volonté ne se voit pas, et ceux qui ne sont pas justes feignent souvent de vouloir pratiquer la justice. Il faudra à l'homme courageux une certaine puissance pour accomplir certains actes de courage; et il faudra au tempérant des moyens et des occasions [d'exercer la tempérance]; car, enfin, comment pourra-t-il, lui, ou tout autre, dans le même cas, se faire connaître pour ce qu'il est?

Cependant, on demande si l'intention est plus essentielle à la vertu que les actes, attendu qu'elle consiste dans ces deux choses. Il est visible qu'elle n'existe complètement qu'avec ces deux conditions;

mais, pour exécuter les actes, on a besoin de beaucoup de choses, et plus ils sont généreux et imposants, plus il faut de moyens. Celui qui se livre à la vie contemplative, au contraire, n'a nul besoin de tout cela pour exercer ses fonctions; ce seraient même, pour ainsi dire, des obstacles, du moins à la pure contemplation. Toutefois, en tant qu'homme, il préfère d'exécuter les actes conformes à la vertu, et, par conséquent, il aura besoin de toutes ces ressources [des biens extérieurs] pour remplir les fonctions d'homme.

Mais voici de quoi nous convaincre que le parfait bonheur est une sorte d'énergie ou d'activité purement contemplative. En effet, nous avons reconnu que ce sont les Dieux surtout qui jouissent d'une félicité absolue et sans bornes : or, quelles actions faudra-t-il leur attribuer? des actes de justice? Ne serait-il pas ridicule de se les représenter contractant des engagements, restituant des dépôts, et faisant d'autres choses de ce genre? Supposera-t-on qu'ils font des actes de courage, qu'ils affrontent le péril, ou s'exposent aux dangers, parce que cela est beau et honorable, ou qu'ils pratiquent la libéralité? Mais à qui feront-ils des présents? Il serait absurde de supposer qu'ils ont de l'argent monnayé, ou quelque chose de pareil. Que sera-ce si l'on suppose qu'ils sont tempérants? Ne serait-ce pas un grossier outrage envers les dieux, que de les louer de ce qu'ils n'ont pas des désirs honteux? En un mot, si l'on considère en détail toutes les actions [des hommes], on les trouvera basses, petites, et indignes de la majesté des Dieux (2).

Cependant, tout le monde croit qu'ils existent, qu'ils vivent, et, par conséquent, qu'ils agissent; car apparemment ils ne dorment pas sans cesse, comme Endymion. Or, si l'on ôte à un être vivant la faculté d'agir, et plus encore celle de créer ou de produire, que lui reste-t-il, que la pure contemplation? de sorte que l'activité de Dieu, si éminente par la félicité qui l'accompagne, ne saurait être qu'une énergie purement contemplative (3); et, par conséquent, entre les facultés humaines, celle qui a le plus de rapport ou d'analogie avec celle-là, est aussi la source du plus parfait bonheur.

---

(2) Voyez des réflexions à peu près semblables, et exprimées à peu près de la même manière, dans Cicéron *De Nat. Deor.* l. 3, c. 15. — Voy. aussi Sextus Empiricus, adv. *Mathemat.* p. 336.

(3) On a remarqué une sorte de contradiction entre ce passage d'Aristote, et ce qu'il dit dans sa *Politique* (l. 7, c. 3, § 6); « Que c'est à peine si l'on peut regarder comme un avantage de « la nature de Dieu et de celle du monde, qu'ils n'aient à exercer « aucune action extérieure, ou étrangère à celle qui leur est « propre. » M*r* Schneider, dans son commentaire sur ce passage de la *Politique*, essaie vainement de concilier les deux propositions de notre philosophe, parce que lorsqu'on hasarde des assertions sur ce qui est entièrement inconnu, et impossible à connaître, il est difficile de ne pas tomber dans quelque contradiction. Nous ne connaissons que très-imparfaitement la nature humaine; comment pourrions-nous connaître la nature de Dieu?

Ce qui le prouve, c'est que les autres animaux, qui sont entièrement privés d'une pareille activité, ne participent point au bonheur : car la vie des Dieux est un état de félicité constante et parfaite; celle des hommes n'est heureuse qu'autant qu'elle ressemble en quelque chose à une telle activité, tandis qu'aucun autre animal ne peut goûter le bonheur, précisément parce qu'il n'est jamais capable de contemplation. Par conséquent, le bonheur s'étend ou s'augmente à proportion de la faculté contemplative; et plus on la possède à un degré éminent, plus aussi l'on est heureux, non pas par accident ou d'une manière indirecte, mais par le fait même de la contemplation : car elle est par elle-même d'un grand prix, en sorte qu'on pourrait dire que le bonheur est, pour ainsi dire, une sorte de contemplation.

Cependant, l'homme ne saurait se passer de l'aisance qui tient aux biens extérieurs : car la nature humaine est incapable de se suffire à elle-même dans l'exercice de sa faculté contemplative; il faut encore que le corps jouisse de la santé, qu'il puisse se procurer les aliments, et toutes les autres ressources nécessaires. Mais, d'un autre côté, quoiqu'il n'y ait point de félicité possible sans les biens extérieurs, il ne faut pas s'imaginer que, pour être heureux, l'on ait besoin de ces biens en grande abondance, et des plus précieux. Car ce n'est pas dans l'excès que se trouve la mesure suffisante, ni les moyens de se procurer les services ou les produits dont on a besoin. On peut, au contraire, faire tout ce qui est honnête et honorable, sans posséder l'empire de la terre et de la mer, et même, avec une fortune médiocre, agir d'une manière conforme à la vertu. C'est ce dont il est facile de se convaincre, en considérant que les simples particuliers ne sont pas moins en état que les souverains de faire des actions vertueuses; ils le sont même plus, et il leur suffit d'en avoir les moyens ; car quiconque fait de telles actions ne peut manquer de vivre heureux.

Aussi Solon semble-t-il avoir parfaitement défini ce que c'est qu'un homme heureux, quand il a dit que c'est celui qui, médiocrement pourvu des biens de la fortune, a trouvé moyen de faire les plus belles actions, et a vécu avec sagesse et modération (4). Car il est possible, dans une condition médiocre, de faire tout ce qu'on doit : et Anaxagoras ne paraît pas avoir regardé la richesse et la puissance comme des conditions nécessaires au bonheur, lorsqu'il a dit qu'il ne serait pas surpris qu'un homme [qui dédaignerait ces biens] ne passât pour insensé dans l'esprit du vulgaire (5), qui

---

(4) Ceci se rapporte à un entretien que, suivant Hérodote, Solon eut avec Crésus, roi de Lydie, au sujet du bonheur. On le trouve dans l'historien grec (l. 1, c. 29—32).

(5) Ailleurs (*Eudem.* l. 1, c. 4) Aristote s'exprime ainsi : « Quelqu'un demandant à Anaxagoras quel était le plus heureux « des hommes : — Ce n'est aucun de ceux que tu crois, répon- « dit-il ; mais c'est quelqu'un qui te semblerait bien bizarre. — « Il répondit de cette manière, parce qu'il voyait que celui qui « lui avait fait cette question pensait qu'on ne saurait mériter

n'en juge que par les circonstances extérieures, n'étant capable d'être frappé que par elles. Au reste, les opinions des sages confirment très-bien ces raisonnements; et sans doute cela est fait pour leur concilier l'assentiment des hommes : mais, quant aux règles de conduite, c'est surtout par les faits et par la manière de vivre que l'on juge de leur vérité, car c'est là ce qu'il y a d'essentiel. Mais il faut considérer avec attention ce qui a été dit dans tout ce Traité, et y rapporter les actions et toute la suite de la vie; les approuver quand elles sont d'accord avec la doctrine, et, quand elles ne s'accordent pas, n'y voir que des paroles et des raisons frivoles.

Quant à l'homme dont les actions sont dirigées par l'intelligence, et qui cultive soigneusement sa raison, on peut le considérer comme ayant reçu de la nature les dispositions les plus précieuses, et comme le plus digne de la faveur des Dieux. Car, s'il est vrai qu'ils prennent quelque soin des affaires humaines, comme il le semble, il y a lieu de croire qu'ils prennent plaisir à voir ce qu'il y a au monde de plus excellent et de plus analogue à leur nature (or, ce ne peut être que l'esprit ou l'entendement), et qu'ils récompensent par leurs bienfaits ceux qui savent en connaître le prix et s'y attacher avec

---

« d'être appelé heureux, qu'autant qu'on est ou riche, ou élevé
« en dignité, ou beau. Et peut-être croyait-il lui-même que
« celui qui vit exempt de peines, et pur de toute injustice,
« occupé de méditations sublimes, est celui qu'on peut, comme
« homme, estimer véritablement heureux. »

le plus de zèle, comme des hommes qui honorent et cultivent ce qu'ils aiment eux-mêmes. Or, il est évident que, c'est le sage surtout qui réunit toutes ces conditions; il est donc celui que les Dieux chérissent plus que tous les autres hommes, et, par conséquent, il doit jouir de la plus grande félicité; de sorte que, dans un tel état de choses, le sage surtout doit être heureux.

IX. Si nous en avons dit assez sur ce sujet, sur celui de la vertu, sur l'amitié et sur la volupté, pour en donner une idée sommaire et générale, devons-nous croire que nous ayons accompli notre dessein; ou n'a-t-on pas raison de dire, quand il est question des facultés actives, que le but qu'on doit se proposer n'est pas de connaître et de considérer simplement chaque espèce d'actions, mais bien plutôt de se mettre en état de les pratiquer? Car il ne suffit pas de savoir ce que c'est que la vertu, il faut la posséder et s'efforcer d'en faire usage. Ou bien, y aurait-il quelque autre manière de devenir homme de bien? Assurément, si les discours suffisaient pour nous rendre vertueux, ils auraient droit à de grandes et magnifiques récompenses, comme dit Théognis (1), et il ne faudrait pas les leur refuser. Mais malheureusement ils n'ont de force que pour encourager et exciter les jeunes

---

(1) Voy. *Theogn. Sentent.* vs. 426. « Si Dieu, dit ce poète, « avait accordé aux fils d'Esculape le don de guérir les vices et « la pauvreté des hommes, quelles magnifiques récompenses ne « mériteraient-ils pas ?

gens, doués d'un esprit libéral (2), d'un caractère généreux, et qui sont véritablement épris de l'amour du beau, et pour les attacher invariablement à la vertu. Il semble que, d'ailleurs, ils soient impuissants à la faire naître dans les ames vulgaires. Car celles-ci ne sont pas naturellement disposées à obéir à la voix de l'honneur ; elles cèdent plutôt à la crainte ; c'est le châtiment plus que le sentiment de la honte, qui peut les forcer à s'abstenir de ce qui est honteux et méprisable. C'est que la plupart des hommes vivant sous l'empire des passions, poursuivent avec ardeur les plaisirs propres à chacune d'elles, ou les moyens de se les procurer, et fuient les peines qui y sont opposées ; mais, n'ayant jamais connu par expérience ce que c'est que le beau, et le plaisir véritable, ils n'en ont pas même l'idée. Quel raisonnement pourrait donc ramener à la règle des hommes de ce caractère ? Car il n'est pas possible, ou du moins il est fort difficile à la raison de réformer des vices qui se sont dès longtemps comme fondus dans les mœurs, et peut-être doit-on se contenter, quand on réunit tous les moyens qui sont regardés comme propres à nous

---

(2) Il y a proprement, dans le grec : « Les jeunes gens qui « sont *libéraux*; » car le mot ἐλευθέριος (libéral), signifie plus spécialement celui qui a des sentiments dignes d'un homme né libre, par opposition à ceux des hommes nés dans l'esclavage, qu'on appelait ἀνδραποδώδεις (serviles). Dans le langage des moralistes grecs, tout homme asservi à ses passions, ou qui se fait l'instrument de celles des autres, est appelé *servile*.

rendre vertueux, si l'on parvient à posséder quelque vertu.

On croit qu'il y a des hommes qui sont naturellement vertueux, que d'autres le deviennent par habitude, et d'autres par l'effet de l'instruction: mais il est évident qu'il ne dépend pas de nous de l'être par nature, et que c'est un privilége que des hommes véritablement favorisés de la fortune tiennent de quelque cause divine. Quant à la raison et à l'instruction, on peut craindre qu'elles n'aient pas la même force ou la même influence sur tous les hommes, et peut-être faut-il que l'ame de celui qui doit recevoir leurs préceptes, comme une terre destinée à nourrir la semence qu'on lui confie (3), ait été formée d'avance, par de bonnes habitudes, à concevoir des sentiments d'amour ou d'aversion conformes à la vertu.

En effet, celui qui est soumis à l'empire des passions ne peut guère entendre ni comprendre les raisons destinées à l'en détourner; et, dans cet état, comment le faire changer de sentiments? Car, en général, la passion est plutôt disposée à céder à la force qu'à la raison. Il faut donc d'abord que l'on ait des mœurs appropriées, en quelque sorte, à la vertu, qu'on ait de l'amour pour ce qui est honnête, de l'aversion pour ce qui est honteux et

---

(3) Comparaison employée aussi, et plus développée dans un petit écrit intitulé *Loi d'Hippocrate*, § 3, p. 124 de l'édition et de la traduction donnée par Mr Coray, en 1816, en un vol. in-8° publié aux frais des habitants de Scio.

bas : mais on ne saurait même guère être susceptible, dès la jeunesse, d'une bonne et sage éducation, et qui vous rende propre à la vertu, si l'on n'a pas été, pour ainsi dire, nourri sous de pareilles lois; car une vie sobre et austère n'a pas beaucoup d'attraits, surtout pour les jeunes gens. Voilà pourquoi les lois doivent prescrire la nourriture et les diverses occupations qui leur sont convenables; car elles n'auront plus rien de pénible pour eux, quand ils en auront contracté l'habitude.

Cependant, peut-être n'est-ce pas assez de donner aux jeunes gens une bonne éducation, et de les surveiller avec attention; mais, puisqu'il faut qu'ils s'exercent eux-mêmes, et qu'ils s'accoutument, quand ils seront devenus hommes [à pratiquer ce qu'on leur aura enseigné], on peut encore avoir besoin, pour cela, du secours des lois, et, en général, pour tout le temps de la vie : car le grand nombre se soumet plutôt à la nécessité qu'à la raison, et aux punitions qu'à l'honneur. Voilà pourquoi plusieurs sont persuadés que les législateurs doivent sans doute exhorter les hommes à la vertu, et les y exciter par des motifs d'honneur, parce que ceux qui y sont préparés par de bonnes habitudes, sauront entendre un pareil langage; mais il faut aussi imposer des peines et des châtiments à ceux qui sont rebelles à la loi, et qui ont des dispositions naturelles moins heureuses. Quant aux hommes d'une incurable perversité, il n'y a d'autre moyen que de les bannir entièrement. En effet, celui qui vit en honnête homme et qui a des sentiments vertueux, saura se montrer docile à la voix de la raison : mais l'homme vicieux, adonné aux voluptés, doit être châtié comme un vil animal; et c'est pour cela, dit-on, que l'on doit employer de préférence les peines qui sont le plus opposées aux plaisirs que recherche le coupable.

Au reste, si, comme je viens de le dire, il faut que l'homme destiné à devenir vertueux ait été élevé sagement, et ait contracté de bonnes habitudes; s'il doit, de plus, continuer à mener une vie sage et réglée, sans jamais se permettre, à dessein ou malgré lui, aucune action répréhensible, cela ne peut se faire qu'autant que sa conduite sera assujettie aux lois de l'intelligence ou de l'esprit, et à un certain ordre appuyé de la force convenable. Or, l'autorité paternelle n'a point cette force irrésistible qui ressemble à la nécessité; elle ne se trouve pas même dans l'autorité d'un seul individu, à moins qu'il ne soit roi, ou quelque chose de pareil : il n'y a que la loi qui soit revêtue de cette puissance coërcitive, puisqu'en général, on hait ceux qui s'opposent à nos désirs, même quand ils ont de justes motifs pour le faire; au lieu que la loi n'excite aucun sentiment de haine, en prescrivant ce qui est honnête et sage. Mais ce n'est que dans l'état de Lacédémone que le législateur semble avoir donné quelque attention à l'éducation et aux occupations des citoyens (4), tandis que, dans la

---

(4) Voyez ce qu'Aristote dit ailleurs (*Politique*, l. 8, c. 1, § 3)

plupart des autres états, chacun vit comme il le juge à propos, *donnant, comme chez les Cyclopes, sa volonté pour loi à son épouse et à ses enfants* (5).

Une surveillance commune, un système d'éducation publique, est donc ce qu'il y a de meilleur, et surtout de pouvoir le mettre à exécution : mais, quand cette partie a été négligée dans les institutions publiques, il est convenable que chaque citoyen s'applique à rendre vertueux ses enfants et ses amis, ou au moins qu'il en ait l'intention ; et c'est à quoi il pourra, ce semble, réussir le mieux, d'après ce que nous venons de dire, en devenant lui-même capable de se faire législateur. Car les institutions communes s'établissent par des lois, et elles ne seront utiles et sages qu'autant que les lois elles-mêmes (écrites ou non écrites) seront bonnes. Et peu importe qu'un individu ou un plus grand nombre soient formés et instruits par elles, comme dans la musique et dans la gymnastique, et dans tous les autres objets d'enseignement. Car, de même que dans les républiques ce sont les mœurs et les institutions légales qui ont une véritable force, ainsi, dans les familles, ce sont les mœurs et les préceptes paternels. Les liens du sang et les bienfaits leur donnent même encore plus d'autorité ; car la nature a préparé, pour ainsi dire,

---

de la nourriture des enfants à Lacédémone. Voyez aussi Xénophon (*De Lacedem. Rep.* c. 2, § 2).

(5) Voyez l'*Odyssée* d'Homère, ch. IX, vs. 114.

les enfants à chérir la puissance paternelle, et à s'y rendre dociles.

Cependant, il y a encore une différence entre l'instruction donnée à chacun en particulier, et celle qui est commune à tous les citoyens, comme le prouve l'exemple de la médecine : car sans doute il est fort utile de prescrire, en général, la diète et le repos à un homme qui est tourmenté de la fièvre ; mais il y a peut-être tel individu à qui ce régime ne convient pas ; et l'athlète habile dans le pugilat ne conseillera peut-être pas également à tous ceux qui s'exercent en ce genre, d'adopter la même manière de combattre. Il semble aussi que chaque partie doit être traitée avec plus de précision, quand l'instruction est, pour ainsi dire, individuelle ; car chacun profite plus à part. D'ailleurs, un médecin, un maître de gymnastique, ou tout autre, donnera des soins très-utiles à un seul homme, s'il possède les principes généraux de son art, et s'il sait de plus ce qui convient à tels ou tels individus ; car les objets de la science sont appelés et sont, en effet, des objets généraux.

Il est possible, néanmoins, que, même sans avoir acquis des connaissances générales, l'on soit très-utile à quelque individu, seulement pour avoir observé attentivement les résultats des faits, et pour connaître par expérience chaque cas particulier, comme il arrive à certaines gens de pouvoir être d'assez bons médecins pour eux-mêmes, bien qu'il leur fût impossible d'être d'aucune ressource pour d'autres. Et quand on veut devenir habile dans la spéculation, ou dans la théorie de quelque art, peut-être n'est-il pas moins nécessaire d'acquérir des connaissances générales aussi étendues qu'il est possible, puisque c'est en cela, comme on vient de le dire, que consiste la science. Enfin, peut-être aussi doit-on s'appliquer à se rendre habile dans la science de la législation, quand on entreprend de rendre les hommes, soit en petit soit en grand nombre, meilleurs qu'ils ne sont, puisque c'est par les lois qu'ils peuvent le devenir. Car il n'appartient pas à tout le monde de disposer ou de former à la vertu un individu quel qu'il soit; mais, s'il y a quelqu'un qui en soit capable, ce ne peut être que celui qui possède cette science, comme cela a lieu pour la médecine, et pour toutes les autres sciences qui sont le résultat de l'application et d'une sorte de prudence.

Faut-il donc examiner, après cela, comment on pourra acquérir la science du législateur, et où l'on en puisera la connaissance? ou bien la trouvera-t-on, comme les autres, chez ceux qui s'occupent des affaires publiques? Car nous avons reconnu qu'elle est une partie de la politique : ou bien, dira-t-on qu'il n'en est pas de la politique comme des autres sciences et des autres facultés? attendu que dans celles-ci les mêmes hommes sont capables de transmettre leur savoir à d'autres, et de faire les actes qui en dépendent, comme les médecins et les peintres; au lieu que les sophistes promettent, il est vrai, d'enseigner la politique, mais il n'y en a pas un qui la pratique. Ce sont les chefs du gouvernement ou de l'administration que l'on pourrait regarder comme exerçant cette profession, au moyen d'une certaine faculté dont ils sont doués, et par expérience, plutôt que par un système de réflexions suivies. Car on ne les voit ni écrire ni discourir sur ce sujet, quoiqu'il y eût peut-être plus d'honneur à le faire qu'à prononcer des harangues, soit devant les tribunaux, soit devant le peuple.

On ne voit pas non plus qu'ils aient rendu leurs propres enfants, ou d'autres personnes pour qui ils avaient de l'affection, des politiques habiles. Il est pourtant probable qu'ils l'auraient fait, s'ils l'avaient pu faire, puisqu'ils n'auraient pu laisser, après eux, rien qui fût plus utile à leur patrie, et que, prisant la possession d'une pareille puissance plus que tout au monde, il n'y a rien, par conséquent, qu'ils eussent autant souhaité de transmettre aux personnes qui leur étaient le plus chères (6). Au reste, l'expérience ne contribue pas peu à ce genre de talent : sans cela, l'habitude de diriger les affaires publiques ne les aurait pas rendus de plus profonds politiques; et voilà pourquoi l'expérience semble être absolument nécessaire à ceux qui désirent s'instruire dans la science du gouvernement.

Quant aux sophistes qui font profession de cette

---

(6) La même observation se trouve dans plusieurs des dialogues de Platon, qui cite, à ce sujet, les exemples de Thémistocle, d'Aristide, de Périclès et de Thucydide. Voyez *Platon. Meno.* p. 93; *Protagor.* p. 319, etc.

science (7), il s'en faut de beaucoup qu'ils soient en état de l'enseigner; car ils ignorent entièrement en quoi elle consiste, et à quels objets elle s'applique : autrement, ils ne l'auraient pas confondue avec la rhétorique, ni regardée comme moins importante. Ils ne s'imagineraient pas pouvoir facilement devenir législateurs, en rassemblant toutes les lois dont la sagesse a quelque célébrité, et en se bornant à choisir les meilleures; comme si ce choix ne dépendait pas de la sagacité qu'on y porte, et comme si bien juger [en ce genre] n'était pas, comme dans ce qui a rapport à la musique, une chose de la plus haute importance. En effet, les habiles en chaque genre savent porter un jugement sain des ouvrages, et connaissent comment et par quels moyens on leur donne le degré de perfection dont ils sont susceptibles; ils démêlent l'accord et la juste correspondance de toutes les parties entre elles : au lieu que les ignorants se contentent de pouvoir reconnaître si l'ouvrage est bien ou mal exécuté, comme dans la peinture (8).

Mais les lois sont l'œuvre des hommes qui pra-

---

(7) C'était, en effet, la principale prétention des sophistes, comme ou le voit par les dialogues de Platon, notamment le *Gorgias* (p. 452), et le *Protagoras* (p. 318), etc.

(8) « On peut, sans être peintre, connaître qu'un portrait est
« très-ressemblant, et même qu'il est bien peint : mais savoir
« pourquoi il est bien exécuté, et en quoi il l'est mieux qu'un
« autre portrait, c'est ce qu'on ne peut attendre que de celui qui
« a quelque expérience de l'art, et qui l'a pratiqué lui-même. »
Paraphr.

tiquent la science du gouvernement; comment donc pourraient-elles rendre un homme habile dans la législation, ou capable de juger celles qui sont les meilleures? Car enfin, on ne voit pas que la lecture des livres de médecine (9) suffise pour faire d'habiles praticiens dans cet art, et pourtant on s'attache à y exposer non-seulement les traitements des maladies, mais aussi les moyens de guérir, la manière dont il faut les employer, et même on entre dans le détail des constitutions et des tempéraments des individus. Mais tous ces détails, qui sont fort utiles aux médecins expérimentés, ne peuvent servir à rien pour ceux qui sont sans expérience. Il est donc possible que des recueils de lois et de constitutions politiques soient d'une très-grande utilité pour les personnes capables de méditer, de juger de ce qui est bien et de ce qui ne l'est pas, ou de la convenance des choses les unes à l'égard des autres. Mais jamais on ne doit s'attendre, qu'en lisant de pareils recueils, ceux qui n'ont point acquis cette habitude, jugent sainement des lois, à moins que ce ne soit par hasard: seulement ils pourraient acquérir, par ce moyen, un peu plus d'intelligence de ce genre de connaissances.

Au reste, comme ceux qui ont traité le sujet de la morale, ont entièrement négligé celui de la législation, peut-être ferons-nous mieux d'y consacrer nos recherches, et de les étendre sur la

---

(9) Voyez la *Politique*, l. 3, c. 10, § 4.

science du gouvernement en général, afin de perfectionner, autant qu'il dépend de nous, la philosophie de l'humanité (10). Et d'abord, commençons par exposer ce que nos devanciers peuvent avoir dit de bon et d'utile sur quelques objets particuliers : ensuite nous considérerons, d'après la comparaison des diverses formes de gouvernement dont les constitutions ont été recueillies, ce qui contribue à la ruine ou à la conservation des états en général, et de chaque forme de gouvernement en particulier; et par quelles causes il arrive que les uns sont bien administrés, et les autres, au contraire. Car peut-être parviendrons-nous à reconnaître, à l'aide de ces considérations, quelle est la forme de gouvernement la plus parfaite, quel ordre et quel système de lois et de mœurs est le plus convenable à chacune de celles qui existent. Entrons donc en matière.

---

(10) Ou *la philosophie relative aux affaires humaines* (ἡ περὶ τὰ ἀνθρώπινα φιλοσοφία). « La morale et la politique sous deux « noms différents, dit Mʳ Coray (dans ses prolégomènes sur ce « traité, p. 10), ne forment, en effet, qu'une seule et même « science, qu'on pourrait appeler la philosophie-pratique, et « et qui a été nommée par Cicéron (*De Finib.* l. 3, c. 2), par « Plutarque (*Symposiac.* l. 1, c. 1), et par l'empereur Marc- « Aurèle (l. 7, § 61), *L'Art de la vie*, c'est-à-dire, l'art de se « conduire de manière à trouver, dans le commerce de nos « semblables, et dans les rapports si multipliés que nous avons « avec eux, comme membres d'une même société, ce bonheur « qui est l'objet constant des vœux de tous les hommes. »

LISTE

DES SOUSCRIPTEURS.

S. A. S. MGR LE DUC D'ORLÉANS.

MM.

Pouqueville.	1
Marc Zarlamba Hellen, de Leucade.	1
Mad^e Cabanis.	1
Le comte Orloff.	18
Idem, papier vélin.	1
Idem, grand papier vélin.	1
Le comte de Tracy.	10
Mad^e Rousseau.	1
Richard.	1
Le marquis de Brignolles.	1
Le lieutenant-général baron Fririon.	1
Lacroix, membre de l'Institut.	1
Le comte Miot.	1
Le prince Labanoff.	30
Idem, papier vélin.	4
Idem, grand papier vélin.	1
Victorin Fabre.	1
Mialle.	1
Le marquis de Pastoret.	3
Danbrie, papier vélin.	1
E. Hanappier.	1
Villeneuve.	1
Laurent Royer.	1
Le comte de Laubepin.	1
Letronne, membre de l'Institut.	5
Tarlier.	1
Hardouin, banquier.	5
Ferdinand Tattet.	3
Idem, papier vélin.	1
Raoul Rochette.	1
Le marquis de Lillers.	1
Alexandre Thurot.	1

MM.

Vallée.	2
Le marquis de Chateaugeron, grand papier vélin.	1
Nicolas Francopoulo.	1
Philippe Fournaraki.	1
J.-Baptiste Say.	1
Tattet (Frédéric).	2
Mad^e la princesse de Salm.	2
Idem, papier vélin.	1
Le prince de Beauvau.	1
Vanderveken.	1
Fauriel.	1
Sers.	1
Marcescheau.	2
B.	1
Paschoud, de Genève.	3
Mandrou.	2
Drouot.	2
Sir John Saint-Aubin.	2
Idem, grand papier vélin.	1
Le docteur Edwards.	1
Tydeman.	1
Dulary.	1
Guyonnot.	1
Alexis Manuel d'Isay.	1
Franciade.	1
Paul Negreponte.	1
Mad^e du Puits.	1
Massard.	1
Dubuisson.	1
Rousseau, grand papier vélin.	1
Royer.	1
Dugas Montbel.	1
Cherbonnier.	1

LISTE DES SOUSCRIPTEURS.

MM.

Jobez.	1
L'évêque de Plaisance.	2
Bossange, père.	1
Le comte de Saint Sulpice.	1
De Cambray.	1
Breguet.	2
Ternaux (Charles.)	2
Bartholoni.	1
Paccard.	1
Rigaud.	1
Debruge Dumenil.	1
Lemercier de Nerville.	1
Frédéric Tattet.	1
Revil.	1
Rolland.	1
Fossard.	1
Marcos.	1
Allamand.	1
Le comte de Vaublanc.	2
Rougemont de Lowemberg.	2
Desrois.	1
Comte.	1
Le comte Alex^e. de Laborde.	1
Delaharpe.	1
Gindroz.	1
Jean Blastos.	1
Jean Ralli.	2
Léonardée Bouros.	1
Étienne Clémès.	1
Théodore Amiros.	1
Michel Rodocanaki.	1
Ambroise S. Ralli.	1
Pantaléon Maurogordatos.	1
Eustratius Petrococcinos.	1
Jean Scaramagas.	1
Jacques Rotas.	1
D. Gervais.	1
Rey et Gravier.	12
Masson.	1
Mad^e Nyon.	1
Dacosta.	1
Banès.	1
Broussais.	1

MM.

Félix de Beaujour, papier vélin.	1
Adolphe Raife.	1
Arthus Bertrand.	3
D'Hauterive.	1
Thierion.	1
Casimir de Lavigne.	1
J. Arevedo.	1
A. Bignan.	1
De Linetière.	2
De La Châtre.	1
G.***.	1
Jomard.	1
Théodore Gublin.	1
Charles Martin.	1
Charles Mévil.	1
Martin.	1
Lavareille.	1
Alphonse Tattet.	1
Traullé.	1
François Traullé.	1
Héquet Dorval.	1
Francouli Rodocanaki.	1
Michel Rodocanaki.	1
Stamati Rodocanaki.	1
George Rodocanaki.	1
Pantias Rodocanaki.	1
Jean Ralli.	1
K. N. Maurogordato.	1
Callinice Créatsouli.	1
Puntaléon Yamari.	1
Demetrio Yalia.	1
Spiridion Balby.	2
Dufour, libraire.	52
Beuchot.	1
A. Coray.	1
Guizot.	1
le duc de Broglie.	1
Auguste de Staël.	1
Eve.	1
Charlemagne.	1
Ferrand.	1

www.ingramcontent.com/pod-product-compliance
Lightning Source LLC
Chambersburg PA
CBHW070405230426
43665CB00012B/1256